Atas do
III Encontro Mundial sobre o Ensino de Português

Org.

Luis Gonçalves

Copyright © 2014 Boavista Press

All rights reserved.

ISBN: 0996051112
ISBN-13: 978-0996051118

ÍNDICE

Prefácio Luis Gonçalves	7
Praticar a interculturalidade em PLE Maria Luisa Ortiz Alvarez	9
Contribuições da prática de teletandem para a formação de professores de português como língua estrangeira Karin Adriane Henschel Pobbe Ramos	29
Trocas linguísticas e culturais no ensino de português/inglês: o teletandem entre Universidade Estadual Paulista e Fairfield University Daniela Nogueira de Moraes Garcia Michelle Leigh Farrell Eric Salgado	41
Portal do Professor de Português Língua Estrangeira/Língua Não Materna (PPPLE): abordagem intercultural e sistema internacional de gestão da língua portuguesa Luana Moreira Reis	57
Aspectos da cultura brasileira no ensino de português para estrangeiros Rafael Ferreira Costa Raiana Rezende Rödde Liliane Oliveira Damazo Ana Maria Nápoles Villela	71
CLIL "Content and Language Integrated Learning" aplicado no curso de ensino da cultura brasileira âmbito universitário na formação de profissionais de tradução e intérprete Adriana Domenico Cestari	79

Ensino de português como segunda língua em turmas heterogêneas: desafios e experiências mediadas pela tecnologia Naiara Pedon Carvalho Clemente Priscilla da Silva Santos	85
Uma viagem de campo ao estúdio de Vik Muniz: um entre-lugar de aprendizagem Anita de Melo Joshua A. Enslen	97
Abordagem contrastiva das vozes verbais no ensino de português a falantes de espanhol Cristiane Coelho Araujo da Silva Vanda Maria Cardoso de Menezes	109
Curso de português/le para argentinos: interlocução no MERCOSUL Fabiana Vanessa Gonzalis	129
Ensino de português para chineses: questões que vão além do ensino da língua portuguesa Elza Gabaldi Luhema Santos Ueti	147
Os estudantes chineses e a interação mediática com o português Manuel Duarte João Pires	159
Desenvolver a consciência e a explicitação linguística na aula de língua materna Joana Batalha	169
Ensino de língua portuguesa no âmbito do PIBID: um relato de experiência Marilia de Carvalho Caetano Oliveira	183
Marcas do léxico: brasilidade e universalidade em Vinicius de Moraes Afrânio Da Silva Garcia	197

O léxico e a expressão de ideias Darcilia Simões Rosane Reis de Oliveira	215
A retextualização no ensino de língua portuguesa Regina L. Péret Dell´Isola	229
O ensino da língua materna por meio dos recursos multimidiáticos: uma prática pedagógica do gênero charge animada Cléverson Alves da Silva Conceição Maria Alves de Araújo Guisardi	251
Percepção dos alunos da Universidade Federal de Goiás em relação a construções tautológicas usuais no português brasileiro Leosmar Aparecido da Silva	271
Projeto - uma prática metodológica autêntica e desafiadora Carla Alexandra da Silva Marinho Sanches Sílvia Regina de Carvalho Guedes	287
Publicidade no ensino de português: contribuições da análise do discurso crítica Caroline Costa Silva Francisca Borges Barbosa	305
A língua portuguesa e a língua brasileira de sinais Vera Lúcia de Souza e Lima Ana Rachel Carvalho Leão Gilberto de Lima Goulart	321
A relevância da língua portuguesa no contexto etnolinguístico angolano Mateus Segunda Chicumba	327
Políticas governamentais e acadêmicas para a promoção do português brasileiro Vânia Cristina Casseb-Galvão	345

PREFÁCIO

Estas atas reúnem vinte e três dos trabalhos apresentados no III Encontro Mundial sobre o Ensino de Português, que foi organizado pela American Organization of Teachers of Portuguese nos dias 1 e 2 de agosto de 2014, na Columbia University em New York. A comissão científica, formada por educadores das mais prestigiadas universidades de várias partes do mundo, selecionou setenta e um trabalhos de entre as cento e sessenta e quatro propostas recebidas.

O ensino/aprendizado da língua portuguesa está em franca expansão nos EUA, e outras partes do mundo, e torna-se cada vez mais necessário eventos regulares como o Encontro Mundial sobre o Ensino de Português, em que os profissionais que trabalham em todo o mundo possam apresentar o que têm feito de melhor e também tomar conhecimento do que de melhor se tem feito em outros países.

O encontro reuniu professores e pesquisadores de Português como Língua Estrangeira, Língua de Herança, Língua Materna, e para as profissões e ainda tradutores e pesquisadores de Tradução, o que permitiu um diálogo interdisciplinar entre todas as especialidades de ensino da língua portuguesa, e intercontinetal entre professores de diversas partes do mundo. Foram apresentadas metodologias e abordagens inovadoras e outros temas extremamente relevantes para educadores de Língua Portuguesa.

A Comissão organizadora do encontro foi composta por Anete Arslanian (*Miami-Dade County Public Schools*), Luis Gonçalves (*Princeton University*), Beatriz Cariello (*Florida International University*), Adriana Giovanini, Ana Paula Fabian Freire, e Tatiana Campos.

A Comissão Científica internacional que garantiu a qualidade das apresentações do III Encontro Mundial sobre o Ensino de Português foi composta por quinze profissionais de referência de todo o mundo: Maria José Grosso (*Universidade de Macau, China*), Edleise Mendes (*Universidade Federal da Bahia, Brasil*), Inês Cardoso (*York University, Canadá*), Maria Graça Castanho (*Universidade dos Açores, Portugal*), Marisa Mendonça (*Universidade Pedagógica de Moçambique*), Christiane Moisés (*Universidade de Brasília, Brasil*), Irene Marques (*Ryerson University, Canadá*), Megwen May Loveless (*Princeton University, EUA*), Inocência Mata (*Universidade de Lisboa, Portugal*), Débora

Ferreira (*Utah Valley University, EUA*), Cristina Martins (*Universidade de Coimbra, Portugal*), Mary Risner (*University of Florida, EUA*), Nelson Viana (*Universidade Federal de São Carlos, Brasil*), Jerônimo Coura-Sobrinho (*Centro Federal de Educação Tecnológica de Minas Gerais, Brasil*), e Marcelo Luna (*Universidade do Vale do Itajaí, Brasil*).

Este encontro foi possível com o apoio fundamental da Focus Brazil Foundation, do Center for Brazilian Studies da Columbia University, do Consulado Brasileiro em New York, da Fundação Luso-Americana para o Desenvolvimento e da Brazil Ahead Portuguese Language School.

Luis Gonçalves

PRATICAR A INTERCULTURALIDADE EM PLE
Maria Luisa Ortiz Alvarez

Introdução

> Tendo em conta, obviamente, os contextos de que partem, os projectos educativos de hoje deverão romper barreiras, derrubar obstáculos que prejudicam a aproximação do Eu ao Outro e vice-versa, e, muito provavelmente, reinterpretar o currículo, indo de encontro às necessidades de formação – educação dos seus principais destinatários, dos seus principais sujeitos, e molde a torná-los iguais em direitos e dignidade. (Bizarro, 200)

> As culturas estão todas envolvidas umas com as outras; nenhuma é pura e singular, todas são híbridas, heterogêneas, extraordinariamente diferenciadas e nada monolíticas. (Edward Said,1993)

O conceito *Global* apareceu pela primeira vez com *MacLuhan* (1964) quem utilizou essa expressão para antecipar o fato de o mundo se tornar, progressivamente, numa aldeia global (FINURAS, 2007, p.25). A globalização espelha-se na nossa vida através do aumento de intercâmbios entre um grande número de pessoas provenientes de várias regiões. Esse inter-relacionamento nos faz repensar a nossa visão do mundo, da região e do país em que vivemos, da nossa gestão pessoal e na construção da nossa identidade. Dado que pensamos em relações interpessoais em termos universais, deduz-se, consequentemente, o laboratório intercultural em que o mundo se tornou. Assim, perante as premissas subjacentes à globalização, também inclui-se a tese da interculturalidade.
Até hoje a discussão sobre a cultura está em aberto, não terminou e provavelmente nunca terminará, pois se trata de um fenômeno extremamente complexo. Está ligado à vida humana em sociedade, aos aspectos psicológicos e cognitivos do homem, portanto estabelecermos um conceito exato de cultura significa compreendermos a natureza humana em sua totalidade, tarefa que tem sido tema permanente de reflexão da humanidade. Assim, o fenômeno da globalização torna o ensino de português para estrangeiros uma necessidade urgente, ancorado dentro de abordagem intercultural, pois essa postura tem muito a ver com a questão da identidade, como veremos mais adiante.

Cultura e identidade

Para a Linguística, a cultura é mais um processo do que um produto, reflete um universo mental compartilhado por uma comunidade, que afeta os falantes em suas atuações linguísticas, na forma de pressupostos, crenças e opiniões. Neste sentido, Harms (1973, apud Fernández, 2004) conclui em suas investigações que interlocutores com a mesma formação cultural participarão de uma conversação de forma mais simples, rápida e completa que os interlocutores de culturas diferentes. O autor concebia a cultura como o compartimento em que se baseia a comunicação.

Com relação a essa questão, Fernández (2004) citando Escandel Vidal (1996) afirma:

> ...um dos aspectos nos quais a necessidade de se adotar um enfoque pragmático se faz mais patente, é aquele que se refere à maneira em que a cultura e a organização social nativa daqueles que aprendem uma língua estrangeira determinam e condicionam o uso da língua, objeto da aprendizagem. (Escandel Vidal, apud Fernández, 2004, p.96)

De acordo com o que foi exposto acima, cada indivíduo tem uma série de pressupostos e representações do mundo, de acordo com sua experiência de vida; os membros de uma mesma comunidade compartilham grande parte destes pressupostos e têm em comum um estilo de interação particular.

Seguindo esse raciocínio para compreender as ações e os comportamentos humanos, é necessário situar, localizar e caracterizá-los culturalmente. Isso implica interpretar e estudar sua cultura. Tarefa essa que segundo Geertz (1989) não é fácil, pois exige codificar e decodificar significados abstratos, transformando-os em descrições interpretativas por meio de situações determinantes. Essa caracterização a qual esses autores remetem pode acontecer por meio da construção de uma identidade.

Em relação à identidade, Hall (2006) afirma que ela "é a resposta que damos à pergunta: quem somos nós? No caso dos brasileiros, por exemplo, são uma mistura de afro-americanos, índios e brancos. Essa mistura proporcionou uma identidade cultural ou diversas identidades culturais" (p. 47). Neste sentido, o autor aponta que é preferível falar em "identidades culturais" e não "identidade cultural", para evidenciar a pluralidade e o dinamismo das identidades culturais.

As identidades são formadas e transformadas continuamente em relação às formas pelas quais somos representados ou interpelados nos sistemas culturais que nos rodeiam, sendo definidas historicamente e não biologicamente. Assim, "é possível propor formas de unificá-las a partir da representação da cultura de 'um único povo', tais como, por exemplo, a etnia, termo utilizado para as características culturais – língua, religião, costume, tradições, sentimento de 'lugar' – que são partilhadas por um povo" (Hall, 2006, p. 62).

Nota-se que essa é uma característica das identidades culturais contemporâneas (transitar por mundos diferentes). Tendo as identidades culturais a característica mutável a quem são atribuídas às ações de transformações, adaptações e formas diversificadas de representação, as quais identificam a cultura como resultante das atividades humanas, e que podem ser transformadas por meio das relações sociais.
Como comenta Rajagopalan (2003, p. 69):
> Uma das maneiras pela qual as identidades acabam sofrendo o processo de renegociação, de realinhamento, é o contato entre as pessoas, entre os povos, entre as culturas. É por esse motivo que se torna cada vez mais urgente entender o processo de 'ensino-aprendizagem' de uma língua "estrangeira" como parte integrante de um amplo processo de redefinição de identidades. Pois as línguas não são meros instrumentos de comunicação, como costumam alardear os livros introdutórios. As línguas são a própria expressão das identidades de quem delas se apropria. Logo quem transita entre diversos idiomas está redefinindo sua própria identidade. Dito de outra forma, quem aprende uma língua nova está se redefinindo como uma nova pessoa.

Assim, ao ensinar português para um falante de outra(s) língua(s), o professor precisa ter em mente que aquele aprendiz está formando uma nova identidade e, portanto, precisa ser capaz de refletir sobre esse processo.
De acordo com Samovar, Porter e Stefani (1998), a cultura apresenta algumas características que lhe são peculiares, como mostraremos a seguir:

1) A cultura é aprendida
Esta é a mais importante das características da cultura, pois se refere ao legado que recebemos das gerações anteriores. Os autores afirmam que o aprendizado da cultura se dá de várias maneiras e de fontes diversas, e pode acontecer também de forma consciente ou inconsciente. A forma consciente se situa no nível cognitivo. Por exemplo, quando uma mãe diz para uma criança tomar banho antes de dormir, esta estará aprendendo sobre hábitos de higiene. Da mesma forma, se os pais ensinam a criança a agradecer por um elogio recebido, ela estará aprendendo sobre relacionamento social. Nesses exemplos, as pessoas são induzidas a pensar conscientemente sobre as mensagens que elas estão recebendo. A cultura nos influencia desde o momento em que nascemos, mas raramente ficamos atentos às mensagens que ela nos envia, porque esta aprendizagem inconsciente acontece de forma tão subliminar que simplesmente passa despercebida. A cultura também pode ser aprendida por meio dos provérbios, já que são considerados verdadeiros "tratados" sobre valores da cultura. Os contos, as lendas e os mitos também são uma rica fonte de aprendizado, porque as histórias que cada cultura conta a seu povo fazem

com que ela seja transmitida de geração em geração. A mídia também se impõe como importante fator de transmissão da cultura, já que tem um alto grau de penetração em nossa vida diária, ao promover informação e entretenimento, influenciar atitudes e moldar comportamentos, afetando assim profundamente a experiência cultural das sociedades modernas.

2) A cultura é baseada em símbolos
Para Samovar, Porter e Stefani (1998), a cultura sem a língua é impensável, porque é a linguagem que torna possível o acesso ao intrincado sistema a que chamamos de cultura. Nosso cérebro e todas as nossas estruturas neurológicas associadas nos permitem usar símbolos num nível de sofisticação jamais compartilhado por qualquer outra criatura. Nós não apenas podemos transmitir conhecimento de uma pessoa para outra, mas também passar ideias de uma geração a outra. À nossa disposição temos as especulações, observações, fatos, experimentos e sabedoria acumulados há milhares de anos. Por meio da linguagem verbal, não verbal ou icônica é possível aprender da experiência cumulativa e compartilhada. A língua permite às pessoas comunicarem aquilo que desejam e assim organizar suas experiências dentro de categorias abstratas e expressarem pensamentos nunca antes manifestados.As culturas podem usar a linguagem oral, escrita e ações não verbais como símbolos. A cultura é, portanto, acumulativa, histórica e preservável.

3) A cultura é dinâmica
A cultura é um sistema dinâmico que não existe num vácuo; logo ela é passível de modificação. Segundo Laraia (2004), existem dois tipos de mudança cultural: uma que é interna, resultante da dinâmica do próprio sistema cultural, e uma segunda que é o resultado do contato de um sistema cultural com outro. Samovar, Porter e Stefani (1998) afirmam que, embora muitos aspectos da cultura sejam sujeitos à modificação, a "estrutura profunda" resiste a maiores alterações. Isto é, mudanças nas vestimentas, alimentos, transportes, moradia ocorrem com mais frequência, enquanto valores associados à ética, moral, trabalho, lazer, práticas religiosas, e comportamento estão profundamente embebidos da cultura e persistem de geração em geração. Os autores comprovam o exposto acima por meio de estudos realizados nos Estados Unidos, que mostram que os valores culturais centrais dos anos 90 são bastante similares àqueles de 200 anos atrás.

4) A cultura é etnocêntrica
O etnocentrismo uma característica diretamente ligada à comunicação intercultural. Alguns antropólogos concordam que o etnocentrismo pode ser encontrado em qualquer cultura (Haviland, 1993; Keesing, 1965; Bates e

Plog, 1990; Nanda, 1994 apud Samovar, Porter e Stefani, 1998). A maioria destes estudiosos afirma que a propensão de ver as coisas a partir de seu próprio ponto de vista é muito natural e, a não ser que seja levada ao extremo, pode ter efeitos positivos. O etnocentrismo é muitas vezes uma fonte para construir a identidade pessoal e cultural, mas transforma-se em uma condição negativa e se torna destrutiva quando é usada para excluir e fornecer as bases para avaliações depreciativas, oferecendo assim resistência às mudanças e dando origem aos estereótipos. Frequentemente, o etnocentrismo, tal como a cultura, é aprendido num nível inconsciente.

5) A cultura é adaptável
A história nos fornece muitos exemplos de como as culturas têm mudado por causa das leis, das alterações nos valores, dos desastres naturais, das guerras ou de outras calamidades. Por muito tempo, o que se esperava das mulheres é que elas permanecessem em casa e cuidassem das crianças. Quando elas trabalhavam, desempenhavam funções como secretárias, enfermeiras ou professoras. No entanto, forças da cultura, bem como considerações econômicas, alteraram drasticamente os papéis femininos. Hoje em dia encontramos mulheres ocupando altos cargos e sendo muitas vezes responsáveis pelo sustento da família. Tanto os homens, quanto as mulheres tiveram que se adaptar a esta mudança cultural.

6) Percepção cultural
As respostas e as reações das pessoas são diferentes. Isto se deve à percepção. Percepção é o processo de selecionar, organizar e interpretar os dados sensoriais de uma maneira que permita dar sentido ao nosso mundo.
Os órgãos sensoriais como os olhos, os ouvidos e o nariz nos permitem sentir nosso meio ambiente e as sensações recebidas são enviadas por meio do nosso sistema nervoso ao cérebro, lugar onde serão interpretadas e os significados serão atribuídos, numa sequência de dois estágios: a) o reconhecimento ou identificação; b) a interpretação e avaliação daquilo que foi identificado, influenciado por todas as experiências adquiridas. Assim a cultura, é como uma "lente" perceptual que influencia na forma como interpretamos e avaliamos aquilo que recebemos do mundo exterior. Nossas percepções do mundo tornam-se representações que fazemos a partir dos impulsos nervosos que atingem nosso cérebro e do nosso conjunto de experiências como membros de uma determinada cultura. O fato de sentirmos prazer ou repulsa diante da ideia de comer comidas exóticas, por exemplo, cobra, baleia, cachorro depende do que nossa cultura nos ensinou sobre comida. No caso do cachorro, por exemplo, jamais nos remete à comida, pois não passa pela nossa cabeça comer esse animal de estimação, pois para nós é o melhor amigo do homem Podemos usar a palavra cachorro também com um sentido conotativo, nos referindo a

alguém que é desonesto ou que fez algo errado. No entanto, na Coréia é servida carne de cachorro como uma iguaria.

7) A credibilidade pessoal
Esse é um outro traço perceptual afetado pela cultura. Pessoas que têm credibilidade inspiram confiança, sabem o que falam e têm boas intenções. Samovar, Porter e Stefani (1998) nos fornecem alguns exemplos de como pessoas de culturas diferentes interpretam o mesmo evento de maneiras distintas.

Para os norte-americanos, piscar é normal, no entanto o mesmo comportamento é considerado impolidez em Taiwan. Segundo Samovar, Porter e Stefani (op.cit.), a maneira como são percebidas as pessoas idosas também é influenciada pela cultura. Nos Estados Unidos, encontramos uma cultura que prega os valores da juventude e rejeita a velhice. Esta percepção da velhice não é observada em todas as culturas. Por exemplo, nas culturas árabes, asiáticas, latino-americanas e americanas nativas, as pessoas velhas são vistas de um modo muito positivo. Na África a idade é uma vantagem. Quanto mais velha for a pessoa, mais respeito ela deverá receber. No Brasil ainda temos muito preconceito em relação aos idosos, embora as coisas estejam mudando. Termos como "véia" e "coroa" denunciam este julgamento depreciativo dos mais velhos. Fica claro, a partir destes exemplos, que a cultura influencia fortemente nossa realidade subjetiva e que há ligações diretas entre cultura, percepção e comportamento. O comportamento é o resultado do aprendizado e do condicionamento cultural.

Uma pessoa ao chegar a outro país leva consigo sua percepção de mundo, seus esquemas culturais e seu sistema de valores e tenta aplicá-los à nova realidade com a qual se defronta. A sensação de ser estrangeiro pode causar um bloqueio inicial que despersonaliza momentaneamente, até que a outra identidade surja na nova realidade cultural. Disso podem decorrer numerosos mal-entendidos, choques ou não adaptação. Tudo isso provém do desconhecimento de todo um sistema de crenças e de uma forma de entender a vida deste novo país e do fato de tentar aplicar os próprios padrões socioculturais em contextos e situações que não se regem pelos mesmos padrões. Por isso leva tempo para que o estrangeiro organize as experiências e consiga sentir-se confortável na nova sociedade. No início da aprendizagem de outra língua, o falante estranha até a própria voz, que de fato soa diferente, pois cada língua tem uma musicalidade própria, outro sistema prosódico, acento e ritmo distintos. Ele só passa a reconhecer-se quando se constitui como sujeito na nova sociedade. Às vezes, alguns mal-entendidos ajudam a criar ou perpetuar estereótipos sobre a outra cultura e provocam desconfiança, rejeição ou uma relação muito superficial com a língua e a cultura. Essas consequências negativas estão na contramão do objetivo perseguido quando pensamos em ensino/aprendizagem de língua estrangeira. Nesse sentido, nós, como profissionais da área e, baseados numa abordagem intercultural, devemos fazer o possível para evitá-las.

Interculturalidade
Janzen (1998) em sua dissertação sobre o ensino de alemão apresenta a definição de interculturalidade de Hexelschneider, que parece bastante oportuna a nossa reflexão:
> Interculturalidade é sempre conhecimento e reconhecimento do outro para aprofundar o autoconhecimento, sentir e repensar para entender melhor, ou até encontrar, a sua própria identidade. A interculturalidade não pode, de forma alguma, estabelecer uma comunicação de mão única do país da língua materna para o país da cultura alheia/estranha – ele é muito mais um processo de mão dupla. (apud Janzen, 1998, p.12)

Segundo Mendes (2004) interculturalidade é um esforço, uma ação integradora, capaz de suscitar comportamentos e atitudes comprometidas com princípios orientados para o respeito ao outro, às diferenças, à diversidade cultural que caracteriza todo processo de ensino/aprendizagem, seja ele de línguas ou de qualquer outro conteúdo escolar. É o exercício contínuo para a promoção da interação, da integração e da cooperação entre os indivíduos de diferentes mundos culturais. É a abertura para se partilhar as experiências, antigas e novas, de modo a construir novos significados em processo de partilha.

Já para Candau, a interculturalidade "tenta promover relações dialógicas e igualitárias entre pessoas e grupos que pertencem a universos culturais diferentes, trabalhando os conflitos inerentes a esta realidade" (Candau, 2002, p.14). A autora ainda avalia que os processos baseados na interculturalidade "não ignoram as relações de poder presentes nas relações sociais e interpessoais, ao contrário, reconhecem e assumem os conflitos procurando as estratégias mais adequadas pra enfrentá-los" (Candau, 2002, p.14). E mais adiante afirma:
> A perspectiva intercultural que defendo quer promover uma educação para o reconhecimento do "outro", para o diálogo entre os diferentes grupos sociais e culturais. Uma educação para a negociação cultural, que enfrenta os conflitos provocados pela assimetria de poder entre os diferentes grupos socioculturais nas nossas sociedades e é capaz de favorecer a construção de um projeto comum, pelo qual as diferenças sejam dialeticamente integradas.

Candau (2002, p.16) afirma que "reconhecer a diferença é questionar os conceitos homogêneos, estáveis e permanentes que os excluem ou os tornam diferentes. As certezas que foram socialmente construídas devem se fragilizar e desvanecer". Essa prática busca não extinguir as diferenças, mas favorecer as diversidades existentes.

Segundo Ortiz Alvarez (2012, p. 917), o conceito "intercultural" significa que os indivíduos negociem os sentidos até se chegar à compreensão mais profunda e verdadeira possível dos sentidos atribuídos à linguagem/língua dos interlocutores. Ser intercultural significa ter-se adquirido competências de interação e reflexão, assim como de análise relativamente a essa interação. Desta análise, nasce a capacidade de se relativizarem dados (fossilizados e) estereotipados que possam impedir a comunicação. Também inclui a necessidade de mediação entre os falantes intervenientes para que as identidades culturais, sociais e políticas de ambos não se imiscuam como obstáculos na comunicação. Esta mediação torna-se tanto mais necessária quanto mais os interlocutores se identificarem com as suas culturas de origem e assumirem os seus totens como verdades absolutas.

Bhabha (1998) nos fala sobre a necessidade de valorizarmos o que denomina de "entre-lugar" enquanto espaço para (re)construção das identidades num processo de (re)configuração da nossa ideia de sociedade. Portanto, em suas palavras, "esses 'entre-lugares' fornecem o terreno para a elaboração de estratégias de subjetivação – singular ou coletiva – que dão início a novos signos de identidade e postos inovadores de colaboração e contestação, o ato de definir a própria idéia [sic] de sociedade". (Bhabha, 2013, p. 20).

O mesmo autor salienta,

> A miscigenação, ou hibridismo, passa a ser entendida como processo inerente às interações e ao jogo de forças. As tradições e os valores são recriados, reconstruídos de modo dinâmico e flexível, tal como um organismo vivo. É esse o espaço liminar, fronteiriço, polifônico da intercultura. Entendemos intercultura como os espaços de encontro-confronto dialógico entre as várias culturas, que podem produzir transformações e desconstruir hierarquias. É esse o entre-lugar no qual todas as vozes podem emergir, manifestar-se, influir – se assim podemos caracterizar a inclusão dos diversos fluxos, das inúmeras teias de significados. (Bhabha, 2013 p. 96)

E é justamente neste "entre-lugar" que se insere a comunicação intercultural, a qual tem como objetivo, segundo Bennet (2002), analisar possíveis dificuldades de interação e aumentar a eficácia na comunicação entre culturas. Portanto, a cultura de cada um exercerá um papel fundamental em função das semelhanças e diferenças entre os sujeitos, considerando seus valores, ideias/ideais compartilhados, no sentido de facilitar a *negociação de significado* entre os interlocutores.

Fernández (2004) também faz uma ressalva e diz que para transformarmos o aprendiz de língua estrangeira em um falante intercultural, é preciso que estejamos dispostos também a uma viagem de descobrimento, para qual nem sempre estamos preparados e que evidentemente nos obriga a repensar nossos pressupostos e nos converter também em agentes de intermediação. Portanto, o objetivo da Abordagem Intercultural é fazer com que a sala de aula deixe de ser um lugar de visões unilaterais, de choques culturais, passividade aos discursos reproduzidos pela sociedade e de homogeneização, da competitividade para tornar-se um ambiente em que se busque valorizar as diferenças culturais de toda ordem de modo a negociá-las, como demonstram as seguintes palavras de Mendes (2008, p 71):

> Em lugar do choque e do conflito, a aceitação e a comunhão; em lugar da rejeição, a cooperação; em lugar da dificuldade de aprendizagem, a construção partilhada de experiências ricas em aprendizagem; em lugar do embate de forças, a negociação. Este é o modo pelo qual é possível fazer do ensino/aprendizagem de línguas um processo de difusão da interculturalidade.

A seguir falaremos a prática da interculturalidade em PLE.

Praticar na interculturalidade em ple

Várias pesquisas demonstram que muitas vezes a cultura, quando comparece às aulas de PLE, é representada de forma limitada à aprendizagem da língua e à vivência na cultura-alvo.

> A cultura vista desse modo [introdução de retratos e informações estanques sobre uma determinada realidade social], ao contrário de promover a interculturalidade, a relação dialógica entre línguas-culturas diferentes, promove o distanciamento, a realização de processos de aprendizagem em uma única via, tornando a língua a ser aprendida cada vez mais estrangeira. (Mendes, 2007, p. 137)

O professor e o aprendiz interculturais devem orientar o seu ensino e a sua aprendizagem a partir do paradigma de educação intercultural à qual está subjacente a desejável e inevitável interação das culturas, o que exige o respeito pelos valores universais dos direitos do homem. Esta assunção visa todos os presentes na sala de aula. Nesse ambiente de sala de aula onde o confronto consubstancia uma infinidade de culturas, línguas, personalidades e subjetividades é necessário ter sempre presente a relação individual Eu/Outro que pressupõe a noção de «entidade do infinito» preconizada por Levinas (1980) no diálogo intercultural. Cada um, professor e alunos, transportam o seu próprio capital cultural (individuais, familiares, sociais e institucionais), assim como o seu *habitus* e conseguem pô-los em interação, e o enriquecimento recíproco acontecerá porque a identidade de cada um sairá reforçada com essas experiências interculturais.

Para poder concretizar o diálogo, particularmente no contexto intercultural, por um lado é importante nos conhecermos, termos consciência dos nossos códigos culturais (Rodrigo, 1997, p. 17), e por outro, é no contato com o

Outro, com aquele que é diferente de nós, que formamos nossas identidades. Para isso devemos estar dispostos a mudar nossos pressupostos na relação dialógica e ter a vontade de, neste contato "nos reconhecermos" para "re-construir nossas identidades" (Rodrigo, 1997, p. 19).
Infelizmente, há ainda uma barreira de difícil e morosa transposição à abordagem intercultural que reside na forma como a comunidade educativa, nomeadamente, os professores „olham" para os conceitos de interculturalidade e de abordagem intercultual. É preciso compreender que as relações interpessoais e interculturais que fazem parte do nosso quotidiano pertencem ao domínio intercultural e desencadeiam problemáticas que exigem competências de cariz psicológico, social, cultural, pedagógico e comunicacional, baseadas na experiência da alteridade e da diversidade, no equilíbrio entre o universal e o singular. Por outro lado, o reconhecimento das diferenças não pode ser confundido com altivez etnocêntrica. A singularidade de cada ser humano tem que ser respeitada na pluralidade. O diálogo do Eu com o Outro conduz a um silogismo Nós. A teoria aristotélica do silogismo verifica-se na abordagem cultural: há dois elementos – Eu e o Outro que, ao interagirem, se transformam em Nós. Eu olho o Outro, o Outro olha-me e, consequentemente, estabelece-se o "Nós olhamo-nos".
Devemos salientar, no entanto, que a busca da interculturalidade nem sempre é um mar de rosas e não nos oferece resultados satisfatórios de imediato. Apesar disso, há uma tendência generalizada em conduzir o ensino de língua estrangeira a partir do conhecimento, aceitação e reflexão da própria cultura, para então nos aproximarmos da língua e da cultura metas, evitando o etnocentrismo e buscando favorecer o diálogo e compreensão entre as diferentes formas de entender a vida e o mundo. Na comunicação intercultural é necessário ensinar aos alunos as estratégias que facilitem um bom entendimento com seus interlocutores e permitam a comunicação de forma eficaz. Muitos professores de língua estrangeira negligenciam a importância da reflexão intercultural e, outros acreditam que o trabalho intercultural em sala de aula se limita ao desenvolvimento de atividades que contemplem conteúdos culturais de um dado local geográfico ou país.
Como professores de língua estrangeira devemos tornar possível e, isto é perfeitamente viável no contexto do ensino formal, que nossos alunos se deem conta de que uma comunicação efetiva requer a descoberta das imagens condicionadas culturalmente que são evocadas à mente dos nativos quando falam, atuam e reagem no mundo que os rodeia.
Concordamos plenamente com Paraquett (2006, p. 46) quando expressa:
> A aula de língua estrangeira é um espaço privilegiado que possibilita o exercício da inserção sócio-cultural de nossos aprendizes em seu

universo, ou melhor, no mundo contemporâneo. Ela é um laboratório para o amadurecimento, o reconhecimento e a aceitação do eu e do outro. Mas ela pode ser muito perigosa quando se restringe a marcar as diferenças. É na aprendizagem de uma língua estrangeira que rompemos barreira com o estrangeiro. Mas é preciso que essa seja uma viagem feita com ida e volta. O perigoso é levar o eu ao outro e deixá-lo lá, sem trazê-lo de volta. Ensinar e aprender uma língua estrangeira é ensinar e aprender a ser o eu e não o outro.

Não se trata do aprendiz abandonar a sua cultura para absorver a outra e, sim, criar uma ponte de reflexão e aprendizagem da cultura estrangeira, respeitando a sua própria cultura também.

O aprendiz deve ser apresentado à heterogeneidade cultural, assim como as variações regionalistas que formam a língua brasileira. Tal processo de imersão poderá favorecer apreensão de novos conhecimentos de maneira eficaz, uma vez que a língua estará associada à práxis social.

Proposta

Para trabalhar a interculturalidade em sala de aula de PLE nos baseamos em algumas ideias de Gloria Gil (no prelo), professora da Universidade Federal de Santa Catarina,que pesquisa a vivência da cultura-alvo nas aulas de LE. Gil mostra de que forma pode se trabalhar a interculturalidade de forma prática em sala: através de currículo intercultural (Serrani, 2004); b) aproveitando os momentos espontâneos de interculturalidade, quando na sala de aula aparece um fato, um tema que deverá ser utilizado como ponte para o diálogo intercultural; c) através de tarefas ou de atividades interculturais planejadas deverão ser incluídos temas em que o aluno possa ter a oportunidade de mostrar qual a sua postura crítica sobre o assunto. Nesse tipo de tarefa entrariam as línguas – culturas visíveis e invisíveis (as primeiras seriam, o folclore, a música, os costumes alimentares, etc) e a invisível (as estruturas de argumento e contra-argumento, temas compartilhados socialmente, por exemplo, o que você acha numa situação em que você vai convidar uma pessoa a comer no restaurante e o garçom entrega a conta para seu acompanhante), o léxico e carga cultural compartilhada (por exemplo, *Amélia, pau-de-arara, manê, zorra, patricinha*) dentre outros; o reconhecimento do não essencialismo cultural (desenvolver atitudes de tolerância e aceitação das diferenças evitando estereótipos e preconceitos); inclusão da voz do aluno, valorizando o seu conhecimento; reconhecimento da existência de modos de ver e agir no mundo linguística e culturalmente determinado (neste diálogo entre línguas-culturas é importante ser crítico tanto com a posição do Outro quanto com a nossa própria). Neste sentido, devemos levar em conta as relações de poder que se estabelecem nos contatos interculturais, porque não pode se estabelecer um diálogo verdadeiro em situações de intransigência ou de discriminação.

Situações, estas, profundamente arraigadas em nossa sociedade (Rodrigo, 1997; Tubino, 2008). A tradução também pode ser um instrumento de conhecimento de mundo, de vida.

A tradução se apresenta como uma importante prática, pois pode conduzir o aprendiz a refletir sobre as relações da LE com sua língua materna e outros idiomas. Como ferramenta pedagógica, a tradução se mostra de grande valia na educação intercultural, pois como ressalta Agra (2007):

> [...] a tradução não está ligada à significação como a encontramos no dicionário, ou seja, a associação do significado ao objeto do mundo ao qual a palavra se refere ou a descrição das propriedades do seu referente, mas sim, aos sentidos culturalmente construídos, ao subjetivo, a visão de mundo de cada indivíduo.

Ela pode ser muito útil para superar as barreiras construídas por preconceitos culturais e pelo etnocentrismo e passar a representar uma perspectiva pedagógica para a alteridade. A tradução de trechos de textos em LE para a língua materna é um recurso proveitoso não apenas para avaliar a habilidade do aluno na escrita, mas também sua compreensão de características distintas entre a língua e cultura nativa e a língua e cultura estrangeiras. Agra (op.cit.) ainda sugere que uma tarefa em sala que pode ser de grande valia no aspecto linguístico e cultural é o exame de traduções, que consiste em solicitar aos alunos de LE que façam uma tradução de um texto e que a comparem com uma tradução existente, ou ainda, que comparem a tradução que fizeram com as que foram elaboradas pelos colegas. Automaticamente novos sentidos são produzidos e nesse momento a discussão dos aspectos interculturais presentes e o exercício da tradução se colocam a serviço da alteridade. Além disso, o exercício da tradução de um texto pode ainda ser precedido por atividades que ampliem o universo cultural do aluno, como debate de características da cultura estrangeira presentes no texto que se distinguem da realidade cultural dos alunos ou ainda aplicação de mapas conceituais, também chamados de mapas semânticos, que permitam uma visualização plena das variantes culturais, num processo de enriquecimento que leva à formação de consciência e identidade.

Por último, podemos propor o trabalho com gírias, expressões idiomáticas, provérbios, refrães e formulas rotineiras. Segundo Polônia essas unidades fraseológicas são "como espelhos de uma cultura, ajudando os homens a comunicar e a interpretar o mundo que os circunda; constituem espaços de interação entre o homem e a língua, o homem e o mundo, e ainda, são o espaço das relações que se tecem entre o homem, a língua e o mundo. A aproximação das palavras, a sua solidificação, associado à construção de um novo sentido que não resulta do sentido das palavras tidas individualmente, mas de um olhar sobre a realidade através da expressividade e da emotividade, constitui por esta via a sua lexicalização". (Polónia, 2009, p.

18). Usar essas expressões populares no aprendizado constitui "um instrumento de integração do aluno na língua e no meio social através da interação, ampliando as suas capacidades de análise, de produção de textos e situações de comunicação interativa onde elas são utilizadas" (Ortiz Alvarez, 2007).

Uma outra questão que deve ser levada em consideração são os componentes da interculturalidade e que, segundo Gil (no prelo), são: o etnográfico (tem como objetivo desenvolver o olhar etnográfico, valor do conhecimento local); o componente visual e digital (imagens, gestos, cenas, fotos vídeos, multimídia, blogs, etc.). E por falar em trabalho com o componente visual podemos pensar no filme "Ô pai, ô", onde aparecem várias expressões populares. "Ó Paí, Ó" retrata a rotina dos moradores de um cortiço no Pelourinho, deslocando-se no tempo para antes das obras de revitalização do Centro Histórico, na época do carnaval. Algumas das expressões que aparecem no filme e seus respectivos significados são: "ó pai ó"- olha para isso aí, olha, "aglutinando nessa cabeça"- inventando um argumento, "rei"- forma de chamar alguém, "levo na rédea curta"- agir de forma rígida com alguém, "oxente"- ô gente, "rodar a baiana"- agir de forma agressiva com alguém, "abafa o caso"- esquece esse caso, "presunto"- menino morto, "pega a reta"- vá embora, "massa"- alguma situação muito boa, "tirando sua onda"- pessoa que está agindo de forma exibida, "vixe"- virgem, "faço a raxa na sua cara"- faço um corte no seu rosto, "abre essa zorra"- abrir algo, "resolver na diplomacia"- resolver um assunto com calma, conversando, "fazem um arerê por tudo"- fazer uma confusão por tudo, "cara de mareada"- pessoa que está bêbada, "a casa deve tá um mangue"- casa deve está uma bagunça, "tô meio abafado"- pessoa que está com pressa, "tô renovada"- quando a pessoa descansada, "vira essa boca pra lá"- não fale mais esse assunto, "bicho"- maneira de chamar alguém, "os da área"- pessoas do mesmo lugar e "limpar a área"- sair do lugar.

Todas essas expressões representam a identidade do brasileiro. O aprendiz, através delas aprenderá aspectos linguísticos, extralinguísticos e ideológicos, além de costumes e valores embutidos nelas.

Assim, a comunicação intercultural é sumamente importante em atividades de conflitos entre culturas, no uso de meios de comunicação modernos e onde quer que se queira comunicação eficaz e competente entre duas culturas distintas.

Mas não estamos partindo do zero, em cada um de nós habitam experiências e conhecimentos prévios, dos quais fazemos uso ao aprender essa língua- cultura. O processo de decodificação, de negociação com a outra cultura implica estabelecer comparações, quase sempre inevitáveis, entre o próximo e o distante, entre o similar e o distinto. Mas devemos evitar a tendência de observar outras culturas sob o ponto de vista da nossa

cultura, porque esta nos imprime uma determinada forma de ver o mundo, de perceber e interpretar a realidade. O verdadeiro processo de conhecimento implica que cada um se distancie dos estilos familiares e habituais e olhar para seu entorno para poder, assim, adotar os pontos de vista alheios, sem renunciar a própria identidade cultural.
Todas essas atividades poderiam ajudar a desenvolver a competência intercultural.
Para Byram (1997, p. 71):

> Alguém com *Competência Comunicativa Intercultural* está apto para interagir com pessoas de outro país e cultura em uma língua estrangeira. Eles são capazes de negociar um modo de comunicação e interação que são satisfatórios para eles mesmos e para os outros e também atuar como mediadores entre pessoas de diferentes origens culturais. Seu conhecimento de outra cultura está relacionado com a sua competência na língua através de sua habilidade para usar a língua apropriadamente – competências linguística e sociolinguística – e sua compreensão de significados, valores e conotações específicos da língua. Eles também têm a base para adquirir novas línguas e conhecimentos culturais como consequência das habilidades que adquiriram anteriormente. (Byram, 1997, p. 71).

Consequentemente, o conhecimento das práticas sociais específicas de determinada cultura permite que o falante monitore a fala e o comportamento, adequando-os a diferentes contextos. Mesmo em conversas triviais, há sinais marcados culturalmente: "[...] pistas linguísticas (alternância de código, de dialeto ou de estilo), pistas paralinguísticas (o valor das pausas, o tempo da fala, as hesitações) e/ou pistas prosódicas (entonação, acento, tom) [...]" (Borges, 2008, p. 80-81).
Professores e aprendizes, desse modo, devem aprender a compartilhar na sala de aula, além do conhecimento relativo à língua que está sendo ensinada e aprendida, toda uma rede de conhecimentos e informações que fazem parte dos seus mundos culturais específicos, fazendo de cada sujeito em interação uma fonte complexa e diversificada de conhecimento potencial (Mendes, 2004, p. 16-17).
Outros investigadores já demonstraram que "não é suficiente ler livros sobre cultura ou ter aulas explícitas sobre outras culturas, como por vezes é a prática comum, mas experimentar e confrontar essa experiência com situações novas e desconhecidas" (Mendes, 2007, p. 126-127). De fato, ensinar cultura implica transitar por sociedades cuja identidade nacional não é única ou estática.
É incontestável o crescimento na demanda de aquisição do Português em sua vertente estrangeirizada, não se restringindo ao aspecto de ser uma língua estrangeira aprendida em outro país, mas como uma língua estrangeira aprendida no país da língua alvo, dado o número de estrangeiros

que escolhem o Brasil para atuação acadêmica ou profissional, sem deixar de destacar o fato da sua aquisição enquanto língua de herança (Polh) em outros países em que a presença de famílias brasileiras é fato. Essas comunidades de brasileiros se esforçam por preservar suas raízes e sua língua-cultura o que fortalece o papel da língua portuguesa no mundo global.

Para a perspectiva intercultural o sujeito, os saberes e as experiências que ele constrói, a partir de suas relações, são o foco do processo educativo. Nesse sentido, "a ênfase na relação intencional entre sujeitos de diferentes culturas constitui o traço característico da relação intercultural." (Fleuri, 2002, p. 138). No entanto, é importante lembrar que, embora os muitos eixos conceituais que entendem e refletem sobre as relações entre os diferentes grupos sociais, o que se busca é, como bem afirma Fleuri (2005, p. 94), apoiado nas ideias de Terranova, a "possibilidade de respeitar as diferenças e de integrá-las em uma unidade que não as anule mas que ativem o potencial criativo e vital da conexão entre diferentes agentes e entre seus respectivos contextos."

Não devemos, portanto, entender o diálogo só como uma troca de ideias e conceitos. O diálogo é um "intercâmbio de experiências autênticas de vida" (Avila; Martinez, 2009, p. 12) que é racional e emocional. "A atitude do diálogo envolve a totalidade da pessoa, pois não dialogam só os intelectos, também dialogam as sensibilidades, os afetos e os silêncios" (Tubino, 2003b, p. 174). Este elemento é particularmente relevante na busca por um diálogo intercultural.

Considerações finais

Partindo do estudo intrínseco das estruturas morfossintáticas e semânticas contextualizadas de PLE, tende-se a abrir novos espaços para um diálogo com outras culturas linguísticas de maneira a suscitar o respeito e o reconhecimento às diferenças e semelhanças que transitam entre a língua meta e a língua do aprendiz.

Em se tratando do ensino de PLE, o aprendiz deve ser apresentado à heterogeneidade cultural, assim como as variações regionalistas que formam a língua brasileira. Tal processo de imersão poderá favorecer a apreensão de novos conhecimentos de maneira eficaz, uma vez que a língua estará associada à práxis social e a toda a dinamicidade linguística que está presente no contexto de todos os brasileiros, valorizando assim a cultura/língua meta. Advindo de tal metodologia, os conhecimentos são agregados de valores multiculturais, e mesmo interculturais, pois a cultura se configura como um mecanismo concreto de difusão dos saberes linguísticos.

Consideramos aqui a importância das diferenças culturais e do diálogo intercultural não apenas como forma de conhecer o outro e evitar preconceitos, mas também de fortalecer a própria identidade cultural. Isso significa que a única maneira de interpretar as manifestações culturais dos outros povos é partir dos seus próprios critérios culturais, embora isso não signifique a supressão total do nosso juízo crítico, mas a moderação do nosso etnocentrismo.

O conhecimento do Outro está relacionado, para começar, com aceitar que nossa imagem dos Outros e das outras culturas é condicionada por nossos próprios princípios culturais e nossos

critérios. Isto é, percebemos o Outro desde nossos pressupostos. O fato de aceitar que temos pressupostos nas nossas vidas permitirá que possamos nos abrir ao diálogo, à atitude de escuta. Dito de outra forma, quando não conhecemos algo, ou alguém, nossa tendência natural é nos guiarmos por estereótipos que constituem uma simplificação da realidade (Rodrigo, 1997, p. 17). É muito fácil que, tanto o pressuposto quanto o estereótipo se transformem em preconceitos e, inclusive, constituam princípios para a discriminação, que é uma atitude que pode ser percebida como contrária à interculturalidade.

Como comenta Mendes (2004, p. 91) em sua tese de doutorado, o educador Paulo Freire foi um dos pioneiros ao defender relações de ensino/aprendizagem de maneira geral, sensíveis à cultura dos sujeitos envolvidos no processo [...], chamando a atenção para a necessidade de se construir espaços de criação, liberdade e respeito mútuos, assim como para o desenvolvimento do diálogo entre diferentes culturas.

Referências bibliográficas

Agra, K.L.O. *A integração da língua e da cultura no processo de tradução*. Biblioteca on-line de Ciências da Comunicação, www.bocc.ubi.pt, pp 1-18, 2006.

Avila, F. M.; Martinez, L.M. Reconocimiento e Identidad: Diálogo Intercultural. *Utopía y Praxis Latinoamericana*. Maracaibo, vol.14, n.45 , p. 45-64, 2009. Disponível em: <http://www.scielo.org.ve/scielo.php?script=sci_arttext&pid=S1315-52162009000200005&lng=es&nrm=iso>. Acesso em: 15 set. 2012.

Bates, D. G. & Plog, F. Y. *Cultural Anthropology*. New York: McGraw – Hill, 1990

Bauman, Z. *Identidade*: entrevista a Benedetto Vecchi/Zygmunt Bauman. 1925, Trad. Carlos Alberto Medeiros, Jorge Zahar. Rio de Janeiro: Zahar, 2005.

Borges, J. K. de C. Como um touro na loja de porcelana" ou das condiçõescomunicativas de um estrangeiro no Brasil. In: ASSIS-Peterson, Ana A. de (Org.).*Línguas estrangeiras: para além do método* . São Carlos/Cuiabá; Pedro & João/UFTM, 2008.p. 77-93

Byram, M. *Teaching and Assessing Intercultural Communicative Competence*. Clevedon: Multilingual Matters, 1997.

_____. Assessing Intercultural Competence. In: *Language Teaching*. Sprogforum, 18(6), 8-13 http://inet.dpb.dpu.dk/infodok/sprogforum/Espr18/byram.html [retrieved, June, 2009]., 2000.

Bhabha, H. K. *O local da cultura*. Trad. de Myriam Ávila; Eliana Lourenço de Lima Reis e Gláucia Renate Gonçalves. Belo Horizonte: Editora UFMG, 2013.

Candau, M. V. Sociedade multicultural e educação: tensões e desafios. In: CANDAU, Maria Vera (Org.). *Cultura(s) e educação*: entre o crítico e pós-crítico. Rio de Janeiro: DP&A, 2002.

Candau, M. V. Direitos humanos, educação e interculturalidade: as tensões entre igualdade e diferença. *Revista Brasileira de Educação*, Rio de Janeiro, v. 13, n. 37, p. 45- 185. , jan./abr. 2008. Disponível em: http://www.scielo.br/pdf/rbedu/v13n37/05.pdf. Acesso em: jan. 2011.

Fernandez, M. La enseñanza de la comunicación no verbal en un curso de Español de los negocios según la ELMT. Universidad Antonio de Nebrija, 2004. Disponível em:<http://formespa.rediris.es/biblioteca>. Acesso em: 24 ago. 2004.

Finuras, P. *Gestão Intercultural*. 2ª. Ed. Lisboa: Editora Sílabo, 2007.

Fleuri, R. M. in *Palestra Proferida no V Colóquio Internacional Paulo Freire* -2005. www.paulofreire.org.br/Textos/fleuri_2005_recife_resumo_e_texto_completo.pdf.

_____. Educação intercultural: a construção da identidade e da diferença nos movimentos sociais. *Perspectiv*a, Florianópolis, v. 20, n. 2, p. 405-423, jul./dez. 2002.

Geertz, C. *Interpretações das culturas*. Rio de Janeiro: Guanabara, 1989.

Gil, G. *Ensino de Espanhol e interculturalidade*: tecendo caminhos possíveis. No prelo.

Hall, S. *A identidade cultural da pós-modernidade*. Rio de Janeiro: DP&A, 2006.

Haviland, W., A. *Cultural Anthropology*. Vermont: Harcourt Brace Jovanovich College Publishers, 1993.

Keesing, F. M. *Antropologia cultural: a ciência dos costumes*. Traduzido do original: Cultural Anthropology. 1 ed Rio de Janeiro: Fundo de Cultura, em 1961. 2da edição, 1965.

Janzen, H. E. *Mediação cultural, abordagem comunicativa e ensino de língua estrangeira: o conceito lingüístico de Bakhtin e os pressupostos da interculturalidade*. São Paulo, 1998. Dissertação (Mestrado) - USP.

Laraia, R. de B. *Cultura:* um conceito antropológico. Rio de Janeiro: Zahar, 2004.

Mendes, E. Aprender a língua, aprendendo a cultura: uma proposta para o ensino de português língua estrangeira (PLE). In: Cunha, M. J. C.; Santos, P. (Orgs.). *Tópicos em português língua* estrangeira. Brasília: UnB,

2002.

Mendes, E. *Abordagem Comunicativa Intercultural* (ACIN). Uma proposta para ensinar e aprender língua no diálogo entre culturas. 2004. 440 p. Tese (Doutorado) – UNICAMP, Campinas, 2004.

_____. A Perspectiva Intercultural no Ensino de Línguas: uma relação "entre-culturas". In: Ortiz Alvarez, M.L. E Silva, K.A. (Org.). *Linguística Aplicada: múltiplos olhares*. Campinas: Pontes, 2007, p.119-154.

_____. Língua, cultura e formação de professores: por uma abordagem de ensino intercultural. In: Mendes, Edleise. Castro, M.L.S. *Saberes em português*: ensino e formação docente. Campinas/SP: Pontes, 2008.

Nanda, S. *Cultural Anthropology*. Belmont: Wadsworth, 1994.

Ortiz Alvarez, M.L. O ensino de expressões idiomáticas: uma ponte para a comunicação intercultural. In: ROJAS, E. M. *Léxico e interculturalidad*. Nuevas perspectivas. Facultad de Filosofia y Letras: Universidad de Tucumán, Argentina, 2012. Pp. 916-930.

_____. As expressões idiomáticas nas aulas de ELE: um bicho de sete cabeças? In: REY, I. G.(org.) *Les expressions figées em didactique des langues étrangères*. 1. ed. Proximités E.M.E, 2007, p.159-179.

Paraquett, M. Abordagem Multicultural e formação de leitores na aprendizagem de Espanhol Língua estrangeira. In. *Caligrama*. Belo Horizonte: UFMG, vol 3, nov. de 2006.

POLÓNIA, C. *As expressões idiomáticas em Português Língua Estrangeira*. Dissertação de mestrado, não publicada. FLUP, Porto, 2009.

Samovar, L. A.; Porter, R. E.; Stefani, L. A. *Communication between Cultures*. Belmont: Wadsworth Publishing Company, 1998.

Serrani, S. *Discurso e cultura na aula de língua*: currículo, leitura, escrita. Campinas, SP: Pontes, 2005

Rajagopalan, K. *Por uma lingüística crítica: linguagem, identidade e a questão ética*. São Paulo: Parábola Editorial, 2003.

Rodrigo, M. Elementos para una comunicación intercultural. In: Revista *CIDOB* d'afers internacionals, Barcelona, N°36, p. 11-21, 1997. Disponível em: http://www.cidob.org/es/publicaciones/articulos/revista_cidob_d_af ers_internacionals/elementos_para_una_comunicacion_intercultural2. Acesso em: 15 set. 2012.

Tubino, F. *En defensa de la universalidad dialógica*. Conferência. Ciclo de conferencias Debates de la ética contemporánea. 6 de outubro de 2008. Disponível em: http://red.pucp.edu.pe/ridei/temas/en-defensa-de-la-universalidad-dialogica/. Acesso em: 25 set 2012.

_____. *Del interculturalismo funcional al interculturalismo crítico*. 2003a. Disponível em: http://red.pucp.edu.pe/ridei/temas/del-interculturalismo-funcional-alinterculturalismo-critico/. Acesso em: 23 set 2012.

_____. Ciudadanías complejas y diversidad cultural. In: Vigil, N; Zariquiey, R. (Eds) *Ciudadanías inconclusas*. El ejercicio de los derechos en sociedades asimétricas. Lima:Pontificia Universidad Católica del Perú y GTZ, 2003b. p. 167-191.

CONTRIBUIÇÕES DA PRÁTICA DE TELETANDEM PARA A FORMAÇÃO DE PROFESSORES DE PORTUGUÊS COMO LÍNGUA ESTRANGEIRA

Karin Adriane Henschel Pobbe Ramos

Introdução

O presente artigo é resultado das leituras, observações e reflexões que têm norteado nosso trabalho tanto em supervisões de Português como Língua Estrangeira (PLE) no contexto do *Centro de Línguas e Desenvolvimento de Professores*[1], quanto em orientações de pesquisas de Iniciação Científica[2], quanto em mediações no projeto *Teletandem Brasil: Línguas estrangeiras para todos*[3], atividades desenvolvidas na UNESP de Assis. Acreditamos que os aspectos aqui discutidos são bastante pertinentes e relevantes para todos os profissionais que se preocupam em pensar a educação, os processos de ensino-aprendizagem de línguas, a mediação do computador e os múltiplos fatores que entram em cena quando se aborda um tema tão importante para uma sociedade em constante mudança.

Hoje, cada vez mais, os estudos sobre a linguagem enfocam sua estreita relação com as práticas sociais e os processos culturais, evidenciando o

---

[1] *Centro de Línguas e Desenvolvimento de Professores* é um Projeto de Extensão colaborativo entre o *Departamento de Letras Modernas* e o *Departamento de Educação* da Faculdade de Ciências e Letras de Assis/UNESP, com o apoio da *PROEX (Pró-Reitoria de Extensão)* e da *AREX (Assessoria de Relações Externas)* da Universidade Estadual Paulista (UNWSP).
(www.assis.unesp.br/centrodelinguas)

[2] Estudo de questões linguístico-discursivas do processo de ensino de português como língua estrangeira no contexto virtual do Teletandem, bolsista Gabriela Rossatto Franco (Processo FAPESP 2012/20745-8) e Minha língua estrangeira como língua materna: reflexão sobre o processo de formação de professores de Português como Língua Estrangeira, bolsista Bayeux Delvecchio (Processo FAPESP 2012/21533-4).

[3] Teletandem Brasil: línguas estrangeiras para todos foi um Projeto Temático FAPESP (Processo FAPESP 2006/03204-2) durante os anos de 2006 a 2010 que atualmente está em continuidade, de maneira colaborativa entre os cursos de Letras da Faculdade de Ciências e Letras de Assis/UNESP e do Instituto de Biociências, Letras e Ciências Exatas de São José do Rio Preto/UNESP co (www.teletandembrasil.org).

papel central dos usos linguísticos nas transformações históricas. Dessa maneira, entende-se que os discursos não apenas refletem ou representam entidades e relações sociais, mas as constroem, constituindo-se em elementos-chave para o posicionamento das pessoas como sujeitos sociais (Fairclough, 2001, p. 22).
Fairclough (1992) argumenta a favor da constituição de uma Conscientização Crítica da Linguagem para o ensino de línguas, que poderia fornecer aos aprendizes um conhecimento capaz de produzir mudanças em suas próprias práticas discursivas e nas práticas discursivas de sua comunidade.
Portanto, para os professores de língua, que estão em formação, desenvolver uma postura reflexiva e crítica sobre a linguagem e seus usos é condição imprescindível para uma prática social de ensino e aprendizagem que resulte em efetivas transformações na sociedade. De acordo com Fairclough:
> A Conscientização Crítica da Linguagem objetiva recorrer à linguagem e à experiência discursiva dos próprios aprendizes, para ajudá-los a tornarem-se mais conscientes da prática em que estão envolvidos como produtores e consumidores de textos: das forças sociais e interesses que a moldam, as relações de poder e ideologias que a investem; seus efeitos sobre as entidades sociais, relações sociais, conhecimentos e crenças; e o papel do discurso nos processos de mudança cultural e social. (Fairclough, 2001, p. 292)

O reflexo das mudanças sociais e culturais nas práticas discursivas podem ser indicações de que a linguagem tem um papel fundamental na transformação da sociedade e que, muito provavelmente, tentativas de definir a direção das mudanças cada vez mais devem incluir tentativas de mudar as práticas de linguagem.

Um contexto virtual de ensino e aprendizagem de línguas
Uma dessas mudanças ocorridas nas práticas de linguagem que tem estreita relação com transformações do contexto histórico e social diz respeito à mediação do computador no processo de ensino-aprendizagem. O computador mudou a maneira de ler, construir e interpretar textos e é um exemplo de como tecnologia e cultura interagem de forma significativa para interferir nos usos linguísticos e estão imbuídos de conflitos ideológicos, modelados por forças da economia, história e política (Marcuschi, 2001, p. 80).
Têm-se, portanto, um novo cenário para a educação, no qual os educadores precisam repensar sua metodologia, seus métodos, suas estratégias, seus recursos e suas formas de avaliação. Negar essa invasão da tecnologia na sala de aula ou tentar conter esse avanço é um esforço que resultará em uma postura cada vez mais reacionária da instituição escolar. Simplesmente

trocar as ferramentas e manter o mesmo discurso também trará as mudanças necessárias. É preciso que se busquem meios de se aliar tecnologia e ensino-aprendizagem, a fim de se criar novos contextos que facilitem esse processo e traga resultados que efetivamente tenham um impacto na educação.

De acordo com o inventor da Internet, Berners-Lee (apud Crystal, 2006), a rede mundial de computadores interligados é mais uma criação social do que técnica. Apesar da relevância de todo o suporte tecnológico que sustenta a Internet e permite as interações, o que fez com que tivesse essa expansão acelerada e essa infinidade de utilizações foi justamente o seu caráter social de proporcionar a conexão entre seus participantes, anulando obstáculos tais como distância e barreiras étnicas, etárias, econômicas, políticas, etc.

No caso específico de aprender e ensinar línguas, o uso da tecnologia aliada a esses poderosos mecanismos de interconecção pode fazer com que o tempo previsto para se utilizar a língua que se está aprendendo seja abreviado. Há algumas décadas, aprendia-se uma língua estrangeira para ser posta em prática no futuro, em uma viagem ou situação de contato presencial com um falante nativo. Atualmente, aprende-se para usar no presente, em circunstâncias as mais variadas.

Fundamentado nessas transformações, o Projeto Teletandem Brasil surge como um novo contexto para o ensino e aprendizagem de línguas, com a mediação do computador. Trata-se de um modelo que transporta para a realidade virtual os princípios do tandem, uma forma de intercâmbio de conhecimento com fins educativos que surgiu na Alemanha no final da década de 1960 e se difundiu por vários países (Ramos, 2012).

O aprendizado de línguas por meio de *tandem*, no qual dois falantes intercambiam seus conhecimentos, está fundamentado nos princípios de colaboração e reciprocidade entre os parceiros, autonomia sobre o processo e independência entre as línguas, ou seja, as línguas não devem ser misturadas durante a sessão (Telles, 2009). Nesse contexto, o teletandem surge como uma nova prática de ensino-aprendizagem de línguas a partir da utilização de recursos tecnológicos.

Na versão brasileira do teletandem, a aprendizagem é realizada à distância, em um contexto virtual, mediada pelo computador, em uma comunicação sincrônica, utilizando-se recursos de escrita, leitura, videoconferência e aplicativos de mensagens instantâneas, principalmente o Skype. Inicialmente, de acordo com Vassalo (2010), o projeto apresentava as seguintes especificidades: ser realizado em várias línguas, com contatos internacionais com universidades de vários países; propor-se a realizar parcerias diretamente entre alunos, independentemente de acordos entre professores; estar baseado tanto no trabalho colaborativo entre as duplas quanto entre turmas previamente pareadas; no lado brasileiro, a maioria dos participantes brasileiros envolvidos é composta de futuros professores de língua materna ou estrangeira; ter um enfoque particular na conversação e na livre escolha de atividades por parte dos alunos. Ainda segundo Vassalo, uma das línguas intercambiadas era sempre o português, o que denota a relevância da língua materna dos participantes do lado brasileiro, nesse novo contexto de aprendizagem de língua. Além disso, a maioria dos participantes brasileiros prefere ensinar sua língua materna, por sentirem-se mais seguros quanto ao domínio das suas estruturas e conhecimento vivenciado de seus usos nas mais variadas situações de interação. Assim, a língua portuguesa tem sido a mais compartilhada pelos usuários do projeto e, em se tratando de futuros professores de língua, é essencial analisar a relação que esses usuários têm com sua língua materna.

Atualmente, esse modelo independente tem sido substituído por um modelo institucional, no qual prevalecem os acordos entre instituições, com a mediação de um professor. Em média, são realizadas de dez a doze sessões por semestre, com duração de uma hora, sendo trinta minutos para cada língua, seguida de uma sessão de mediação, com duração de trinta minutos. Em alguns casos, principalmente, nas universidades americanas, as sessões de teletandem estão incorporadas à grade curricular do aluno, sendo o processo submetido a certas formas de controle, tais como frequência e atividades para nota, e avaliações. Essa versão institucionalizada do teletandem, de certa forma, compromete os níveis de autonomia dos participantes; entretanto, o ganho em termos de aprendizagem tem se mostrado muito maior, pois os encontros são preestabelecidos e os objetivos mais bem definidos.

Portanto, acreditamos ser necessária uma pesquisa que vise a investigar as contribuições dessa nova forma de utilização da linguagem para o processo de formação inicial de professores de PLE. Para tanto, avaliaremos os níveis de conscientização crítica da língua portuguesa em uso durante o processo. Para essa análise, julgamos procedente a aplicação dos procedimentos da Análise do Discurso Crítica (ADC), cujo enfoque é tridimensional: no texto, no discurso e na prática social.

Tendo em vista esses pressupostos teóricos, nosso trabalho será norteado pelas seguintes perguntas de pesquisa:

(a) de que modo se dá o ensino de PLE em contexto virtual;
(b) como essa prática contribui para a formação de professores de PLE.

Essas questões têm sido alvo de nossas pesquisas, uma vez que trabalhamos com a formação inicial de professores de PLE para alunos de um curso de Letras de uma instituição localizada no interior do Estado de São Paulo, Brasil, contexto em que o fluxo de estrangeiros é muito baixo, o que, de certa forma, inviabiliza cursos presenciais.

Nesse sentido, o teletandem têm um duplo valor: possibilita aos aprendizes de língua estrangeira do curso terem contato com falantes nativos ou fluentes na língua que estão aprendendo e, ao mesmo tempo, permite que seja viabilizada uma experiência de ensino de PLE em contexto virtual, dadas as dificuldades que temos, em nosso contexto, para formar turmas presenciais.

A necessidade dos usuários da língua de reconhecer o valor e o poder de sua língua materna tem recebido papel de destaque na teoria crítica. A reflexão sobre as implicações socioeconômicas e políticas que contextualizam o letramento e o desenvolvimento das práticas sociais da linguagem é uma questão a ser trabalhada na sociedade pós-moderna. O impacto dessa conscientização nos aprendizes é fundamental na educação do século 21 (Purcell-Gates, 1995). Conforme Ramalho e Resende:

> Questões de luta pela identidade são parcialmente questões de discurso [...] e uma das funções da ciência crítica é tentar desvelar aspectos negativos da "nova ordem mundial" hegemônica e mostrar que podem ser mudados pela agência humana, dado que não são naturais, mas são, pelo menos em parte, o resultado de estratégias particulares engendradas por meio de decisões políticas de acordo com interesses determinados. (Ramalho; Resende, 2004, p. 201)

Nesse sentido, é importante que professores de língua em formação desenvolvam uma atitude reflexiva sobre as práticas de linguagem, a fim de não incidirem em um ensino baseado apenas em questões estruturais e exercícios de gramática em uma versão mais tradicional, sem enfatizar os usos sociais da língua nas diversas áreas de atividade humana e sem enfocar o discurso como um campo de exercício de poder. Da mesma forma, é essencial que conheçam e dominem novas formas de interação e novas ferramentas tecnológicas que podem ser utilizadas para ensino e aprendizagem de línguas, a fim de que estejam aptos a lançar mão desses recursos e não ficarem à mercê de práticas e técnicas ultrapassadas que se constituem como um entrave para o processo.

Portanto, o estudo que pretendemos realizar visa a considerar algumas questões relacionadas à Conscientização Crítica da Linguagem (CCL), baseadas no conceito de *Critical Language Awareness* (CLA) e na Análise do Discurso Crítica (ADC), desenvolvida inicialmente por pesquisadores em Lancaster, na Grã-Bretanha, durante os últimos vinte e cinco anos (Fairclough, 1992; Kress, 1989; Mey, 1985). Segundo essa visão, o objetivo da educação é o desenvolvimento de uma conscientização crítica do mundo, incluindo principalmente o ensino e a aprendizagem de língua materna e línguas estrangeiras. De acordo com esses estudos, existe uma relação intrínseca entre discurso, conhecimento e as transformações que acontecem em uma sociedade pós-moderna baseada na informação e é necessário que se reflita sobre essas questões e suas implicações.

Como os usuários se relacionam com o conhecimento e avaliam as situações comunicativas nas quais estão inseridos; como produzem discursos a partir do contexto histórico e cultural; e de que maneira esses discursos estão associados a diferentes perspectivas e relacionados com interesses diversos nas mais variadas relações sociais de poder, são reflexões que embasam a ADC.

Uma conscientização crítica sobre as práticas linguísticas e sociais torna-se, portanto, um pré-requisito para o exercício efetivo da cidadania. É preciso reconhecer de que maneira as ideologias dominantes perpassam os discursos nas diferentes atividades humanas, estabelecendo jogos de poder e dominação. Essa atitude crítica deve fundamentar as práticas pedagógicas, principalmente no ensino de língua materna e línguas estrangeiras. A necessidade dos interlocutores de reconhecer o valor e o poder da comunicação, a fim de desenvolverem uma atitude política, é fundamental no processo de ensino e aprendizagem. Mas essa reflexão sobre os discursos necessita de um suporte teórico de pesquisa, principalmente no campo da Educação, para que possa verificar o impacto desse conhecimento nos aprendizes.

Com a proposta de aplicarmos os conceitos da ADC ao contexto de ensino-aprendizagem de línguas do *Projeto Teletandem Brasil: línguas estrangeiras para todos*, temos um espaço para refletir sobre a capacitação crítica dos futuros professores, bem como podemos subsidiá-los com considerações sobre a importância dessa conscientização para o campo do ensino de língua materna no qual estarão prestes a atuar. Dessa forma, pretendemos contribuir para a formação de profissionais autônomos, críticos e reflexivos sobre as práticas sociais da linguagem e suas implicações nas práticas pedagógicas.

Para tanto, algumas sessões de mediação em teletandem foram gravadas e transcritas, com o intuito de elaborarmos uma análise dos discursos produzidos pelos interagentes, principalmente enfocando da parte de ensino de Língua Portuguesa, de acordo com os pressupostos da ADC, a fim de se avaliar o nível de conscientização crítica que os participantes revelam sobre a Língua Portuguesa e seus usos.

Procedimentos teórico-metodológicos

Passaremos, nesse momento, a explicitar as bases metodológicas e os procedimentos para a coleta e a análise dos dados que pretendemos utilizar em nossa análise. Esclarecemos, mais uma vez, que nosso objetivo, no presente artigo, é levantar alguns questionamentos e não apresentar respostas definitivas a respeito das contribuições das práticas de teletandem para a formação inicial de professores de PLE. Segundo Telles (2002), a pesquisa no campo da Educação deve ser emancipatória, no sentido de produzir contextos para aquisição de instrumentos e desenvolvimento de uma prática reflexiva e construção de propostas de ações que estejam voltadas para a melhoria do trabalho em sala de aula.

Para o desenvolvimento desta investigação utilizamos um paradigma de pesquisa baseado nas teorias críticas que, de acordo com Guba e Lincoln (2005), consideram a realidade em termos sociais, históricos e políticos, propondo-se a aprofundar as ideologias e as razões que estão na origem das práticas sociais, com vistas à conscientização.

Nessa linha metodológica, utilizamos os pressupostos da Análise do Discurso Crítica (ADC), que tem por base a materialidade linguística e toma a linguagem como uma forma de reforçar e contestar as estruturas sociais vigentes (Osório; Ito, 2008). A ADC visa à desconstrução ideológica dos discursos produzidos em determinado contexto, considerando as relações complexas entre texto, práticas discursivas, práticas sociais, jogos de poder e fatores sócio-histórico-culturais. Assumimos também uma postura ontológica crítico-realista, segundo a qual, "o mundo é um sistema aberto, em constante mudança e constituído por diferentes domínios, assim como por diferentes estratos" (Bhaskar *apud* Ramalho; Resende, 2011, p. 32). Segundo essa visão, os discursos têm efeitos na vida social e são por ela produzidos.

Trata-se, portanto, de uma pesquisa qualitativa, de caráter interpretativista, nos moldes explicitados por Lüdke e André (1986), quando afirmam que, nesse tipo de pesquisa, há ênfase no processo, com a preocupação em se retratar a perspectiva dos participantes, além do ambiente natural ser a fonte direta dos dados. Dessa forma, buscamos "oferecer um suporte científico para estudos sobre o papel do discurso em relação a problemas sociais contextualmente situados" (Ramalho; Resende, 2011, p. 75).

A pesquisa se desenvolveu no contexto das sessões de mediação de teletandem realizadas no Laboratório do Centro de Línguas e Desenvolvimento de Professores da Faculdade de Ciências e Letras da UNESP/Assis, como também no contexto de reuniões e encontros de orientação, consultoria e mediação entre os envolvidos no projeto.

Participaram da pesquisa nove alunos do Curso de Letras que fazem sessões de teletandem em interação com alunos de cursos variados de uma universidade norte-americana, durante o primeiro semestre de 2013. O espaço utilizado para essas interações/mediações que ocorriam uma vez por semana, durante uma hora e meia foi o Laboratório do Centro de Línguas e Desenvolvimento de Professores da Faculdade de Ciências e Letras da UNESP/Assis. Fez parte da execução da pesquisa uma aluna, bolsista de Iniciação Científica, que desenvolveu investigações, sob nossa orientação, no contexto da proposta do projeto em questão.

O *corpus* está composto por sessões de mediação gravadas e transcritas; atividades que foram desenvolvidas pelos participantes durante a interação, tais como as anotações, compartilhamento de tela; atividades que foram realizadas depois da interação, tais como produções de textos dos interagentes e correções de seus respectivos parceiros. Além disso, também utilizamos questionários, entrevistas, e atividades reflexivas, projetadas pelos próprios participantes, de acordo com as necessidades para o desenvolvimento da pesquisa, visando à obtenção de informações pertinentes ao objeto de estudo e interesse. Essas informações eram postadas na *Plataforma Teleduc*, que funcionou como um suporte para as interações.

Os materiais coletados foram estudados de acordo com os procedimentos da ADC que prevêem uma abordagem tridimensional: 1º) primeiramente enfocamos o nível linguístico de descrição das características textuais do material, considerando-se os aspectos relativos aos usos de linguagem que aparecem e caracterizam os textos orais e escritos produzidos durante e depois da interação; 2º) a seguir, passamos a uma análise discursiva do evento, avaliando-se como se dá a interação entre os interlocutores e quais os elementos contextuais que estão presentes na produção discursiva; 3º) finalmente, entra em questão a dimensão das práticas sociais das circunstâncias institucionais e organizacionais que envolvem as produções, em uma análise da circulação do poder e do grau de conscientização que os participantes demonstram sobre essas relações que permeiam essa prática.

Para a presente reflexão, estamos nos baseando somente na parte do *corpus* composta pelas postagens na *Plataforma Teleduc*, especialmente no fórum de discussão intitulado "Minha língua materna como língua estrangeira".

Análise dos dados

Em um dos fóruns de discussões disponibilizado na *Plataforma Teleduc*, os alunos brasileiros, participantes das interações em Teletandem, comentaram a respeito de como vivenciaram a experiência de ensinar português como língua estrangeira. O teor das respostas demonstrou uma forte tendência em classificar como difícil ensinar a língua materna a seus parceiros, mesmo considerando-se que são alunos de um curso de Letras.

Essa constatação pode nos levar a várias reflexões. Em primeiro lugar, a língua portuguesa não tem tradição em ser ensinada como língua estrangeira. Falantes de português não estão acostumados a que falantes de outras línguas queiram aprender a sua língua materna, uma vez que os países falantes de português nunca ocuparam uma posição hegemônica no cenário internacional. De acordo com Gnerre (1985, p. 5), uma língua vale o que valem na sociedade os seus falantes, isto é, vale como reflexo do poder e da autoridade que eles têm nas relações econômicas e sociais. Dessa forma, as línguas oficiais de países com pouca influência nessas relações não têm muita visibilidade.

Entretanto, de acordo com Ramos (2013), mudanças no cenário internacional têm conferido um lugar de destaque à língua portuguesa falada no Brasil e o interesse de falantes de outras línguas em aprender esse idioma tem crescido muito nos últimos anos. Nesse cenário contemporâneo, conforme Almeida Filho (2007, p. 33), as atividades de ensino, pesquisa e difusão do ensino de português para falantes de outras línguas estão crescendo e conseguindo apoio e visibilidade. Por essa razão, as adesões de interessados pelas diversas formas de irradiação desse movimento têm conquistado, cada vez mais, expressão no meio acadêmico, por meio de apresentação de ideias, aplicações de teorias, formulação de projetos de natureza aplicada vinculados ao planejamento de cursos, preparação de materiais, diagnóstico de sala de aula etc. De igual modo, a formação de professores de português como língua estrangeira tem permeado os currículos de Letras, tendo em vista as possibilidades de inserção no mercado de trabalho bem como as implicações teórico-metodológicas desse campo ainda em construção. Mas esses esforços ainda são incipientes se comparados à línguas hegemônicas, tal como o inglês.

Esse fato tem outras implicações: além de ainda haver poucos estudos a respeito do ensino de português como língua estrangeira, não há muito material didático produzido. Alguns alunos chegam a relatar que acham mais fácil ensinar uma língua estrangeira, que muitas vezes eles nem dominam com fluência, do que ensinar o português, sua língua materna, como estrangeira, pois, de acordo com os depoimentos, os alunos não sabem muito bem por onde começar e têm muita dificuldade em sistematizar os fenômenos linguísticos da sua própria língua.

Dessa forma, como os interagentes da instituição norte-americana apresentavam a maior parte das dúvidas relacionadas à conjugação dos verbos, os alunos brasileiros também achavam esse ponto difícil de ser explicado. Alguns nem mesmo dominavam todas as conjugações e as explicações dadas nem sempre correspondiam ao que está sistematizado nas gramáticas tradicionalmente.

Uma das interagentes brasileiras publicou no fórum da *Plataforma Teleduc*: Como falante nativa, não fazia ideia do quanto isso poderia ser complicado. [...] Então, é de se acreditar que quem faz questão de buscar conhecimentos em cima dela [referindo-se à língua portuguesa], realmente a ama.

Como podemos ver por meio do exemplo acima e dos outros dados mencionado acima, os interagentes brasileiros, alunos de Letras, realmente não faziam ideia da complexidade de sua própria língua. É necessário uma preparação específica para ensiná-la.

Nesse ponto, esbarramos em outra questão: os currículos dos cursos de Letras, no Brasil, ainda não incorporaram totalmente essa visão. No caso em estudo, não há nenhuma disciplina na grade curricular que se dedique especificamente ao ensino do português como língua estrangeira. Desse modo, o contexto virtual do Teletandem, como atividade extracurricular, oferecida aos alunos de Letras da unidade, torna-se uma das únicas oportunidades que os alunos têm para vivenciar esse novo campo que se abre à língua portuguesa no cenário internacional.

Nota-se, portanto, que os interagentes do lado brasileiro ainda apresentam um baixo nível de conscientização linguística, no sentido de que recorrem à sua experiência discursiva apenas para buscar explicações, de ordem empírica, a respeito dos fenômenos linguísticos com os quais se deparam. Tentam dar explicações gramaticais apenas, nem sempre adequadas ou de acordo com a norma culta e demonstram pouca atividade reflexiva a respeito da prática em que estão envolvidos como produtores e consumidores de textos. Raros são os momentos em que discutem as relações de poder e seus efeitos sobre o papel do discurso nos processos de mudança social e cultural (Fairclough, 2001, p. 292).

Portanto, há que se enfatizar a importância do mediador nesse contexto virtual de ensino e aprendizagem de línguas, no sentido de que a mediação, entendida como um trabalho de reflexão sobre o processo que se dá durante as interações, pode funcionar como um dispositivo que desencadeie uma conscientização crítica da linguagem entre os interagentes.

Considerações finais

Como já esclarecemos na Introdução a este artigo, procuramos trazer à tona algumas reflexões que emergiram durante a execução de nossa pesquisa. Entretanto, pelo aqui exposto podemos ressaltar alguns pontos que podem ser concluídos a partir das considerações feitas até o presente momento.

Em primeiro lugar, acreditamos que um estudo que vise a investigar a conscientização crítica da linguagem em alunos de Letras, que possivelmente virão a ser professores, pode ser de extrema relevância quando se assume uma perspectiva crítica e quando se entende que essa conscientização é a base para um processo de transformação social a partir da educação e, mais especificamente, do ensino de língua materna.

Em segundo lugar, destacamos a importância de se voltar a atenção para os fatores de ordem linguística, discursiva e social que estão presentes nesse contexto específico de ensino e aprendizagem, quando se almeja a formação de cidadãos críticos e atuantes nas diversas áreas de atividade humana.

Também é importante registrar esse momento de transição pelo qual passam as práticas educativas à distância, mediadas pelo computador. Trata-se de um período em que muitos questionamentos são feitos acerca da eficácia desses novos instrumentos e da validade desses novos contextos de ensino-aprendizagem de línguas. É preciso investigar os múltiplos fatores que se interpõem nessa mediação, a fim de que possam ser averiguadas quais são as vantagens e desvantagens desse novo modelo, quais as principais dificuldades que apresenta aos seus usuários e quais a sua efetiva contribuição para o multilinguismo e o multiculturalismo de uma sociedade que se diz globalizada.

No que diz respeito à formação de professores de PLE, o contexto virtual do Teletandem pode ser bastante profícuo, uma vez que proporciona aos interagentes situações em que se veem interpelados por um aprendiz estrangeiro a respeito de questões de sua língua materna. Tais situações, observadas durantes as sessões resultam em atividades de reflexão sobre a língua. Entretanto, as sessões de mediação, que ocorrem após as interações, devem dar conta de transformar essas atividades, ainda sem muita sistematização, em atividades de análise linguística, as quais importam a um professor em formação inicial, de modo que alcance uma conscientização crítica da própria língua.

Referências Bibliográficas

Almeida Filho, J. C. P. de. Maneiras de credenciar-se na área de ensino de português a falantes de outras línguas. In: Almeida Filho, J. C. P. de; Cunha, M. J. C. *Projetos iniciais em português para falantes de outras línguas.* Brasília, DF: EdUnB; Campinas, SP: Pontes, 2007. p. 33-37.

Crystal, D. Language and the Internet. 2. ed. Cambridge: Cambridge University Press, 2006.

Fairclough, N. *Language and Power.* Londres e Nova York: Longman, 2001.

_____. *Discurso e mudança social.* Tradução de Izabel Magalhães. Brasília: Editora Universidade de Brasília, 2001.

_____. *Critical Discourse Analysis.* Londres e Nova York: Longman, 1995.

_____. *Critical Language Awareness.* Londres: Longman, 1992.

Gnerre, M. Linguagem, poder e discriminação. In: *Linguagem, escrita e poder.* São Paulo: Martins Fontes, 1985. p. 3-24.

Guba, E. G.; Lincoln, Y. S. Paradigmatic Controversies, Contradictions and Emerging Confluences. In: Denzin, N. K.; Lincoln, Y. S. (eds.) *The Sage Handbook of Qualitative Research.* 3. ed. New York: Sage, 2005, p. 191-215.

Kress, G. *Linguistic Processes in Sociocultural Practice.* Oxford: Oxford University Press, 1989.

Lüdke, M.; André, M.E.D.A. *Pesquisa em educação*: abordagens qualitativas. São Paulo: E.P.U, 1986.

Marcuschi, L. A. O hipertexto como um novo espaço de escrita em sala de aula. *Linguagem e Ensino*, v. 4, n. 1, 2001, p. 79-111.

Mey, J.L. *Whose Language? A Study in Linguistic Pragmatics.* Amsterdam: John Benjamins Publishing Company, 1985.

Osório, P.; Ito, I. M. A teoria linguística da Análise Crítica do Discurso e o manual didático de PLE. In: Osório, P. e Meyer, R. M. (orgs.). *Português segunda língua e língua estrangeira.* Lisboa: Lidel, 2008, p. 85-107.

Purcell-Gates, V. Research for the 21st century: a diversity of perspectives among researches. *Language Arts*, v. 72, n. 1, 1995, p.56-60.

Ramos, K. A. H. P. Implicações socioculturais do processo de ensino de português para falantes de outras línguas no contexto virtual do Teletandem. *Estudos Linguísticos*, São Paulo, 42 (2): p. 731-742, maio-ago 2013.

_____. O ensino de Português Língua Estrangeira no contexto virtual do Teletandem: aspectos linguístico-discursivos. *Estudos Linguísticos*, São Paulo, 41 (2): p. 539-552, maio-ago 2012.

Resende, V. M.; Ramalho, V. *Análise de discurso (para a) crítica*: o texto como material de pesquisa. Campinas, SP: Pontes, 2011.

_____. *Análise de discurso crítica*. São Paulo: Contexto, 2006.

_____. Análise de discurso crítica – do modelo tridimensional à articulação entre as práticas: implicações teórico-metodológicas. *Linguagem em (Dis)curso - LemD*, Tubarão, v. 5, n.1, 2004, p. 185-207.

Telles, J.A. Ensino e aprendizagem de línguas em tandem: princípios teóricos e perspectivas de pesquisa. In: _____ (org.). *Teletandem: um contexto virtual, autônomo e colaborativo para aprendizagem de línguas estrangeiras no século XXI*. Campinas, SP: Pontes, 2009.

_____. *Teletandem Brasil: línguas estrangeiras para todos*. Projeto apresentado ao CNPq nº 061/2005 (Seleção pública de projetos de pesquisa nas áreas de Ciências Humanas, Sociais e Sociais Aplicadas). Assis: Unesp - Faculdade de Ciências e Letras, Departamento de Educação, 2006.

_____. "É pesquisa, é? Ah, não quero, não, bem!" Sobre a pesquisa acadêmica e sua relação com a prática do professor de línguas. *Linguagem e Ensino*, v. 5, n. 2, 2002 p. 91-116.

Telles, J.A.; Maroti, F.A. Teletandem: crenças e respostas dos alunos. In: Pinho, S.Z.; Saglietti, J.R.O.C. *Núcleos de ensino da UNESP: artigos dos projetos realizados em 2006*. São Paulo: Cultura Acadêmica Editora, 2008.

Telles, J.A.; Vassalo, M.L. Foreign language learning in-tandem: Teletandem as na alternative proposal in CALLT. *The ESPecialist*, v. 27, n. 2, São Paulo: PUC, 2006, p. 189-212.

Vassalo, M. L. *Relações de poder em parcerias de Teletandem*. Tese de Doutoramento, São José do Rio Preto: IBILCE/UNESP, 2010.

Vassalo, M.L.; Telles, J.A. Foreign language learning in-tandem: Theoretical principles and research perspectives. *The ESPecialist*, v. 27, n. 1, São Paulo: PUC, 2006, p. 83-118.

TROCAS LINGUÍSTICAS E CULTURAIS NO ENSINO DE PORTUGUÊS/INGLÊS: O TELETANDEM ENTRE UNIVERSIDADE ESTADUAL PAULISTA E FAIRFIELD UNIVERSITY

Daniela Nogueira de Moraes Garcia
Michelle Leigh Farrell
Eric Salgado

In this article we explore the use of Teletandem, a virtual language exchange project using Skype technology to support and maximize second language learning between native speakers in different countries established by linguist João Antonio Telles at Universidade Estadual Paulista [UNESP] Assis, Brazil. We analyze and share our recent spring 2014 Teletandem language exchange program experience between Fairfield University students learning Portuguese in Fairfield, Connecticut, and Brazilian students learning English studying at UNESP in Brazil. We discuss the history and theoretical background of Teletandem, why we decided to embark on a virtual language exchange partnership in this specific spring 2014 context, how we established the partnership, the activities that we created to prepare our students for the cultural and linguistic exchanges, the logistics of the sessions, possible ways to strengthen these cultural and linguistic exchanges for the future, and anonymous feedback from the students. In addition we include a testimony from one of the students, Eric Salgado, who was a Fairfield student learning Portuguese taking part in this pilot program. Salgado shares his first hand perspective. He also presented in Portuguese with us at the Terceiro Encontro Mundial sobre o Ensino de Português.

What is Teletandem and where did it come from?
Teletandem is a virtual, autonomous and collaborative context for foreign language learning that uses webcam images, sound and writing sources of Voice over Internet Protocol [VOIP] technology to promote interaction between two people in different countries and languages (Telles, Telles & Vasallo, Vasallo & Telles). Using this form of technology, Teletandem is collaborative, global, and enables learners to use both reciprocal and autonomous ways to learn and use languages through set language and cultural exchanges via web-based technology. *The Teletandem Brasil Project* began in 2006 in Brazil and researchers have studied it for doctoral

dissertations, master's thesis, and various academic articles that I will refer to throughout this summary.

The Fundação de Amparo à Pesquisa do Estado de São Paulo [FAPESP] financially supported the Teletandem Brasil Project in 2007 and the project was given two laboratories for Teletandem practice, besides services and activities for foreign language learners. One of the laboratories is located at Faculdade de Ciências de Letras de Assis- UNESP - Univ. Estadual Paulista where the coordinator works as a professor. The other laboratory is located at Univ. Estadual Paulista- UNESP in São José do Rio Preto where the linguistic studies post graduate program plays a major role in conducting the Teletandem research.

Typical Teletandem Session:
The chart below reports a prototypical Teletandem interaction session.

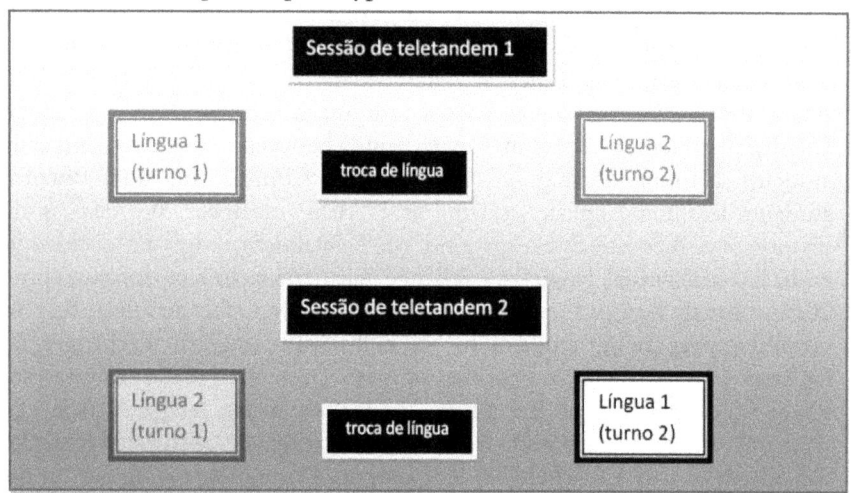

Chart 1: Prototypical Teletandem Interaction (Garcia 46)

Establishing a Teletandem Partnership:
In Brazil, Brazilian professors and researchers establish communication with the departments of Portuguese language abroad to promote Teletandem partnerships and language and cultural exchanges using Skype technology. After establishing contact with a foreign department, the Brazilian Teletandem team works to set partnerships and meeting schedules for participating students. When the schedule is set, the professors explain guidelines concerning Teletandem and technological issues to the students. The team then pairs Brazilian university students learning the target language with foreign university students learning Portuguese by using Internet interaction and multimedia tools such as Skype. The Teletandem sessions begin and consist of a set amount of regular meeting times for

both partners to interact in a set language collaborative.

The Evolution of Today's Teletandem:

João A. Telles founded Teletandem in 2006 based on the needs seen in the foreign language teaching/learning process in Brazil. As access to foreign language, its speakers and cultures is limited given geographic and financial conditions, the new technologies and telecollaboration could shorten distance and time and provide rich opportunities for students to virtually meet a native/proficient speaker and develop linguistic exchanges.

In the first stages of Teletandem, students practice by registering themselves through the Teletandem Brasil website and are paired with foreign students according to stated availability and interests. After years of establishing partnerships with foreign universities, the departments of Portuguese language abroad, including professors and researchers have become more involved in the process. As of 2014 our partnering professors from other international institutions send a list of their Portuguese Language students and take their groups to their laboratories during their scheduled Portuguese classes to establish interaction through Teletandem sessions. In Brazil, the students volunteer to take part in Teletandem, register for the partnerships with the international universities, and use the facilities in the designated laboratories to participate in the language exchange.

There are various challenges in matching up these two groups of students. One of the challenges in coordinating the Brazilian and international partners is the time difference between Brazil and partnering countries. Also since this is voluntary for the Brazilian students, they have to adjust their schedules to the international partners' teaching schedule.

The Teletandem Principles:

Tandem actions are ruled by the principles of autonomy, reciprocity and separate use of languages (Telles & Vassallo). These principles are what make the Teletandem experience a complete learning opportunity. Autonomy is the principle in which the learner takes the liberty and responsibility to decide what, when, where and how to study and conduct the session. Reciprocity implies alternating the roles to ensure the equity in the interaction so that the learners mutually benefit from the experience.

The sessions are divided into two parts, one for each language. Considering the third principle, which is the separate use of languages, the learners are motivated and challenged to produce solely in the target language during the allotted time, before switching to the other language and resetting the amount of practice time.

Tandem Learning:

The Internet and online videoconferencing tools have proved to be useful in foreign language teaching and the learning process. They have been able to connect students regardless of their distance or time differences. Ware and Kramsch analyze how web-based technologies have been advocated as promising examples of computer-based learning, providing language students with interactions across geographic, linguistic and cultural distances. Teletandem is a tool to address and simulate the fluency gained from travel. It is also a way to fulfill the needs and gaps in foreign language learning in Brazil as courses and travelling are cost-prohibitive.

Telecollaboration as the application of global communication in foreign language education has changed the way people teach and learn in a challenging and motivating environment, connecting language, culture and native or proficient speakers (Belz). It can enrich actions taken in the classrooms by providing authentic access to cultures and speakers, allowing students to experience autonomy and critical thinking in their learning.

While tandem learning is a crucial aspect of the Teletandem approach, it is not a new learning method. The tandem learning modality has been commonly used in Europe since the sixties for language learning and language exchanges. Little et al, explain that "tandem language learning is a form of open learning in which two people with different mother tongues work together in order to learn one another´s language" (Little et al 1). Therefore, linguistic exchanges engage in tandem actions to learn the other´s language and teach his/hers while also learning about their partners' culture.

There are many ways in which tandem practice can be conducted, such as face to face, by e-mail, by telephone and through chats (Little, Delille & Ferreira, Lewis & Walker, Souza). Regardless of the tandem mode, there are three principles in tandem learning, which aim at optimizing the experience between partners: they are autonomy, reciprocity and separate use of languages instead of simultaneously mixing language. The partners are autonomous in that they are free to make decisions on their learning and the sessions. For example, the partners decide on how and when to be corrected, how feedback is given, and what to talk about. According to Brammerts autonomy "confers on them the obligation and the opportunity to set their own goals for their work in tandem, and to think about how these goals may be reached in collaboration with tandem partners who are, both native speakers of the partner´s foreign language, yet learners of their partner´s mother tongue." (33) The partners' autonomy is a key component of the tandem learning process, which leads to the second component: reciprocity. Partners are expected to engage themselves in reciprocity, allowing for the same amount of time in both languages. Reciprocity also means that partners do not mix languages in order to devote equal and separate time to both languages. Also included in reciprocity is that both partners are punctual for the set Teletandem sessions, and offer similar forms of correction.

The Teletandem Brasil Project has become a topic for extensive research. These research areas include: learner´s autonomy (Cavalari, Luz) agreement and negotiation processes (Garcia), power relations and conflicts (Vassallo); culture clashes and languages and intercultural competence (Martins Moitero, Mendes); mediation sessions and the role of the professor as mediator (Cândido; Salomão); learning and communication strategies (Silva); beliefs and social representations (Bedran, Funo, Mesquita), language teaching education (Kaneoya), grammar and teaching material for Portuguese as a foreign language (Brocco) and linguistic characteristics in interactions (Rossi dos Santos). Researchers are currently creating new areas of investigation to further develop the study of the Teletandem language and cultural exchanges as the project completes its first decade.

Why use Teletandem at Fairfield University in 2013-2014?

For the 2013-2014 academic year, I designed and taught a yearlong pilot Brazilian Portuguese program with a tailored business focus. The fall 2014 course was "Portuguese I with a Business Focus", followed by a spring 2014 course, "Portuguese II with a Business Focus". I created these courses paralleling the established Portuguese I and Portuguese II classes to develop a language track to respond to the changing needs of Fairfield's Dolan School of Business [DSB], and experiment with enhancing the course to create concrete opportunities to use the language in and beyond the classroom. With the DSB support, I ran the pilot program with a class of seven undergraduate students building on the Portuguese syllabus to include weekly authentic readings on contemporary business news from the Brazilian press, along with exploring the possibility of having the students take part in a cultural and language exchange with Brazilian students through a program that I was familiar with: Teletandem. Years before I had used Teletandem with UNESP briefly while a teaching associate during my graduate work at Georgetown University.

The Teletandem cultural and linguistic language exchange provides an opportunity to *simultaneously* address each of the five national standards of the American Council on the Teaching of Foreign Languages [ACTFL] in each session. While we often address the first three ACTFL National Standards: communication, cultures and comparisons, it is more difficult to find opportunities to concentrate on the final two standards: connections and communities within the language classroom. Teletandem enables the student to communicate, compare, and connect with others while learning about cultures and contribute to a language community making the Portuguese language a tool to discuss with their peers.

One of the overarching reasons I chose to contact UNESP to create a Teletandem exchange between Assis and Fairfield, is the continuous challenge to create possibilities for students to connect with others beyond the confines of Fairfield's campus to share and learn from others. There is also a need for our students to use the language they are learning, instead of saving it for a distant future use. Teletandem was a way to address these challenges to promote students' interaction with others to learn from perspectives distant from their own, and to put their learning into practice. Given the benefits of the Teletandem exchange, I decided to incorporate it into the spring semester.

The Logistics of setting up the 2014 Exchange:
I contacted Teletandem through the email listed on the Teletandem website to begin the discussion of a partnership in January of 2014 to which the directors responded within a day. From there I applied for Fairfield to become one of UNESP's Teletandem partners. To establish the partnership I confirmed that we met their requirements of having a campus Internet connection strong enough to use Skype, with few interruptions, and that we had a space for all of the students to convene during their exchanges. Given that Fairfield met both of the requirements, I began to work with the Teletandem director Daniela Garcia in Assis on the remaining logistics.

Given that my objective was to use Teletandem as an end-of-semester culminating experience bringing together both cultural readings, and language study, we were able to navigate the scheduling differences between Brazilian and US semesters. We chose to begin in the month of April for these language exchanges and scheduled seven fifty-minute sessions for the final weeks of Fairfield's semester. Dedicating fifty minutes of the final seven classes to Teletandem, the students were able to use nearly two full semesters of study to learn about each other's countries and practice their language skills. These sessions took place during our class time. In Brazil however the students used these language exchanges as extra time to compliment their English classes and as such went to the Teletandem language laboratory to participate in the exchanges. Garcia and I discussed Fairfield's class meeting times, and days, number of students, language level, and the topics that we were discussing in the course. The Fairfield course met twice a week for seventy-five-minute classes with this information Garcia chose Brazilian students committed to all of the seven sessions that were available during the Fairfield class time.

Preparing the Fairfield students for Teletandem:
In order to prepare the students for such a unique cultural and linguistic exchange, I began discussing the upcoming exchange from the beginning of the spring semester. Throughout the semester we used a technique that I

call "Happy Hour" to promote a level of natural and loose conversation with others ("Spanish prof..."). Two weeks before Teletandem began I ensured that each student had a functioning laptop with an Internet connection, built-in microphone, and earphones to take part in Teletandem. In that same week, I requested that each student open a Skype account, and send me their username, which I compiled into an Excel file and sent to García to facilitate the first day of the exchange.

The week before beginning the exchange, I assigned two readings from the Teletandem website: "What is Teletandem?" and "To Be Read Before Starting your Teletandem" for the students to become familiar with the logistics of the in-class exchange. During that same week I asked the students to create a list of twenty questions for their partner. I explained that the objective was for the Fairfield students to use this opportunity to learn about their partner's name, daily lives before discussing more complex cultural topics in later sessions such as the unrest about the World Cup, or to talk about the US topic of school debt. The class prior to the first Teletandem session the students used the prepared lists of twenty questions on each other, milling about the room, asking and answering their peer's questions, simulating a language exchange with each other. The students also printed out these questions to have as a guide on the day of the first exchange.

On the first day of the Teletandem exchange in April 2014, the Fairfield students were nervous about speaking in Portuguese with their partners. One student in particular expressed that he was worried about not understanding his partner in Portuguese. Another student explained that she would not have anything to talk about with her Brazilian peer. I explained that if they ran out of topics they could refer to the twenty questions that they had prepared.

The students were relieved to learn that the first session began with a twenty minute orientation which García gave simultaneously to both the US and Brazilian students in both English and Portuguese to explain some of the ground rules for the sessions. The rules that she discussed pertained to remaining in the target language for the full twenty-five minutes before switching to the other language. She also explained the importance of this opportunity as both a language and cultural exchange, and how crucial it was to arrive on time, and ready to work with the same partner during each session. The students were familiar with rules from our in-class pre-teaching sessions throughout the semester, and the assigned readings on Teletandem on the UNESP website.

After the orientation, the shortened first day exchange began. In a matter of minutes, the ubiquitous anxiety began to dissipate as each of the Fairfield students spoke in Portuguese with their Brazilian partner explaining where Connecticut was located, what kind of school Fairfield was, and their majors and minors. The students then switched to English, and began to ask the Brazilian students about family life, daily activities, and about their university in the state of São Paulo.

After the first session, the Fairfield students and I held a ten-minute in-class wrap-up session on the experience. One student, relieved to sign out of his Skype account, shared that it was much easier than what he had expected. Another student explained that she was able to understand her Brazilian partner. The remaining six sessions included a ten-minute wrap-up reflection discussion, to talk about what it was the students talked about, what they learned, and what the Brazilian students had asked. During these sessions, the students and I sat on the tables as they spoke. The students would interrupt each other to agree, disagree, or make a point as they each had different conversations and experiences to share.

The wrap-up sessions were a key piece to the Teletandem experience for others to report, compare, and contrast the sessions with their partners. In doing so, they were also able to see trends, or outlying perspectives. I used the reflection sessions as a way to highlight the content and cultural exchanges that were occurring. I also used the wrap-up sessions to troubleshoot any possible challenges or problems. One student explained that after the third session she had felt that she had run out of discussion topics. As a class, we proceeded to brainstorm possible topics, with each student making another list of conversation topics, questions, and issues related to our readings to refer to for the following session. After the third wrap-up session I requested that the students continue to prepare a question list using the cultural readings that we had as a guide. This turned out to be a useful strategy.

After the final wrap-up session, each of the Brazilian and US students filled out a one page anonymous evaluation form and narrative about the Teletandem experience. There was an overwhelming amount of positive feedback.

To share some of the comments on the anonymous forms when asked to "Comment on your Teletandem experience" the students wrote:

- "It was educational to speak with a native Portuguese speaker who could share their cultural knowledge."
- "I enjoyed Teletandem. It was hard at first, but I enjoyed practicing my Portuguese and learning about someone else's life."
- "I loved it. It really helped me practice my language."

Outcomes:
After seven of the language and cultural exchange sessions, where students discussed a variety of topics from daily life to the growing tense political climate on government spending, I believe that we accomplished our

objective of this pilot program resulting in various positive outcomes.

The first and most obvious outcome was a difference in attitudes in terms of the students' willingness to engage with others in the target language. The students used their language in authentic communicative activities beyond the classroom to learn from their Brazilian contemporaries in an equal exchange while continually improving their language skills.

A second outcome was visible as the students were ending their final session. Many of the students exchanged email addresses and added each other to their Facebook accounts to remain in contact with their Brazilian peers creating an extended US/Brazilian community.

A third outcome is a less measurable one, but equally as important: a cultural exchange. In our final wrap-up session to discuss the experience, a shy first-year Fairfield student shared a recent conversation he had with his partner. He commented:

My Brazilian partner was telling me that people are not happy about the World Cup coming to Rio. He said that there have been so many protests because people are tired of the government overlooking the extreme poverty to just present a postcard version of Brazil to the world, and spend public funds on beautifying the country rather than dealing with massive injustices.

This remark made by the most shy and resistant member of the class reflects that a cultural exchange occurred during the Teletandem sessions. Beyond stereotypes, the shy student's comment shows that he and his partner were able to have a profound conversation about the World Cup pushing the limits of a conversational linguistic exchange.

The Fairfield/UNESP collaboration has resulted in various additional outcomes that were noticeable after a seven-session experience. One of these additional outcomes was that I noticed an increase in the students' vocabularies. Another additional outcome was that each of the students spoke about a greater interest in traveling to Brazil, becoming more involved in the Brazilian cultural events on campus, and in continuing to learn Portuguese. This article is also proof of another outcome. Due to one Fairfield student's impressive dedication to learning Portuguese, Eric Salgado, third author of this article, continues to have a weekly Teletandem session with his Brazilian partner over Skype throughout the summer. Given Salgado's commitment to Teletandem, Garcia and I asked if he would be interested in sharing his student perspective at the III Encontro Mundial sobre o Ensino de Português Conference at Columbia University, and later contributing to this article.

This article is proof that Teletandem is also an opportunity for an international professional exchange among both students and professors. Given our positive experience working together, García and I applied to share our work on this Teletandem pilot partnership between Fairfield and

UNESP with others to present at the III Encontro Mundial sobre o Ensino de Português Conference, and we look forward to future partnerships.

Future Lessons:
This was the first Fairfield/UNESP Teletandem collaboration and there is always room for improvement. In the future I will choose a teaching schedule that meets three times a week for fifty-minute sessions instead of two extended seventy-five-minute sessions. With three weekly meetings I would dedicate one entire class to Teletandem instead of attempting to switch gears after each wrap-up session. A three-class schedule would also enable me to spread the Teletandem sessions out over the semester. This may be a possibility for a fall semester course, however the spring semester course does need to take into account the scheduling differences between Brazilian and US universities. A spring semester-long exchange would not have been possible due to Brazil's summer break. The US spring semester and Brazilian winter semester tend to overlap in the month of April (if working with a Brazilian public university the possibility of a strike also needs to be considered). If I were to repeat a Fairfield spring Teletandem experience, we would continue to work with the Brazilian partners in April as both universities are in session during that month. Finally I would continue to work with my partners at UNESP to further develop the cultural exchange aspect of Teletandem. To explicitly strengthen the cultural exchange piece I would recommend that the Brazilian students find a weekly reading from the Brazilian press for the US students to read, and the US students find a reading for the Brazilian students. This may facilitate conversation and increase vocabulary growth, and further cultural exchange. These common texts could also aid shy or reserved students with more material to discuss during the sessions.

Teletandem logistics checklist:
1. Email Teletandem to establish university partnership: info@teletandembrasil.org.
2. Confirm materials required for Teletandem exchange: Internet connection and laboratory/ classroom space.
3. Discuss schedule, and objectives with coordinating director at UNESP.
4. Incorporate conversation and cultural readings activities into the classroom to model the exchanges before beginning the sessions.
5. Assign pre-readings on Teletandem to educate students on the exchange model, and ask students to send their Skype account information.
6. Prepare Excel sheet with students' names and skype accounts to send to UNESP.

7. Assign pre-session question list to facilitate conversation and learn about Teletandem partner.
8. Consider asking both Brazilian and US students to assign weekly short articles from the popular press to facilitate Teletandem, enrich vocabulary, and support reserved students.
9. Use daily wrap-up session to compare and contrast experiences, highlight cultural exchange aspects, and prepare for the following session.
10. Complete the experience with an extended wrap-up session, and an anonymous evaluation form for students to openly reflect on their experiences.

A Fairfield Student's Perspective After Taking Part in the Pilot Program

As a student in Dr. Michelle Leigh Farrell's Brazilian Portuguese course during the Spring 2014 semester, I had the opportunity to participate in the Teletandem partnership between UNESP-Assis and Fairfield University. At first when Dr. Farrell announced that our class would be part of this pilot program for Fairfield, I recall feeling nervous and apprehensive about the prospect of speaking with a total stranger on Skype, in a foreign language no less. I thought, what might my language partner think of my accent? What will we talk about? I know that my classmates also shared some of these anxieties with me. Not after long, however, did I realize that this program could be extremely beneficial in the acquisition of critical language skills necessary for the mastery of Portuguese. After having studied Spanish for a semester in Managua, Nicaragua, and seeing the advances I made through immersion, I knew that this Teletandem experience was as close to full-fledged immersion that I was going to get within the classroom. As such, I began to have a different outlook on the program.

Despite my newfound disposition on Teletandem, I still felt quite nervous at the onset of the first session. In an attempt to prepare for the Skype call, Dr. Farrell had us brainstorm various questions and topics to potentially discuss with our partners, which helped to ease the insecurity of speaking with a stranger over Skype. In class, before the first session began, I felt uncomfortable and I never thought that I would make a new friend in the process.

As the first session began, it was clear that Karen, my Brazilian language partner from São Paulo, and myself were a perfect match. We both have a gregarious personality that made it easy to talk with one another. It became comfortable to speak each other's language. One of the most important factors of Teletandem for me, was knowing that on the other side of my screen, Karen experienced the same fears, concerns and insecurities as myself. She expressed how she did not want to speak English with a strong accent, how sometimes it was difficult to express herself fully in a foreign language, and that she easily became frustrated with her skill level. That, to me, is why Teletandem is amazing. I not only took advantage of connecting with someone from Brazil to practice my Portuguese, but I also was able to witness her growth in English while we both shared our ideas about what it meant to be a language learner and the challenges and rewards it brings.

After the first Skype session with Karen, I felt energized and ready to continue to practice Portuguese. These sessions quickly became my favorite aspect of Portuguese class. I had the opportunity to speak one-on-one with a Brazilian peer who would correct my mistakes and also teach me the nuances of the language acquired through immersion. What I also valued was how I began learning about Brazil beyond the confines of the stereotypes, namely the beautiful beaches and the paixão for soccer. While both of those are embedded in the culture of Brazil, other particularities make up and define the nation's dynamic stature. Teletandem presented itself as an opportunity to learn about daily life in Brazil. I became informed on issues that took the nation by storm such as the educational strikes and protests related to the World Cup and upcoming summer Olympic games in Rio. I also learned more about university life and what people my age did outside of class. Through these conversations I realized that Teletandem was both a linguistic and cultural exchange.

The overall results and effectiveness of Teletandem cannot be understated. I gained valuable insights that will continue to drive my studies of Brazil in a forward direction. I also feel more confident in my Portuguese speaking ability. Since the end of the semester I have had the opportunity to continue my Skype sessions with Karen on a weekly basis, averaging two hours per week. As our friendship has grown, we have continued our conversations in Portuguese and English to further explore our countries. We provide one another with the unique space to practice language, without the pressure of the traditional classroom setting. We encourage one another and provide the support necessary to learn another language.

Teletandem has proven to be a fun and effective method for practicing language. While speaking with my fellow Fairfield classmates, I have learned that they too feel like this program was an opportunity for them to apply the language they were learning in class. In many conversations with my peers, the chief complaint about their past language classroom experiences is a lack of a consistent opportunity to practice the language and work towards fluency. Not only does this give students the opportunity to work towards fluency, but also it stresses the cultural component, which my peers and myself enjoyed. Teletandem's impact on me drives why I so readily promote its implementation at all levels of university language classes. It is never too late or early to learn from the linguistic and cultural gains that are achievable through Teletandem. It is my hope to see an increase in the implementation of Teletandem in the Portuguese language classroom and possibly in other languages. My peers and I realize how fun, invigorating, and beneficial the program turned out to be.

Works cited

Bedran, Patrícia Fabiana. "A (re)construção das crenças do par interagente e dos professores mediadores no teletandem." Diss. Instituto de Biociências, Letras e Ciências Exatas, Universidade Estadual Paulista, UNESP, 2008. Print.

Belz, Julie A. "Social dimensions of telecollaborative foreign language study." *Language Learning & Technology*, 6.1 (2002) 60-81. Web. 25 May 2011.

_____. "From the special issue editor." *Language Learning & Technology*, 7.2 (2003): 2-5. Print. 25 May 2011.

_____. "Linguistic perspectives on the development of intercultural competence in telecollaboration." *Learning & Technology*, 7.2 (2003): 68-117. Web. 25 May 2011.

Brammerts, Helmut. "Language Learning in Tandem. Definition." *Tandem principles, Tandem Organizers, Bibliography*. 1995. Web. 1 October 2013.

_____. Autonomous language learning in tandem: the Development of a Concept. Eds. Lewis and Walker. *Autonomous Language Learning In-Tandem*. Sheffield, UK: Academy Electronic Publications (2003) 27-36.

Brocco, Aline de Souza. *A gramática em contexto teletandem e em livros didáticos de português como língua estrangeira*. MS thesis. Instituto de Biociências, Letras e Ciências Exatas, Universidade Estadual Paulista, UNESP, São José do Rio Preto, 2009. Print.

Cândido, Juliana. *TELETANDEM: Sessões de orientação e suas perspectivas para o Curso de Letras*. MS thesis. Instituto de Biociências, Letras e Ciências Exatas, Universidade Estadual Paulista, UNESP, São José do Rio Preto, 2010. Print.

Cavalari, Suzi Marques Spatti. *A auto-avaliação em um contexto de ensino-aprendizagem de línguas estrangeiras em tandem via chat*. Diss. Instituto de Biociências, Letras e Ciências Exatas, Universidade Estadual Paulista, UNESP, São José do Rio Preto, 2009. Print.

Delille, Karl Heinz; Ferreira, Adelaide Chichorro (eds.) Aprendizagem autónoma de línguas en Tandem (Textos pedagogicos e didácticos. Lisboa: Colibri, Faculdade de Letras da Universidade de Coimbra, 2002. Print.

Funo, Ludmila Belotti Andreu. *Teletandem e formação contínua de professores vinculados à rede pública de ensino do interior paulista: um estudo de caso*. MS thesis. – Instituto de Biociências, Letras e Ciências Exatas, Universidade Estadual Paulista, UNESP, São José do Rio Preto, 2011. Print.

Garcia Nogueira de Moraes, Daniela. *O que os pares de Teletandem (não) negociam: Práticas para um novo contexto online, interativo para o ensino/aprendizagem de línguas estrangeiras no século XXI*. São Paulo: Editora UNESP, 2013. Print.

_____. *Teletandem: acordos e negociações entre os pares*. Diss. Instituto de Biociências, Letras e Ciências Exatas da Universidade Estadual Paulista, UNESP, 2010. São José do Rio Preto, 2010. Print.

Kaneoya, Martha Lúcia Cabrera Kfouri. *A formação inicial de professoras de línguas para/em contexto mediado pelo computador (teletandem): um diálogo entre crenças, discurso e reflexão profissional*. Diss. Instituto de Biociências, Letras e Ciências Exatas, Universidade Estadual Paulista, UNESP, São José do Rio Preto, 2009. Print.

Little, D. "Learner autonomy and second/foreign language learning." LTSN Subject Centre for Languages, Linguistics and Area Studies, University of Southampton. 2003. Web. 4 October 2013.

Little, D. et al. "Evaluating tandem language learning by e-mail: report on a bilateral project." CLCS Occasional Paper, Trinity College Dublin. 55 (1999). Print.

Luz, Emeli Borges Pereira. *A construção da autonomia no processo de ensino e aprendizagem de línguas em ambiente virtual (in-teletandem)*. MS thesis. Instituto de Biociências, Letras e Ciências Exatas, Universidade Estadual Paulista, UNESP: São José do Rio Preto, 2009. Print.

Martins Moirteiro, Nicole. *Action Research on Teletandem: An Analysis of Virtual Intercultural Communication between Students from Brazil and Germany*. Diplomarbeit. Johannes Gütemberg Universität: Meinz. 2009. Print.

Mendes, Ciro Medeiros. *Crenças sobre a língua inglesa: o antiamericanismo e sua relação com o processo de ensino-aprendizagem de professores em formação*. 203f. MS thesis. – Instituto de Biociências, Letras e Ciências Exatas, Universidade Estadual Paulista, UNESP, São José do Rio Preto, 2009. Print.

Mesquita, Alexandre Alves França. *Crenças e práticas de avaliação no processo interativo e na mediação de um par no tandem a distancia: um estudo de caso*. MS thesis. Instituto de Biociências, Letras e Ciências Exatas, Universidade Estadual Paulista, UNESP, São José do Rio Preto, 2008. Print.

Rossi dos Santos, Gerson. *Características da interação no contexto de aprendizagem in-tandem*. 2008. 197f. MS thesis. Instituto de Biociências, Letras e Ciências Exatas da Universidade Estadual Paulista, UNESP, São José do Rio Preto, 2008. Disponível em:<http://www.teletandembrasil.org/site/docs/DissertacaoGersonRossi.pdf>. Acesso em: 10, jun. 2009. Print.

Salomão, Ana Cristina Biondo. *Gerenciamento e estratégias pedagógicas na mediação dos pares no teletandem e seus reflexos para as práticas pedagógicas dos interagentes*. 2008. 317p. MS thesis. Instituto de Biociências, Letras e Ciências Exatas da Universidade Estadual Paulista, UNESP, São José

do Rio Preto, 2008. Print.
Silva, Andressa Carvalho. *O desenvolvimento intra-interlinguistico intandem à distância (português e espanhol)*. 2008. 429f. MS thesis. Instituto de Biociências, Letras e Ciências Exatas da Universidade Estadual Paulista, UNESP, São José do Rio Preto, 2008.
Souza, Ricardo Augusto. *Aprendizagem de línguas em tandem*: estudo da telecolaboração através da comunicação mediada por computador. Diss. Faculdade de Letras, UFMG, Belo Horizonte, 2003. Print.
"Spanish Prof Brings New Kind of 'Happy Hour' to Class." *News @ Fairfield*. Fairfield University, 24 Feb. 2014. Web. 20 Aug. 2014.
Standards for Foreign Language Learning in the 21st Century. American Council on the Teaching of Foreign Languages. 3rd ed. Alexandria, Virginia: ACTFL, 2006. Print.
Telles, João Antônio. *Projeto Teletandem Brasil: Línguas Estrangeiras para Todos – Ensinando e Aprendendo línguas estrangeiras in-tandem via MSN Messenger*. Faculdade de Ciências e Letras de Assis, UNESP. 2006. 2 August 2007.
_____. *Teletandem: um contexto virtual, autônomo e colaborativo para aprendizagem de línguas estrangeiras no século XXI*. Campinas, Pontes Editores, 2009.
Telles, João Antônio & Vassallo, Maria Luisa. "Foreign language learning in-tandem: Teletandem as an alternative proposal in CALLT." *The ESPecialist*, v. 27.2 (2006) 189-212. Print.
Telles, J.A.; Ferreira, M.J. "Teletandem: Possibilidades, dificuldades e abrangência de um projeto de comunicação online de PLE." *Horizontes em Linguistica Aplicada*. 9.2 (2010): 79-104. Print.
"To Be Read Before Starting your Teletandem." *Teletandem Brasil: Foreign Languages for all*. UNESP, n.d. Web. 20 Aug. 2014.
Vassallo, Maria Luisa. *Relações de poder em parcerias de teletandem*. Diss. Instituto de Biociências, Letras e Ciências Exatas da Universidade Estadual Paulista, UNESP, 2010. São José do Rio Preto: Brasil. Print.
Vasallo, Maria Luisa, and Telles, João Antônio. "Foreign language learning *in-tandem:* Theoretical principles and research perspectives." *The ESPecialist* 27.1 (2006): 3-118. Print.
Ware, Paige D, and Kramsch, Claire. "Toward an Intercultural Stance: Teaching German and English through Telecollaboration." *The Modern Language Journal*, 89.2, (2005) 190- 205. Print.
"What is Teletandem?" *Teletandem Brasil: Foreign Languages for all*. UNESP, n.d. Web. 20 Aug. 2014.

PORTAL DO PROFESSOR DE PORTUGUÊS LÍNGUA ESTRANGEIRA/LÍNGUA NÃO MATERNA (PPPLE): ABORDAGEM INTERCULTURAL E SISTEMA INTERNACIONAL DE GESTÃO DA LÍNGUA PORTUGUESA

Luana Moreira Reis

Introdução

As constantes, rápidas e profundas mudanças na sociedade pós-moderna nos induzem a considerar novas perspectivas de ensino-aprendizagem de línguas de modo a revisar concepções anteriormente fixas e sólidas e que são, agora, frequentemente questionadas. Nossas identidades se liquidificam e assumem diversas formas ao contato com o mundo multicultural e complexo que nos rodeia. Ser professor/pesquisador de línguas no cenário mundial atual envolve um processo contínuo de ação-reflexão-ação à medida que reconhecemos a infinidade de ressignificações de crenças, conceitos e práticas. Ao refletir acerca dos pressupostos teóricos que nos orientam podemos promover mudanças no sistema educacional visando proporcionar aos estudantes o desenvolvimento de competências, habilidades e conhecimentos que a complexidade do mundo contemporâneo exige.

É notória a necessidade de uma discussão mais aprofundada sobre concepções de língua e o papel do profissional de línguas na contemporaneidade de modo a buscar propostas pedagógicas que contribuam para uma prática educativa estimuladora de uma leitura crítica do mundo. No contexto específico de ensino de PLE-PL2, é importante reconhecer as implicações de uma percepção do português como língua-cultura pluricêntrica na formação de pessoal e no desenvolvimento de materiais didáticos para não seguirmos uma corrente de generalizações e homogeneização de uma língua-cultura múltipla e complexa vivenciada por indivíduos também múltiplos e complexos. Assim sendo, precisamos repensar e reconfigurar frequentemente as nossas práticas educativas de forma a entender e responder adequadamente à diversidade de situações sociais que nos rodeiam, um processo contínuo de formação/transformação de nossos próprios valores e concepções.

Um exercício crítico permanente de (re)pensar a própria prática pedagógica, os materiais de ensino a serem utilizados, as formas de avaliação e o desenvolvimento de currículos pode nos conduzir a um maior entendimento das nossas responsabilidades, desafios e ações. Tal processo pode servir como um indicador de propostas que se fazem necessárias a um efetivo processo de ensino-aprendizagem. Um ensino de línguas baseado em leitura mecânica de sentenças e palavras, em repetição e memorização de estruturas, em textos e diálogos que não fazem parte de contextos reais de uso da língua não atende às exigências do contexto educacional do século 21. "Me parece demasiado óbvio que a educação de que precisamos, capaz de formar pessoas críticas, de raciocínio rápido, com sentido do risco, curiosas, indagadoras não pode ser a que exercita a memorização mecânica dos educandos. A que 'treina', em lugar de formar." (Freire, 2000, p. 45)

Dessa maneira, espera-se que os estudantes de línguas estejam aptos a ir além da mera troca de informações, de construções frasais elaboradas, de compreensão e repetição de estruturas gramaticais e ampliação do léxico. Pretende-se estabelecer um processo de ensino-aprendizagem condizente com situações não simuladas de comunicação, que permitam aos aprendizes desenvolver relações significativas com pessoas de outras línguas-culturas. É importante que através de uma capacidade reflexiva aguçada eles consigam analisar criticamente, pensar, comparar, projetar e mobilizar as habilidades necessárias para desenvolver estratégias e participar ativamente no processo educativo. Os estudantes também precisam refletir constantemente sobre o seu processo de ensino-aprendizagem e estabelecer relações e negociações frequentes com a multiplicidade de identidades possíveis na língua-cultura que estão aprendendo. Um exercício contínuo de desenvolvimento de uma autoconsciência como aprendizes.

Repensando o processo de ensino-aprendizagem de PLE/PL2: o papel do PPPLE

"É pensando criticamente a prática de hoje ou de ontem que se pode melhorar a próxima prática." Paulo Freire

Apesar das inúmeras discussões na contemporaneidade acerca da dimensão da concepção de língua, é possível perceber claramente na elaboração de currículos, nos planos de cursos, nos materiais didáticos, nos modelos de avaliação e nas práticas de sala de aula uma visão de língua ainda pautada na ideia de entidade abstrata e língua como um conjunto de estruturas. É comum observarmos nos materiais didáticos um número excessivo de exercícios que tem por objetivo apenas a fixação de estruturas gramaticais e uma forma artificial de lidar com a linguagem, o que revela uma incoerência na postura intercultural que muitos autores dizem adotar em seus prefácios. As expectativas de aprendizagem propostas contraditadas pela prática tem se tornado uma constante não apenas nos materiais didáticos, mas também no processo de ensino-aprendizagem como um todo. Existe uma carência significativa de materiais didáticos de conteúdo intercultural. Segundo

Mendes (2010)
>Quanto aos materiais didáticos produzidos de acordo com uma perspectiva cultural/intercultural, além de não estarem disponíveis no mercado, também não são bem recebidos por parte das editoras, que não se arriscam em publicar materiais que fujam à receita tradicional de sucesso da indústria de livros de língua estrangeira, os quais são centrados nos aspectos formais da língua e nas amostras de linguagem descontextualizadas, salvo raras exceções. (p.59)

No contexto de ensino-aprendizagem de línguas estrangeiras, a língua portuguesa tem ocupado ultimamente um lugar de destaque e recebido uma atenção especial no que se refere a programas e estratégias de divulgação e promoção do seu ensino. Programas diversos têm incentivado a formação de profissionais para atuarem em vários contextos de ensino-aprendizagem de língua portuguesa: Português Língua de Herança (PLH), Português Língua Estrangeira (PLE) e Português como Segunda Língua (PL2). A língua portuguesa tem sido desejada e ensinada no exterior como nunca antes. Programas com o objetivo de incrementar o ensino de português em universidades estrangeiras tem selecionado cada vez mais bolsistas. O programa *Professor Assistente de Língua Portuguesa nos EUA (FLTA)*, desenvolvido entre a CAPES, por meio da Coordenação Geral de Cooperação Internacional, e a Fulbright, é um exemplo. O programa previa a concessão de até 30 bolsas para o ensino de português em universidades norte-americanas com a duração de um ano acadêmico. Atualmente, o programa conta com uma quantidade de 45 vagas. O *Programa de Qualificação de Docentes e Ensino de Língua Portuguesa no Timor- Leste* (PQLP) promovido pela CAPES é um outro exemplo de uma iniciativa que reforça a presença e a valorização do uso da língua portuguesa. Além do desempenho de atividades de ensino da língua portuguesa, o programa tem como objetivo a elaboração e revisão de materiais didáticos para o contexto timorense. O *Programa Leitorado*, desenvolvido pela CAPES em parceria com o Ministério de Relações Exteriores, é mais uma iniciativa de projeção do português no mundo. O programa financia professores interessados em promover a língua portuguesa e divulgar a cultura, literatura e estudos brasileiros em instituições universitárias estrangeiras. O futuro da língua portuguesa é, portanto, promissor. O português tem ganhado visibilidade e destaque nos últimos anos e conquistado valorização em relações políticas, econômicas, científicas, tecnológicas e culturais e, dessa forma, caminha para assumir seu papel como língua de comunicação no sistema mundial.

De acordo com o *Plano de Ação de Brasília para a Promoção, a Difusão e a Projeção da Língua Portuguesa* (PAB), ela é uma das seis línguas mais faladas no mundo e língua oficial nos 8 Estados Membros da Comunidade de Países de Língua Portuguesa (CPLP) – Angola, Brasil, Cabo Verde, Guiné-Bissau, Moçambique, Portugal, São Tomé e Príncipe e Timor Leste. Também se juntaram à lista de países de língua oficial portuguesa a Guiné Equatorial e a Região Administrativa Especial de Macau, China. Totalizando dez países em que a língua portuguesa está presente em situação de oficialidade. Além disso, ela é parte de blocos econômicos regionais: União Europeia, Mercosul, CEDEAO, CEEAC, SADC e futuramente ASEAN, quando Timor Leste se tornar membro pleno e sair da condição de observador (Oliveira, 2013). Está, portanto, representada em organizações regionais, continentais e internacionais. O interesse pela aprendizagem da língua portuguesa também tem aumentado significativamente à medida que a economia brasileira prospera e se fortalece. Eventos mundiais sediados pelo Brasil também têm impulsionado tal demanda, a exemplo da Copa Mundial de 2014 e as Olimpíadas de 2016.

A formação de professores de PLE-PL2 tem se tornado um assunto recorrente. Projetos de promoção da língua portuguesa têm sido desenvolvidos, Encontros, Congressos, Seminários e Simpósios têm sido realizados com sistematicidade e cresce a necessidade de materiais didáticos de ensino de PLE-PL2. O Plano de ação de Lisboa (PALis), 2013, juntamente com o PAB, 2010, definem algumas estratégias de divulgação da língua portuguesa. Entre os instrumentos propostos pelo PAB para o fortalecimento do ensino de português como língua estrangeira está a criação do *Portal do Professor de Português Língua Estrangeira/ Língua Não Materna (PPPLE)*[4]. O objetivo do Portal é disponibilizar gratuitamente materiais didáticos para o ensino-aprendizagem de português e proporcionar uma rede virtual de compartilhamento de experiências pedagógicas para professores de PLE-PL2. O PALis recomenda ao Instituto Internacional da Língua Portuguesa (IILP) a reflexão sobre a importância de levar em conta as diferentes variantes da língua portuguesa e a criação de recursos didáticos comuns, a exemplo do que tem acontecido através do PPPLE. Enfatiza também a necessidade de formação e atualização de professores e a criação de um sistema coordenado de certificação.

As necessidades comunicativas dos aprendizes de PLE-PL2 no contexto pós-moderno demandam uma abordagem de ensino-aprendizagem capaz de habilitar os estudantes a interagir de maneira eficaz e adequada nos diversos espaços pluriculturais. Quando se trata do ensino de língua portuguesa como língua estrangeira e/ou segunda língua é importante que tal ensino não se resuma ao ensino de nomenclaturas e classificações gramaticais com atividades rotinizantes e exercícios mecânicos tendo por objetivo apenas a fixação de estruturas gramaticais.

O PPPLE adota a concepção de língua como atividade social e defende a ideia de que para aprender uma língua é necessário usá-la nas mais variadas

---

[4] Disponível em http://ppple.org/

situações de comunicação. Dessa forma, as atividades propostas visam proporcionar a oportunidade de ensinar e aprender PLE-PL2 sob uma abordagem intercultural através de experiências de trabalho com a língua em uso. Nesse sentido, quando falamos de ensino de línguas, especificamente do ensino de PLE-PL2, estamos falando de desenvolvimento de competências necessárias para atuar/interatuar em uma comunidade que vive, trabalha e socializa, constrói e reconstrói experiências dia a dia nessa língua-cultura. O objetivo é, portanto, proporcionar experiências significativas aos participantes do processo de ensino-aprendizagem. As línguas deixam de ser apenas uma ferramenta de comunicação utilizada para alcançar determinado objetivo. O processo de ensino-aprendizagem de línguas envolve ser, estar, se manifestar, se expor, sentir, enfim, viver em uma língua-cultura diferente da sua língua materna. "A dimensão de uma língua, desse modo, e aqui o português, é o próprio lugar da interação, a própria instância na qual produzimos significados ao vivermos no mundo e com outros." (Mendes, 2011, p.144)

Um crescente interesse pela aprendizagem de português como língua estrangeira requer uma formação profissional especializada para atender tal demanda e uma produção de materiais didáticos que reflitam as tendências de um mundo marcado pela constante inter-relação entre povos e culturas. As necessidades geradas pelo atual contexto de projeção da língua portuguesa, infelizmente, não têm sido acompanhadas por uma produção científica que se amplie na mesma velocidade. O mercado editorial de livros didáticos voltados para o ensino de PLE-PL2 apresenta uma lacuna no que diz respeito a suprir a necessidade dos aprendizes de desenvolver competências múltiplas que lhes permitam estabelecer relações significativas com pessoas de outras línguas-culturas. Entre as iniciativas que têm sido desenvolvidas com o objetivo de auxiliar os professores e aprendizes de PLE-PL2 no que se refere ao desenvolvimento de materiais didáticos, o PPPLE apresenta o diferencial de oferecer unidades didáticas que além de refletir uma perspectiva intercultural de língua leva em consideração as variedades linguístico-culturais da língua portuguesa.

Assim, a oferta dos materiais produzidos por cada um dos diferentes países da CPLP permitirá, por um lado, que o professor possa ter acesso a Unidades Didáticas de uma mesma variedade, contextualizadas em um determinado espaço geográfico, histórico e cultural, e salientando as suas especificidades, ou, por outro lado, que selecione unidades de diferentes contextos nacionais, realçando, assim, as diferentes possibilidades de uso da língua numa perspectiva de circulação internacional. [5]

---

[5] Disponível em http://www.ppple.org/conversa. Consultado em Março de 2014.

A proposta do PPPLE, portanto, fortalece uma visão de gestão internacional da língua portuguesa e uma perspectiva do português como língua pluricêntrica, partilhada por diferentes países e comunidades com normas específicas para cada contexto. Ensinar português como língua pluricêntrica envolve um passeio entre fronteiras. Segundo Mia Couto "Há séculos que o idioma lusitano é um filho mestiço de namoros feitos entre as duas margens do mediterrâneo." [6] As complexidades sociolinguísticas dos países de língua portuguesa não devem e não podem ser negligenciadas. A língua portuguesa faz parte da história, da cultura e da identidade desses países de forma diversificada. Assim, promover o ensino do português levando em consideração o uso em suas variedades geográficas e sociais torna-se um desafio à prática docente do profissional de PLE-PL2. É conhecida a escassez de materiais didáticos para apoio ao ensino de português nos contextos de plurilinguismo, especialmente materiais que apresentem textos orais e escritos autênticos. Muitas vezes são usadas representações artificiais da língua com diálogos, textos e atividades que pretendem reproduzir situações comunicativas. Ainda mais escasso é o acesso a outras variedades de uso da língua portuguesa. Este panorama despertou-nos a preocupação de que os professores de PLE-PL2 estejam conscientes das implicações do processo de ensinar e aprender uma língua que apresenta uma multiplicidade de países que a compartilham.

O PPPLE surge como uma relevante ferramenta para o entendimento da concepção de língua portuguesa como língua pluricêntrica. Ensinar e aprender língua portuguesa sob uma perspectiva intercultural significa reconhecer as especificidades de uso e produção linguístico-cultural nos seus variados ambientes bem como suas constantes inter-relações. Envolve propiciar a aproximação com diversos aspectos culturais, econômicos, sociais e ideológicos e em decorrência promover a diminuição ou mesmo a superação de preconceitos e estereótipos. Que possamos, assim, diminuir o estranhamento e promover o encantamento diante das diferenças.

O PPPLE permite ao professor escolher a partir das particularidades do seu contexto específico de atuação, os materiais que mais se adequem às suas necessidades, promovendo adaptações e complementações de acordo com os objetivos de ensino. O professor encontrará à sua disposição uma variedade de recursos didáticos dos mais diversos contextos. Pretende-se, a partir das orientações, sugestões e recomendações promovidas pelo PPPLE, fortalecer o redimensionamento da ideia de língua como bem

---

[6] Intervenção de Mia Couto na Conferência Internacional promovida pela RTP (19 de Junho de 2007, no CCB), sobre O Serviço Público de Rádio e Televisão no Contexto Internacional: A Experiência Portuguesa"
Disponível em http://observatorio-lp.sapo.pt/pt/lingua-e-cultura/a-lingua-portuguesa-e-uma-lingua-pluricentrica. Acesso em março de 2014.

natural. Assim como Gilvan Muller, diretor executivo do IILP, em entrevista ao jornal cabo-verdiano *A Semana*,[7] acreditamos que é preciso superar uma visão absolutamente instalada de língua – a língua como instrumento da natureza, ou a língua enquanto monumento nacional ou ainda como algo que se deu por si mesma, que nasceu como nasce um Baobab (árvore sagrada da África), que cresceu e engordou como se fosse um animal, uma planta. A língua, ao contrário, é a mais evidente criação do ser humano, e como todo o produto cultural ela sofre intervenções políticas todo o tempo, mesmo que o grosso da população nunca saiba que decisões foram estas, e de como de certo modo ela participa destas decisões. (2011)

"Eu sou de ninguém, eu sou de todo mundo": O caráter pluricêntrico da língua portuguesa

"O que foi notável foi depois, num processo histórico, que está para além da língua, como é que estas culturas se mestiçaram e, a certa altura o Português perdeu o dono, quer dizer, ficou sem dono. Felizmente. E namorou, e namorou no chão, e namorou na poeira do Brasil, e namorou também aqui, na poeira de Moçambique. Quer dizer, sujou-se, no sentido que Manoel de Barros dá. Sujou-se nesse sentido em que é capaz de se casar com o chão." Mia Couto

O trecho da canção "Já sei namorar" dos Tribalistas (projeto inovador que uniu Carlinhos Brown da Bahia, Marisa Monte do Rio de Janeiro e Arnaldo Antunes de São Paulo) foi escolhido para dar título a essa sessão pois serve como uma representação do caráter pluricêntrico do português que desejamos enfatizar. O hibridismo do projeto dos Tribalistas e a ideia de um fazer coletivo, em que marcas individuais se somam e se intercambiam formando um conjunto de misturas e trocas, são elementos que se afinam com nossa percepção do português no século XXI.
O português é uma língua que parecia ser um legado de Portugal e que agora é reconhecida pelas suas características plurais em uma realidade linguístico-cultural diversificada. Uma língua que não tem dono no sentido de que ninguém a possui na sua totalidade, que serve de identificação e construção de identidades pelos que encontram no português a sua língua de (re) construção de identidades, de formação, de encontros e de troca. O português significa muito mais do que Portugal, é uma língua de comunicação global que floresce a cada dia nos mais variados contextos. Ao mesmo tempo, reconhecemos a importância econômica e política de gestão da língua portuguesa para a sua difusão e promoção no atual cenário de globalização. Vivemos em sociedade e esta é organizada de acordo com

---

[7] Disponível em: http://www.asemana.publ.cv/spip.php?article64922. Consultado em Fevereiro de 2014.

políticas. Porém, acreditamos que tal gestão precisa ser compartilhada, cooperativa e colaborativa.
A língua precisa ser gerida, mas não é de quem a gere. A gestão da língua portuguesa não implica posse ou domínio, mas sim direcionamentos e propostas para a sua difusão e o reconhecimento de suas variedades em diferentes espaços de interação. Significa promover um contato mais estreito entre os países que tem a língua portuguesa em situação de oficialidade, promover o encontro, o diálogo e, dessa forma, potencializar oportunidades de veiculação da língua-cultura portuguesa de forma mais ampla. As decisões políticas referentes às línguas afetam o processo de ensino-aprendizagem como um todo. Elas definem o status de oficialidade das línguas, podem encorajar ou inibir o uso de determinada variedade, decidem que línguas devem ser ensinadas em escolas e universidades, bem como as formas de avaliação e os materiais utilizados. Entender essa influência política na educação de línguas pode nos conduzir a uma melhor compreensão dos aspectos que promovem ou dificultam o desenvolvimento de ações, projetos e programas para o ensino-aprendizagem do português. Segundo Clyne (1992, p.3) não podemos nos esquecer que o relacionamento entre variedades nacionais em uma língua pluricêntrica é altamente dependente de fatores políticos.
Um passo importante é o reconhecimento da multiplicidade linguístico-cultural da língua portuguesa. "O português são dois; o outro, mistério" afirma o poeta Carlos Drummond de Andrade em seu poema *Aula de português*. O português no Brasil e no mundo é mais de um, mas diferente do que declara Drummond é também mais de dois, são vários e diversos. "Não há uma língua portuguesa, há línguas em português" segundo o depoimento de José Saramago no documentário *Língua - Vidas em Português*, coproduzido por Brasil e Portugal e filmado em seis países (Brasil, Moçambique, Índia, Portugal, França e Japão). Ainda hoje, porém, percebe-se uma visão comumente estabelecida de se pensar a língua portuguesa diferenciada entre dois polos: Português brasileiro e Português europeu. Uma evidência disso é a capa da edição 106 da revista *Língua Portuguesa*, de agosto de 2014. O tema da reportagem de capa é a presença significativa da comunidade falante de língua portuguesa nos Estados Unidos, sendo o português um dos idiomas mais falados nos estados de Massachusetts e Rhode Island, depois do inglês e do espanhol. A imagem da capa mostra duas borboletas representando as bandeiras de Portugal e do Brasil sobrevoando o globo terrestre. Tal representação é o reflexo de uma normatização divergente da língua portuguesa que, segundo Oliveira (2013, p.54) "baseia-se no estabelecimento de duas instâncias de gestão da língua: Portugal e Brasil, cada uma delas autônoma em relação à outra, num modelo que não inclui os novos Estados Nacionais lusofalantes da África nem Timor-Leste, que continuam tributário da norma europeia do português."

Outras vezes, segundo menciona Mia Couto,
Os lusófonos são pensados e falados do seguinte modo: Portugal, Brasil e os Palops. Surgimos como um triângulo com vértices um no Brasil, um em Portugal e um terceiro em África. Ora, os países africanos não são um bloco homogéneo que se possa tratar de modo tão redutor e simplificado. Não se pode conceber como uma única entidade os 5 países africanos que mantém, entre si, diferenças culturais sensíveis. As nações lusófonas não são um triângulo mas uma constelação em que cada um tem a sua própria individualidade.[8]

Figura 1. Capa da Revista Língua Portuguesa, edição 106.

Fonte: https://www.lojasegmento.com.br/produtos/?por_onde_anda_o_portugues_&idproduto=3571&action=info

---

[8] Intervenção de Mia Couto na Conferência Internacional promovida pela RTP (19 de Junho de 2007, no CCB), sobre O Serviço Público de Rádio e Televisão no Contexto Internacional: A Experiência Portuguesa" Disponível em http://observatorio-lp.sapo.pt/pt/lingua-e-cultura/a-lingua-portuguesa-e-uma-lingua-pluricentrica. Acesso em março de 2014.

É importante que os profissionais de ensino de língua portuguesa estejam abertos para o reconhecimento das diferentes variedades e dessa forma integrá-las em suas atividades de instrução. Além dos países africanos mencionados por Mia Couto, não podemos nos esquecer das variedades da Ásia e Oceania (Macau, Timor-Leste) para compor a constelação das nações de língua oficial portuguesa. Que possamos *namorar* mais e *beijar de língua* novas culturas. Segundo o dicionário Houaiss, namorar significa encantar-se por outra pessoa e empenhar-se por sua vez em encantá-la. O namoro nos torna mais tolerantes e menos orgulhosos a partir desse maravilhar-se diante daquilo que nos provoca e nos é diferente, uma tolerância muitas vezes confundida com a tal cegueira do amor. Que esse namoro entre culturas possa nos ajudar a deixar de lado uma representação uniforme de língua que nega a beleza da diversidade, que através da aproximação, da convivência e do mútuo conhecimento possamos desenvolver relações duradouras de respeito e reciprocidade. Namoremos pois.

Ao passo que reconhecemos a indissociabilidade entre língua e cultura não podemos pensar a língua-cultura portuguesa como uma entidade homogênea ou um bloco monolítico. As diversidades históricas, culturais, nacionais e regionais precisam ser incluídas em nossa prática diária. Ainda persiste, contudo, a crença de que determinada variedade é mais correta do que outras, mais bonita do que outras, o que dificulta a preparação dos estudantes para uma comunicação efetiva com a comunidade linguístico-cultural de língua portuguesa. A língua portuguesa está em constante movimento, com suas especificidades, memórias e historicidades. Além disso, uma visão superficial e estereotipada dos países de língua oficial portuguesa não oferece condições aos estudantes para transitar com segurança entre as múltiplas variedades e reforça uma atenção a variedades nacionais e regionais de maior prestígio devido ao poder político-econômico que as apoiam. Falta aos professores de PLE-PL2 se apropriarem da cultura do mundo todo, sermos culturalmente mundializados, ou seja, cidadãos do mundo. Que possamos contribuir para tornar as fronteiras cada vez mais tênues e que possamos estabelecer uma postura de pertencimento à humanidade e mais relações de cooperação do que de conflito.

Uma abordagem de ensino-aprendizagem pluricêntrica e intercultural pode parecer uma tarefa intimidadora a princípio. Alguns professores alegam a falta de material adequado para trabalhar diferentes variedades e tempo insuficiente para cobri-las. Outros sentem-se apreensivos de não ter conhecimento suficiente das diferentes variedades ou acreditam que a exposição à diversidade de variedades pode confundir os estudantes. Porém, o que buscamos a partir de uma abordagem pluricêntrica e intercultural de ensino-aprendizagem de língua portuguesa é promover uma conscientização da diversidade e assim instigar nos estudantes a vontade de

conhecer e buscar mais informações através de pesquisa e projetos individuais. O professor não precisa ser um especialista sobre outros países e culturas. Há uma infinidade de culturas dentro de um único país e o processo de aprendizagem e a produção cultural continuam ao longo da vida. O professor não deve se preocupar com a mera apresentação de uma série de conteúdo, precisamos ter em mente nossa função social. Assim sendo, o professor se torna um mediador cultural e não um transmissor de conhecimentos.
Reconhecemos as limitações para uma abordagem meticulosa das múltiplas variedades da língua portuguesa. O que podemos abordar em sala de aula é apenas uma parte de um universo amplo, complexo e mutável. O nosso objetivo é que o espaço de sala de aula de PLE-PL2 seja um lugar de um processo contínuo e aberto de conhecimento e reconhecimento da multiplicidade de possibilidades de manifestações linguístico-culturais em língua portuguesa. Ainda mais importante é motivar os estudantes a aprender fora da sala de aula, que eles possam ser agentes conscientes em relação ao seu próprio processo de aquisição/ aprendizagem. O professor não precisa ser a única e principal fonte de informações para os estudantes. A internet disponibiliza diversos materiais autênticos que os estudantes podem integrar ao seu processo de aquisição/aprendizagem.
No atual cenário mundial não podemos nos esquivar de participar no processo de formação de estudantes críticos e conscientes que possam se conectar e participar em atividades sociais com falantes de língua portuguesa de toda sorte e de qualquer contexto. Precisamos preparar os alunos com estratégias para lidar com outras variedades e proporcionar situações de uso real da língua para que eles possam aprender pela vivência, experiência na língua. Ao se envolver com o seu próprio processo de formação, os estudantes poderão desenvolver conhecimento e competências necessárias para agir apropriadamente em uma variedade de contextos. Além disso, ao estarem mais expostos a diversidades nacionais e regionais, eles poderão refletir mais criticamente sobre certos clichês e visões estereotipadas que talvez possuam e caminhar para o desenvolvimento de atitudes tolerantes para com muitas línguas-culturas. Uma abordagem intercultural e pluricêntrica promove conscientização e entendimento das variedades nacionais e regionais da língua-cultura portuguesa, rumo à construção de uma postura ativa, crítica e participativa no processo de ensino-aprendizagem de PLE-PL2.

Considerações finais
No momento atual, a língua portuguesa é uma grande língua de comunicação global e, para muitos países-membros da CPLP, uma língua de acesso a cursos fora do país e também de comunicação com outros países de língua portuguesa. É importante lembrar que as línguas não são

propriedades das nações, são modos de identificação do povo que a fala, das comunidades humanas que de forma conjunta vivenciam e produzem significados através delas. Dessa forma, o processo de ensino-aprendizagem de português como LE/L2/Língua Não-Materna não significa perda de identidade. A ideia de que aprender a então considerada "língua do outro" significa perda da própria identidade ou perda da identidade nacional está intimamente relacionada com a ideia de uma identidade única, completa e coerente. Tal visão da relação entre língua e identidade não é algo compatível com o cenário geopolítico e sociolinguístico do contexto contemporâneo. Somos muitos e somos formados por muitos outros através de um processo contínuo de construção e desconstrução. Não podemos mais viver à sombra do complexo de Gabriela[9], que percebe o indivíduo como uma identidade única.

A identidade plenamente unificada, completa, segura e coerente é uma fantasia. Ao invés disso, à medida que os sistemas de significação e representação cultural se multiplicam, somos confrontados por uma multiplicidade desconcertante e cambiante de identidades possíveis, com cada uma das quais poderíamos nos identificar- ao menos temporariamente. (Hall, 2005, p.13)

A vasta diversidade social e linguística não pode ser vista como um obstáculo para o domínio de uma língua de comunicação internacional, de acesso ao mundo globalizado, para aproximações e diálogos visando a realização de um trabalho em conjunto. Precisamos, portanto, promover o diálogo intercultural, desenvolver conexões entre o global e o particular, respeitando as especificidades. O foco na identidade nacional é acompanhado do risco de se apoiar em estereótipos. É chegando perto, dialogando, confrontando opiniões que chegaremos a um melhor entendimento das realidades dos países de língua oficial portuguesa. Não se trata de uma simples mercantilização da língua, de uma mera transformação do português em um produto consumível por milhões de pessoas. É projetando e promovendo o português no mundo que daremos voz às pessoas que vivem em língua portuguesa, garantindo-nos o direito de falar e ouvir. Abrimos um leque de possibilidades de atuar no mundo com o português como língua de comunicação global, de produção científica e jornalística, como língua de tradução e interpretação, de riqueza musical literária e artística, enfim, como língua de cultura. A língua nesse contexto funciona como ponto de partida, base para promoção de um desenvolvimento socioeconômico dos povos que falam a língua portuguesa e para uma maior integração na cultura mundial.

---

[9] Comumente conhecido pelo refrão da música, Modinha para Gabriela, do compositor baiano Dorival Caymmi que diz ""Eu nasci assim, eu cresci assim, vou ser sempre assim, Gabriela!".

O PPPLE fornece exemplos concretos desta ideia em ação, é um projeto que tem sido aplicado com sucesso, ao passo que promove uma maior participação dos países membros da CPLP na produção de recursos didáticos e outras iniciativas de ensino de PLE-PL2. Dessa forma, o PPPLE contribui para um sistema de gestão internacionalizada do processo de ensino-aprendizagem do português como LE/ Língua Não Materna e para o desenvolvimento de uma perspectiva pluricêntrica da língua portuguesa. Além disso, a perspectiva de língua como atividade social adotada pelo Portal fortalece e promove o desenvolvimento da competência intercultural, algo que vai além do reconhecimento das diferenças culturais, envolve ação, esforço e mudança.

O conceito de proficiência assumido pelo Portal pressupõe a capacidade de usar a língua de maneira adequada a diversos propósitos sociais. Através das propostas de atividades com o uso de materiais autênticos provenientes da diversidade de variedades da língua portuguesa, o Portal proporciona aos estudantes e professores de PLE-PL2 um maior contato com as realidades linguístico-culturais do português e, assim, uma maior familiaridade com situações variadas de uso da língua e também uma melhor compreensão do que entendemos e consideramos como língua portuguesa em tempos contemporâneos.

O PPPLE funciona como uma ferramenta de flexibilização de fronteiras, de internacionalização da língua-cultura portuguesa e de respeito às especificidades da vasta diversidade linguístico-histórico-cultural que constituem a língua portuguesa. Por conseguinte, podemos progredir para uma prática de ensino-aprendizagem de PLE-PL2 mais engajada e comprometida com a convivência mais harmônica em contextos pluriculturais, respeitando e valorizando distintas variedade da língua-cultura portuguesa.

Referências Bibliográficas

Clyne, Michael. *Pluricentric languages: differing norms in different nations.* Berlin; New York: Mouton de Gruyter. 1992.

Freire, Paulo. *Pedagogia da indignação: cartas pedagógicas e outros escritos.* São Paulo: Editora UNESP, 2000.

Hall, Stuart. *A identidade cultural na pós-modernidade.* Tradução Tomaz Tadeu Silva, Guaracira Lopes Louro. 10.ed. – Rio de Janeiro: DP&A, 2005.

Mendes, Edleise (Ed.). O português como língua de mediação cultural: Por uma formação intercultural de professores e alunos de PLE. In: *Diálogos Interculturais: Ensino e Formação em Português Língua Estrangeira.* Campinas, SP: Pontes Editores. 2011.

Mendes, Edleise. Por que ensinar Língua como Cultura? In: SANTOS, Percilia & ALVAREZ, Maria Luisa Ortíz. *Língua e Cultura no Contexto de Português Língua Estrangeira.* Percilia Santos e Maria Luisa Alvarez

(Orgs.). Campinas, SP: Pontes, 2010.
Oliveira, Gilvan Muller de. Um Atlântico Ampliado: o português nas políticas linguísticas do século XXI In: Moita Lopes (org.) *O Português do Século XXI. Cenários Geopolíticos e Sociolinguísticos*. São Paulo: Parábola, 2013.
Oliveira, Gilvan Muller. Política linguística e internacionalização: A língua portuguesa no mundo globalizado do século XXI. In: Trab. Ling. Aplic. Campinas, n(52.2): 409-433, jul/dez. 2013.

ASPECTOS DA CULTURA BRASILEIRA NO ENSINO DE PORTUGUÊS PARA ESTRANGEIROS

Rafael Ferreira Costa
Raiana Rezende Rödde
Liliane Oliveira Damazo
Ana Maria Nápoles Villela

Introdução
O Centro Federal de Educação Tecnológica de Minas Gerais (CEFET-MG), uma escola centenária, possui, no âmbito da Diretoria de Pesquisa e Pós-Graduação, o Programa Institucional de Iniciação Científica e Tecnológica, que tem como objetivo proporcionar aos estudantes, tanto de nível médio, quanto de nível superior, a sua inserção no meio científico, na prática da pesquisa e inovação. Com esse Programa, a visão de iniciação científica (IC) adotada pela Instituição é a de que é um instrumento formativo que possibilita ao aluno o engajamento na pesquisa, tendo contato direto com a atividade científica.

É nesse sentido, então, que o CEFET-MG busca estreitar laços com o Conselho Nacional de Desenvolvimento Científico e Tecnológico (CNPq) e com a Fundação de Amparo à Pesquisa do Estado de Minas Gerais (FAPEMIG), disponibilizando bolsas de pesquisas em três Programas, quais sejam: Programa Institucional de Bolsa de Iniciação Científica (PIBIC), Programa Institucional de Bolsa de Iniciação em Desenvolvimento Tecnológico e Inovação (PIBITI) - voltados para alunos de Graduação, e Programa Institucional de Bolsa de Iniciação Científica Júnior (PIBIC-Jr) – voltado para alunos do Ensino Técnico de Nível Médio do CEFET-MG e para alguns alunos de escolas estaduais.

Esta pesquisa, portanto, está sendo desenvolvida no âmbito no PIBIC e do Grupo de Pesquisas em Linguagem e Tecnologia (INFORTEC/CEFET-MG), e configura mais uma atitude em fortalecer a área de Português como Língua Estrangeira (PLE) na Instituição, uma área que está em constante crescimento.

Entre os vários escopos do PIBIC, destacam-se:

> [...] despertar vocação científica e incentivar novos estudantes; contribuir para a formação científica de recursos humanos; estimular pesquisadores produtivos a envolverem alunos de graduação nas atividades científica, tecnológica e artístico-cultural; proporcionar ao bolsista, orientado por pesquisador qualificado, a aprendizagem de técnicas e métodos de pesquisa, bem como estimular o

desenvolvimento do pensar cientificamente e da criatividade, decorrentes das condições criadas pelo confronto direto com os problemas de pesquisa; e ampliar o acesso e a integração do estudante à cultura científica (Disponível em: http://www.cnpq.br/web/guest/pibic Acesso em: 28 de junho de 2014).

O realce nacional e internacional nas atividades de pesquisa é uma tradição do CEFET-MG e esse fato qualifica positivamente a Instituição, que apresenta resultados relevantes para o exercício prático, tradicionalmente formando um sujeito histórico com capacidade de transformar o ambiente onde atua, como também na preparação para o desenvolvimento de novos pesquisadores para o ensino superior.

Nesta investigação, pretendemos fazer um estudo dos aspectos culturais presentes em livros didáticos de (PLE), considerando-se que, no ensino de uma língua, está intrínseco o ensino de concepções culturais. Assim, procuramos definir o que seriam aspectos culturais e interculturais e, a partir dessas definições, fazer um levantamento de como esses aspectos aparecem e são abordados em alguns livros de PLE.

Considerando-se que a pesquisa encontra-se em desenvolvimento, trataremos, neste artigo, especificamente do livro didático *Bons negócios – português para o mundo do trabalho*, de autoria de Denise Santos e Gláucia V. Silva, por esse livro, datado de 2013, ser o mais recente exemplar de PLE no mercado editorial. Este estudo também visa a levar os conhecimentos produzidos nessa IC para incrementar as atividades de ensino de PLE no CEFET-MG, tanto no que se refere ao aprimoramento dos profissionais quanto à criação de materiais didáticos, o que é uma interessante estratégia de fortalecimento dessa área nessa instituição.

Tendo em vista que o foco deste artigo é analisar como são abordados os aspectos culturais no livro didático *Bons negócios – português para o mundo do trabalho*, doravante (BN), uma pergunta serviu como um norte para o início da nossa investigação: o livro BN aborda questões culturais de maneira intercultural, propondo uma reflexão em lugar de apenas apresentá-las?

A partir dessa indagação, propusemo-nos a investigar a abordagem de aspectos culturais no livro didático BN, procurando valorizar aquelas abordagens que se aproximassem mais de uma visão interculturalista. Uma abordagem intercultural que proporciona uma reflexão sobre a *minha* cultura, a cultura do *outro* e a visão do outro acerca da *minha* cultura seria mais produtiva para a aprendizagem da linguagem e para a adaptação do estrangeiro ao país em foco, como abordado por Leroy (2011). Entendemos que uma abordagem que considera esses aspectos tende a tornar mais sutis os processos de adaptação e compreensão do estrangeiro em uma outra cultura.

Apresentação do livro

Um professor de língua estrangeira frequentemente depara-se com o desafio de escolher um livro didático para ajudá-lo em suas aulas. Nesse contexto, optamos por trabalhar com o livro didático de PLE *Bons negócios – português para o mundo do trabalho*, por ter sido o mais recentemente publicado e, assim, estaríamos diante a uma proposta que está mais contextualizada nos referenciais teóricos atuais. Para realizarmos as análises, levamos em consideração tanto comandos quanto textos de partida, nos termos de Castro (2006).

O livro *Bons Negócios – português do Brasil para o mundo do trabalho*, escrito por Denise Santos e Gláucia V. Silva, destina-se àqueles que trabalham ou trabalharão no Brasil. A obra possui 2 CDs e é dividida em 4 seções iniciais, 20 unidades e 4 apêndices, é indicada ao nível básico e ao intermediário e tem como objetivo desenvolver o conhecimento fundamental para uma comunicação oral e escrita.

As 4 primeiras seções estão quase exclusivamente em inglês e são divididas em *Organização dos CDs, Welcome!, What You Need to Know* e *Pronunciation Guide*. Há um constante diálogo entre o português e o inglês durante todo o livro, escolha provavelmente feita diante da universalização do inglês, o que, de certo modo, facilita a escolha do livro por parte dos estudantes.

As 2 seções iniciais tratam basicamente de um panorama do livro e dos CDs. A seção *What You Need to Know* aborda o alfabeto, uma apresentação dos acentos, algumas abreviações comuns no âmbito dos negócios, números e algumas características gerais da língua portuguesa como gênero, número, pessoa etc. A *Pronunciation Guide*, por sua vez, apresenta uma lista com palavras a serem ouvidas e pronunciadas, a fim de instigar a percepção auditiva do estudante acerca da variante brasileira da língua portuguesa.

As 20 unidades seguintes são divididas em 8 tópicos, a saber:

1. Começando o Trabalho: o tema da unidade é dado em uma situação, um estímulo à reflexão e algumas conclusões sobre o português em situação de uso.
2. Compreensão Oral: práticas de compreensão oral com dificuldade crescente.
3. Produção Oral: esse tópico oferece oportunidades para produções formais e menos formais relacionadas a situações de negócios.
4. Compreensão Escrita: uma grande variedade de gêneros textuais ajuda o estudante a se familiarizar com as formas e o conteúdo dos gêneros, focando no vocabulário e na compreensão.
5. Produção Escrita: neste tópico, é cobrada a produção de diferentes gêneros textuais.
6. Vocabulário e Pronúncia: os estudantes podem ler e ouvir palavras importantes relacionadas com a unidade.

7. Informações Culturais: este tópico apresenta informações sobre a cultura brasileira, como, por exemplo, linguagem corporal, formas de negociação, pessoas e companhias, etc.
8. Gramática: o objetivo dessa seção é fornecer exercícios para consolidar questões gramaticais pontuadas na unidade.

Por fim, o apêndice conta com *Minigramática, Transcrição dos áudios, Respostas dos Exercícios* e *Glossário Português-Inglês*.

Este livro didático, com 328 páginas, foi criado para servir um estudante individual, para lições privadas ou em grupo, segundo as autoras. Além disso, seu objetivo é desenvolver habilidades linguísticas de leitura, fala, audição, como, também, expandir conhecimentos gramaticais e lexicais.

Considerações teóricas e análise do corpus

O ensino de PLE tem crescido tanto no Brasil como no exterior e esse cenário tem relação com a atual situação político-econômica, que teve como consequência a escolha do nosso país para sediar importantes eventos internacionais como Copa das Confederações, Copa do Mundo e Olimpíadas, além de políticas linguísticas, intercâmbios culturais, internacionalização de universidades brasileiras. Essa crescente procura pelo aprendizado da língua portuguesa estimula também a investigação sobre métodos e abordagens de ensino-aprendizagem de língua estrangeira, o que abarca objetos de pesquisa, processos pedagógicos, crenças dos docentes, processo de aquisição de língua estrangeira, interculturalismo, competência linguística e produção de materiais didáticos.

No que diz respeito aos materiais didáticos, em especial aos livros, e, também, à interculturalidade, entendemos que língua e cultura são elementos indissociáveis, "a língua que falamos reflete a nossa visão de mundo, as nossas crenças, as nossas ideologias, os nossos comportamentos, as nossas atitudes etc. A língua reflete a cultura e a cultura reflete a língua. Uma é inerente e indissociável a outra" (Leroy, 2011, p. 13).

Adotamos a concepção de cultura do Manual do Examinando do Certificado de Proficiência em Língua Portuguesa para Estrangeiros (Celpe-Bras), por ser esse o exame de avaliação de proficiência linguística reconhecido oficialmente pelo governo brasileiro e por tratar a cultura de forma vinculada à língua.

No que se refere à questão cultural, entende-se por cultura as experiências de mundo e práticas compartilhadas pelos membros de uma comunidade. Os indivíduos agem em contexto e, como tal, são influenciados por sua própria biografia, ou seja, pelo contexto social e histórico no qual estão inseridos. Cultura não é vista aqui como uma lista de fatos, autores ou datas importantes, mas como vários processos culturais inter-relacionados, tais como formas de interagir em diversas situações e contextos, atribuição de valores, representações de si próprio e do outro, modos de relacionar a

interação e a organização cotidiana com sistemas e processos culturais mais amplos. Cultura não é algo acabado, mas co-construído nas práticas cotidianas de uma comunidade (Brasil, 2013, p. 4-5).
A interculturalidade é, portanto, um processo construído sobre a cultura, quando se expõe as fronteiras existentes em cada cultura, não com o intuito de manter-se em sua própria ou negá-la e adotar uma outra, mas no sentido de ter consciência das limitações de cada uma e saber adaptar-se de acordo com as necessidades. Isso significa compreender cultura além do tradicional contraste, proporcionando ao interessado uma reflexão sobre sua própria cultura a partir do entendimento das diferenças culturais. Nessa abordagem, um falante de PLE interculturalmente competente apresenta competência linguística e conscientização sociolinguística sensibilizadas à língua e ao contexto onde ela é falada, à interação pelas fronteiras culturais, à previsão de mal-entendidos que podem ocorrer devido às diferenças de valores, significados e crenças, a fim de lidar com as exigências cognitivas e afetivas advindas do contato com o outro (Crozet, Liddicoat e Lo Bianco, 1999, *apud* Leroy, 2011, p.24).

Apresentamos, a seguir, algumas unidades já analisadas.
A unidade 1, *Profissionais*, na página 33, aborda questões como apresentação, formação de currículo, tipos de profissões, etc. O tópico *Informações Culturais* apresenta 5 profissionais brasileiros indicados a partir de certos estados do mapa do Brasil: rendeira, no Cerará; pescador, em Pernambuco; varredor de rua, no Rio de Janeiro; vaqueiro, no Mato Grosso e garimpeiro, em Minas Gerais. Há também *Glossário* e um quadro *Informações Culturais*, onde encontramos duas perguntas que devem ser respondidas oralmente: 1) *Que profissões ou atividades são comuns no seu país?*; 2) *Que produtos são típicos do seu país?* Este capítulo apresenta atividades somente no quadro *conexões interculturais*. Essas atividades são orais e de cunho reflexivo e aproximam o estudo de uma abordagem intercultural.
Ademais, o trabalho apenas com vocabulário pode ser justificado por se tratar de uma seção da unidade 1, considerando que, apesar de unidades independentes, o livro apresenta uma proposta de estudo progressivo. O estudante pode aprender algumas palavras e estabelecer algumas relações entre certas regiões e profissões, sendo essas históricas ou de maior relevância para a região.
Na segunda unidade, *Formação Profissional*, na página 54, as autoras descrevem 4 sistemas e cursos que atuam ou caracterizam a formação de profissionais: *Cursos técnicos, O Sistema "S", Cursos universitários, Cursos para tecnólogos*. Além disso, há um quadro com algumas informações extras, como a diferença entre faculdade e universidade. E há também um segundo quadro, *CONEXÕES INTERCULTURAIS*, que requer respostas orais sobre: 1) O ensino no seu país é público ou privado?; 2) *Há cursos técnicos em*

seu país? Em qual nível? (médio ou superior)?; 3) *Há serviços como o SENAI e o SENAC?*
Esta unidade apresenta um texto bastante extenso e rico em informações sobre formação profissional, mas sem proposta de interpretação e as atividades encontradas nessa seção são aquelas do quadro *conexões interculturais*. Há um questionamento sobre questões profissionais relacionadas à seção e são propostas reflexões sobre a existência de serviços no país de origem do estudante em comparação com os do Brasil, o que caracteriza um "diálogo intercultural". Entretanto, a compreensão intercultural pode ser comprometida devido à ausência de exercícios que demonstrem que o estudante compreendeu o texto e que, portanto, está mais apto a trabalhar a interculturalidade.
O *Trabalho em Equipe* é abordado na página 57 da unidade 3. Há pequenos textos explicando o que são sindicatos e conselhos profissionais e também dois glossários. Por fim, o quadro CONEXÕES INTERCULTURAIS pede respostas orais para os seguintes questionamentos: 1) *Há sindicatos no seu país? Se sim, de que grupos de trabalhadores?*; 2) *Há conselhos profissionais em seu país? Quais são alguns exemplos?* Nessa terceira unidade, a estrutura é bastante similar à da segunda unidade, o quadro *conexões interculturais* é responsável por resgatar informações da cultura nativa do estudante, de acordo com aspectos da cultura brasileira. Há que se ressaltar que o próprio nome da unidade é bastante válido, tendo em vista a existência, na maioria das empresas brasileiras, de trabalhos em equipe. E isso é também representado nos sindicatos e conselhos profissionais de que tratam os textos.
Presente na unidade 4, *Empresas*, na página 69, há um conjunto de texto e duas listas de exercícios, além do quadro *conexões interculturais* que têm as seguintes questões: 1) *O seu país de origem tem empresas multinacionais? Quais são as mais famosas?* 2) *Algumas dessas empresas têm filiais no Brasil? Quais?* 3) *Alguma multinacional brasileira atua no seu país de origem? Qual (quais)?* O texto, de tamanho moderado, apresenta informações sobre a internacionalização de empresas brasileiras e posteriormente é trabalhada a interpretação textual, ao serem pedidas duas informações importantes do texto. Além disso, é pedido que o aluno relacione nomes de empresas e áreas de atuação por meio de duas colunas. Este capítulo apresenta uma proposta bastante interessante, pois traz um texto com informações sobre empresas brasileiras e são trabalhadas questões que abordam a sua interpretação. Aliadas às questões, bastante interculturais, do quadro *conexões interculturais*, as primeiras atividades proporcionam uma ótima ferramenta intercultural.

Considerações Finais
Esta análise piloto de algumas unidades do livro BN permitiu algumas inferências sobre as partes estudadas em relação aos aspectos culturais abordados. No geral, essa obra configura-se como um ótimo material

didático, principalmente para o contexto em que há um professor, pois a obra oferece um interessante suporte para aqueles que preparam sua aula, pois há sempre um texto de partida que promove um conhecimento sobre a cultura brasileira relacionada aos negócios de forma geralmente generalizada, mas não estereotipada.

Por sua vez, para um contexto de estudo independente, a não exploração de alguns textos de apoio pode comprometer o desenvolvimento do aprendizado, pois o aluno deve fazer um trabalho interpretativo sem ajuda, o que, para um contexto de não imersão ou de um iniciante, pode ser uma limitação à compreensão dos aspectos culturais brasileiros objetivados para a discussão intercultural proposta sempre ao final de cada seção.

Poderiam ser as limitações dos alunos iniciantes fatores que dificultam a exploração dos textos de partida, como podemos perceber nas 3 primeiras unidades, nas quais houve apenas uma proposta reflexiva sem antes passar por uma interpretação dos textos que traziam informações sobre a cultura brasileira do mundo dos negócios. Por outro lado, na unidade quatro, quando o aluno supostamente já possui um conhecimento maior da língua, são propostas questões que trabalham a interpretação do texto antes de estabelecerem relações interculturais, contribuindo para uma possível abordagem intercultural.

Apesar de algumas estruturas do livro BN não apresentarem intrínseca ligação entre aspectos linguísticos e culturais, entendemos que isso não invalida as atividades, tendo em vista que a cultura pode ser apresentada por meio de questões linguísticas, até mesmo das próprias estruturas linguísticas de um falante nativo.

É importante ressaltar, portanto, que o livro BN será analisado por completo e servirá de base para a elaboração de materiais didáticos, com foco no ensino de língua-cultura, a serem utilizados em cursos de PLE ofertados a alunos intercambistas no CEFET-MG.

Referências Bibliográficas

Brasil. Ministério da Educação. Instituto Nacional de Pesquisas Educacionais Anísio Teixeira. *Guia do examinando*: versão eletrônica simplificada. Brasília-DF, 2013. Disponível em http://download.inep.gov.br/outras_acoes/celpe_bras/manual/2012/manual_examinando_celpebras.pdf. Acesso em: 12 maio 2014.

Castro, Pedrina Barros. *Produção escrita: encontros e desencontros entre os livros didáticos de português do Brasil para estrangeiros e o exame Celpe-Bras*. 2006. 131 f. Dissertação (Mestrado em Letras) - Estudos da Linguagem, Universidade Federal Fluminense, Rio de Janeiro. 2006.Web.

Conselho Nacional de Desenvolvimento Científico e Tecnológico, CNPQ. Site institucional. Programa Institucional de Bolsas de Iniciação Científica – PIBIC. Acesso em: 28 junho 2014. Web.

Leroy, Henrique Rodrigues. *Ensino de língua portuguesa para estrangeiros em contextos de imersão e de não-imersão: percepções interculturais dos aprendizes e do professor.* 2011. 147 f. Dissertação (Mestrado em Letras) – Estudos de Linguagem, Centro Federal de Educação Tecnológica de minas Gerais, Belo Horizonte. 2011.Web.

Santos, Denise; Silva, Gláucia V. *Bons negócios*: português para o mundo do trabalho. São Paulo. Disal Editora. 2013. Print.Web.

CLIL "CONTENT AND LANGUAGE INTEGRATED LEARNING" APLICADO NO CURSO DE ENSINO DA CULTURA BRASILEIRA ÂMBITO UNIVERSITÁRIO NA FORMAÇÃO DE PROFISSIONAIS DE TRADUÇÃO E INTÉRPRETE

Adriana Domenico Cestari

Introdução
O objetivo desse estudo é mostrar o resultado da aplicação da abordagem CLIL, aplicada no curso de Cultura Brasileira, âmbito universitário, na formação de profissionais de tradução e intérprete. Os resultados apontaram que houve a evolução significativa na produção oral e escrita dos alunos e consequentemente conseguiram alcançar o nível C1 do quadro europeu comum de referência para as línguas no idioma português do Brasil.

Universidade Peruana de Ciências Aplicadas – UPC
Fundada há 20 anos na cidade de Lima- Peru a UPC é uma instituição particular líder em educação superior por sua excelência acadêmica e por sua capacidade de inovação e que tem como missão formar profissionais líderes íntegros, proativos e inovadores com visão global de transformar o país. A universidade oferece 35 cursos e conta com 13 mil estudantes divididos nas áreas de exatas, humanas e biológicas e, também faz parte de rede de universidades particulares mais importantes do mundo a *Laureate International Universities*.
O modelo educativo da universidade é baseado nos princípios pedagógicos do Relatório para a UNESCO da Comissão Internacional sobre Educação para o século XXI de 1996 sobre os quatro pilares de Educação, a saber: aprender a aprender; aprender a fazer; aprender a conviver e aprender a ser.
A Metodologia Ativa, como denominada pela UPC e de acordo o relatório anteriormente citado consiste em um ensino bidirecional onde o docente atua como um guia ou facilitador da aprendizagem e o aluno como um construtor de seu próprio conhecimento. Esta maneira de ensinar permite ao aluno desenvolver competências comunicativas e profissionais e requer do docente a promoção de condições necessárias para isto. Esses fatores fazem com que a abordagem CLIL se enquadre neste modelo educativo.
Lembramos que a metodologia ativa é centrada no aluno que assume um papel ativo na construção de sua aprendizagem que é dividida em quatro

etapas. Essas etapas constituíram os fundamentos das atividades desenvolvidas nas aulas.
1. Motivação: estabelece a relação pedagógica que permite ao docente enganchar os alunos no tema e despertar a inquietude por aprender. Também é importante para desenvolver uma aprendizagem significativa permitindo que os alunos relacionem seus saberes prévios com o novo conteúdo que será apresentado por médio de leitura de um pequeno texto; vídeo ou pergunta aos alunos.
2. Aquisição: o aluno resolve o conflito cognitivo provocado pelo professor ao planejar a aula com atividades praticas que demandem a participação crítica e criativa dos alunos.
3. Transferência: o professor desenvolve atividades que promovam a reflexão critica e a capacidade argumentativa por meio debate onde o aluno aplica o que foi aprendido em outros contextos e situações diferentes.
4. Avaliação: o docente conhece os avanços e dificuldades dos alunos por médio de atividades em grupo ou individual escrita ou oral com retroalimentando o aluno.

O que é a abordagem CLIL - *Content and Language Integrated Learning*?

Termo criado por David Marsh e Anne Maljers em 1993 – Conteúdo e Aprendizagem Integrada de Línguas – CLIL é uma abordagem para a aprendizagem de conteúdos através de uma língua adicional (estrangeira ou segunda) abrangendo diferentes formas de usar o idioma.

Aprendizagem Integrada de Línguas e Conteúdos é um recurso didático-pedagógico inovador que contribuindo para o desenvolvimento das competências linguísticas dos discentes, pois permite não só aprender uma determinada disciplina numa língua estrangeira e alcançar os objetivos desta matéria aprendida neste idioma, mas também a descoberta de um vocabulário diferente e de aspectos linguísticos que proporcionam oportunidades efetivas para aplicação imediata das novas competências linguísticas que é um aspecto importante em contextos profissionais.

CLIL é uma abordagem integrativa e multicultural estruturadas em quatro princípios propostos por Coyle (2006), também conhecidos como 4 Cs, a saber: conteúdo é o tema a ser tratado, comunicação é aprendizagem da língua pelo uso, cognição igual a aprendizagem e cultura é desenvolvimento da compreensão intercultural global.

Curso de Cultura Brasileira

Na grade curricular da carreira de tradutor e intérprete profissional, a disciplina Cultura Brasileira é um curso obrigatório depois de concluídos os quatros semestre do curso de português como língua estrangeira. O objetivo desta disciplina foi expor o aluno a um contexto no qual diversos

aspectos da Cultura e da Historia brasileira foram estudados e discutidos a partir de textos e vídeos autênticos com o objetivo de desenvolver as competências linguísticas referentes ao nível C1, avançado, de acordo com quadro europeu comum de referência para as línguas.
Relembrando o quadro europeu comum de referência para as línguas para nível C1, avançado, ao que se refere à:
1. Compreensão oral: o individuo é capaz de compreender uma exposição longa, mesmo que não esteja claramente estruturada ou quando a articulação entre as ideias esteja apenas implícita e compreender programas de televisão e filmes sem grande dificuldade.
2. Leitura: o estudante será capaz de compreender textos longos e complexos, literários e não literários, e distinguir estilos como compreender artigos especializados e instruções técnicas longas, mesmo quando não se relacionam com a minha área de conhecimento.
3. Expressão oral: o individuo será capaz expressar-se de forma espontânea e fluente, sem dificuldade aparente em encontrar as expressões adequadas; utilizar a língua de maneira flexível e eficaz para fins sociais e profissionais; formular ideias e opiniões com precisão e adequando o discurso ao dos seus interlocutores; e de apresentar descrições claras e detalhadas sobre temas complexos desenvolvendo aspectos particulares e chegando a uma conclusão apropriada.
4. Produção escrita: o aprendiz será capaz de escrever cartas, comunicações ou relatórios sobre assuntos complexos, pondo em evidência os aspectos que considere importantes.

Com carga horária 4 horas semanais durante 16 semanas, carga horária total 64 horas do curso Língua e Cultura Brasileira, ofereceu aos alunos de Tradução e Interpretação uma visão geral sobre o contexto cultural e histórico dos países lusófonos, dando ênfase ao Brasil, visto que pais desempenha um papel econômico e geopolítico importante na América do Sul. O eixo temático do curso foi dividido em seis unidades:

1. A origem da Língua Portuguesa
2. Sotaques do Brasil
3. A conquista do território brasileiro
4. A formação do povo brasileiro
5. Linha do tempo política e econômica brasileira
6. Arte, literatura e música

Textos selecionados foram extraídos das seguintes referencias:
- Ataliba de Castilho, *Artigo – Como, onde e quando nasceu a língua portuguesa?*
- Boris Fausto, *Historia do Brasil*

- Caio Prado Jr, *Formação do Brasil Contemporâneo*
- Eduardo Bueno, *Brasil: uma História - a Incrível Saga de um País*
- Marcos Bagno, *Preconceito linguístico*
- Renato Mendonça – A influência Africana no Português do Brasil

Filmes:
- A ilha dos escravos
- Lampião e Maria Bonita
- Olga

Vídeos:
- A história da língua portuguesa tempo vida e espaço
- A história do Brasil – Boris Fausto
- A origem da língua portuguesa
- A vinda da família real para o Brasil - animação
- Ataliba de Castilho - programa do Jô
- Discovery Atlas Brasil
- Paulo Coelho - programa CQC
- gigante Adamastor – animação
- Japão no Brasil – TV Record
- povo brasileiro – Antropólogo Darcy Ribeiro
- Vida Maria – animação

O conteúdo das diferentes unidades permitiu ao aluno entender o contexto atual em da sociedade brasileira, mostrando a diversificada história do país desde antes da chegada dos portugueses até os dias de hoje.

Ao longo do curso o aluno discutiu, refletiu e opinou sobre os aspectos históricos, geográficos e culturais do Brasil, e os temas de atualidade brasileiros e peruanos, assegurando que a interculturidade estivesse presente em todos os momentos do processo de aprendizagem.

Durante o semestre, os aprendizes tiveram a oportunidade de usar a língua portuguesa para expressar-se sobre os diversos temas estudados, tendo a oportunidade de aprimorar o vocabulário e estruturas do idioma.

Na metade do curso os alunos receberam uma proposta de atividade para produzir uma revista digital cujo tema foi: A influência africana no Brasil e no Peru, entregue na última semana de aula, que foi um dos itens considerados para a avaliação final da disciplina.

Proposta de atividade

Revista é uma publicação periódica de cunho informativo, jornalístico ou de entretenimento voltada para um publico especifico ou geral e contêm artigos ligeiros não muito longos acompanhados por imagens. A proposta de desenvolver uma revista sobre a influência africana no Brasil e no Peru e que contenha artigos narrativos e comparativos nos seguintes temas: culinária; música; dança; vocabulário e religiosidade.	
AGENDA DE TRABALHO 1. Aula para desenvolvimento das ideias e um primeiro rascunho. 2. Apresentação oral do desenvolvimento do trabalho. 3. Apresentação da proposta de trabalho a ser apresentada pelos alunos. 4. Correção-1, entrega do texto para professor 5. Devolução do texto corrigido pelo professor. 6. Correção- 2, entrega do texto para professor. 7. Devolução do texto corrigido pelo professor. 8. Segunda apresentação oral do desenvolvimento do trabalho. 9. Apresentação da revista.	**CRITÉRIOS DE AVALIAÇÃO** 1. Pontualidade no cumprimento das datas previstas para cada etapa da atividade. 2. Estética e ilustração 3. Apresentação da atividade: as apresentações prévias (texto para correção) e o produto final (revista). 4. O aluno receberá o quadro "Parâmetros para avaliação escrita" contendo os elementos que serão avaliados na sua produção escrita. Apresentado no corpo do texto. 5. A avaliação da atividade será feita por meio de quadros avaliativos sobre todas as fases da atividade que os grupos, o aluno e o professor completarão para compor a nota final. 6. Participação na elaboração da atividade. 7. Observação: o texto deve ser corrigido o número de vezes que o professor achar necessário.
Formato para a entrega do trabalho	REVISTA • Formato magazine 20 x 26,5 cm • Formato americano 17 x26 cm • Formato 31,5 x 22,5 cm • Formato francês 12 x19 cm • Formato italiano, 16,5 x 12 cm • <u>Formatinho</u> 13 x 21 cm
Características do trabalho Produzir uma revista com o tema: A influência Africana no Brasil e no Peru. Deverá conter capa, fotos, manchetes, artigos narrativos e comparativos nos seguintes temas vocabulário, alimentação, música e dança,religiosidade. Divisão do trabalho dois grupos com um único produto final. Atuação dos participantes durante a apresentação oral.	

Quadro 1- Proposta de atividade

Considerações Finais
A abordagem CLIL aliada à metodologia ativa em um contexto universitário direcionado a disciplina de Língua e Cultura Brasileira proporcionou aos aprendizes um contato com elementos da historia e da cultura, o que certamente, deve contribuir na atuação desses futuros profissionais, visto que a expressão linguística é o resultado da confluência língua e cultura e cabe ao tradutor/intérprete considerar tais aspectos na execução do seu trabalho.

Referências Bibliográficas
Manual de Metodologia Ativa. Universidad Peruana de Ciencias Aplicadas. Edição 2012.
Quadro Europeu Comum de Referências para as línguas: Aprendizagem, ensino, avaliação. Coleção perspectivas actuais /educação. Edições Asa. 2001. Manual.
Do Coyle, Hood Philip, Marsh David. *Content and Language Integrated Learning*, Cambridge University, 2010.

ENSINO DE PORTUGUÊS COMO SEGUNDA LÍNGUA EM TURMAS HETEROGÊNEAS: DESAFIOS E EXPERIÊNCIAS MEDIADAS PELA TECNOLOGIA

Naiara Pedon Carvalho Clemente
Priscilla da Silva Santos

Introdução

O ensino de português em escolas internacionais, no Brasil, tem características distintas do que se encontra em cursos livres e do que se ensinam nas universidades que preparam profissionais para atuarem na área do ensino de Português como Segunda Língua (doravante PSL). A primeira e mais forte diferença é nem sempre ser possível organizar as aulas de acordo com o nível de proficiência dos alunos na língua alvo, fazendo com que as turmas sejam multiníveis. Outra característica dessa realidade é que não há homogeneidade cultural, social e etária nas turmas e, por isso, usaremos aqui o termo 'heterogêneo' para fazer referência a essa importante particularidade.

As turmas de PSL da Escola das Nações não são grandes – Hess, 2001, considera grande a turma que tem trinta ou mais alunos, padrão que está sendo usado neste estudo – e têm em média 15 alunos. Porém, são ricas em diversidade cultural, linguística e em relação à proficiência de língua portuguesa. Alguns utilizam nosso idioma fluentemente, outros não sabem dizer "Bom dia". O contexto do ensino de PSL na Escola das Nações será detalhado mais à frente.

Alguns estudiosos, como Ellis (1985), ensinam que a aquisição de uma segunda língua não é um processo simples e uniforme, assim é fundamental compreender sua complexidade. Isso significa que não há uma receita infalível que garanta sucesso absoluto, independente do contexto de ensino e aprendizagem. Por isso é que o presente estudo busca compartilhar experiências no percurso do trabalho com PSL, a fim de trazer ideias e suscitar discussões acerca da experiência em salas de aulas heterogêneas, que pode, como afirma Hess (2001: 2), ser muito árduo, exaustivo e cheio de demandas, mas também infinitamente desafiador e interessante.

Nesse processo todo, é fundamental considerar que a motivação do aluno é muito importante, e nem sempre jovens de 13 a 15 anos, muitos em situação de expatriação, estão abertos à aprendizagem de uma segunda língua. De acordo com o trabalho de Shütz (2003), a motivação pode ter

origens internas ou externas, e tanto a sala de aula quanto a metodologia de ensino podem funcionar como motivação ou desmotivação.
Pensando nisso é que houve a ideia de trazer as Tecnologias de Informação e Comunicação (TICs) para as aulas de PSL, de forma mais frequente e sistematizada. É sabido que há um descompasso entre o modelo educacional vigente no Brasil e a forma de aprendizagem dos alunos, nativos digitais. Isso, na Escola das Nações, torna-se ainda mais evidente por conta do poder aquisitivo dos alunos, que já nascem diante do computador e dos *tablets*. Acreditamos que o uso das tecnologias podem aumentar a motivação dos alunos para as aulas de PSL, tornando-as mais produtivas e eficientes para a aprendizagem do idioma.

O ensino de Português como Segunda Língua na Escola das Nações (EdN)

A Escola das Nações foi fundada em 1977, e segue os fundamentos da fé Bahá'í. Situada em Brasília, capital brasileira, a escola e busca se tornar referência entre as escolas nacionais e internacionais por seu comprometimento com a cidadania mundial e por ajudar a desenvolver, em cada aluno, notáveis qualidades acadêmicas, éticas e espirituais, além de um claro entendimento de seu papel na construção de um mundo melhor.
Em sua página na internet (www.escoladasnacoes.com.br), a Escola das Nações define sua missão como sendo a de educar alunos para se tornar cidadãos do mundo baseada em padrões de excelência acadêmica, bilinguismo e ética com o objetivo de desenvolver a capacidade de conhecer a humanidade, amá-la e servir a ela.

O ensino de Português como Segunda Língua

O currículo da disciplina Português como Segunda Língua está passando por um processo de reformulação, desde o início do ano letivo de 2013-2014, justamente por conta da heterogeneidade das turmas. É importante mencionar que há apenas uma professora para cada turma e não temos auxiliares de classe, assim cabe ao professor gerir as peculiaridades de seus alunos.
Ao todo, foram 41 alunos que iniciaram o ano letivo nas três turmas de PSL do *Middle* e do *High School*. Esses alunos eram oriundos de quinze países, a saber: Estados Unidos, China, Bélgica, Azerbaijão, Eslovênia, Nigéria, Argentina, Uruguai, México, Índia, Omã, Sudão, Itália, Camarões e Brasil.
A escola tem como procedimento sugerir que os alunos de nível avançado assistam as aulas de português para o currículo brasileiro (Português Regular – Língua Materna). Durante o ano, em torno de sete alunos aceitaram o desafio e saíram das turmas de PSL.

A sala de aula

Normalmente, as turmas têm em média quinze alunos, metade do proposto como turmas grandes por Hess, 2001 (como já citado), com diferentes níveis de proficiência em língua portuguesa, com idades escolares diferentes (a turma que participou das atividades aqui descritas era formada por alunos do sétimo e do nono anos), com necessidades especiais de aprendizagem diferentes, com motivações e interesses diferentes.

Havia também alunos com diferentes habilidades desenvolvidas, ou seja, alguns alunos têm as habilidades relacionadas à oralidade muito bem desenvolvidas, e não conseguem ler e escrever em português. Em geral esses alunos são brasileiros criados no exterior, estrangeiros com famílias brasileiras ou estrangeiros oriundos de países em que o alfabeto é diferente do utilizados pelas línguas de origens anglo-germânica e romana.

Alguns alunos estão no Brasil e não se interessam em falar português, pois vivem em comunidades de fala em que somente utilizam sua língua materna. Alguns falam inglês e se sentem confortáveis com isso, pois seu grupo de convivência utiliza esse idioma como língua de comunicação. A necessidade de usar a língua portuguesa acontece, basicamente, durante as aulas de PSL.

Nessa turma ainda havia alunos que avançaram em alguns conteúdos, em geral relacionados à oralidade, mas que não sedimentaram as características básicas da estrutura da língua portuguesa, como os artigos e as conjugações verbais, e não são hispano falantes. Também havia alunos que desejavam ser desafiados em sua aprendizagem, por isso queriam sair do PSL e assistir às aulas do português regular, mas não possuíam conhecimento dos conteúdos, sobretudo gramaticais, trabalhados nas aulas de sua série.

Os desafios

Os grandes desafios, diante do contexto descrito, da equipe de PSL são tornar os alunos proficientes em língua portuguesa, levá-los a compreender alguns aspectos da cultura brasileira e, o maior, torná-los aptos a frequentar as aulas do currículo brasileiro. E isso sem deixar de respeitar as características de aprendizagem individuais.

Por isso é imprescindível adequar as aulas às necessidades individuais dos alunos em relação à língua portuguesa. Acreditamos que só assim conseguiremos vencer os desafios que nossos alunos nos impõem diariamente.

As tentativas

Antes de abraçarmos o uso das tecnologias em sala de aula, muitas estratégias foram utilizadas nas aulas de PSL. Listamos algumas tentativas que foram feitas ao longo do processo.

- Organizar a turma em pequenos grupos (agrupamentos produtivos), levando em conta o nível de proficiência em língua portuguesa dos alunos. Nessa experiência, tentou-se uniformizar o material didático.
- Nivelar a turma a partir das lacunas estruturais identificadas, principalmente, nas produções escritas dos alunos – Foco na Forma. Simultaneamente, alguns conteúdos gramaticais próprios do currículo brasileiro iam sendo trabalhados, como classificação de palavras (morfologia).
- Organizar grupos com alunos de diferentes níveis de proficiência em língua portuguesa, para que os mais avançados pudessem auxiliar os iniciantes.
- Planejamento para trabalhos em grupos, com atividades diferenciadas para os níveis de cada par formado pela professora.
- Inserção das TICs na sala de aula, como auxílio para a personalização das aulas.

As TICs usadas

O mundo contemporâneo nos traz uma profusão de recursos tecnológicos, quase impossível de um professor que não é da área tecnológica acompanhar. Por isso, decidir quais ferramentas levaríamos para a sala de aula não foi um processo rápido, e seguem as que utilizamos durante as aulas aqui detalhadas.

YouTube
Vídeos para desenvolvimento das habilidades relacionadas à oralidade. Além disso, com o uso da ferramenta PowToon, as apresentações feitas podem ser publicadas no YouTube.
Em algumas aulas, foram sugeridos vídeos para que os alunos pudessem assistir e conhecer também aspectos culturais do povo brasileiro. Além disso, com os vídeos adequados, os alunos puderam ser expostos a exemplos de variação linguística do Brasil.

Nearpod
Aplicativo multiplataforma (ios, androide e Windows) que auxilia no compartilhamento do conteúdo e na dinamização de atividades em sala de aula. É possível criar slides com o Nearpod e inserir atividades ao longo da apresentação. Os resultados das atividades são expostos em relatórios completos, com o desempenho da turma.
Com esse aplicativo, é possível controlar o ritmo da transição dos slides, e fazer com que todos sigam o mesmo ritmo, nesse caso o professor tem o controle do processo. Outra opção é programar o aplicativo para o aluno seguir sozinho, no seu próprio ritmo. Em ambas as opções, o relatório com o desempenho do grupo é gerado.

Edmodo (www.edmodo.com)
Rede social gratuita com finalidade educativa. Ele permite que professores e alunos interajam em um ambiente virtual, com uma interface similar a de redes sociais como o Facebook.

Os usuários criam perfis para acesso à rede, e podem se juntar a grupos de discussões, privados ou públicos, e também a uma sala de aula virtual, criada pelo professor. Nesse caso, apenas as pessoas convidadas pelo professor pode se juntar à sala de aula, por meio de um código de grupo, gerado pelo sistema.

Nas salas de aulas virtuais, o professor pode fazer uso de aplicativos para incrementar seu trabalho, como o PixToon, que proporciona a criação de quadrinhos animados. Além disso, é possível criar atividades e testes para serem realizados na própria rede social, o que facilita o trabalho docente, pois corrige automaticamente os exercícios e gera um relatório de desempenho por aluno e/ou por turma.

PowToon (http://www.powtoon.com)
Ferramenta, disponível online, que possibilita a criação de vídeos tutoriais e apresentações animadas. Seu uso é simples, pois a ferramenta é autoexplicativa, e possibilita fácil acesso àqueles que não são muito familiarizados com a criação de animações.

As apresentações feitas com o uso dessa ferramenta podem ser publicadas no Youtube, ou podem ter seu link disponível para o acesso em equipamentos com suporte para execução de arquivos em flash.

Google Busca, Drive e Tradutor
Várias são as funções do Google Drive em sala de aula, e utilizamos o compartilhamento de arquivos e a produção coletiva de textos para o trabalho nas turmas de PSL. O Google tradutor também foi muito utilizado pelos alunos, assim como o Google para pesquisas *online*.

A prática
A turma, cujas experiências estão aqui relatadas, tinha um temperamento difícil, pois os alunos eram muito agitados, alguns com dificuldades de aprendizagem, e apresentavam uma grande resistência ao aprendizado formal da língua portuguesa. Os alunos conseguiam usar a língua para a comunicação oral, porém não tinham solidificado conhecimentos de estrutura básica do idioma, de forma que era comum o uso do verbo conjugado em terceira pessoa do singular para se referir à primeira pessoa do singular (Eu gosta).

Um aluno se destaca no grupo, pois ele não conseguiu sair do nível elementar de comunicação em língua portuguesa, apesar de estar há um ano na escola (2012 - 2013), estudando português. Esse aluno não se engajava adequadamente nas atividades realizadas em sala de aula, copiava as respostas dos colegas e só se expressava oralmente em língua portuguesa durante as atividades que envolviam apenas ele e a professora. Em janeiro de 2014 (início do segundo semestre letivo), suas notas eram muito baixas.

Para as aulas com o uso de computadores, utilizamos o laboratório de informática da escola, e somente essa mudança já foi positiva, pois os alunos centraram a atenção apenas no trabalho que estavam desenvolvendo. Isso proporcionou a diminuição de conversas paralelas, principalmente usado a língua inglesa.

Iniciamos o trabalho com o uso da ferramenta Nearpod. Com ela, realizamos a revisão do que foi aprendido durante o primeiro semestre. Para isso, elaboramos materiais que dessem conta dos níveis iniciante e intermediário. Os alunos receberam o código de acesso próprio para seu exercício individualmente, assim um não sabia que exercício o colega estava fazendo.

Os alunos reagiram bem à proposta e faziam leituras mais atentas do que em sala de aula, buscando ferramentas de tradução para que pudessem compreender o material didático. A consulta a dicionários em sala de aula é muito pequena, pois os alunos não o levam para sala, na maioria das vezes. Eles sempre buscam sanar dúvidas de vocabulário com a professora ou usando o celular, o que não era permitido na escola.

O material de revisão propunha alguns exercícios de fixação, e essa foi a parte difícil do processo. Os alunos nunca tinham usado o Nearpod e não sabiam que para o exercício ser efetivamente respondido, é necessário clicar em "Salvar" antes de avançar o slide. Sendo assim, os resultados das atividades não foram todos registrados, o que comprometeu o sucesso da aula. Apesar disso, ficou claro que os alunos se concentravam mais nessas atividades do que em sala de aula.

Figura 1 Material Didático produzido para uso na ferramenta Nearpod

Por conta da dificuldade apresentada na primeira experiência, passamos a utilizar em nossas aulas a rede social educativa Edmodo. A apresentação das aulas, nessa rede, não é tão dinâmica quanto no Nearpod, contudo a manipulação dos exercícios e dos relatórios de desempenho é mais fácil.

Figura 2 Material Didático produzido para uso na ferramenta Nearpod

Com o Edmodo, os alunos, assim que terminavam as atividades, visualizavam seu desempenho e podiam mapear suas principais dificuldades em relação ao conteúdo. Alguns, ante a um resultado negativo, pediam para realizar o exercício novamente, a fim de melhorar seu desempenho. Pode-se entender essa reação como positiva, pois demonstra uma mudança de atitude com relação à disciplina.
Além do maior engajamento dos alunos com as atividades propostas, os recursos tecnológicos também possibilitaram a personalização das atividades, conforme as necessidades individuais, pois o grupo que não está recebendo a atenção da professora está mais propenso à falta de concentração e, consequentemente, a tumultuar a aula. Nesse caso, uma instrução única para a turma não é possível. É importante ressaltar que nessa personalização não estamos tratando apenas dos diferentes níveis de conhecimento da língua portuguesa, mas também das necessidades de aprendizagem de cada um.
Com o uso do Edmodo, foi possível preparar materiais personalizados, com instruções detalhadas, que todos acessassem conforme seu ritmo e simultaneamente. O aluno, em aulas assim, pode usar os recursos da rede mundial de computadores para esclarecer imediatamente questões, sem se expor para os demais alunos da turma. Ocorre, então, uma otimização do tempo de aula e o aluno é totalmente colocado no centro do processo.
O uso de áudio em salas de aula multinível também é complexo. É

importante expor os alunos a diferentes sotaques, trabalhar sistematicamente sua compreensão auditiva, além de apresentar diferentes músicas brasileiras. Sobre as músicas, elas, geralmente, são bem aceitas pelos alunos, que podem aprender de uma maneira menos formal que as atividades predominantemente de leitura e produção de textos.

Porém, um áudio adequado para os alunos do nível intermediário pode causar frustração para um grupo no nível iniciante. Sendo assim, selecionar materiais específicos e aplicá-los simultaneamente para os diversos grupos da turma só é possível com o uso de recursos tecnológicos.

Em relação à produção de textos, também notou-se maior desempenho dos alunos com o uso de recursos do Google. Os alunos escreveram a primeira versão de seus textos em sala de aula, da forma tradicional. Depois de corrigidos, os textos voltaram para os alunos, e partimos para a digitação dos textos que, simultaneamente, seriam corrigidos. Nesse passo, iríamos trabalhar conjuntamente por intermédio do editor de textos (de forma compartilhada) do Google.

Com esse recurso, a professora pode acompanhar o andamento da reescrita do texto, interferindo quando necessário. Nesse momento, os alunos que apresentavam uma escrita muito precária em língua portuguesa passavam a refletir sobre seus erros para corrigi-los. A escrita conjunta do texto possibilita que a reescrita seja realizada durante o momento da escrita. Além disso, os aspectos coesivos também podem ser explorados, já que o professor pode sugerir incremento na argumentação, por exemplo, com recados no próprio texto. Abaixo segue um exemplo de texto reescrito.

Figura 3 Produção de Texto com uso da ferramenta Google Drive

O autor do texto acima é filho de brasileiros, criado em país de língua inglesa, com alto nível de compreensão e produção na modalidade oral da língua portuguesa, mas que nunca tinha estudado português de forma sistematizada, nem tido contato sistemático com a modalidade escrita de nosso idioma. Dessa forma, quando solicitado a escrever uma história cujo pano de fundo seria a Copa do Mundo, ele teve grande resistência. Durante a primeira parte da produção, em que os alunos escreveram no caderno suas histórias, ele foi muito resistente, pois sua escrita é muito distante do resultado acima. Ele escreve foneticamente, dada a falta de sistematização da língua escrita já mencionada.

Após as correções indicadas pela professora e seu esforço para melhorar a primeira versão do texto, o aluno releu sua produção e decidiu que o resultado não estava bom, queria mudá-lo. Então procurou uma versão *online* e em inglês do livro Hobbit, transferiu os trechos desejados para o Google Tradutor e iniciou sua tarefa de reconstrução de seu texto. Nesse momento, ele concluiu que a estrutura da tradução para o português estava estranha, pois quando ele lia em voz alta não tinha o mesmo sentido que tinha em inglês. A professora, então, o ajudou a organizar seu texto em português, e o resultado final, pé o apresentado acima, ainda com algumas interferências e com potencial de ficar melhor, mas que representa um grande avanço em relação ao início do processo. E o aluno ter percebido por si só que o caminho mais fácil (o uso do Google Tradutor) não é o de melhor resultado pode ser considerado mais um ponto positivo dessa experiência.

Utilizamos também o Edmodo para realizar discussões temáticas, por meio de pesquisas que os alunos tinham que responder, usando a língua portuguesa. Essa é uma atividade que exige um controle do professor para que os alunos não somente copiem o colem os textos de páginas como Wikipedia. Na atividade que realizamos, os alunos de nível avançado deveriam pesquisar a definição de crônica, e o resultado indicou que eles utilizaram a ferramenta Google Tradutor para responderem as questões, como pode ser visto abaixo.

Em experiências anteriores, a pesquisa era um recurso solicitado como atividade de casa, e o resultado era que os alunos não cumpriam a tarefa a contento ou esqueciam de executá-la. Com as aulas sendo feitas no laboratório de computador e a pesquisa como atividade de aula, esse recurso passou a ser um pouco mais eficaz.

A ferramenta PowToon também trouxe resultados interessantes na sala de aula. Para tratar da experiência com essa ferramenta, é preciso retornar ao aluno mencionado como destaque no segundo parágrafo desta seção. Era um aluno com rendimento baixo em língua portuguesa, com quase nenhuma participação durante as aulas e com habilidades compatíveis ao nível básico da língua portuguesa, apesar do tempo de estudo sistematizado do idioma.

Figura 4 Fórum sobre Crônicas com o uso da ferramenta Edmodo

Ao mesmo tempo que alguns alunos escreviam histórias sobre a Copa do Mundo, pesquisavam sobre crônicas, realizavam outros tipos de tarefas, a este aluno foi solicitado que usasse uma ferramenta de sua escolha (em uma lista proposta) para escrever sobre um livro de que gostasse. E ele escolheu o PowToon e produziu efetivamente um trabalho, sozinho, usando a língua portuguesa, disponível no link
www.youtube.com/watch?v=lBNumzkOL94.

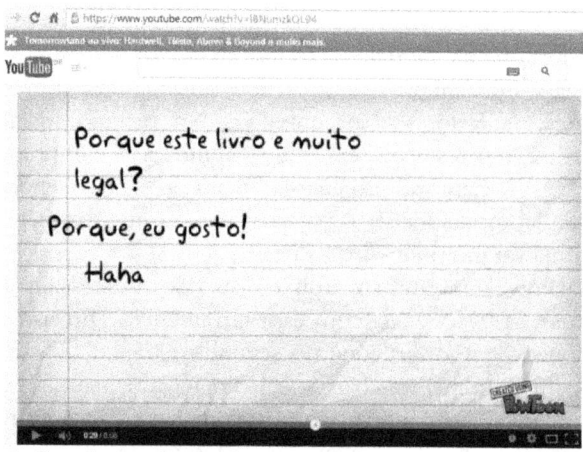

Figura 5 Trabalho de produção de texto com uso da ferramenta PowToon

Depois de produzir este trabalho, aconteceu a feira de livros da escola, e o aluno ficou muito feliz em mostrar sua produção para pais e amigos. Depois disso, até sua relação com a disciplina ficou melhor, e ele conseguiu melhorar seu rendimento nas avaliações. Além disso, o aluno conseguiu desenvolver mais segurança para o uso da língua portuguesa, e também está desenvolvendo suas habilidades relacionadas à oralidade, o que antes não acontecia.

Para o ano letivo de 2014/2015, muitos são os desafios com os alunos das turmas de PSL, e a continuidade do trabalho com as tecnologias é mais um deles. Para isso, a equipe de professores está em constante aperfeiçoamento, em busca de novos materiais, ferramentas e metodologias, sempre com a finalidade de melhorar a relação dos alunos com a disciplina, e, consequentemente, com a realidade brasileira.

Uma pergunta ainda sem resposta, para a equipe de PSL da Escola das Nações, é: como conseguir facilitar o aprendizado de alunos com grandes dificuldades de aprendizagem (seja por questões cognitivas, seja por diferenças entre a língua materna e o português)? Esses adolescentes, geralmente, quando não conseguem evoluir na aquisição do português, perdem o interesse e chegam precocemente à fossilização. E para esses, apenas o uso da tecnologia em sala de aula não apresentou, ainda, resultados significativos.

Considerações finais
É notável o avanço das pesquisas no campo do ensino do Português como Segunda Língua. Felizmente, nosso idioma conquista cada vez mais admiradores, e o campo de atuação de docentes e estudiosos tem se expandido ano após ano. Contudo, pouco ainda se encontra em relação a um ensino voltado às escolas internacionais, em território brasileiro.

Nesse caso, é importante que o professor seja também pesquisador e não se intimide com as dificuldades que um contexto heterogêneo apresenta. É fundamental persistir nas tentativas de motivar o aluno, de trazê-lo para a realidade brasileira, de fazê-lo perceber que aprender um novo idioma é importante para sua vida, independente de seus planos para o futuro e de sua condição social.

A experiência aqui apresentada indica que, no contexto heterogêneo da Escola das Nações, o uso das TICs se mostrou positivo e motivador para os alunos. Porém, é importante que a tecnologia em sala de aula seja parte, e não o todo, do processo de aprendizagem. Cabe ao professor a análise das necessidades de seu grupo e, a partir disso, refletir sobre a melhor estratégia a seu aplicada.

Vale mencionar, ainda, que, apesar dos esforços de alguns pesquisadores na produção de portais de ensino de PSL, há escassez de recursos tecnológicos para o ensino de PSL, e, assim, muitos dos aplicativos utilizados são planejados para o ensino de inglês, e adaptados para o português. Isso indica mais uma lacuna que merece atenção de pesquisadores e de editoras, no aprimoramento e elaboração de ferramentas que tornem o ensino de PSL mais diversificado, e, consequentemente, auxilie na prática docente.

A tecnologia, no ensino de PSL em escolas internacionais, é uma ferramenta fundamental para a viabilização de aulas direcionadas, com real foco no aluno. Para isso é importante que o professor reconfigure o papel da tecnologia, que deixa de ser coadjuvante - funcionando para projeção de slides, trabalho com músicas, entre outros - e passa a ser protagonista, com o uso de aplicativos e softwares específicos para o trabalho em sala de aula.

Referências Bibliográficas

Ellis, Rod. *Understanding Second Language Acsition*. Oxford: Oxford University Press. 1985.

Fava, Rui. *Educação 3.0*. São Paulo: Saraiva. 2014.

Hess, Natalie. *Teaching Large Multilevel Classes*. Cambridge: Cambridge University Press. 2001.

UMA VIAGEM DE CAMPO AO ESTÚDIO DE VIK MUNIZ: UM ENTRE-LUGAR DE APRENDIZAGEM

Anita de Melo
Joshua A. Enslen

Introdução
No dia 18 de abril de 2014 fizemos uma viagem de campo ao estúdio do renomado artista plástico brasileiro Vik Muniz no Brooklyn, Nova York; levamos conosco vinte alunos de níveis intermediário e avançado de PLE (Português como Língua Estrangeira) da Academia Militar dos Estados Unidos (USMA) em West Point. Essa inusitada viagem de campo - a primeira em que alunos de PLE da USMA estiveram em contato direto com um artista plástico brasileiro – partiu de um processo deliberado e interativo de nossa parte, cujo planejamento havia começado seis meses antes quando mostramos aos nossos alunos o documentário *Lixo Extraordinário (LE)*. Essa viagem de campo revelou-se como um espaço entre-lugar, ou seja, uma experiência fora do ambiente da sala-de-aula que para alguns dos nossos alunos serviu como um passo preparatório para uma possível experiência de imersão, de intercâmbio. Além disso, para todos os alunos, essa viagem de campo configurou-se numa experiência de empatia, de dialogicidade, de uma maior conscientização intercultural e de uma reflexão crítica sobre o processo de aprendizagem.

Nesse artigo explicamos o processo de criação e preparação dessa viagem de campo inspirando-nos, teoricamente, no processo de aprendizagem conforme proposto por Paulo Freire que é baseado em dialogicidade e empatia.[10] Ademais fazemos algumas alusões a algumas investigações sobre a eficácia do uso de filmes no ensino de línguas estrangeiras e investigações que demonstram os ganhos pedagógicos e benéficos de viagens de campo bem-sucedidas. Por fim, descrevemos e analisamos algumas observações que fizemos durante esse processo, e concluímos refletindo sobre alguns dos aspectos prático-pedagógicos do ensino/aprendizagem através dessas duas vias, filmes e viagens de campo, bem como dos seus potenciais como instrumentos eficientes para se criar diálogos que levam à reflexão crítica e à conscientização.

---

[10] Recomendamos em particular a leitura do terceiro e quarto capítulos de "Pedagogia do Oprimido" de Paulo Freire.

Apresentando o Artista

Vik Muniz (Vicente José de Oliveira Muniz) nasceu em 1961 em São Paulo, cidade onde também estudou publicidade. Por engano, foi baleado em 1983 quando tentava separar o conflito entre dois homens a quem desconhecia. Depois de ser hospitalizado devido a um rasgo provocado pela bala numa artéria femoral, Muniz recebeu uma compensação em dinheiro do homem que o baleou. Com esse dinheiro, mudou-se para os Estados Unidos; viveu um ano em Chicago e desde 1984 passa a viver em Nova York. Inicialmente fez vários trabalhos para ganhar a vida, mas foi o ofício de moldureiro que provocou uma reviravolta em sua vida. Considerava os quadros que emoldurava de má qualidade; portanto, percebeu que poderia fazer algo melhor. A essa altura, também fazia algumas pinturas *kitsch* e esculturas esquisitas. Foram as esculturas, principalmente as fotos que fazia delas, que o ajudaram a adentrar o circuito de Nova York.

Desde 1988, Muniz se dedica exclusivamente a trabalhos artísticos, investigando primordialmente a representação de imagens, tanto nas artes como nos meios de comunicação. *The Best of Life*(1990) é uma série de desenhos que, de memória, Muniz fez de várias imagens provindas da revista norte-americana *Life*.[11] Depois de expor esses desenhos, Muniz os fotografou dando-lhes uma impressão de periódico, o que, por consequência, produziu um efeito ímpar de realidade às imagens que guardava de memória. Portanto, e a partir daí, desenvolveu uma abordagem distinta e particular referente à circulação e à retenção de imagens. Na atualidade, é possível encontrar fotografias feitas por Muniz em vários acervos, tanto particulares como em galerias espalhadas pelo mundo: Madrid, Paris, Moscou e Tóquio, além de museus como Tate Modern e o Victoria &Albert Museum em Londres, o Getty Institute de Los Angeles, e o MAM em São Paulo. Outros trabalhos de Muniz incluem "Equivalents" (1993), "Pictures of Wire" (1994) e "Pictures of Thread" (1995), nos quais o artista utilizou-se de materiais considerados tradicionalmente não-artísticos tais como algodão, fios de arame e linha. Com isso, Muniz passou a ser conhecido por usar materiais diversos e incomuns em suas obras, tais como lixo, açúcar, chocolate, areia, catchup, gel para cabelo etc. E essa inovação tornou-se o ponto central de sua obra e sua referência como artista internacionalmente renomado, haja vista, por exemplo, o clamor mundial que recebeu o seu projeto intitulado "Sugar Children" (1996) – uma série de fotografias que Muniz fez de crianças cujos pais e avós trabalhavam em

---

[11] Vik havia perdido o livro que continha as imagens da *Life*; por isso, as desenhou de memória. Informação retirada da seguinte fonte: (http://www.unesco.org/new/en/unesco/about-us/who-we-are/goodwill-ambassadors/vik-muniz/)

plantações de açucar nas Ilhas de Saint Kitts. Dentre outras criações inusitadas e aclamadas de Muniz, destaca-se igualmente a cópia da Mona Lisa tendo sido feita de pasta de amendoim e geléia, e a imagem de Sigmund Freud, retratado com calda de chocolate.

Lixo Extraordinário

Em 2010 foi lançado um documentário intitulado *Lixo Extraordinário (LE)* que recebeu em inglês o título de *Waste Land* (realização de Lucy Walker, João Jardim e Karen Harley). *LE* – cuja duração se deu entre os meses de agosto de 2007 a maio de 2009 – documenta o encontro do artista Vik Muniz com os catadores de lixo do então maior aterro do mundo, o Jardim Gramacho, em Duque de Caxias no Rio de Janeiro. Em *LE*, fica evidente que o glamoroso desfecho do trabalho com o lixo reciclável não foi, a princípio, um trabalho intencional, mas sim um projeto que ganhou outras nuanças ao longo de seu desenvolvimento. Ao entrar em contato com os catadores, perceber o quanto de material reciclável era depositado diariamente em Gramacho, e, sobretudo, ao se deparar com a experiência humana ali vivida à marginalidade da sociedade, o projeto tomou outro rumo e revelou um legítimo envolvimento do artista com a comunidade; os catadores de lixo tornaram-se, ao lado do artista, protagonizadores da arte que se criou em Gramacho. Depois de fotografar as condições do aterro, Muniz fotografou os catadores em poses famosas de diversas obras de arte. Logo depois, os convidou para que eles mesmos recriassem, em colagens, as suas imagens, usando o material com que lidavam todos os dias: o lixo. Os trabalhos finais foram vendidos em leilões de arte, e o dinheiro arrecadado foi revertido para a recuperação de locais da comunidade.

LE recebeu vários prêmios, entre eles o de melhor documentário de Sundance (2010) e um prêmio da Anistia Internacional de Berlim (2010). Sobre *LE*, escreve Matthew Israel no Huffpost Arts & Culture que:

Muniz's images are political but have conceptual layers and are more formally complex. They bear witness to an ignored population and to a major environmental issue while also engaging with iconic artworks and achieving ambitious compositional goals. (online)

Adicionalmente, Scott Lucas chama atenção para esse gênero inovador criado por Muniz cuja matéria prima em *LE* é o lixo:

Muniz has created great magic, transforming the centuries-old technical wizardry of paint on canvas into new masterpieces made of junk. But his greater magic is the greater good he's accomplished: showing to a wider world the lives of the pickers, and showing the pickers a way up, or out, to a wider world.

A nosso ver, o trabalho de Muniz com os catadores de lixo do Jardim Gramacho é um trabalho nos moldes do pensamento de Paulo Freire em que a empatia e o diálogo empoderam a todos. Nas palavras de Freire interpretamos o trabalho de Muniz e dos catadores de lixo do Jardim Gramacho, "Não há diálogo se não há uma intensa fé nos homens. Fé no seu poder de fazer e refazer. De criar e recriar" (93).

Filmes e Viagens de Campo como Ferramentas Pedagógicas no Ensino de Línguas Estrangeiras

Vários estudos em aquisição de língua estrangeira incentivam o uso de filmes como parte do currículo e apontam para a sua eficácia como recurso didático na implementação do ensino comunicativo da língua estrangeira, principalmente por causa do seu caráter lúdico e pela sua capacidade de promover maior envolvimento dos alunos na realização de atividades mais significativas relacionadas às habilidades da audição e fala, além de dar margens para desenvolver as habilidades da escrita e leitura. Outros estudos ainda enfatizam a importância do aspecto cultural que vídeos trazem instantaneamente para a sala-de-aula. Para Stempleski (2002) o professor desenvolve um papel importante no sucesso ou fracasso do uso de um filme em sala-de-aula, pois é o professor quem escolhe o vídeo e o relaciona às necessidades dos alunos, integrando-o a outros aspectos/tópicos do currículo. O documentário *Lixo Extraordinário* foi escolhido como o filme que trabalharíamos com os nossos alunos por lidar com vários temas contemporâneos como a questão do lixo reciclável, por exemplo, entre outros. Além disso, os nossos alunos fariam, seguindo o artista, um trabalho de colagem usando como matéria prima o lixo. Por fim, através desse documentário seria possível organizar uma viagem de campo ao estúdio do artista.

De igual modo, vários estudos chamam a atenção para a eficácia pedagógica de viagens de campo na acquisição de uma língua estrangeira. De fato, sair do espaço-comum, corriqueiro, a sala-de-aula, e explorar o mundo factual, de forma ativa, pode revelar-se como a experiência mais memórável que os alunos terão ao deixarem a escola. De caráter espontâneo, visual, interativo e dialógico, é uma experiência incomparável. Para nós, a nossa viagem de campo se configurou como um espaço "entre-lugar," para alguns alunos um local que, fora do ambiente da sala-de-aula, revelou-se como um espaço positivo e preparatório para uma futura experiência de imersão. Para todos os alunos, essa viagem de campo possibilitou-lhes expandir as suas habilidades linguísticas também para um outro espaço que a sala-de-aula, ajudou-lhes a ter um conhecimento cultural mais preciso e, sobretudo, deu-lhes a oportunidade de experimentar a empatia.

A empatia é a condição essencial da aprendizagem segundo a teoria de Paulo Freire. A empatia não se preocupa em diminuir as diferenças entre as pessoas. Pelo contrário, ela se fortifica positivamente das diferenças. Portanto, a empatia só pode ser obtida com sucesso conforme explica DeStigter (1999):

The process of establishing informed and affective connections with other human beings, of thinking and feeling with them at some emotionally, intellectually, and socially significant level, while always remembering that such connections are complicated by sociohistorical forces. (240)

Como os nossos alunos estabeleceram uma conexão afetiva e intelectual e não apenas dialética com os catadores de lixo do Jardim Gramacho é o que pretendemos explicar nas próximas linhas.

Quisemos mostrar aos nossos alunos um filme *suis generis* no que diz respeito a tratar de temas de caráter universal, mas que igualmente estivesse dentro de um espaço geográfico da língua portuguesa e de uma cultura lusófona, e que nos permitisse fazer uma viagem de campo. Sobretudo, quisemos engajar os nossos alunos no processo de dialogicidade que, de acordo com o metódo de Paulo Freire, é essencial ao processo de aprendizagem, pois devido ao ser caráter libertador é via segura para se obter reflexão e consciência críticas, o que, por consequência, leva à ação:

O Método

Dividimos o nosso projeto de trabalhar *LE* com os nossos alunos em três fases, cada uma com a sua vertente, mas todas almejando o mesmo própósito, a aprendizagem dialógica e conscientizadora. Na primeira fase, objetivamos, através da apresentação do vídeo, melhorar as habilidades linguísticas de PLE. Na segunda, maiormente focalizada no processo de empatia e de ação, os nossos alunos produziram sua própria "obra de arte" vis-à-vis ao trabalho de Muniz no Jardim Gramacho. Na terceira fase - as três fases não foram limitadas em sequência mas feitas em continuidade - os alunos visitaram o estúdio de Muniz, e, através de uma interação dialógica com o artista, esperou-se que tenham obtido uma reflexão crítica e conscientizadora não apenas do processo artístico que envolve a obra de Muniz mas também sobre as condições em que essa arte mostrada em *LE* foi produzida no Jardim Gramacho.

Na primeira fase, os alunos viram o filme em sala-de-aula. Depois de discutirem em grupos, conversaram com os professores sobre os vários assuntos que o filme aborda. Sobretudo, abordaram a questão do meio-ambiente, do lixo reciclável, da situação de marginalidade em que viviam os catadores de lixo do Jardim Gramacho, e do novo olhar sobre a arte que o filme traz. Em seguida, requereu-se um pensamento crítico por parte dos alunos. Foi-lhes pedido que preparassem perguntas para o artista por ocasião da nossa visita. O requinte das questões levantadas pelos alunos demonstra um pensamento distinto, apurado e crítico, o que revelou um inesperado nível de dialogicidade e engajamento no processo de

aprendizagem.[12]
A segunda fase é a que chamamos de ápice do projeto. Os alunos se reuniram para criar uma colagem da bandeira dos Estados Unidos, usando como material os seus próprios lixos referentes ao exército norte-americano (tais como distintivos metálicos, soutaches, brevês, platinas, cadarços de identificação, fivelas) e afins como protetor labial, óculos de natação, luvas etc. e o fizeram sob a orientação da artista plástica e especialista em colagem Alaina Enslen.[13] A terceira fase culminou-se na viagem de campo em si.

No Estúdio do Artista

Num ônibus escolar, saímos de West Point no dia 18 às 09h00min da manhã, e apesar de West Point ficar a apenas uma hora e meia de distância do Brooklyn, chegamos ao estúdio às 12h15min, por conta de um trânsito infernal. Mesmo tendo nos esperado além do planejado, pois chegamos atrasados quinze minutos, Muniz nos recebeu muito bem humorado, sem demonstrar rancores. Dadas as apresentações e o tour pelo estúdio/apartamento onde vive e trabalha (inclusive empregando alguns funcionários), nos organizamos numa roda em frente a algumas de suas colagens que estavam na parede, e ele passou a conversar conosco do meio da roda. Oscilando entre o inglês e o português falou por quase duas horas, primeiro contando-nos como veio parar nos Estados Unidos e de alguns dos seus projetos atuais, um dos quais, em parceria com o Massachusetts Institute of Technology, é a criação de uma escola na favela do Vidigal onde crianças irão interagir com arte e tecnologia. Em seguida, conversou a respeito de vários assuntos, desde arte, filosofia, tecnologia, fotografia e a vida sociocultural brasileira. Discorreu a fundo sobre o processo artístico que, para ele, começou através do desenho ainda quando era criança. Frisou que geralmente trabalha com o que está à sua volta, com qualquer material.

---

[12] Para ilustrar, selecionamos cinco das questões elaboradas por nossos alunos e que foram feitas a Vik Muniz: 1) Para um artista plástico, trabalhar com o lixo significa trabalhar com algo que normalmente todos tentam esconder, e por isso não é um material visualmente atraente. Como é que você percebeu que o lixo poderia ter potencial? 2) Até que ponto a arte pode ajudar a sensibilizar as pessoas para os problemas atuais? Foi essa a sua primeira intenção? 3) Você acha que a sua arte pode ser o início de um movimento artístico de arte sustentável? 4) O que o senhor aprendeu quando trabalhou com os catadores de lixo? 5) Qual foi seu maior medo ao realizar este projeto?
[13] Alaina Enslen é fotógrafa e artista digital. Ela mantem um blog onde a sua biografia e trabalho podem ser acessados:
http://www.alainaenslen.com/about-and-contact.html. Veja anexo 1 a fotografia da colagem da bandeira dos Estados Unidos feita pelos alunos.

Explicou que, para ele, ser artista plástico é "nunca ter preconceito," pois o que pode não estar em voga na atualidade, pode voltar no futuro. Sobretudo, disse, que é importante guardar as coisas e não descartá-las de imediato. Por fim, os nossos alunos tiveram a oportunidade de apresentar algumas das questões que tinham elaborado. Terminamos a nossa visita com muitos sorrisos, fotos (afinal a imagem é uma das principais referências para Muniz) e os alunos o presentearam com uma fotografia emoldurada da colagem da bandeira americana que haviam feito.

Analogias
Quando questionado sobre o porquê de ter escolhido o aterro do Jardim Gramacho, Muniz disse que é um ambiente ao avesso, um lugar onde as pessoas vivem do lado oposto da sociedade de consumo; "[a] ideia de ambiguidade e de insegurança são tão prevalecentes e enormes naquele lugar que até o chão treme quando o caminhão passa [...] ali é como se tudo estivesse se transformando o tempo todo. Às vezes penso que a metáfora perfeita de transformação estava em Gramacho" (Entrevista. Parte 1. 23 Ago 11). E concluiu que basicamente o que diferenciou esse projeto dos outros foi a inclusão do tema no processo:
O projeto traz para dentro do processo a noção do expectador. [...] [t]razer o catador para fazer o próprio retrato é uma ideia não só de transformação pessoal, mas também agora os catadores estão na posição do 'fazer'. Trazer as pessoas para dentro do processo é uma coisa muito enriquecedora para o artista porque ele perde o controle. E toda essa estranheza no processo, essa maneira diferente de como eles estão lidando com a própria vida deles, a imagem deles, tudo isso é uma obra de arte. (Entrevista. Parte 2. 23 Ago 11)
De modo análogo aos catadores de lixo do Jardim Gramacho que participaram com Muniz do projeto de criação dos seus próprios retratos, os nossos alunos, igualmente foram co-autores do processo que culminou na nossa viagem de campo ao se engajarem criticamente para elaborar questões pertinentes ao que viram no documentário; além disso, vis-à-vis aos catadores que recriaram as suas imagens usando o lixo com que trabalhavam, os nossos alunos foram os participantes protagonistas da criação da colagem da bandeira americana. Portanto, de certo modo pode-se dizer que os nossos alunos se puseram no lugar dos catadores de lixo do Jardim Gramacho. E essa experiência de transversalidade - que foi ver um documentário que usa o pressuposto da arte para tocar em assuntos de caráter sociocultural, fazer uma "obra de arte," e uma viagem de campo - possibilitou-lhes desenvolver a empatia. E esperamos que com isso tenham desenvolvido também uma reflexão crítica e conscientizadora, principalmente no que diz respeito à fragilidade da vida dos catadores de lixo do Jardim Gramacho. Além do mais, fazê-los participantes da criação

da viagem de campo, tirou de nós, os educadores, o controle absoluto do processo de ensinar como únicos participantes da dialogicidade, e como Muniz sublinhou, uma nova experiência de aprendizagem em que as relações de poder não estão centradas é sempre "enriquecedora."
Ao ser questionado sobre o impacto desse trabalho inovador que fez em Jardim Gramacho e de como esse projeto pode ser um espelho para futuros trabalhos, o artista aludiu à ideia de transformação mais uma vez ao afirmar que por mais vulnerável que o processo seja, abrir espaço para mudanças ao longo de um projeto é o que o faz tomar proporções não só inesperadas mas também de aprendizagem:
No caso de Jardim Gramacho, percebi que quanto mais complexidade você consegue inserir dentro do seu processo de trabalho isso vai enriquecer o trabalho de uma forma que é muito maior que você, e isso vai transcender as suas ambições, expectativas. E são justamente esses projetos que acabam tendo um impacto social e político maior do que o que você havia imaginado. (Entrevista. Parte 2. 23 Ago 11)
De modo igual, quando tentamos criar uma experiência multifacetada, inserindo complexidade como a colagem, por exemplo, o nosso projeto teve um impacto muito maior para os nossos alunos. Para eles, o que antes eram "os seus próprios" lixos transformou-se numa colagem criada por eles mesmos. Apesar de realidades diferentes: a dos alunos e a dos catadores, acreditamos que o processo da colagem resultou-se numa epifania de alteridade, como se as barreiras geográficas, étnicas e linguísticas pudessem, por um momento, serem ultrapassadas quando a reflexão crítica ocorreu. De fato, quando estávamos no ônibus viajando de volta para West Point, um dos nossos alunos comentou que aquela tinha sido a melhor viagem de campo que ele já tinha feito não só na disciplina de português, mas em toda a academia de West Point.

Considerações Finais
Ao refletirmos sobre os aspectos prático-pedagógicos da aprendizagem através do uso de filmes nas aulas de PLE, observamos que a escolha de um filme com possibilidades para a reflexão crítica é fundamental para se abrir espaços para o processo de dialogicidade. Portanto, concordamos com Stempleski no que diz respeito a se fazer uma escolha cautelosa dos filmes para PLE. Acrescentamos que as atividades que envolvem filmes podem se expandir para além dos confins da sala-de-aula, não necessariamente se convertendo numa viagem de campo. O filme pode apresentar outras possibilidades interdisciplinares em que o envolvimento de outros departamentos da instituição onde se ensina PLE possa ocorrer. Um filme bem selecionado pode também instigar pesquisas extra-curriculares, fora da sala-de-aula. Sobretudo, o filme pode se configurar numa via atrativa de promulgamento do diálogo. Embora o crescimento do ensino de PLE no

cenário mundial, ainda faltam investigações detalhadas e pesquisas empíricas que avaliem a eficácia do uso de filmes nas aulas de PLE.
A viagem de campo no ensino de PLE pode parecer, a princípio, um obstáculo por estar-se limitada a não alcançar o "ideal" da aprendizagem de uma língua estrangeira que é basicamente investigada dentro do espaço da sala-de-aula. Há que-se inovar na organização dessas atividades; mais uma vez, o engajamento dialógico não só entre o educador e os educandos, mas também entre a comunidade de PLE é uma via eficaz de reciclagem de ideias.
Durante a nossa visita ao estúdio, Muniz comentou (dessa vez em inglês) que: "All the effort that has gone into making the world hasn't been followed with how to look at it" (Entrevista. 18 Abril 14). Com isso, perguntamo-nos e lançamos as seguintes questões: Por que uma viagem de campo? O que é que aprendemos com ela? Para nós, algumas das respostas são: para ver o mundo e para aprender a pensar nele como é; para ver o mundo linguistico/cultural do português; e para os alunos pensarem que a arte serve esses propósitos. Sobretudo, para encorajá-los a desenvolver a empatia necessária para que – se for o caso – quando chegar o dia da experiência de imersão, estejam eles melhor preparados. Por fim, o nosso projeto foi feito de três entre-lugares interconectados: o Jardim Gramacho, a arte do Vik, e a Viagem de Campo, que configuraram-se em três lugares de aprendizagem com o objetivo de desenvolver uma reflexão crítica e consciente e uma empatia pelo outro.

Referências Bibliográficas

DeStigter, Todd. "Public Displays of Affection: Political Community through Critical Empathy." *Research in the teaching of English 33.3* (1999): 235-244.

Freire, Paulo. *Pedagogia do Oprimido*. Rio de Janeiro: Paz e Terra: 2005 (47ª edição).

Lucas, Scott. "Talking Trash: Vik Muniz: Garbage Matters." *Creative Loafing*, 2 Nov 2012. Web. 15 Sep 2014.

Matthew, Israel. "Are Documentaries About Artists More Important Than Their Art?" *HuffPost Arts and Culture. Huffington Post*, 9 Sep 2014. Web. 15 Sep 2014

Muniz, Vik. Entrevista Pessoal. 18 Abril 2014.

_____. Entrevista feita pelo Canal Universitário de Brasília (Lanterninha). Parte 1. 23 Ago 2011.
(https://www.youtube.com/watch?v=XdolFvVVlqk)

_____. Entrevista feita pelo Canal Universitário de Brasília (Lanterninha). Parte 2. 23 Ago 2011.
(https://www.youtube.com/watch?v=XDolFvVVlqk)

Stempleski, Susan. "Video in the ELT Classroom: The Role of the

Teacher." In: Richards, J.C.; Renandya, W. A. (org). *Methodology in Language Teaching: An Anthology of Current Practice*. Cambridge: Cambridge University Press, 2002. 364-367.

Waste Land. Dir. Lucy Walker, Ken Harley, João Jardim. Angus Aynsley and Hank Levine, 2010. DVD

Anexo 1

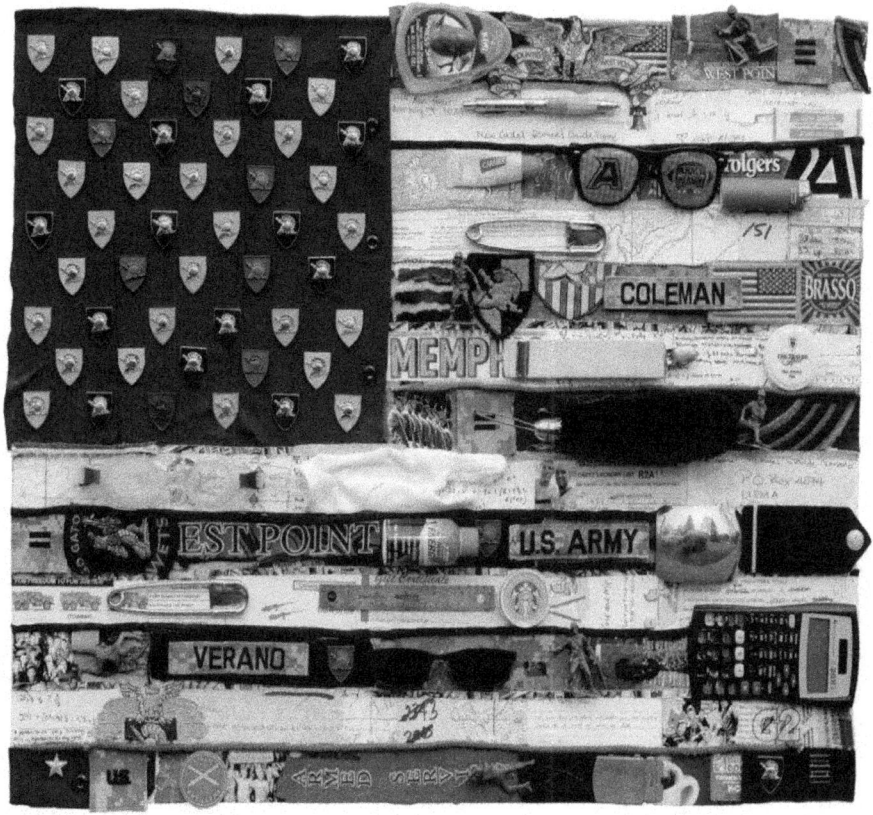

ABORDAGEM CONTRASTIVA DAS VOZES VERBAIS NO ENSINO DE PORTUGUÊS A FALANTES DE ESPANHOL

Cristiane Coelho Araujo da Silva
Vanda Maria Cardoso de Menezes

Introdução

O grau de similaridade entre o Português e o Espanhol é o mais expressivo, quando se comparam as línguas neolatinas. Embora as semelhanças entre as duas línguas tenham sido apontadas por muitos teóricos para justificar uma suposta facilidade na compreensão de estruturas formais do Português como língua adicional (LA) por aprendizes hispanofalantes e do Espanhol por aprendizes falantes de Português, na prática, entretanto, se pode observar que tais semelhanças podem constituir dificuldade no que diz respeito ao uso da LA.

Tal constatação tem justificado a realização, nos últimos anos, de diversos estudos sobre o ensino de Português a falantes de Espanhol (PFE) e sobre o ensino de Espanhol a falantes de Português (EFP), com foco em questões metodológicas e teóricas, no tratamentento de temas tais como processos de aprendizagem de LA, fossilização[1] de interlíngua precoce, além de outros.

Esses estudos têm contribuído para o processo de elaboração de materiais didáticos e cursos com uma abordagem diferenciada, em que a análise contrastiva tem se revelado bastante produtiva.

Ao mencionar a importância da análise contrastiva no ensino do PFE, Akerberg (1994) a define como um ingrediente útil. Sua utilidade, entretanto, não se traduz em um caráter apenas metodológico, mas subsidiário, uma vez que a análise comparativa entre os pontos convergentes e divergentes no Português e no Espanhol pode orientar a seleção dos tópicos a serem incluídos no currículo.

Além da análise contrastiva, a hipótese de regressão também ganha relevância no ensino de PFE, porque postula que, ao entrar em contato

---

[1] O termo "fossilização" é empregado em relação a um erro que se torna permanente e estável no processo de aquisição de uma segunda língua (SELINKER, 1972).

com a LA[15], o aprendiz parte dos conhecimentos de sua língua materna (LM) para fazer inferências sobre o sistema e o funcionamento da língua que começa a aprender.

Considerar a validade da hipótese de regressão implica, entre outras coisas, depreender que falantes de línguas próximas tenderão a apresentar determinados tipos de interferências ou intercessões, ao passo que falantes de línguas distantes apresentariam outros tipos. Por essa razão, Henriques (2000) observa que o critério distância / proximidade entre as línguas determinará diferenças no desenvolvimento da interlíngua de cada grupo de aprendizes. Concebendo as interferências como influências negativas da LM do aprendiz e as intercessões como transferência positiva, essa autora afirma que o falante de Português transfere grande parte do conhecimento da LM para o Espanhol, com uma proporção de acertos superior a de falantes de línguas distantes.

Esse aspecto positivo das intercessões, resultante da proximidade entre o Português e o Espanhol, também é reconhecido nos estudos sobre ensino – aprendizagem de Português para hispanofalantes. De acordo com Almeida Filho (1995), o falante de Espanhol conta, naturalmente, com conhecimentos e habilidades comuns entre a língua alvo e a língua de partida.

Apesar desse reconhecimento sobre a possibilidade de ocorrência desses dois fenômenos na apredizagem de línguas próximas, o campo das interferências tem sido objeto de muito mais pesquisas, enquanto o campo das intercessões tem sido menos explorado, possivelmente em razão da concepção, a que já nos referimos aqui, de que a semelhança entre as línguas favorece de modo efetivo o processo de ensino-aprendizagem. Tal concepção ratifica a hipótese contrastiva (Lado, 1957), segundo a qual apenas as estruturas contrastantes poderiam ocasionar transferência negativa ou interferência.

Em nossa prática pedagógica, temos observado que, devido à semelhança estrutural das vozes verbais (VV) em Português e em Espanhol, tais estruturas têm sido inseridas no campo das intercessões. Entretanto, apesar das semelhanças estruturais, a convergência em seu uso é apenas parcial.

No ensino do Português[16] a hispanofalantes, os aprendizes tendem a utilizar as VV na LA exatamente como o fazem em sua LM, e esse uso nem sempre

---

[2] Neste trabalho, a exemplo de Perna & Sun (2011) e outros autores, adotamos a designação "Língua Adicional", muito utilizada atualmente em estudos que se aplicam tanto ao ensino de LE quanto de L2, razão pela qual utilizamos o termo "aprendizagem" sem pretender estabelecer distinção entre este e o termo "aquisição".

[3] Nesta pesquisa, ao mencionar "Português", nos referimos ao Português do Brasil (PB).

expressa a funcionalidade das referidas construções em Português. Além das muitas ocorrências desse uso inadequado que observamos na produção escrita de nossos alunos, destacamos como exemplo alguns fragmentos de um experimento em que os alunos deveriam traduzir, para o português, frases que, no espanhol, se construíam em diversas vozes verbais:
Frases experimentais como "El español es capaz de disfrutar [...] acudiendo a una de las ofertas culturales que se le ofrecen"; "El marketing se usa para que las drogas se conozcan bien"; La obra puede verse de martes a domingo", foram traduzidas por " O español é capaz de disfrutar[...] aproveitando uma das ofertas culturais que se lhe oferecem"; "O marketig se usa para que as drogas se conheçam bem" e "A obra pode ver-se (ou "se ver") de terça a domingo".
A quase totalidade dos aprendizes realizou uma tradução em que a manutenção das formas é evidente, mas que não reflete um uso regular nem adequado na língua portuguesa.
Buscando identificar as razões para os usos inadequados dos aprendizes e contribuir de forma teórica e prática para a abordagem das VV no ensino de PFE, nossa pesquisa pautou-se pelos objetivos que passamos a descrever.
Em um primeiro momento, procuramos fazer um levantamento da descrição gramatical tradicional a respeito das VV em português e em espanhol, verificando a influência dessa descrição no discurso didático de PFE.
Considerando que uma análise não sistemática nos fez perceber que a diferente distribuição das VV nas duas línguas parecia relacionar-se a diferentes possibilidades de organização do fluxo da informação em cada uma delas, objetivamos analisar essa relação observada no uso das VV em textos de Divulgação Científica (DC), publicados em duas revistas digitais – uma em português e uma em espanhol – considerando cada contexto de uso, sob a perspectiva funcional.
Com base nos elementos teóricos e nos resultados das análises desenvolvidas, propomos algumas contribuições à abordagem do tema que se apoiam em uma perspectiva funcional e contrastiva das VV no ensino de PFE.

O levantamento bibliográfico
Observada a necessidade de se fazer um levantamento do tratamento das VV na literatura especializada, iniciamos a investigação bibliográfica pela análise de gramáticas prescritivas tradicionais de língua portuguesa e de língua espanhola. Incluímos algumas gramáticas emblemáticas do ponto de vista histórico e outras que vem sendo amplamente adotadas nos níveis básico e médio de escolarização, porque fazem parte do material de referência dos aprendizes.
Do ponto de vista histórico, identificamos um discurso confluente que se

manteve desde as primeiras gramáticas publicadas nas duas línguas até os dias atuais. Essa tendência à reprodução da literatura anterior em gramáticas é analisada por Perini:

Os estudos de gramática portuguesa tendem atualmente a reduzir-se ao exame da literatura anterior (que por sua vez, muitas vezes se limita a repetir ou parafrasear a literatura ainda mais antiga), complementando, ocasionalmente, com opiniões muito pouco justificadas. Observa-se em alguns casos uma tentativa, sempre muito tímida, de lançar mão de dados da língua atual [...] há pontos que jamais são questionados, e que poderiam sê-lo desde já [...]. (Perini, 1998, p. 15)

Do ponto de vista sincrônico, identificamos também descrições equivalentes para as possibilidades de formação e uso das VV no português e no espanhol, além de exemplificação muito semelhante. O quadro comparativo, a seguir, pode colaborar para o entendimento dessa equivalência descritiva.

Quadro 1 – Descrição das vozes verbais em Português e em Espanhol

VOZES VERBAIS EM PORTUGUÊS	VOZES VERBAIS EM ESPANHOL
a) Voz ativa *Eu escrevo a carta* (Bechara, 2009, p. 222)	a) Voz activa *María despertó a los niños* (Rae, 2011, p. 221)
b) Voz passiva analítica – verbo ser *A carta é escrita por mim* (Bechara, 2009, p. 222)	b) Voz pasiva analítica – verbo ser *Los niños fueron despertados por María* (Rae, 2011, p. 221)
c) Voz passiva analítica – verbo estar *A casa está pintada* (Bechara, 2009, p. 435)	c) Voz pasiva analítica – verbo estar *Las casas estaban edificadas con mucho cuidado* (Rae, 1995, p. 452)
d) Voz passiva sintética *Vendem-se casas* (Bechara, 2009, p. 435)	d) Voz pasiva sintética *Se curan las heridas* (Rae, 2011, p. 226)
e) Voz reflexiva *Ele se enfeita* (Bechara, 2009, p. 223)	e) Voz reflexiva *Los niños se despiertan* (Rae, 2011, p. 227)

Observamos que esta correspondência, tal como é apresentada na descrição das possibilidades de emprego das VV nas duas línguas, pode ser um dos fatores que contribuem para que o falante de Espanhol utilize as VV em sua produção escrita em Português seguindo o padrão de uso da sua LM.

Embora a representação comparativa não tenha sido proposta ao aprendiz, ao entrar em contato com um manual prescritivo ou livro didático na LA, é natural que ele formule a hipótese de que também haja equivalência quanto ao uso das referidas vozes, uma vez que as línguas efetivamente são próximas.

A inexistência de informações relacionadas à frequência de uso da VPA e da VPS nas gramáticas prescritivas do Português pode contribuir ainda mais para a formulação de uma hipótese equivocada por parte do aprendiz.

É importante destacar que encontramos informações referentes ao uso frequente da voz passiva analítica na língua portuguesa, mas tais informações são veiculadas por gramáticas descritivas, que discutem a classificação e o tratamento formal tradicional dado às VV, como Perini (1994, 1998 e 2010) e Castilho (2012). Tais gramáticas não constituem material de consulta para os aprendizes.

Além de investigar as informações veiculadas por gramáticas tradicionais, procuramos identificar as informações presentes no discurso didático de ensino de PFE. Empregamos a expressão *discurso didático* para nos referir a dois elementos importantes no processo de ensino-aprendizagem: o material didático e o professor.

Para uma amostra da produção bibliográfica para o ensino de PFE, que não é muito extensa, analisamos cinco manuais. Para uma amostra do discurso do professor de PFE, analisamos 26 questionários aplicados a professores, com perguntas que buscavam identificar o tipo de orientação que o professor costuma oferecer a seus alunos hispanofalantes, ao abordar o uso das VV em português.

Nos materiais analisados, percebemos a tendência à reprodução da concepção de escolha das VV como estruturas parafrásticas. Com exceção de um deles, que aborda timidamente a funcionalidade da VPS, não encontramos outras informações explícitas ou implícitas referentes às motivações para a escolha de uma ou outra VV.

Também não encontramos informações relativas às diferenças de uso das VV no português em relação ao espanhol, denotando que o uso das referidas vozes não figura entre os temas previamente considerados como dificuldades na formulação de materiais didáticos específicos para hispanofalantes.

A não inserção do tópico entre as dificuldades previsíveis parece justificar-se pela concepção de convergência total das VV em português e em espanhol – concepção que, como já analisamos, é falsa, pois a convergência é apenas parcial.

Quanto às respostas aos questionários, a grande maioria dos professores aborda o tema apenas em torno das noções de agente e paciente – oriunda da abordagem gramatical que mencionamos anteriormente – e não menciona qualquer diferença entre o uso das VV no português e no espanhol. Com exceção de um professor, falante nativo do espanhol, que revela ter percebido diferenças quanto ao uso das VV nas duas línguas, a quase totalidade dos professores entrevistados reproduz a concepção de escolha das VV como estruturas parafrásticas e opcionais.

A carência de exploração discursiva na abordagem das VV e a inexistência de instrução relacionada a diferenças de uso nos materiais analisados parece ser fruto da carência de estudos que se ocupem de uma descrição linguística comparativa nas duas línguas, o que pode se justificar pela pouca atenção dada ao estudo de estruturas que "parecem equivalentes".

Abordagem funcionalista das vozes verbais
A opção por investigar o uso das VV sob a perspectiva funcionalista se justifica no fato de o funcionalismo postular o estudo da sintaxe "no discurso e não de maneira autônoma ou artificial, diferentemente da abordagem gramatical que analisamos anteriormente neste trabalho. Como observamos, a análise gramatical não explica a escolha de determinada VV em detrimento da outra, e essa limitação também está relacionada ao recorte do seu objeto de análise: orações independentes – algumas inventadas – e isoladas do contexto.
De acordo com Furtado da Cunha:
Na análise de cunho funcionalista, os enunciados e os textos são relacionados às funções que eles desempenham na comunicação interpessoal. Ou seja, o funcionalismo procura essencialmente trabalhar com dados reais de fala ou escrita retirados de contextos efetivos de comunicação, evitando lidar com frases inventadas, dissociadas de sua função no ato da comunicação. (Furtado da Cunha, 2009, p.158)
Dentro da proposta funcionalista, que parte da observação de textos efetivamente realizados para desenvolver o estudo do sistema, encontramos análises das VV que nos interessam particularmente nesta pesquisa.
Entre os estudos revisados, destacamos os de Givón (1979, 1982, 1990, 1995), linguista representante de uma das vertentes do funcionalismo norte-americano e referência por sua contribuição para a análise e compreensão das funções e do uso das VV no texto. Entretanto, sem desejar nos limitarmos à visão de um estudioso apenas, revisamos a produção funcionalista de diversos autores que também abordam o uso das VV.
Assim, incluímos tanto os estudos de pesquisadores que propõem interpretações funcionais das VV, quanto os estudos mais recentes de autores que aplicam os pressupostos funcionalistas à análise de textos efetivamente "realizados", entre os quais destacamos Halliday (1985), Keenan (1975), Thompson (1982) Votre (1994), Gutiérrez (1990, 1997), Ocampo (1990), Gutiérrez Ordoñes (1997), Duarte (1986), Pezatti (1994), Abraçado (2011), Furtado da Cunha (2009), Camacho (2002), Perini (2010), Neves (2011), Castilho (2012), entre outros.
Foram revisados os princípios funcionalistas relevantes para a pesquisa sobre VV, com destaque para a ordem dos constituintes, as funções de

topicalização e impessoalização, o princípio da iconicidade e o fluxo informacional, todos relacionados entre si. Neste artigo retomamos apenas parte da análise da relação entre o fluxo informacional e o uso das VV.

A noção de topicalidade relaciona-se diretamente à noção de fluxo informacional, que diz respeito à organização dos constituintes na sentença. Nessa organização, ressalta-se o papel do enunciador, como destaca Neves (2011, p. 24): "No discurso há sempre uma informação que flui, mas é o falante que dirige, dentro de um ponto de vista, o fluxo de atenção que 'empacota' a informação, para apresentá-la ao ouvinte".

É o enunciador quem organiza a informação e escolhe o elemento a partir do qual a mensagem deve ser estruturada e apresentada ao ouvinte / receptor – razão pela qual o processo de distribuição dos elementos oracionais está diretamente relacionado aos conceitos de *tema* e *rema*, cunhados pela Escola de Praga.

Na terminologia da Linguística do texto, a articulação da informação em tema e rema, ou articulação tema–rema (ATR), é conhecida como progressão temática, e tem bastante relevância, porque afeta não apenas a informação, mas também a coesão e a coerência textual, controlando o fluxo da informação.

Embora na literatura especializada diversos autores tenham concebido as noções de tema e rema sob diferentes perspectivas[17], cabe pontuar que nesta pesquisa utilizamos o termo *tema* para identificar o referente, ou seja, o elemento a partir do qual a sentença será estruturada, e o termo *rema* para identificar aquilo que se diz sobre o *tema*, conforme proposto por Mathesius (*apud* Saparas, 2007).

Compreender o tema como referente implica relacioná-lo aos conceitos de dado e novo. De acordo com Furtado da Cunha (2009, p. 166), "o princípio de informatividade focaliza o conhecimento que os interlocutores compartilham, ou supõem que compartilham, na interação verbal."

No lugar do par tema–rema, Perini (2010, p. 331) utiliza o par tópico–comentário. O autor define o tópico como "um elemento da sentença cuja função é delimitar o assunto principal do enunciado", e acrescenta: "Ele pode ter, ao mesmo tempo, uma das funções sintáticas tradicionais (objeto, sujeito etc.)", embora isso não seja necessário, e observa que "no PB, o tópico é tipicamente marcado por sua posição no início do enunciado."

Ao analisar o tópico sintático, Perini (op. cit., p. 332) afirma que ele "pode ser marcado em construções do tipo usual, entre as quais as mais importantes são as de deslocamento à esquerda, a passiva e as clivadas"; e

---

[4] Embora o ponto de partida e a sequência da oração tenham sido analisados e interpretados sob diferentes visões, que deram origem a diferentes pares, como *tópico / comentário*, por exemplo, adotamos o par *tema / rema* na análise que propomos nesta pesquisa.

registra que o fenômeno da topicalização é muito importante no PB, "embora raramente seja mencionado nas gramáticas" (op. cit., p. 331).
Castilho (2012) retoma as noções que configuram a teoria da ATR, conhecida como perspectiva funcional da sentença, e destaca a relação existente entre a referida articulação e o status informacional e a organização sentencial. O autor reconhece a sentença como a sede do processo informativo da língua e destaca: "A noção de dinamicidade vem da intuição segundo a qual o rema sentencial faz avançar o texto" (op. cit., p. 259).
Considerando que a sentença pode ser analisada nos níveis gramatical, semântico e discursivo, pontuamos aqui nosso interesse em considerar suas propriedades discursivas, uma vez que nosso estudo se desenvolve a partir de textos e, conforme observa Castilho (2012), "Na perspectiva discursiva da sentença, essa unidade é estudada como parte do texto, não como um objeto autônomo, livre do contexto." (op. cit., p. 258)
Por entender que existe uma relação direta entre o fluxo informacional e uso das VV, e por conceber que a sentença deve ser analisada no texto em que está inserida, nesta pesquisa interessa-nos observar a distribuição comparativa das VV em Português e em Espanhol, levando em conta a relação entre esse uso e o fluxo informacional em textos de DC.

A metodologia

O *corpus* analisado constitui-se de um número equivalente de textos em português e em espanhol. Foram selecionados 26 textos – 13 em Português e 13 em Espanhol – publicados no período de março de 2011 a novembro de 2012, sobre diversos temas. Alguns temas são bem semelhantes nas duas publicações.
Após a seleção dos textos, procedemos à análise quantitativa das seguintes ocorrências de VV, registradas em quadros, para posterior análise e interpretação: voz passiva analítica com o verbo *ser* (VPA-ser), voz passiva analítica com o verbo *estar* (VPA-estar), voz passiva sintética (VPS) e voz ativa ou passiva com uso de clíticos (VA/P-clít.)
Em etapa posterior, desenvolvemos a análise e interpretação das ocorrências nos textos, com base no fluxo informacional das frases e em outros pressupostos funcionalistas. A partir desta análise, propomos uma sistematização que possa auxiliar a intervenção pedagógica na abordagem do tema no ensino de PFE.
O texto de divulgação científica (DC) foi escolhido por algumas razões, dentre as quais destacamos o fato de ser um gênero discursivo que favorece a ocorrência de diversas VV, com destaque para a voz passiva analítica, uma vez que apresenta marcas de impessoalidade, com foco nos processos e não nos sujeitos.
Entendido como um gênero híbrido, que guarda semelhanças com o

discurso científico, com o jornalístico e com o didático, o texto de DC também parece ser interessante do ponto de vista do estudante, uma vez que aborda temas de diversas áreas do conhecimento – o que facilita o trabalho interdisciplinar – em uma linguagem acessível, muitas vezes acompanhada de imagens que auxiliam na compreensão do conteúdo verbal ou contribuem para chamar a atenção do leitor.

A escolha das revistas *Superinteressante* (em Português) e *Muy Interesante* (em Espanhol) pautou-se pela observação de dois aspectos. O primeiro é o fato de que ambas as revistas publicam artigos de DC nas áreas de ciências exatas, biológicas, humanas e sociais, e, em suas versões em papel, têm tiragens bastante expressivas no Brasil (*Superinteressante*) e na Espanha e Argentina (*Muy Interesante* – também comercializada no Uruguai e no Paraguai).

O segundo aspecto é o fato de que, embora as duas revistas sejam produzidas pela Editora Abril, não há textos traduzidos, porque cada uma delas produz suas próprias reportagens.

Outro fator relevante é o fato de que, apesar de os fotolitos[18] serem diferentes, os textos têm medidas semelhantes. Em geral são curtos ou médios, sendo os textos longos algumas poucas exceções.

Resultados da análise

A análise comparativa indica que o uso das VV, nos textos observados, apresenta uma distribuição bastante diferente no que diz respeito ao fator *tematização*. Nos textos em Espanhol, a tematização se expressa pela anteposição do objeto ao verbo, enquanto no Português, se realiza preferencialmente através da VPA-ser.

Entendendo que o processo de distribuição dos elementos oracionais está diretamente relacionado à ATR, acreditamos que o uso das VV nos textos analisados constitui uma estratégia de tematização do objeto que não se manifesta de maneira regular no Português e no Espanhol.

Das 40 ocorrências de tematização do objeto analisadas nos textos em Espanhol, pudemos observar uma diversificação no uso das seguintes VV: VPA-ser – 5 ocorrências; VPA-estar – 6 ocorrências; VPS – 21 ocorrências; VA/P-clít. – 8 ocorrências.

Gráfico 1 – Ocorrência das vozes verbais com tematização do objeto nos textos em Espanhol (Revista *Muy Interesante*)

---

[18] Fotolito: em editoração eletrônica, refere-se ao arquivo digital que contém texto e imagem em arte final.

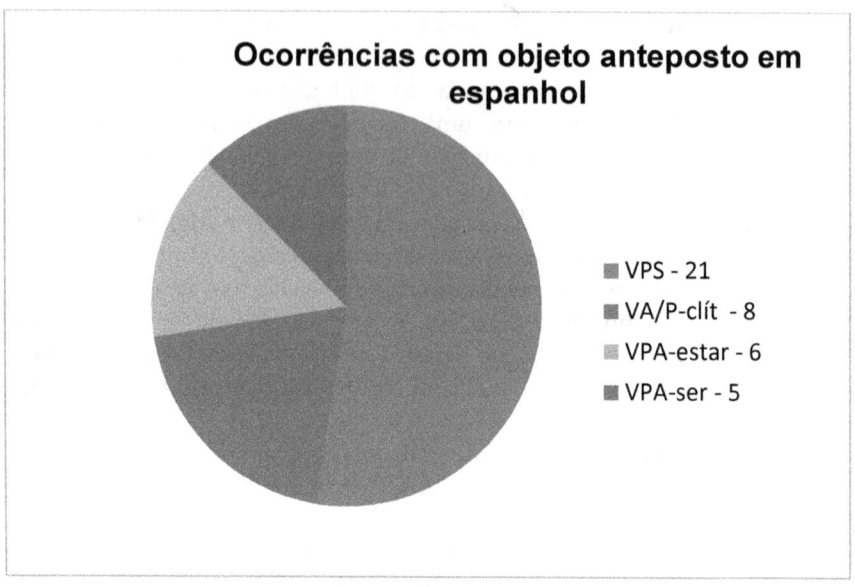

Por outro lado, em Português, das 47 ocorrências, a anteposição do objeto ao verbo ocorreu exclusivamente através dos usos: VPA-ser – 46 ocorrências; VPA-estar – 1 ocorrência. A seguir, a representação gráfica desses resultados.

Gráfico 2 – Ocorrência das vozes verbais com tematização do objeto nos textos em Português (Revista *Superinteressante*)

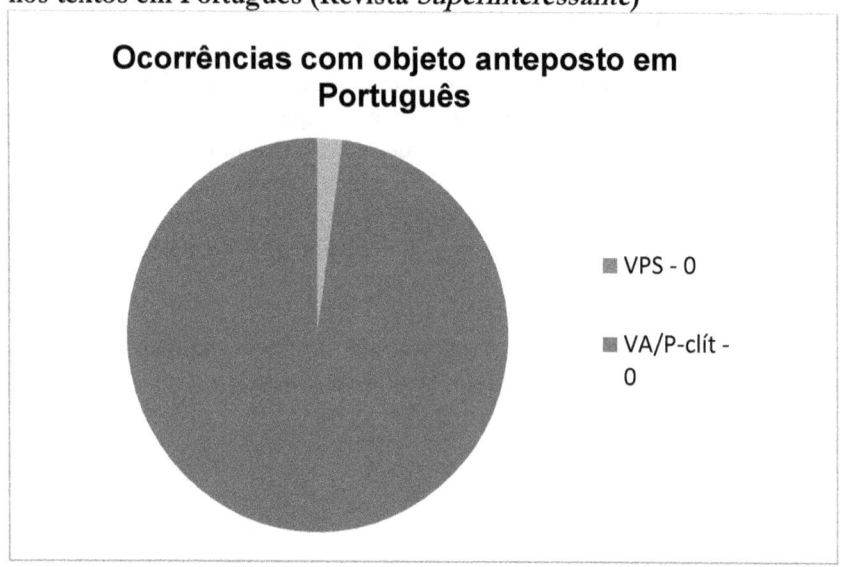

A comparação dos gráficos nos faz atentar em primeira instância para a diferença mais significativa: o uso da VPS, predominante nos textos em Espanhol (Quadro 1) e não contabilizada nos textos em Português (Quadro 2).

Voz passiva sintética e fluxo informacional
Ao analisar as ocorrências de VPS com anteposição do objeto nos textos em Espanhol, observamos que muitas delas não seriam adequadas no Português, porque a questão sintática parece interferir na semântica do enunciado. Embora algumas ocorrências pudessem manter o sentido em um texto em Português, há usos que revelam apenas convergência parcial. Tomemos como exemplo o fragmento:

> (1) Este fenómeno sólo se percibe en el área Sur del Trópico de Cáncer y Norte del Trópico de Capricornio

No Português, as formas preferenciais para expressar o conteúdo do fragmento seriam a manutenção do objeto na posição inicial, com uso da VPA-ser: *Este fenômeno só é percebido* na área Sul do *Trópico de Câncer e Norte do Trópico de Capricórnio*, ou a manutenção da VPS, com o objeto em posição final, sem destaque: *Só se percebe este fenômeno na área Sul do Trópico de Câncer e Norte do Trópico de Capricórnio*.

Há ocorrências de VPS nos textos em Espanhol que, se expressas com a mesma VV no Português, trariam mais que um problema de adequação, porque indicariam certo grau de reflexividade, como observamos nos exemplos a seguir:

> (2) El proyecto aún está en pañales, pues se presentó la semana pasada
> (3) El estudio se ha publicado en la revista *Canadian Journal of Fisheries and Aquatic Science*
> (4) La aritmomanía se describe en los manuales médicos como el hábito irresistible de contar objetos
> (5) Un eclipse solar anular que podrá verse desde el Sureste de Asia
> (6) El astro se ve como un anillo luminoso

O uso da VPS com objeto anteposto, em Português, traria as seguintes orações correspondentes às citadas, em Espanhol:

> (2') O projeto ainda está "de fraldas", pois se apresentou [...]
> (3') O estudo se publicou na Revista [...]
> (4') A aritmomania se descreve nos manuais [...]
> (5') Um eclipse solar anular que poderá ver-se [...]
> (6') O astro se vê como um anel luminoso [...]

Para veicular os conteúdos expressos nas sentenças em Espanhol, a exemplo do que verificamos no fragmento inicial, o objeto ocuparia a posição inicial através do uso da VPA-ser, o qual se daria sem a tematização do objeto. Como nos interessa principalmente analisar as sentenças em que o objeto se antepõe ao verbo, as realizações mais prováveis, em Língua Portuguesa, seriam:

> (2") O projeto foi apresentado [...]
> (3") O estudo foi publicado na revista [...]
> (4") A aritmomania é descrita nos manuais [...]
> (5") Um eclipse solar anular que poderá ser visto [...]
> (6") O astro é visto como um anel luminoso [...]

Por análise comparativa, entendemos que um dos fatores que justificaria a diferença na distribuição da VPS no Espanhol e no Português seria o fato de a referida VV permitir na primeira língua a anteposição do objeto, enquanto, na segunda, tal anteposição se realiza preferencialmente através da VPA-ser.

A voz passiva analítica e o fluxo informacional
A VPA-ser, diferentemente do que observamos nos textos em Português, mostrou-se pouco produtiva nos textos da *Muy Interesante*, mas figura entre as possibilidades de tematização do objeto na língua espanhola e apresentou convergência em relação ao uso em Português, uma vez que possibilita codificar enunciados com sentidos semelhantes.

Quando analisamos as poucas ocorrências da VPA-ser nos textos em Espanhol, verificamos que constituem enunciados que poderiam ser produzidos em Português sem qualquer comprometimento do sentido expresso.

Assim, a sentença *La personalidad de los peces puede determinar como son capturados por los pescadores* poderia, sem restrições, ser produzida em Português como *A personalidade dos peixes pode determinar como são capturados pelos pescadores*. Essa convergência foi observada em todas as ocorrências identificadas nos textos.

Considerando que o uso da VPA possibilita a realização do fluxo da informação a partir do objeto nas duas línguas analisadas, mas a frequência de ocorrências foi muito diferente, a análise da VPS poderia relacionar-se diretamente a essa realidade, uma vez que a alta produtividade da VPS com o objeto em posição inicial – como forma alternativa – pode contribuir para a baixa produtividade da VPA no Espanhol.

Por outro lado, no Português, em que a VPS não se mostrou funcional para a tematização do objeto, a VPA constituiu o único recurso para a anteposição do referido elemento.

Ao analisar a VPA em Inglês, Romaine (apud Furtado da Cunha, 1989) sugere que a pouca frequência da construção pode estar relacionada à existência de outras construções que podem funcionar como equivalentes funcionais no discurso. Se pensarmos na diferença distribucional da referida VV no Português e no Espanhol, tal princípio parece aplicar-se, uma vez que já identificamos que a VPS funciona como um recurso equivalente à

VPA, alternando-se com ela, enquanto no Português, a VPA predomina, cumprindo a função de tematizar o objeto sem concorrência expressiva de outra VV.

Voz ativa ou passiva com uso de clíticos e o fluxo informacional
Nos textos em Português, não observamos ocorrência de VA ou VP com uso de clíticos (VA/P-clít). As ocorrências no Espanhol representam o recorte de um uso bastante produtivo na Língua Espanhola, em que os pronomes átonos têm a função regular de retomar sujeito e objeto, tendência não observada no Português.
Dessa forma, o fragmento *Todos los alimentos que contienen triptófano, o incluso serotonina o melatonina, son idóneos para tomarlos al anochecer* não seria traduzido de forma adequada em Português por *Todos os alimentos que contêm triptófano ou inclusive serotonina ou melatonina são idôneos para tomá-los ao anoitecer.*
Mais uma vez, a VPA se mostraria mais adequada no Português: *todos os alimentos [...] são idôneos para serem tomados ao anoitecer / devem ser tomados ao anoitecer.*
Assim, as demais ocorrências de VA/P-clít que permitem a tematização do objeto, reproduzidas abaixo, encontrariam em Português as possibilidades que registramos em seguida:

(7) Estos productos es recomendable consumirlos durante la mañana
(8) A la mitad de los participantes se les pidió que jugaran al solitario
(9) [A los participantes] se les pidió que recordaran qué habían tomado
(10) A las moscas les atrae el color azul

Mantendo a hierarquia dos constituintes, que atribui maior status informacional ao objeto, teríamos:

(7') Estes produtos devem ser consumidos durante a manhã
(8') À metade dos participantes foi pedido que jogassem
(9') [aos participantes] foi pedido que recordassem o que haviam tomado
(10') As moscas são atraídas pela cor azul

O emprego de pronomes anafóricos com função de objeto direto, como em *Estos productos es recomendable consumirlos* e a ocorrência simultânea de pronomes como em *A la mitad de los participantes se les pidió que jugaran al solitario* é bastante frequente em Espanhol e interfere no fluxo da informação.
Ao observar a ordem dos constituintes no Espanhol escrito informal, Gutiérrez (1997) destaca a vigência de clíticos como um dos fatores diretamente relacionados à possibilidade de movimento dos sintagmas nominais plenos. A autora ressalta que o Português e o Espanhol apresentam profundas diferenças quanto ao uso dos clíticos.
A não ocorrência de clíticos nos textos analisados em Português também representa um recorte de uma tendência da língua. Em estudo em que

analisa a questão da colocação pronominal no PB, Bearzote Filho (1990) afirma que as construções em que há dois pronomes complementos de um mesmo verbo estão em desuso e observa que a utilidade em conhecê-las justifica-se principalmente como auxílio para a compreensão de autores clássicos.

No Português, não se observa desuso apenas de clíticos com emprego concomitante. Os clíticos perderam sua funcionalidade e se tornaram obsoletos como marcadores de objeto. O uso de pronomes anafóricos com esta função, bastante rentável no Espanhol, é, em contrapartida, muito raro no Português.

Entendemos que a necessidade de retomar o objeto através do clítico é fundamental para a distribuição do fluxo informativo na Língua Espanhola, pois possibilita que o objeto da ação se posicione no início da sentença sem o uso da VPA, recurso preferencial na Língua Portuguesa.

Considerando o princípio dos equivalentes funcionais, podemos identificar a VA/P-clít como outro recurso alternativo à VPA que possibilita codificar sentenças que têm o objeto como ponto de referência na informação em Língua Espanhola, diferentemente do que verificamos no Português.

Considerações Finais

O levantamento feito no início desta pesquisa evidenciou que o tratamento dado às VV, tanto em gramáticas quanto nos materiais didáticos analisados, tende a limitar-se ao nível da análise da sentença, privilegiando os aspectos formais. Por outro lado, a análise contrastiva das construções de VV sob a perspectiva funcional, desenvolvida posteriormente, amplia o foco do estudo, investigando o uso das VV em textos efetivamente realizados para a comunicação.

Os procedimentos que propomos para a abordagem das VV no ensino de PFE incluem uma análise comparativa que considere informações sobre as referidas estruturas e seus usos no português e no espanhol, com base em textos autênticos, levando em conta o fluxo informacional nas duas línguas.

Nossa proposta é a de que a noção de fluxo informacional deve ser relacionada ao ensino do uso das diferentes VV nas duas línguas. Entendemos ser importante que o aluno perceba que, enquanto em sua LM - o espanhol- a organização das sentenças a partir do objeto pode se realizar através das diferentes VV, na LA - o português - tais possibilidades são funcionalmente reduzidas.

Assim, enquanto um falante de Português em aprendizagem do Espanhol seria levado a ampliar as possibilidades de uso das VV para "tematizar" o objeto nas sentenças em Espanhol, o falante de Espanhol que está aprendendo Português precisa aprender a reduzir suas opções.

A análise de fragmentos dos textos já lidos pode auxiliar o aprendiz a internalizar as diferenças de ordenação da informação de maneira

comparativa.
Destacamos alguns fragmentos para facilitar a visualização do fluxo informacional em cada sentença:

Quadro 2 – Comparativo do fluxo informacional e das vozes verbais

ESPANHOL	PORTUGUÊS		
Estas TEMA	son tres veces más atraídas VPA-ser	A invenção TEMA	já foi testada com sucesso VPA-ser
El último número de Muy Historia TEMA	está dedicado a los guerreros VPA-estar	Um relacionamento TEMA	está ameaçado VPA-estar
La investigación TEMA	se publica en la edición actual VPS	Estudo TEMA	que foi publicado na *Revista de Psicologia Social* VPA-ser
A las moscas TEMA	les atrae el color azul VA-clít.	As fêmeas de pássaros TEMA	que são mais atraídas a machos com cores fortes e brilhantes VPA-ser

Entre os procedimentos propostos, destacamos o uso da tradução como ferramenta pedagógica. Sem qualquer relação com os objetivos do método GT (Gramática e tradução), em que a tradução tinha um fim em si mesmo, o que propomos é a utilização de exercícios de tradução que ajudem o aprendiz a deixar de estabelecer equivalências unívocas e a passar a estabelecer equivalências de caráter funcional e pragmático entre a LM e LA, de acordo com a situação comunicativa.
Apoiando-nos nas concepções de estudiosos do uso da tradução no ensino de línguas, como Hurtado Albir (1988), Souza (1999), Calvi (1999), Galiñanes (2003), Lucindo (2006), Calvo Capilla e Ridd (2009), além de outros, entendemos que o olhar contrastivo, que deve se iniciar com a leitura e comparação de textos, pode ser aprofundado através de exercícios de tradução que estimulem uma reflexão consciente sobre as diferenças de uso das VV no português e no espanhol.
Apenas para exemplificar, transcrevemos um dos exercícios propostos no trabalho, em que se confere atenção ao fluxo da informação, através do uso da tradução.

> Traduza os fragmentos de textos abaixo, utilizando as vozes verbais de maneira adequada no Português. <u>Não se esqueça de fazer as adaptações necessárias e de manter os temas das orações em cada período</u>:
> a) A Ludwig van Beethoven se le considera uno de los compositores más famosos e influyentes. Sus obras más populares incluyen 9 sinfonías, 5 conciertos para piano, 32 sonatas para piano [...]. A sus cincuenta años se le reconocía en toda Europa como el mayor compositor vivo. La razón de su sordera no se reconoce pero se ha atribuido a causas como el tifus [...]. (T12-E)
> b) Pocas horas después de que se difundiese la desafortunada frase que declaró el martes – "Las leyes son como las mujeres, están para violarlas" – el presidente de los españoles en el interior, José Manuel Castelao Bragaño, ha anunciado su dimisión [...]. Castelao Bragaño reconoce lo ocurrido. Sin embargo, asegura que su comentario se ha malinterpretado. [...]. (El Pais, 5 de octubre de 2012)
> c) El abstract deberá entregarse en versión digital vía correo electrónico con los datos correspondientes. No serán aceptados los abstracts que no cumplan con los requisitos formales de presentación. (Pautas para presentación de abstract del Encuentro de Posgrado en Comunicación Y Periodismo de la U.N.L.P. 2007)

A proposta de aplicação da análise à abordagem das VV no ensino de PFE com base no uso, último objetivo delineado para esta pesquisa, foi construída a partir das lacunas identificadas no tratamento estrutural dado ao assunto.

Sem pretender elaborar uma metodologia para o ensino das VV no contexto do ensino de PFE, nossa proposta é a de incluir na abordagem do tópico os elementos funcionais analisados, destacando-se o fluxo informacional.

Além de defender uma abordagem funcional das VV, acreditamos que o aprendiz terá a possibilidade de usar as referidas vozes de maneira mais adequada se receber informações relacionadas ao uso em Português que lhe possibilitem analisar e contrastar textos na LA com textos em sua LM.

Para o estabelecimento do contraste entre LM e LA, propomos a utilização de exercícios de tradução como ferramenta pedagógica que pode levar o aluno à reflexão e à consciência de que não há convergência total no uso das VV entre as duas línguas. Entendemos que este processo pode contribuir para um uso mais adequado dessas construções em Português pelos aprendizes hispânicos, considerando as especificidades envolvidas no ensino-aprendizagem de línguas próximas.

Referências Bibliográficas

Abraçado, Jussara. Subjetividade e ordem de palavras no Português brasileiro. *Revista da Anpoll*. [s. l.]: Associação Nacional de Pós-

Graduação e Pesquisa em Letras e Linguística, v. 1, n. 31, p. 133-146, 2011.
Almeida Filho, José Carlos Paes de. *Português para estrangeiros: interface com o Espanhol*. Campinas, SP: Pontes, 1995.
Bearzote Filho, Paulo. *Sintaxe de colocação*. São Paulo: Atual, 1990.
Bechara, Evanildo. *Moderna gramática portuguesa*. Rio de Janeiro: Lucerna, 1999.
_____. *Moderna gramática portuguesa*. 37. ed. rev., ampl. e atual. conforme o Novo Acordo Ortográfico. Rio de Janeiro: Nova Fronteira, 2009.
Calvi, María Vittoria. La gramática en la enseñanza de lenguas afines. *In*: *Actas del IX Congreso Internacional de ASELE*. Santiago de Compostela: Universidad de Santiago de Compostela, 1999, p. 353-360.
Calvo Capilla, Maria Carolina; Ridd, Mark. A tradução como atividade contrastiva e de conscientização na aprendizagem de línguas próximas. *Horizontes de Linguística Aplicada*. Brasília: UNB, v. 8, n. 2, p. 150-169, 2009.
Camacho, Roberto Gomes. Construções de voz. *In*: Abaurre, Maria Bernadete M.; Rodrigues, Angela C. S. (orgs.). *Gramática do Português falado*: novos estudos descritivos. V. VIII. São Paulo: UNICAMP, 2002 p. 227-316.
Castilho, Ataliba Teixeira de. *Nova gramática do Português*. São Paulo: Contexto, 2012.
Cunha, Celso Ferreira da; Cintra, Lindley. *Nova gramática do Português contemporâneo*. Rio de Janeiro: Nova Fronteira, 1985.
Duarte, María Cristina A. *Aprende y mejora rápidamente tu Portugués*. Barcelona: De Vecchi, 2009.
Duarte, Maria Eugênia Lamoglia. *Variação e sintaxe: clítico acusativo, pronome lexical e categoria vazia no Português do Brasil*. Dissertação (Mestrado em Linguística Aplicada). São Paulo: PUC-SP, 1986.
Furtado da Cunha, Maria Angélica. *A passiva no discurso*. Tese (Doutorado em Linguística). Rio de Janeiro: Faculdade de Letras da UFRJ, 1989.
_____. Funcionalismo. *In*: Martelotta, Mário Eduardo Toscano (org.). *Manual de linguística*. São Paulo: Contexto, 2009, p.157-176.
Gallén, Marta Galiñanes. Próprio/propio. El análisis contrastivo en la clase de Español. Conferencia. *Seconda Giornata di Studi sull'Insegnamento delle Lingue*. Cagliari: Universidad de Cagliari, 2003.
Gili Gaya, Samuel. *Curso superior de sintaxis española*. Barcelona: Vox, 1982.
Givón, Talmy. *On understanding grammar*. London: Academic Press, 1979.
_____. Transitivity, topicality and the Ute impersonal passive. *In*: Hopper, Paul J.; Thompson, Sandra A. *Syntax and semantics studies intransitivity*. New York: Academic Press, 1982, p.143-160.
_____. *Syntax: a functional-typological introduction*. Amsterdam/Philadelphia: John Benjamins, v. 2, 1990.

_____. *Functionalism and grammar.* Amsterdam/Philadelphia: John Benjamins, 1995.

Gutiérrez, Maria Ana. *A expressão do sujeito no Espanhol informal.* Dissertação (Mestrado em Língua Espanhola e Literaturas Hispânicas). Rio de Janeiro: Faculdade de Letras da UFRJ, 1990.

_____. *Ordem de constituintes no discurso escrito informal espanhol.* Tese (Doutorado em Língua Espanhola). Rio de Janeiro: Faculdade de Letras da UFRJ, 1997.

Gutierres Ordoñes, Salvador. *Temas, remas, focos, tópicos y comentários.* Madrid: Arco, 1997.

Halliday, Michael Alexander Kirkwood. *An introduction to functional grammar.* Baltimore: Edward Arnold, 1985.

Henriques, Eunice Ribeiro. Intercompreensão de texto escrito por falantes nativos de Português e de Espanhol. *DELTA: Documentação de Estudos em Linguística Teórica e Aplicada.* São Paulo: PUC–SP, v. 16, n. 2, p. 263-295, 2000.

Hurtado Albir, Amparo. La traducción en la enseñanza comunicativa. *Cable: Revista de Didáctica del Español como Lengua Extranjera.* Madrid: [s. n.], n. 1, p. 42-45, 1998.

Keenan, Edward L. *Some universals of passive in relational grammar.* Chicago: Chicago Linguistic Society / University of Chicago, 1975.

Klein, Wolfgang. *Second language acquisition.* New York: Cambridge University Press, 1986.

Kury, Adriano da Gama. *Novas lições de análise sintática.* São Paulo: Ática, 1997.

Lado, Robert. *Linguistics across cultures.* Michigan: University of Michigan Press, 1957.

López García, Ángel. *Gramática del español.* Madrid: Arco, 1996.

Lucindo, Emy Soares. Tradução e ensino de línguas. *Scientia Traductionis.* Florianópolis: UFSC, n. 3, 2006. Disponível em: <www.periódicos.ufsc.br>. Acesso em: 12 jan. 2013.

Moliner, María. *Diccionario de uso del Español.* Madrid: Gredos, 1984.

Nebrija, Antonio de. *Gramática castellana.* Texto establecido sobre la ed. "princeps" de 1492 – v. I, Edición de la Junta del Centenario MCMXLVI. Madrid, 1946.

Neves, Maria Helena de Moura. *A gramática funcional.* São Paulo: Martins Fontes, 1997.

_____. Linguística funcional: princípios, temas, objetivos e conexões. *Guavira Letras*: Revista Eletrônica do Programa de Pós-Graduação em Letras. Campo Grande: Programa de Graduação e Pós-Graduação em Letras da UFMS, v. 13, n. 1, p. 23-38, ago./dez. 2011.

Ocampo, Francisco. The pragmatics of word order in constructions with a verb as a subject. *Hispanic Linguistics.* [s. l.]: [s. n.], v. 4, n. 1, p. 87-127,

Spring 1990.
Perini, Mário Alberto. *Sintaxe portuguesa: metodologia e funções*. São Paulo: Ática, 1994.

_____. *Gramática descritiva do Português*. São Paulo: Ática, 1998.

_____. *Gramática do Português brasileiro*. São Paulo: Parábola, 2010.

Perna, Cristina Becker Lopes; Sun, Yuqi. Aquisição de Português como língua adicional (PLA): o uso de "hedges" em Português por falantes nativos de mandarim. *Letras de Hoje: Estudos e Debates de Assuntos de Linguística, Literatura e Língua Portuguesa*. Porto Alegre: Programa de Pós-Graduação em Letras da Faculdade de Letras da PUC-RS, v. 46, n. 3, p. 59-70, jul./set. 2011.

Pezatti, Erotilde Goreti; Camacho, Roberto Gomes. Uma abordagem funcionalista da ordem de palavras no Português falado. *Alfa: Revista de Linguística*. São Paulo: UNESP, n. 38, p. 37-56, 1994.

Real Academia Española. *Gramática de la Lengua Española*. Madrid: RAE / Espasa-Calpe, 1931.

_____. *Esbozo de una nueva gramática de la Lengua Española*. Madrid: RAE / Espasa-Calpe, 1995.

_____. *Nueva gramática básica de la Lengua Española*. Buenos Aires: RAE / Espasa, 2011.

Saparas, Marcelo. *A estrutura do grupo nominal no rema: a realização do dinamismo comunicativo*. Dissertação (Mestrado em Linguística Aplicada a Estudos da Linguagem). São Paulo: PUC-SP, 2007.

Seco, Manuel. *Gramática esencial del Español*. Madrid: Espasa, 2001

Selinker, Larry. Interlanguage. *International Review of Applied Linguistics*. Oxford: International Association of Applied Linguistics, v. 10, n. 3, p. 209-231, 1972.

Silva, Cristiane Coelho Araujo da. *A voz passiva em Espanhol e a produção escrita de brasileiros aprendizes E/LE*. Dissertação (Mestrado em Língua Espanhola e Literaturas Hispânicas). Rio de Janeiro: Faculdade de Letras da UFRJ, 2000.

Souza, José Pinheiro de. Tradução e ensino de línguas. *Revista do GELNE*. Teresina: Grupo de Estudos Linguísticos do Nordeste, ano I, n. 1, p. 141-151, 1999.

Thompson, Sandra A. *The passive in English: a discourse perspective*. Los Angeles: University of California, 1982.

Votre, Sebastião Josué. *Dicionário de linguística funcional*. Rio de Janeiro: Grupo de Estudos Discurso e Gramática da UFRJ, 1994.

CURSO DE PORTUGUÊS/LE PARA ARGENTINOS: INTERLOCUÇÃO NO MERCOSUL

Fabiana Vanessa Gonzalis

Introdução
Em 2011, o ILEEL- Instituto de Letras e Linguística da UFU (Universidade Federal de Uberlândia), por intermédio de sua Diretoria de Relações Internacionais, obteve a oportunidade de propor sua participação no "Programa de Movilidad MERCOSUR en Educación Superior", no âmbito da Rede Língua e Cultura, organizado pela UFF- Universidade Federal Fluminense. O eixo Língua e Cultura proporcionou o intercâmbio de docentes das 13 universidades do Mercosul interessadas. A organização delineou um cronograma de cursos de curta duração em períodos de férias, segundo o qual as universidades anfitriãs de cada país puderam receber ao mesmo tempo (ao longo de duas semanas) professores de três outras Universidades estrangeiras, de forma a proporcionar o encontro dos quatro países envolvidos (Argentina, Paraguai, Uruguai e Brasil). Desta forma, foram ministrados cursos de imersão em língua (Português/Espanhol/Guarani), cultura e história, de cada país membro, a alunos de graduação das universidades. O interesse em mobilidade e no projeto proposto, por parte da comunidade acadêmica, perseguiu o objetivo inicial de obter ganhos acadêmicos entre docentes e, principalmente, discentes, com a amplitude do universo de conhecimento no âmbito do escopo do projeto.
Como uma das participantes do ILEEL-UFU, fui recebida pela Universidade Nacional de Villa María, para ministrar um curso de Português Brasileiro. Para discorrer sobre algumas particularidades desta tarefa, realizada em fevereiro de 2012, dividirei este artigo em três partes. Na primeira, comentarei as dificuldades no desenho inicial do curso, mostrando suas transformações e adaptações metodológicas ao ser efetivamente implementado (os desafios na integração entre língua e cultura, e na configuração do plano de curso e de aulas). Na segunda parte, apresentarei algumas atividades elaboradas e os resultados na produção dos alunos, assim como os efeitos da aprendizagem no comportamento dos estudantes, e na terceira parte, procurarei tecer minhas conclusões sobre esta oportunidade de interlocução, e algumas perspectivas para trabalhos futuros.

O binômio língua e cultura

O novo paradigma educativo do ensino de línguas desfaz fronteiras entre língua e cultura. O ensino deve ultrapassar o conhecimento do sistema linguístico, integrando obrigatoriamente o componente cultural, como coloca Sánchez, "Los aspectos culturales no deben ser considerados como añadidos al sistema lingüístico, sino más bien como elementos plenamente integrados en el sistema de comunicación, formando parte de él con tanta fuerza y derecho como los elementos lingüísticos. (315)

Esta integração aparentemente simples, pois real, traz desafios na elaboração do currículo, e na sua adequada implementação em sala de aula. Dentre eles, considerar as diferenças entre acrescentar e integrar: não basta acrescentar o elemento cultural ao sistema linguístico, é preciso considerá-lo integrado a este. Para tanto, há que se delimitar os aspectos independentes entre língua e cultura, e os integrados. Tal tarefa é desafiadora a todos os que pretendem produzir material didático, haja vista a infinidade de propostas de atividades com este objetivo, desde o aparecimento do método comunicativo no ensino de línguas.

Especificamente sobre cultura em ensino de línguas estrangeiras, Sánchez destaca a importância de incluir conceitos, padrões e estruturas que formam o que se denomina cultura, ou forma de ver o mundo, de cada comunidade de falantes:

Las asociaciones entre nuestra mente, nuestros conceptos y la realidad están regidas o governadas por patrones y estructuras. Este conjunto de asociaciones forman lo que llamamos cultura o manera de ver el mundo. La enseñanza de una lengua extranjera, para ser completa y fiel a la realidad, tendría que incluir ese entramado de relaciones (Sánchez, 316)

Como as relações ou associações não são idênticas em todas as línguas, nem nos grupos sociais, para a eficácia do tratamento da cultura (não restrita à visão de Cultura com maiúscula) no ensino de línguas, os alunos devem ser levados a conhecer e a entender a visão de mundo (o conjunto de valores, atitudes, crenças, convicções, por exemplo) que se manifesta na língua objeto de estudo. Somente desta forma, pode-se pensar em sucesso no ensino linguístico-cultural. Tal objetivo, à época da elaboração do curso, foi perseguido, como demonstraremos adiante, por meio da seleção de insumos adequados associados a uma metodologia com especificidades pertinentes ao ensino de línguas próximas.

Definindo a estrutura de desenvolvimento do curso

Partindo dessas orientações sobre a integração entre língua e cultura, iniciei o processo de elaboração do desenho do curso, e algumas inquietações sobrevieram. Na busca da integração de elementos culturais nas atividades de um curso sobre Português Brasileiro, há certa complexidade em escolher, por exemplo, quais padrões de comportamento são comuns a todos os brasileiros, que permitem relevância de estar em um curso desta natureza, ou em determinar quais exemplos de fala brasileira usar (se pode determinar a fala média do brasileiro?), ou mesmo, preocupações sobre como escapar da pincelada geral sobre aspectos do país que fazem parte de nossa visão genérica, e que por isso mesmo podem trazer consigo o perigo de desvirtuar a realidade social e cultural (1). Inquietações como estas, sobre as quais eu havia tão somente me debruçado como professora de espanhol para brasileiros, no Brasil, agora ganharam espaço e maior importância a partir do momento em que abracei o desafio de desenvolver um curso sobre a *minha* língua, *do meu* país, forçando-me a aprofundar reflexões sobre o binômio língua e cultura no ensino, e a tomar decisões claras.

Inicialmente procurei definir eixos temáticos que permitissem o desenvolvimento adequado da competência intercultural, segundo algumas das orientações de Sánchez, como: tentar eliminar estereótipos percebidos como negativos, apresentar elementos culturais como são, como realidades culturais, proporcionar contrastes de comportamentos culturais relevantes, por meio de leituras que os enfocassem. (317)

Além destas orientações gerais, a seleção de material precisava enfocar possibilidades de auxiliar o público falante de espanhol a dirimir dúvidas sobre conteúdos linguísticos, por meio da prática de atividades de compreensão auditiva e de apoio gramatical.

Assim, elaboramos uma apostila, com atividades para a comunicação inicial (prática com diálogos sobre si e seu cotidiano) e ortografia e léxico com enfoque contrastivo Português/Espanhol (artigos e preposições, pronomes pessoais sujeito, verbos no Presente do Indicativo, falsos cognatos). Para ilustrar cada aula foram selecionados variados materiais autênticos, como poesias, músicas, entrevistas e reportagens em vídeo, filmes, fotografias, que pudessem apresentar conteúdo cultural acerca do Brasil e de seu povo.

Figura 1: Conteúdo do Plano de curso inicial

Introdução (6 horas): Panorama sobre a Lusofonia: perspectiva histórica sobre o léxico do português; crioulos de base portuguesa; áreas geolinguísticas do Brasil; alguns traços linguísticos do português sub-*standard* no Brasil. Definição de norma linguística no Brasil. **Módulo 1 (10 horas)- Falar de si mesmo.** Objetivos comunicativos: cumprimentar, apresentar-se, apresentar alguém, desculpar-se, expressar gostos e preferências, afirmar, negar e interrogar em português. Gramática: pronomes pessoais e possessivos, verbos no presente, gênero e número de substantivos e adjetivos, pronomes interrogativos, pontuação e ortografia. Contrastes básicos fonético-ortográfico entre português-espanhol (nova ortografia, acentuação gráfica, sons vozeados e nasais do português) Objetivos culturais: Conhecer os símbolos oficiais brasileiros (hino,

bandeira) e os aspectos identificadores mais gerais do país (estereótipos, referências musicais, destaques geográfico-geológicos do território brasileiro, festas profanas e religiosas, sistema político) que conformam a visão interna/externa de identidade brasileira.

Módulo 2 (10 horas)- Conviver
Objetivos comunicativos: pedir e dar informações, propor, recusar e aceitar convites, assumir compromissos, expressar acordo e desacordo, ordens e solicitações, descrever estados físico e anímico de pessoas, descrever objetos, comprar e vender.
Gramática: preposições, verbos de deslocamento, pronomes e adjetivos demonstrativos. Fonética: os sotaques regionais mais característicos e facilmente identificáveis.
Objetivos Culturais: Conhecer Uberlândia (MG) e região: lazer, comércio, indústria, saúde, educação, festas locais.

Módulo 3 (10 horas) – Produção escrita e âmbito profissional
Objetivos comunicativos: falar ao telefone, ser entrevistado, redigir um curriculum, cartas formais e emails.
Gramática: ortografia, tempos passado e futuro, expressar condições com futuro do Subjuntivo dos verbos ir, querer, poder, trazer, e dos verbos regulares.
Objetivos Culturais: Regiões Brasileiras: aspectos culturais, econômicos e sociais relevantes (o folclore e a arte regional, hábitos alimentares, festas profanas e religiosas, recursos naturais e econômicos, música popular brasileira).

Fonte: Gonzalis, Fabiana V. *Plano de Curso:* Português Brasileiro. Agosto, 2011.

O desenho inicial do curso sofreu detalhamentos quando da notificação de que houve uma procura de alunos bem superior ao esperado, com duas turmas de quarenta alunos previstas, de maneira que outra professora brasileira, residente na cidade há muitos anos, e vinculada à Universidade anfitriã pelo seu Centro de Idiomas, se encarregaria de ministrar o curso para a metade dos alunos, em sala separada, de forma paralela. Esta novidade, difícil no começo (exigia a preparação de material com instruções para sua implementação), trouxe enormes benefícios, pois a oportunidade de compartilhar todo o material com uma professora de Português/LE ali atuante há anos, significou aperfeiçoamento profissional mútuo, com a troca de experiências no trabalho conjunto. No decorrer do curso, pudemos rever e discutir sobre enfoques, materiais e práticas pedagógicas, fator que trouxe momentos gratificantes profissional e pessoalmente. Após a confecção do cronograma de trabalho (figura 2), um guia didático foi acrescentado para orientação do trabalho em conjunto (figura 3).

Figura 2: Índice e Cronograma disponibilizado aos alunos

Fonte: Gonzalis, Fabiana V. Apostila. Curso de Português Brasileiro, jan. 2012.

Figura 3: Excerto do Guia Didático, para professor.

28/02 (terça)	0- Apresentação do conteúdo do curso e da Professora 1- Diálogos em português: cumprimentos e saudações. Apresentar-se / apresentar alguém. 2–Alfabeto ortográfico e fonético: apresentação geral 3- De onde venho? Prática de diálogos em duplas e trios. 4- Questionário de conhecimentos prévios do idioma (individual) e expectativas para o curso. Intervalo 5- Ver Vídeo Institucional – UFU. Tarefa: Pedir resolução de alguns exercícios gramaticais para amanhã (artigos, pronomes): Livro: Bem-Vindo!-Livro Texto, páginas 1 a 5.	0. Oral e projetor: Mostrar ficha da disciplina: Bibliografia sugerida- sugerir dicionários e gramáticas, apresentar a Metodologia de trabalho, objetivos e expectativas. 1. Arquivo AULA 01_28_2 2-Escutar e ler a tabela do Alfabeto. Prática de ditado (Arquivo AULA 01_28_2) 3- Mapa do Brasil- Minas - Uberlândia Produção de diálogos/ orientações – Lousa 4- (Arquivo AULA 01_28_2): Fazer em sala um pouco, terminar em casa, se necessário. Intervalo 5- Vídeo sobre a UFU (3 vezes) Pedir anotações sobre os lugares e objetos do vídeo, colocando artigos (laboratórios, salas, área verde, professor, aluno/a, prédio, muro, avenida, residência estudantil, etc Dar estruturas na lousa (trabalhar com descrição), usando artigos definidos e indefinidos, Dirigir perguntas para o Vídeo, ex. O que é UFU ? Quais áreas de formação a UFU tem? Quanto tempo tem o vídeo? Onde se localiza a UFU? Etc... os alunos devem ser capazes de produzir pequenas frases em português a partir desta compreensão geral. Sistematizar na lousa o prendido/estabelecer os contrastes necessários com o Espanhol.

Fonte: Gonzalis, Fabiana V. *Apostila do professor*. Curso de Português Brasileiro, jan. 2012.

Plano de curso: dúvidas e decisões

Ao examinar materiais de Português/LE disponíveis no mercado, senti ao mesmo tempo alívio por ter em mãos materiais já cuidadosamente pensados, e muitas dúvidas na forma de recortar e abordar os temas a serem tratados. No desenho inicial do curso, previa-se no Panorama sobre a Lusofonia, um enfoque mais específico para estudantes de Letras ou Linguística, como a apresentação da perspectiva histórica sobre o léxico do português, crioulos de base portuguesa, áreas geolinguísticas do Brasil, alguns traços linguísticos do português sub-standard no Brasil, e definição de norma linguística no Brasil. Entretanto, este conteúdo foi abreviado devido ao perfil do público, com somente 10 % de estudantes da área de Letras (Inglês, Língua e Literatura) e 89 % estudantes das áreas de Agronomia, comunicação Social, Ciências Políticas, Administração, sendo 20% destes, estudantes da graduação em Desenvolvimento Local-Regional, cujos interesses eram da ordem da Geografia, Economia e realidades social e política. Um questionário de conhecimentos prévios e de interesses, solicitado na primeira aula, ajudou a redefinir este enfoque, sobretudo para a segunda semana de curso, na qual foram ampliadas as oportunidades de exposição aos aspectos culturais a partir das regiões do país, de forma a conectar o conteúdo do curso também com o curso de Cultura Brasileira ministrado pela UFF, nos períodos vespertinos, que abordou, entre outros, o sertão brasileiro e as imagens exportadas pelo país ao longo das últimas décadas. Desta forma, ampliar o conhecimento dos alunos sobre a diversidade cultural e geográfica nossa, para além das praias de Santa Catarina, foi uma estratégia pertinente e motivadora para docentes e estudantes.

Da mesma forma, também a partir dos resultados da consulta aos alunos, que apontou em segundo lugar o interesse em "conseguir conversar e pronunciar melhor o português", demos prioridade, em sala de aula, às atividades de compreensão auditiva e de produção oral elementar, deixando para estudo autônomo as de teor mais gramatical, cujas dúvidas seriam corrigidas e comentadas em sala. A seguir, destaco algumas atividades ministradas.

Algumas atividades de Português para Argentinos: efeitos experimentados

Procuramos, neste curso, estabelecer níveis de integração da cultura na aula de português que tivessem uma relação de progressão de conteúdo linguístico, numa sequencia lógica de atividades, como se vê na figura 2 deste artigo. Nesta sessão estão agrupadas as atividades por objetivos específicos de ensino, e não na sequência na qual foram ministradas (como exemplificado nas figuras 2 e 3).

Práticas para Produção oral

Devido ao número de alunos em sala (vinte e oito), procurou-se desenvolver a oralidade por meio da divisão em grupos, estabelecendo o que se costuma dizer *atividades de prática* (siga o modelo, produza segundo o modelo- produção de resultados controlados-, segundo os eixos que se objetivasse praticar, como um componente gramatical ou, no caso de prática oral, um som específico).

Estratégias de repetição, leitura em voz alta, conversação básica com guia escrito foram as mais utilizadas. Alunos com conhecimentos prévios de português (três) puderam ajudar nos grupos, e de certa forma, participaram com mais evidência. A dinâmica intensiva do curso (todos os dias), o número de alunos, o espaço físico e a própria proposta não permitiu o desenvolvimento para além do nível elementar, da habilidade de produção oral, ou mesmo produções a partir de atividades de aplicação (2). A primeira das atividades se vê na figura 4 abaixo.

Figura 4: Atividade para produção oral

Faça um resumo de sua semana. Utilize as fórmulas abaixo, sempre em tempo presente.
Na segunda-feira/ Na segunda ...
De manhã /No período da manhã/ No final da manhã
De tarde /No período da tarde/ no final da tarde
De noite/ No período noturno
Às 7 (às sete/ ás sete horas/às sete (horas) da manhã/ da noite/ Ao meio-dia
Alguns verbos úteis: levantar-se, deitar-se; almoçar, jantar, caminhar, ler, fazer ginástica, dançar, navegar na internet, ir à universidade, estudar, trabalhar, cursar.
TRAVALÍNGUAS: escute o professor e escreva. Em seguida, pratique. (sem rir muito!)
A) Leia as perguntas abaixo e prepare um texto para se apresentar oralmente em sala de aula. Depois, entreviste seu colega.
1. Qual é o seu nome?
2. E seu sobrenome?
3. Como gostaria que o professor e os seus colegas o chamassem?
4. De onde você é?
5. Em que você quer se formar?
6. Quais atividades você gosta de fazer no seu tempo livre?
7. Quais são seus temas de leitura preferidos?
8. O que você faz atualmente?
9. Qual trabalho você gostaria de ter dentro de alguns anos?
10. Quando você utiliza o português fora da aula? No trabalho? Em casa? Com amigos?
11. Você acha que é bom em aprender línguas? Por que sim? Por que não?

> 12. Qual é, em sua opinião, a melhor maneira de aprender línguas?
> 13. Quais são as suas expectativas quanto a este curso?
> **B) Em grupos:**
> Leia as perguntas, pratique com seu colega e prepare um texto para apresentar a todos oralmente:
> a) Por que você decidiu aprender português? (seu objetivo principal)
> b) Faça uma lista de situações específicas onde precisaria da língua portuguesa.
> c) Como você organiza seus materiais?
> d) Você dedica quanto tempo por semana para aprender o português?
> e) Qual a sua motivação atual? Por quê?
> f) Quais coisas podem interferir na sua motivação durante o curso?
> Muito bem, agora avalie suas prioridades, de 1 a 5 (1 = mais alta, 5=mais baixa), em cada uma das necessidades abaixo:
> **Necessidades Nível de prioridade**
> Ampliar vocabulário
> Melhorar gramática
> Escutar
> Falar
> Escrever
> Ler

Fonte: Gonzalis, Fabiana V. Apostila Curso de Português Brasileiro. Jan. 2012.

Para os estudantes argentinos, a leitura silenciosa do questionário em língua portuguesa não reservou grandes dificuldades, e poucas foram as dúvidas sobre a compreensão do sentido das perguntas. Já era esperado este fator, por causa da proximidade sistêmica entre Português e Espanhol (alta coincidência na ordem da oração e no léxico), sobretudo no plano da língua escrita. Por isso, esta atividade foi planejada para ser explorada com maior profundidade, como apresentar o pronome de tratamento "você" (regência e uso pelo Brasil), e também os primeiros contrastes de pronúncia entre o castelhano e o português, diferenças logo percebidas pelos alunos na leitura inicial, em voz alta, realizada pelo professor. A sensibilização para o Português é condição essencial no início, pois é preciso aprender a ouvir sons e modulações percebidos como diferentes da língua materna. Assim, procuramos que os alunos identificassem as diferenças de pronúncia que escutavam ao longo da leitura, e foram ressaltadas as transformações de "e" em "i" e "o" em "u" em finais de palavras ("atividades", "preferidos") , assim como "l" em "u", a sonorização do "s", singular e plural (qual/quais), a pronúncia dos dígrafos "lh"("melhor") e "ss" ("professor"), e algumas ocorrências de sons nasais ("Onde"). O exercício, portanto, destacou quais seriam, durante o curso, as prioridades de observação de pronúncia para os estudantes, além de captar, por meio das respostas, informações úteis para subsidiar o professor nas decisões de eventuais mudanças de enfoque na seleção de material e metodologias.

Para orientação sobre a pronúncia básica do português, de forma que os estudantes pudessem entender melhor quais as principais diferenças que os levam, muitas vezes, a serem mal compreendidos (queixa comum revelada nos questionários (perguntas 12, 13 e B-a)) o alfabeto fonético-fonológico esteve presente em diversas atividades: audição com lacunas, ditados orientados a determinados sons, trava línguas, audição sem lacunas, com ou sem o apoio de imagem, audição de vídeo com e sem legendas (filmes e vídeos curtos), para compreensão de conteúdo específico ou geral. Cito abaixo uma atividade utilizada para discriminação de sons via ortografia:
Figura 5: Atividade de Ortografia e Pronúncia.

Escute o professor e preencha as lacunas, conforme se pede em cada caso:
1. Preencha com letras **J** (jota) ou **G** (gê):
......orge põe as laran.....as na ti... ela.
A .....uerra do .....apão com a Rússia terminou em 1905.
A ...ente estava muito lon...e da .....aula das ...ibóias, e perto dos ....abutís.
2. Preencha com letras **R** o **RR**:
Du.....ante la gue.......a do Pa.....aguai, B.....asil enviou os esc...avos pa...a mo....te.
3. Preencha com as letras **S** (esse), C (ce), **Ç** (ce cedilha) ou **Z** (zê):
A ....a......ada aos ur...o... é muito perigo.......a.
A ca....do ca.....ador fica longe da igreja de ....anta Bárbara.
A ...o ...inha do ...e...é é grande, por isto ele gosta de fa...er o almo..o todo fim de ..emana.
4. Preencha com S (esse) ou SS (dois esses):
O político ca...ado com a Dona Maria foi ca....ado (perdeu o mandato) porque dançou na se.....ão do plenário na Câmara dos Deputados.

Fonte: Gonzalis, Fabiana V. Apostila Curso de Português Brasileiro. Jan, 2011

Os resultados implicaram na sistematização de algumas diferenças fonético-fonológicas entre os idiomas, que mesmo em alunos não iniciantes, demoram a desaparecer (no caso, a sonorização do "S", articulação do "J" e aspiração do "R")
Interferências da língua materna nas produções orais foram consideradas naturais para início de aprendizagem. Durante a pronúncia de vogais e consoantes, observamos que as dificuldades maiores estavam relacionadas à produção de sons nasais, sobretudo de ditongos. Além disto, também notamos a necessidade de práticas de produção da linguoalveolar sonora "z" e "s", de transformação de "e" em "i", "o" em "u" (e seu *desaparecimento*

quando ao final das palavras); articulação das consoantes "d" e "t", que de oclusivas passam a africadas com a vogal "i", como nas palavras "dia" e "tia", em grande parte do Brasil). Além disso, havia inicialmente a timidez, pois eram alunos de variados cursos, que não se conheciam, e um professor estrangeiro. A necessidade, pois, de ouvir e observar primeiro, por várias vezes, era natural. Foram realizadas algumas atividades para, ao longo do curso, melhorar a interação e diminuir a centralização no professor (disposição das carteiras, duplas, trios, afinidades musicais, etc), que auxiliou a aprendizagem.

As produções escritas dos alunos demonstraram interferências semelhantes às observadas nas produções orais, como mostro na tabela a seguir:

Tabela 1: Algumas interferências do Espanhol na produção em Português.

Categorias	Exemplos
Gênero dos possessivos	*meu* opinião; *meus* expectativas
Indefinidos: "Tudo" e " Todo"	faço *todo* isso
Falsos cognatos	janto algo muito *rico*; de manhã *curso* a universidade; *brincar* tenis
Advérbios de tempo	*Logo* vou a minha casa e *logo* me deito
Preposições	chegar *a* casa, saio *a* jantar, gostaria trabalhar eu *me* quero formar em; *me* escovo os dentes; logo *nos* vamos *a* cursar

Fonte: Tarefas de alunos do curso. Fev, 2012.

Tais ocorrências confirmam o que há muito se conhece a respeito da aprendizagem de português por hispano-falantes: os constrangimentos com a facilidade enganosa. Por isso, após a correção individual, era de suma importância sua focalização e sistematização no quadro, para torná-las conscientes nos alunos, a fim de que reconhecessem as diferenças e atentassem para os aspectos perigosos, porque próximos.

Uso da Música Popular Brasileira: identificação de sons, símbolos e modos de vida do brasileiro (culinária, gestos, estilos musicais, estereótipos)

O filósofo italiano Benedetto Croce disse que "A mais humilde canção popular, quando imbuída de humanidade, é poesia." ("Il più umile canto popolare, se un raggio d'umanità vi splende, è poesia" (254). Pensando sobre a linguagem poética como ferramenta de ensino-aprendizagem de português /LE, de fato, a utilização de músicas do nosso cancioneiro popular se revelou uma excelente opção para motivar os estudantes em

todas as aulas. As rádios da cidade argentina, de maneira geral, veiculavam, na oportunidade, as canções brasileiras de vocação passageira, de verão e carnaval, de 2012. A linguagem com apelo sexual e erótico dessas músicas comerciais deixavam os estudantes um pouco envergonhados, pois evitavam cantá-las em respeito ao ambiente acadêmico. Para mostrar àquela juventude obras mais elaboradas dentro do gênero popular, procurei composições que, linguística e harmonicamente, fossem atemporais, e pudessem trazer situações de aprendizagem mais rica. Cito a seguir algumas das canções trabalhadas e ao seu lado os enfoques linguístico-culturais procurados:
1-"Velha infância" (Tribalistas): enfoque na produção de sons nasais.
2-"Luz do Sol" (Caetano Veloso). Exploração do contraste fonéticos espanhol/português, como o "r" no início de palavras, vibrante em espanhol, aspirado em português. Audição e prática de pronúncia de vogais abertas e orais ("córrego, glória, sol"/ "terra,reza,leva"), assim como ditongos nasais ("-ão", em "chão, coração, visão"), realização de "l" no final de palavras como "u". Estabelecer o aprendizado de léxico por meio das imagens criadas, da terra brasileira, seus símbolos e cores.
3-"Esperando na Janela" (Gilberto Gil): o ritmo/dança – xote. Vogal "o", e suas diferentes realizações nas formas fechada, aberta, oral, nasal, e convertida em "u".
4- "Cotidiano" (Chico Buarque): vogais abertas, o café e o feijão no cotidiano do brasileiro: usos e costumes.
5- "Anos Dourados" (Chico Buarque e Tom Jobim): pronúncia e articulação da consoante sonora "Z", vogais nasais: realizações e ocorrências.
6- "Coração de Estudante" (Wagner Tiso): símbolos presentes, contextualização do período histórico de luta pela democratização do país.
7- "Mineirinho" (Alexandre Pires) e "Seio de Minas" (Paula Fernandes). Estereótipo do mineiro, expressões regionais. Imagens da história colonial de Minas Gerais.
8- "Xote das meninas" de "De volta pro meu aconchego" (Dominguinhos). Instrumentos nordestinos, ritmo do xote. Uso dos pronomes na fala popular. Abertura de vogais na pronúncia nordestina.
9- "Chalana" (Almir Sater): O pantanal mato-grossense: rios e transportes.
10-"Vermelho" (Chico da Silva-Boi Garantido) Ampliação do léxico, expressões e simbologia nas cores. O festival de Parintins.
Símbolo recorrente na música popular brasileira – o *coração* (palavra presente em todo o material selecionado), deixou sua marca entre os alunos argentinos, pois ganhou espaço de discussão nas aulas, e aumentou a recepção e acolhida ao novo universo – a língua portuguesa do Brasil- a eles apresentado, saindo do objetivo monótono instrumental, para algo de percepção mais cultural: comparar as paixões nacionais e a comunicação

corporal, por exemplo, rediscutindo estereótipos sob diferentes perspectivas, e estabelecendo contrastes e semelhanças com a linguagem daquela comunidade.

Figura 6: Uma das atividades com Letra de Música

Caetano Veloso é um compositor e cantor brasileiro muito respeitado. Na seleção abaixo, os astros Sol e Lua são por ele descritos em forma poética. Complete as lacunas, de acordo com as dicas dos quadros abaixo, e depois observe o ritmo das canções com os efeitos de sentido das imagens criadas sobre a terra brasileira.

I - Luz do Sol Caetano Veloso

Luz do sol,
Que a folha traga e traduz,
Em _____ novo
em folha, em graça, em vida, em força, em _____...

Céu azul
que vem até onde os _____
tocam na terra
E a terra inspira e exala seus azuis...

Reza, reza o rio,
Córrego pro rio, o rio pro mar
Reza a correnteza, roça a beira, doura a areia

Marcha o homem sobre o chão
Leva no coração uma ferida acesa
Dono do sim e do não
Diante da visão da infinita _____

Finda por ferir com a mão essa delicadeza
A coisa mais querida
A glória da vida...

I- Luz do Sol- dicas para completar:
a) Cor de maior predominância na bandeira brasileira.
b) O Sol a dá.
c) Andamos com eles.
d) O feio, a feiúra, O Belo – a ?

II - Lua de São Jorge Caetano Veloso

LUA DE SÃO JORGE
LUA DESLUMBRANTE
_____ VERDEJANTE
CALDA DE PAVÃO

LUA DE SÃO JORGE
CHEIA _____ INTEIRA
OH MINHA BANDEIRA
SOLTA NA AMPLIDÃO

LUA DE SÃO JORGE
LUA _____
LUA DO MEU CORAÇÃO

LUA DE SÃO JORGE
LUA MARAVILHA
MÃE, IRMÃ E FILHA
DE TODO ESPLENDOR

LUA DE SÃO JORGE
BRILHA NOS ALTARES
BRILHA NOS LUGARES
ONDE ESTOU E VOU

LUA DE SÃO JORGE
BRILHA SOBRE OS MARES
BRILHA SOBRE O MEU AMOR

LUA DE SÃO JORGE
LUA SOBERANA
NOBRE PORCELANA
SOBRE A SEDA AZUL

LUA DE SÃO JORGE
LUA DA _____
NÃO SE VÊ O DIA
CLARO COMO TU

LUA DE SÃO JORGE
SERÁS MINHA GUIA
NO BRASIL DE NORTE A SUL

II- Lua de São Jorge: dicas para completar:
a) e B) Duas cores da bandeira brasileira
c) do Brasil
d) o contrario de "tristeza".

Fonte: Gonzalis, Fabiana V. Apostila: Curso de Português Brasileiro, jan, 2012.

Na mesma página das letras utilizadas, foram produzidos enunciados com objetivo comunicativo ou informativo, assim como pequenas atividades, como mostram a figura 6 e também o quadro abaixo (figura 7)

Figura 7: Atividade de ampliação de léxico a partir de Letra de Música

| **Vermelho (Chico da Silva)** **Boi Garantido** A cor do meu batuque Tem o toque e tem O som da minha voz Vermelho, vermelhaço Vermelhusco, | Temos aqui uma música do Folclore do Pará, que foi lançada em 1996 como tema do Boi Garantido. Fez sucesso na voz da cantora Fafá de Belém e até hoje permanece como referência nacional ao Festival do Folclore de Parintins. Observe as possibilidades de adjetivar a cor símbolo do Boi Garantido: o vermelho, e também perceba a presença de um forte |

vermelhante Vermelhão [...] Meu coração é vermelho Hei, Hei De vermelho vive o coração Ê,ô Tudo é Garantido Após a rosa avermelhar Tudo é Garantido Após o Sol vermelhecer [...]	componente simbólico, para os brasileiros, de fé e de amor incondicional- o coração, muito presente na cultura popular, desde a música ao futebol. Se você não gosta do Vermelho, escolha outra cor dentre as que cito abaixo, afinal, gosto não se discute! AMARELO-PRETO-BRANCO-VERDE-AZUL-BEGE-ROSA-LILÁS-ROXO-MARROM-CINZA
	Claro/escuro/bebê Expressões com cores: Fiquei bege! Tô bege- fiquei pasmo, estou pasmo (espanto, incrédulo) Amarelou! – perdeu a coragem, desistiu! Ficou vermelho! – Ficou com vergonha!

Fonte: Gonzalis, Fabiana V. Apostila: Curso de Português Brasileiro, jan, 2012.

Observamos ótima recepção ao uso da Música popular Brasileira nas atividades, sendo que duas composições foram aplaudidas de pé (Coração de Estudante e Anos Dourados) pelos alunos, após a realização da atividade e da audição disponibilizada no YouTube.com.

Poesia e produção cinematográfica
Variado e complexo, o componente cultural tem formas e tratamentos igualmente variados na sala de aula. No caso do planejamento deste curso, intensivo, as atividades precisavam fazer parte de uma progressão de conteúdos e ao mesmo tempo serem diversificadas para manter o interesse e a motivação. O uso de poemas e filmes na segunda semana de curso foram os insumos que suavizaram os intensos trabalhos, proporcionando aos estudantes, ao lado das composições populares, novos elementos linguístico-culturais.
Foram trabalhadas produções poéticas de Mário Quintana, Vinícius de Moraes e Carlos Drummond de Andrade. O lirismo com temas do cotidiano, com certo humor e suavidade, serviram para incentivar a leitura em voz alta. Além disto, a leitura de biografias resumidas dos poetas pôde enfocar usos e regências dos tempos verbais do Português, como Pretérito Perfeito e Imperfeito do Indicativo.
Com relação aos filmes brasileiros, duas produções foram selecionadas, para serem vistas pelas duas turmas de alunos na Universidade: "Dois Filhos de Francisco" e "Tropa de Elite 2". Após a assistência, houve tempo para dúvidas e questionamentos sobre as representações, nestas obras, tanto de

personagens como de lugares e situações, oportunidade para ampliar conhecimentos sobre as dimensões das comunidades do Rio de Janeiro (dados sobre o número de habitantes, por exemplo), a partir de "Tropa de Elite", assim como sobre a paisagem e a música regional do interior do país, por meio da trajetória dos personagens de "Dois Filhos de Francisco".

Tratamento personalizado e materiais autênticos
Além dos materiais já mencionados, um vídeo com funcionários e professores do ILEEL foi especialmente gravado para o público de estudantes de Villa María. O impacto positivo no público se revelou no pedido para gravar uma resposta para ser levada de volta ao Brasil.
Também como parte do objetivo de interlocução, foram destinadas quatro horas à exploração de conteúdo sobre o estado de Minas Gerais. Dados da geografia, histórica influência política (período das Diretas-Já), culinária (como fazer pão-de-queijo) e, sobretudo, sotaques e expressões provenientes do interior (realização do R retroflexo, alguns estereótipos do mineiro: de pouca fala e muita perspicácia), geraram curiosidade e um certo espelhamento entre ambas as regiões – Minas Gerais e Córdoba, na observação das similaridades na forma de viver no interior, nas particularidades da fala regional, tanto no português como no espanhol (aquela região também realiza o R retroflexo). Tais similaridades parecem confirmar o pensamento de Possenti sobre o fenômeno linguístico, quando afirma que " ...parece ser verdadeira a tese de que o fenômeno linguístico é o mesmo em toda a parte. E que as diferenças- não só as genéticas- são muito menores do que imaginamos. Seja por ignorância, seja por preconceito." (33). Além de revistas, os vídeos utilizados para este conteúdo foram reportagens especiais em vídeo sobre o centenário de Tancredo Neves e sobre o pão–de-queijo mineiro, veiculadas pela Rede Globo e disponíveis no YouTube.com.

Expandindo a sala de aula: comprometimento com e pela interlocução
Como Sánchez comenta à página 321, ao abordar o enfoque cultural como metodologia desafiadora, há inúmeras atividades e sugestões de trabalho com elementos culturais, mas ainda há, também, certa dificuldade em compor, ou mesmo, uma vez elaborada, certificar-se de que determinada atividade realmente contemplou o binômio língua e cultura de forma tão integrada como ocorre na realidade. No que concerne ao escopo das atividades apresentadas, a avaliação positiva apareceu das mais variadas formas: além da frequência assídua dos alunos nas aulas, foi observada uma intensa participação nas atividades propostas, e muita harmonia dentro e fora de sala de aula, com agrupamentos de alunos que se conheceram a partir do curso e que passaram a compartilhar o "Mate". Nem todas as

universidades argentinas, ou professores, aceitam a prática de "tomar el mate" dentro de sala de aula. E o ritual deste "compartilhar", de forma natural e crescente a cada dia, indicou o efeito positivo do ambiente de confiança estabelecido.
Como atividades extra-turno, e por iniciativa dos estudantes, um almoço na cantina da Universidade foi elaborado com cardápio especial: sanduíche típico da região, para apresentar-me à iguaria, e também feijão preto e arroz, dois ingredientes totalmente ausentes da culinária dali, para degustação. Música brasileira foi interpretada pelos estudantes em tarde de poesia argentino-uruguaia, embaixo da sombra de uma enorme árvore no pátio da Universidade, finalizando as aulas de Cultura do Uruguai, participante do projeto. Os estudantes solicitaram um grupo em meu perfil do *facebook* para que pudessem se comunicar entre si e com meus estudantes de espanhol do Brasil, que perdura até hoje. Ou seja, tais iniciativas demonstraram gestos de respeito, dedicação e carinho, por parte dos estudantes argentinos, resultado do efeito positivo da conexão cultural/idiomática proposta.

Projeto Intercultural: os efeitos benéficos do contato com o outro- que deixou de ser "tão estranho"
Maite Celada, em sua vídeo-conferência de 2010, "El Español: Universo de Variación y sonidos", faz uma reflexão sobre a importância do ensino de espanhol no Brasil e comenta que seria mais interessante abandonar a ideia instrumental (viajar, mercado de trabalho) para pensar em outras funções, como por exemplo, de língua solidária ao português. Similar observação encontramos do ponto de vista do estudante argentino. No texto *¿Por qué es importante aprender portugués?* Leila M. Nejad, então estudante da Universidade Nacional de Villa María, argumenta que não basta perseguir o objetivo instrumental (trabalho ou de formação acadêmico-científica), mas aprender português deve ir além, enfrentar a barreira que representa a linguagem para o entendimento do modo de ser entre os dois países. Transcrevemos um trecho de sua comunicação, apresentada em Seminário de Práctica Comunicacional na UNVM – 2012, que gentilmente me foi disponibilizada na oportunidade:
Debemos pensarnos como región. No podríamos imaginar los resultados que la integración y creatividad conjunta pueden llegar a brindarnos. [...] Detrás del idioma portugués, hay toda una cosmovisión que expresa la cultura luso-parlante, de manera que el lenguaje es una de las llaves para entendernos y complementarnos mejor. (2)
Para o estudante, pensar-se como região, integrar-se ao universo do outro, aprender o seu modo de definir o seu mundo, que é o mesmo com outros olhos, é tarefa desafiadora que passa pelo aprendizado da língua, ou linguagem. Do ponto de vista do professor de língua estrangeira, particularmente no que se refere a línguas próximas como Português e

Espanhol, tal desafio perpassa também a esfera da escolha de materiais e de metodologias adequadas que permitam facilitar a expansão de conhecimentos, a interação respeitosa e a alteridade importantes à interculturalidade.

A iniciativa ora apresentada cumpriu com seus objetivos transformadores de interlocução nos sentidos acima, devido sobretudo ao processo de deslocamento (situação e país) oferecido pela mobilidade do programa. Como professora de espanhol para brasileiros, no Brasil, fazer o movimento de imersão contrário, ou seja, ensinar português para argentinos, na Argentina, permitiu reflexões e novas perspectivas de trabalho. A preparação de um material específico e a busca por uma metodologia que pudesse também conter especificidades necessárias para a aprendizagem entre línguas próximas, trouxe não somente projetos de intercâmbio, acadêmico/científico, como também o desejo de elaborar novos cursos ou atividades que permitam oportunidades de novas trocas de conhecimento entre estudantes de ambos os países.

Do ponto de vista de professora- formadora de professores, em minha instituição de ensino, destaco a importância de disciplinas teóricas e práticas de Português como Língua Estrangeira (PLE), presentes na grade curricular, a todos os estudantes de Licenciatura em Letras, que se habilitam em Inglês, Francês, Espanhol ou Português. Também considero que é preciso avançar ainda mais na formação de professores de PLE, com possibilidades de abrangência de conteúdos sobre história, história política e geografia brasileiras, nos cursos de formação de professores, pois, ainda que não se objetive transformar o professor de idiomas em professor de ciências sociais ou políticas, este conteúdo proporciona fundamentos para desenvolver cursos mais atraentes, do ponto de vista intercultural, ou multicultural, com *"equilibrada integración entre lengua y cultura"* (Sánchez, 321). Nada como analisar o próprio universo, entender-se como representante dele para o outro, para compreender o do outro.

[...]
Um bicho igual a mim, simples e humano
Sabendo se mover e comover
E a disfarçar com o meu próprio engano.

O amigo: um ser que a vida não explica
Que só se vai ao ver outro nascer
E o espelho de minha alma multiplica
(Vinícius de Moraes)

Notas

1. Verificam-se as mesmas preocupações no artigo de Ruiz de los Paños quando examina a questão para cursos de espanhol como língua estrangeira.

2. Utilizar o aprendido de forma mais autônoma, com fluência, em atividades como resumir em português o que se ouviu, expor oralmente em português o que leu ou ouviu a um amigo, responder sobre o que foi lido para a aula. Tais atividades requereriam mais horas de curso, ou um nível não iniciante de conhecimentos.

Referências Bibliográficas
Atitude Cultural SJDR. "Receita do tradicional pão de queijo mineiro". Online vídeo. *YouTube*. YouTube, 29 Aug.2011. Web. 20 Fev. 2012.
Celada, Maria T. *El Español: Universo de Variación y Sonidos*. Departamento de Letras Modernas. FFLCH-Faculdade de Filosofia, Letras e Ciências Humanas- USP. Online vídeo. 2010. Web. 20 Nov 2012. < http://dlm.fflch.usp.br/espanhol/implantacao-do-espanhol.>.
Dois filhos de Francisco: a história de Zezé de Camargo e Luciano. Dir. Breno Silveira. Perf.Angelo Antônio, Dira Paes, Márcio Kieling. 2005. Sony Pictures. DVD.
Drummond de Andrade. Carlos. *Reunião*. 10 ed. Rio de Janeiro: José Olympio, 1980, p. 3.
Faraco, Carlos A. *Norma culta brasileira:* desatando alguns nós. São Paulo: Parábola Editorial, 2008. 200p. (Lingua[gem]; 25)
Fluiz27. "Marília Gabriela entrevista Jo Soares GNT parte1". Online video. *YouTube*. YouTube. 5 Out.2011. Web. 20 Fev.2012.
Gil, Gilberto. *Fé na festa ao vivo*. Dir. Andrucha Waddington. Geléia Geral/Conspiração, 2010. DVD.
Letras de Músicas. *Letras.Music.Br*. Terra. n.d. Web. 15 Out. 2011. <letras.music.br>
Maestro soberano Tom Jobim. Jobim Biscoito Fino Produções artísticas, 2007. DVD box.
Moraes, Vinicius. Poesias Avulsas. *Vinicius de Moraes*. VMCultural. 2004. Web. 01 Jul.2014. <http://www.viniciusdemoraes.com.br/pt-br/poesia/poesias-avulsas/soneto-do-amigo>.
Nejad, Leila M. *¿Por qué es importante aprender portugués?* n.p. UNVM-Seminario de Práctica comunicacional. 2012. Comunicação oral.
Possenti, Sírio. *Malcomportadas línguas*. São Paulo: Parábola Editorial, 2009.127 p. (Lingua[gem];36)
Quintana, Mário. Poemas. *A magia da poesia*. Fabio Rocha and WordPress, 1999. Web. 15 Nov. 2011. <http://www.poesiaspoemaseversos.com.br>
Ruiz de los Paños, Aarón G. El componente cultural en el aprendizaje de E/LE. *FORMA:* formación de formadores. n. 4 (Interculturalidad).Madrid: SGEL, 2002, pp.27-35. (Cuadernos de Didáctica ELE)
Sánchez, Aquilino. *La enseñanza de idiomas en los últimos cien años:* métodos y

enfoques. Madrid: SGEL, 2009. (Ensayo SGEL/ele)

Tancredo100anos. "Jornal Nacional: Minas faz homenagem a Tancredo Neves e Oscar Niemeyer". Online video. *YouTube*. YouTube, 6 Mar.2010. Web. 20 Fev.2012.

Tropa de Elite 2: o inimigo agora é outro. Dir. José Padilha. Perf. Wagner Moura, André Ramiro, Milhem Cortaz. Vinny Filmes, fev. 2011. DVD.

ENSINO DE PORTUGUÊS PARA CHINESES: QUESTÕES QUE VÃO ALÉM DO ENSINO DA LÍNGUA PORTUGUESA

Elza Gabaldi
Luhema Santos Ueti

Introdução
Este artigo trata de um relato de experiência sobre o trabalho desenvolvido com o ensino da língua portuguesa a adolescentes e crianças chinesas bem como descendentes de chineses no Colégio de São Bento localizado na cidade de São Paulo. Primeiramente, será apresentada uma breve história da imigração chinesa, em seguida, serão pontuados alguns aspectos da relação da comunidade chinesa com o colégio. Por último, abordaremos o planejamento, a criação de cursos direcionados para essa comunidade, as dificuldades encontradas pelos professores e as ações para que essas dificuldades sejam ultrapassadas.

A imigração chinesa no Brasil
Os primeiros imigrantes chineses chegaram ao Brasil em 1812 para ajudar no cultivo do chá no Rio de Janeiro. Já no período colonial, os chineses vieram para o Brasil a fim de substituir a mão de obra escrava na agricultura. Em 1882, se deslocaram para o país para trabalhar em minas de ouro no estado de Minas Gerais. Após esse período, a imigração de chineses para o país diminuiu e só voltou a crescer depois de 1949, com a Revolução Cultural Chinesa e a implantação do socialismo (Leite 27).
Os imigrantes chineses que chegaram ao Brasil a partir de 1949 formaram um perfil diferente daqueles primeiros imigrantes que chegaram para trabalhar na agricultura. Esses imigrantes pós Revolução Chinesa possuíam um perfil mais parecido com um dos perfis de imigrantes chineses atualmente. Esse perfil é formado por profissionais mais qualificados, com uma profissão no seu país de origem, mas que vem ao Brasil para abrir seu próprio negócio, como lojas de produtos importados, restaurantes, pastelarias, mercadinhos, etc. (Leite 28).
A ida de chineses para o Brasil cresce anualmente. Segundo o Museu do Imigrante de São Paulo, estima-se que, hoje, há aproximadamente, 200 mil imigrantes e descendentes que, em sua maioria, moram no Estado de São Paulo (Shoji). De acordo com o Ministério das Relações Exteriores (MRE), em 2012, houve um aumento de 24% no número de vistos concedidos.

Esses vistos de trabalho são concedidos aos imigrantes chineses que fazem parte do segundo perfil imigratório. Atualmente, além dos perfis mencionados, foi estabelecido, um outro perfil de imigrante em que o imigrante vem para trabalhar em empresas multinacionais, expatriado pela mesma empresa em que trabalhava na China.[19]
Mas, os imigrantes chineses dos quais falaremos a seguir, não fazem parte desse segundo perfil, uma vez que quase todos eles imigram da China para trabalhar em comércios nas regiões centrais (25 de março, Bom Retiro, Brás), vendendo produtos importados. Muitos deles são donos de seus próprios negócios ou trabalham como funcionários de seus compatriotas até terem condições financeiras suficientes para comprar sua própria loja. Grande parte deles traz consigo a família, outros acabam tendo os seus filhos aqui, no Brasil. Aqueles que não possuem família, logo que se instalam na cidade, casam ainda muito jovens e buscam formar família com filhos porque, assim, eles podem tirar seus vistos e documentos no Brasil, regularizando sua situação que, por alguma razão, não está de acordo com as leis brasileiras.
Os comerciantes chineses que têm suas lojas na região central de São Paulo trabalham, aproximadamente, dez horas por dia e seis dias por semana, ficando, assim, sem tempo para a família. Por isso, muitos filhos de chineses nascidos no Brasil são levados para a China, ainda bebês, para serem criados por seus avós ou parentes. Restando aos pais, trabalhar no Brasil e enviar ajuda financeira para a família na China. Na maioria dos casos, essas crianças são criadas na China por anos, até que a situação financeira dos pais esteja estável ou, então, que eles precisem que o filho, geralmente adolescente, volte ao país para ajudá-los com o trabalho nos comércios.
Os filhos de imigrantes chineses nascidos no Brasil e que vivem na China, morando junto com os avós ou tios, frequentam a escola e são alfabetizados em mandarim. Eles, ainda que de nacionalidade brasileira, não falam português e, quando regressam ao Brasil, desconhecem a língua de sua terra natal. A língua, que deveria ser sua língua materna, é completamente irreconhecível.
Muitos desses filhos de chineses, levados para morar na China, regressam ao Brasil depois de já terem sidos alfabetizados em mandarim e estudando o que seria o nosso segundo ciclo do Ensino Fundamental. Em alguns casos, eles só retornam quando já são adolescentes. Nesse período de vida, os jovens, tanto as crianças quanto os adolescentes, já construíram seus laços afetivos na China e não querem se separar de seu grupo de amigos ou da família. Assim, eles enfrentam um momento de grande dificuldade por ter que ficar no Brasil, por vontade de seus pais, e ter que aprender o

---

[19] Brasil concedeu 73 mil vistos de trabalho para estrangeiros em 2012.

português, língua que eles já rejeitaram pela situação vivida em família. Esse conflito dificulta muito o processo de ensino aprendizagem, ocasionado pela necessidade de aprendizado de um novo idioma, de alguma forma imposta a eles, mediante a autoridade dos pais.

Em torno da região da Rua 25 de março – região central - rua de comerciantes, em sua maioria de chineses, há seis escolas de português voltadas para estrangeiros chineses, mas quase todas sem apresentar uma estrutura de educação regular. Porém, uma delas se destaca na função de ensinar português para chineses: o Colégio de São Bento que, juntamente com uma entidade Católica, desenvolve e aprimora, continuamente, um projeto para atender crianças, adolescentes e adultos, chineses ou brasileiros, que não falam português.

O Colégio de São Bento e os imigrantes chineses

Ao longo da década, o Colégio de São Bento esteve aberto a todos aqueles que desejassem estudar, independentemente da nacionalidade. Em seu histórico, constam estudantes de várias nacionalidades, descendentes de europeus, árabes e asiáticos. Atualmente, cerca de 25% dos alunos do Colégio de São Bento são chineses ou descendentes. Este fato é decorrente da crescente migração chinesa para o Brasil, e o Colégio, novamente, desempenha seu papel acolhendo e contribuindo para a educação formal daqueles que chegam da China. A localização do Colégio contribui para que os chineses busquem a escola para estudar nos cursos regulares ou no PFOL (Português para falantes de outras línguas), haja vista que a maioria deles trabalha na região central. Atualmente, o maior número de interessados em aprender Português são crianças e adolescentes. O público adulto também demonstra muito interesse nos cursos de PFOL, mas nem sempre consegue frequentar as aulas devido à grande carga de horas de trabalho no comércio.

Em 2004, foram feitas as primeiras matrículas no ensino regular no Colégio, eram chineses que não tinham nenhum conhecimento da língua portuguesa. Os estudantes chineses foram colocados juntos com os brasileiros e frequentavam as aulas sem que fosse aplicada nenhuma adaptação cultural prévia. Uma das medidas tomadas na época foi proibir o uso do dicionário bilíngue. Assim, foi entregue aos jovens chineses um guia com vocabulário e frases para se comunicar em português (Spinosa).

Com o passar do tempo, outros chineses foram chegando e sendo incorporados ao ensino formal do Colégio. Manteve-se o processo de imersão direta, ou seja, o aluno entrava diretamente na sala de aula, de acordo com sua idade e série, mesmo sem saber se comunicar em português.

O processo de imersão direta, ainda que contribuísse muito para o aprendizado do português, fez com que se tornassem aparentes os problemas vividos por aqueles alunos, como o forte impacto sofrido por eles no processo de imersão, a angústia de não acompanhar a explicação dos professores e de não poder participar efetivamente das aulas. A eles, faltavam requisitos básicos como a educação auditiva, o vocabulário para expressar-se, tirar dúvidas ou manifestar algum conhecimento prévio, além do desconhecimento dos comportamentos socialmente convencionados.

Preocupado em atender este público com mais qualidade, pois nesse período já eram doze estudantes frequentando o Colégio, Dom Abade Mathias convidou o Padre Lucas Jia Xiao para se juntar ao Colégio que, naquele momento, passava por uma crise financeira bastante séria. Padre Lucas Jia Xiao é um dos membros da Comunidade Católica Chinesa ocupando, atualmente, a Presidência. A participação efetiva do Padre Lucas dentro do Colégio fez com que o número de estudantes chineses aumentasse e a integração entre a Comunidade Chinesa e os brasileiros passasse a ser mais representativa, integração esta que continua crescendo até o momento (Spinosa).

O desafio foi aceito pelo Padre e, no final de 2007, ele fez uma divulgação sobre o Colégio de São Bento junto à Comunidade chinesa, o que trouxe mais estudantes para o local. Ele também convidou a professora Juliana Wu para integrar a direção do grupo que atendia os chineses. Juliana escreveu para os jornais chineses, convidado a Comunidade para ingressar no Colégio, já que o mesmo estava em fase de mudanças e renovação. Este trabalho trouxe muitos outros estudantes chineses ou descendentes.

A demanda de ensino, no entanto, não se reduzia ao Português, havia também grande procura pelo ensino de mandarim. Assim, no início de 2008, foi aberto o curso de chinês que ganhou consistência rapidamente e se mantém até o momento. Os chineses ou descendentes continuaram a chegar da China e queriam estudar no Colégio, mas esbarravam na questão do idioma. O não domínio da língua portuguesa pelos alunos chineses abria espaços para que alunos nativos discordassem da presença deles em sala, alegando que os chineses atrapalhavam o aprendizado no Colégio pelo fato de não saberem a língua portuguesa e não entenderem as explicações dos professores.

Por conta das reclamações dos alunos brasileiros e das dificuldades dos alunos chineses em seguir no ensino regular, no início de 2009, o Padre Lucas Jia Xiao e a Juliana Wu criaram a primeira turma de PFOL, coordenada pela própria Juliana. Em 2010, o Cônsul-geral da China, Sun RongMao, esteve no Colégio e comentou sobre a importância desse tipo de integração entre chineses e brasileiros, haja vista que os dois países estão tão distantes. As ações desenvolvidas no Colégio contribuíam com a aproximação cultural entre os dois países e promovia um intercâmbio cultural importante para as relações futuras. No mesmo ano, iniciou-se um curso de português para todos os chineses que desejassem ingressar no

Colégio. O curso, então, já estava sob a orientação da Secretaria Chinesa (Spinosa).
É interessante verificar como a existência de uma instituição consolidada permite que novos trabalhos sejam incorporados, adaptando-se às necessidades exigidas pela sociedade e pelos movimentos sociais. O Mosteiro de São Bento é secular, foi fundado pelos monges Beneditinos em 1634. Em 1903 foi inaugurado o Colégio, uma de suas extensões e, ainda, a Faculdade de Filosofia, em 1908. Hoje, a Secretaria chinesa cuida dos cursos de mandarim, inglês e PFOL e está incorporada ao complexo do Mosteiro.
Nesse sentido, verifica-se que o Mosteiro de São Bento de São Paulo atendeu, e continua atendendo, os chineses que chegam Brasil. Nos últimos anos, a demanda tem sido maior e o Colégio de São Bento ampliou, consideravelmente, o atendimento à Comunidade chinesa em São Paulo. Tal postura levou o Ministério das Relações Exteriores do Governo chinês a condecorar o Colégio como uma escola modelo de educação chinesa, uma das melhores do mundo.

Os cursos de PFOL para crianças e adolescentes chineses
Até meados de 2013, os cursos de PFOL eram ministrados por cinco professores. Cada um deles tinha uma turma por tempo indeterminado. O professor iniciava com uma turma e permanecia com ela até que os alunos fossem para o ensino regular ou deixassem o curso por se considerar aptos no uso da língua portuguesa.
No segundo semestre de 2013, ocorreu uma reestruturação nos cursos de PFOL, estabelecendo-se a divisão de grupos em níveis: Iniciante, Básico I e Básico II. Os níveis foram embasados no Quadro Comum Europeu e orientam os professores em relação ao que devem priorizar no ensino dos alunos.
Alguns professores, extremamente envolvidos com o ensino de português, escreveram livros para diferentes níveis de aprendizado. Esses livros estão sendo experimentados em sala de aula e servem como material base de ensino. Para as crianças e adolescentes iniciantes, o livro utilizado em aula é intitulado "Primeiros Passos". O conteúdo do livro visa dar noções básicas de comunicação aos alunos; para o Básico I, o livro base, cujo título é Rumo ao Português I, aprofunda conteúdos vistos no livro Primeiros Passos e amplia conhecimentos de língua e de comunicação; para o Básico II, o livro Rumo ao Português II, consolida os temas trabalhados nos anteriores, sem deixar de ampliar o leque de temas e conhecimentos de língua, abrindo perspectivas para o próximo nível.
Para o nível Iniciante, os alunos têm aulas com professores que falam Mandarim ou que são chineses e sabem falar português. Nesse nível, houve uma reformulação que foi a mais significativa e necessária. Retirou-se a

"Cartilha Caminho Suave" a qual era usada sem nenhum planejamento de como ser aplicada. Como esta cartilha era voltada para o ensino de nativos, perdia-se tempo com palavras que já não estavam em uso e que pouco acrescentava aos aprendizes de PFOL. Percebeu-se, também, que o uso da Cartilha já se encontrava defasado mesmo para ensino de nativos, já que não dava suporte para o professor encaminhar suas aulas.

Feita a devida troca de material defasado por um material de base mais apropriado, os alunos iniciam suas aulas aprendendo coisas simples como as letras cursiva e bastão do alfabeto português, além de vocábulos usados no cotidiano, podendo, assim, construir frases simples. A cada aula, são apresentados novos temas para serem aprendidos. Isso se dá constantemente, numa linha crescente, para que o aluno vá adquirindo familiaridade com a língua. Ao final do curso, em aproximadamente seis meses, eles já conhecem os tempos verbais presente, passado e futuro, sabem pedir informações, apresentar-se, fazer compras, falar da família, dos amigos, dos lugares que frequenta, do que gostam, do que não gostam. Em seguida, quando eles estão mais adaptados ao português, é aplicada uma avaliação e os alunos que atingirem um nível satisfatório são encaminhados para o seguinte nível, o Básico I.

No Básico I, os alunos utilizam o livro "Rumo ao Português I". Neste livro, retomam-se conteúdos trabalhados no livro "Primeiros Passos". Além de manter relações com o ensino do nível Iniciante, o livro "Rumo ao Português I" traz os enunciados em chinês e português, com o objetivo de deixar claro para os alunos o encaminhamento das atividades. Logo no início do livro, há uma página em que os alunos encontram uma lista de frases imprescindíveis para uma melhor comunicação. Os professores as denominam frases de sobrevivência. Elas também são escritas nas duas línguas para que os alunos as consultem a qualquer instante em que for necessário.

Do nível Básico I em diante, os alunos têm aulas apenas com professores brasileiros, pois já estão mais familiarizados com o idioma. Esse procedimento tem ajudado os alunos a assimilar mais rapidamente os temas desenvolvidos no nível I e proporcionado a comunicação apenas em português.

Findado o nível I, novamente é aplicada uma avaliação que indicará se o aluno está apto para seguir ou não ao próximo nível. É, ao final desse nível, também, que a primeira avaliação de admissão nas aulas regulares do Colégio é feita. Os alunos que atingem média satisfatória começam a estudar em uma série do Colégio, enquanto os alunos que não conseguem podem estudar mais e seguir para o outro próximo nível.

Iniciando o nível II, os estudantes recebem o livro "Rumo ao Português II". Neste livro, que é uma continuação do primeiro, os enunciados das atividades continuam nas línguas portuguesa e chinesa. Novos temas são apresentados através de textos e diálogos. É uma forma de tornar o tema tratado mais próximo ao uso efetivo da língua portuguesa. Ao final do curso, novamente é aplicada uma avaliação a fim de verificar o desenvolvimento do aluno. Também, ao final desse nível, é feita a avaliação de entrada no Colégio. Novamente, os alunos que tiverem nível satisfatório vão para as aulas do Colégio, enquanto aqueles que não conseguirem, continuam a estudar nas aulas de PFOL.

Ainda que o curso de PFOL esteja embasado no Quadro Comum Europeu, não foi possível montar grupos para os níveis Intermediário I e II, Avançado I e II. Isto se deve a vários fatores, um deles é porque os alunos de até catorze anos de idade são encaminhados para o ingresso no ensino regular do Colégio; o outro se dá pelo fato de muitos deles já se comunicarem de forma eficaz e que atende aos seus interesses (que são voltados ao comércio) e, por isso, não sentem a necessidade de avançar no estudo do Português . Ainda não há alunos que estudem com um objetivo acadêmico, já que os que têm essa perspectiva estão no ensino regular.

Assim, por não haver uma sequência nos estudos, superando os níveis básicos, não foi possível formar turmas preparatórias para exames como o ENEM (Exame Nacional do Ensino Médio) e o Celpe-Bras (Certificado de Proficiência em Língua Portuguesa para Estrangeiros).

Dos alunos que frequentam o curso de PFOL no Colégio de São Bento, a maioria estuda em tempo integral. Por ficarem tanto tempo na escola estudando somente português, reservou-se uma hora por semana para que eles tenham uma aula de esporte. O horário dessa aula é sempre à tarde, período em que os alunos apresentam maior cansaço e dispersão em sala de aula.

Os professores de Educação Física são brasileiros e não falam chinês. Nos primeiros encontros entre os alunos novos e os professores de educação física, faz-se necessário que haja uma pessoa para fazer a apresentação dos novos professores, dos dias das aulas e do local onde serão realizadas as aulas de esporte. Após as devidas apresentações, as aulas ficam ao encargo dos professores que se valem de gestos e demonstrações práticas de como serão os exercícios ou das atividades físicas. Em pouco tempo, os alunos se envolvem e participam efetivamente das aulas de esportes.

Além das aulas com as crianças e adolescentes chineses, há também a oferta de cursos para adultos. Com eles, também se inicia o ensino de língua com o livro "Primeiros Passos", já que ele serve como base para os demais temas que serão apresentados no próximo livro. Após o final desse livro, os alunos começam a estudar temas mais direcionados às suas práticas diárias, como o trabalho, por exemplo.

Os chineses adultos têm um olhar distinto em relação à aprendizagem do português. A finalidade de se aprender português está voltada apenas ao mundo do trabalho. Assim, não se aprende língua portuguesa para se ter um patrimônio cultural, mas sim para se ter possibilidades de negócios. Esse é um fator determinante para o afastamento de muitos alunos chineses adultos da escola, depois que estes ganham vocabulário básico para a comunicação nos negócios.

A vida entre culturas e o ensino/aprendizagem de português por adolescentes e crianças falantes de mandarim

As turmas de crianças e adolescentes que estudam português são compostas por alunos de idades variadas, mas que possuem um nível de conhecimento da língua alvo similar. Devido à quantidade de alunos, não é possível formar turmas com idades mais próximas, ocasionando, em uma mesma turma, uma variação da idade dos alunos de oito até dezessete anos. As turmas têm, em média, dez alunos, sendo que é permitido no máximo catorze alunos em sala de aula. Os alunos têm aula todos os dias da semana, com carga horária de oito horas, divididas em dois turnos. As aulas, em cada período, matutino ou vespertino, são ministradas por um professor diferente, permitindo que o aluno entre em contato com didáticas variadas e, assim, tenha um aprendizado mais produtivo.

De maneira geral, em todos os níveis (Iniciante, Básicos I e II), o que se observa é que a aprendizagem do português para os chineses é muito lenta. Por mais que os alunos passem o dia todo estudando português, a maioria só atinge um nível básico no decorrer de um ano. Os fatores que levam a isso são vários, mas estão relacionados, principalmente, à vivência com a cultura brasileira, pois esses jovens estão no Brasil, mas não se sentem brasileiros e nem sentem que fazem parte do país. Assim, eles vivem imersos nessa cultura que pouco interfere na sua vida e que não é capaz de proporcionar uma vida muito parecida com a que eles tinham na China.

Pelo fato de terem tudo o que precisam entre eles mesmos, o estudo e a comunicação em língua portuguesa fica restrito à sala de aula, pois nem na família, nem com os amigos, nem, inclusive no ambiente escolar, o português é língua de uso, uma vez que há funcionários da secretaria e alguns dos professores que também falam chinês.

O envolvimento com a cultura brasileira também é muito pequeno porque se dá sempre de fora, como alguém que a observa, mas não a vivencia. São raros os chineses que, mesmo estando há muito tempo no Brasil, veem televisão, assistem a filmes, ouvem rádio, música, leem livros em português ou visitam museus, feiras, exposições, cinemas.

O relacionamento com brasileiros é quase nulo, uma vez que recorrem à comunidade chinesa sempre que precisam. Muitos dos pais dos alunos têm funcionários brasileiros que trabalham em suas lojas e, na maioria das vezes, esse é o único contato mais próximo com os brasileiros. Muitas famílias, inclusive, mantêm o hábito de acordar casamentos entre jovens, ainda que um deles esteja na China e outro no Brasil. Assim, em um determinado momento, ocorrem o casamento e, em seguida, o cônjuge se desloca da China para o Brasil onde constitui a sua família.

A internet tampouco propicia o envolvimento dos chineses e descendentes com a cultura e língua do Brasil pois, em seus celulares, os jovens possuem aplicativos que permitem a comunicação, até mesmo durante a aula, com seus colegas e familiares que estão na China. Os alunos utilizam um aplicativo no aparelho de celular que traduz as palavras do mandarim para o português e vice e versa mas, ao mesmo tempo, também utilizam o celular para conversar, ler notícias e assistir a filmes em mandarim.

Para que os alunos tenham um melhor desenvolvimento no ensino/aprendizagem da língua portuguesa, os professores tentam, de alguma forma, fazer com que a língua e a cultura brasileira estejam mais presentes no cotidiano dos alunos. Assim, algumas atitudes interrompem os hábitos já adquiridos pelos alunos.

Pelo fato de muitos dos alunos terem vindo contra a sua própria vontade para o Brasil, eles não fazem esforços para aprender a língua e desejam, incansavelmente, voltar a viver com seus avós na China. Por isso, tenta-se desenvolver atividades que façam com que o aluno seja mais participativo na cultura brasileira.

Nas aulas dos níveis Básico I e II, o uso da língua chinesa é proibido, só é permitido quando um ou outro aluno não entende, depois de várias tentativas, determinada explicação em português. Então, é permitido a um colega mais experiente na língua, que exemplifique algo em mandarim. Assim, os alunos são obrigados a falar português, algo que, anteriormente, não acontecia. Muitos desses alunos chineses prefeririam falar em mandarim, mesmo que soubessem falar em português.

Algumas atividades que propiciam o contato com a língua e cultura brasileira foram feitas: visitas a museus, feiras, exposições, pontos turísticos, fazendo com que os alunos descubram um Brasil ainda não conhecido e adorado por eles. A apresentação de filmes e séries que retratem o Brasil também é feita aos alunos. Alguns vídeos assistidos por eles fazem com que conheçam um pouco mais da cultura brasileira, como por exemplo: Sítio do Pica Pau Amarelo, Turma da Mônica, Rio 1 e 2, etc. Depois de assistir aos vídeos, os alunos precisam fazer atividades que envolvam a interpretação e o entendimento oral e visual dos vídeos.

Próximo a datas comemorativas, também são feitas atividades práticas que promovam o aprendizado e façam com que os alunos conheçam um pouco da cultura brasileira, como: festa junina, amigo secreto, festa de aniversário, caçada aos ovos de Páscoa, entre outros.

Para que os alunos tenham mais contato com os brasileiros, são propostas algumas tarefas comunicativas como: comprar um tipo específico de caderno para ser utilizado em sala de aula, entrevistar funcionários do colégio que falam apenas português, entrevistar brasileiros que fazem parte

do cotidiano dos alunos. Assim, com um objetivo já delimitado, o aluno precisa se comunicar e se relacionar com outras pessoas, fazendo com que ganhe mais confiança para se expressar com pessoas desconhecidas.
Como o uso da tecnologia, por meio de aparelhos celulares e aplicativos é parte importante na vida dos alunos, atividades como uso de sites, jogos, aplicativos e tradutores são sugeridas durante as aulas. Há aulas em que os alunos são levados ao laboratório de multimídia e lá realizam atividades, participam de jogos, quizzes e outras atividades propostas para serem realizadas utilizando o computador.
A leitura de gibis da Turma da Mônica também facilita o aprendizado da cultura e língua brasileira, apresentando fatos, situações, gírias do cotidiano das crianças e dos adolescentes. Assim, após terminarem as atividades durante as aulas, os alunos podem ler gibis até que outra atividade seja proposta ou então até que todos os outros também tenham terminado de realizar determinada atividade.
Outra forma de aprender novos vocábulos recomendado pelos professores é a utilização de um dicionário elaborado por eles mesmos. Em um caderno com índice, os alunos escrevem as palavras aprendidas todos os dias e, sempre que necessário, podem recorrer a esse material quando não lembram a palavra ou quando querem acrescentar outro significado a mesma. Aos poucos, eles vão assimilando mais rápido o vocabulário estudado e não precisam recorrer ao dicionário usual, pois possuem o seu próprio dicionário.
Como um dos objetivos do curso de PFOL é promover a adaptação do aluno à cultura e à língua escolar brasileira, faz-se necessário o uso de atividades e conteúdos semelhantes às aplicadas pelos professores do ensino regular. Então, também são apresentadas palavras relacionadas aos mais variados temas, incluindo geografia, história, ciências, biologia, entre outros. Assim, o aluno, ao ser admitido para as aulas do ensino formal, já está habituado à linguagem e referentes a esse contexto.
Também, são propostas aos alunos, atividades que visam inseri-los em um contexto de aula formal para que eles tenham um comportamento adequado à nova situação, uma vez que a cultura escolar chinesa é muito diferente da cultura escolar brasileira.
Assim, essas atividades que começaram a ser propostas a partir da reestruturação dos cursos de PFOL que aconteceu no segundo semestre de 2013, dão indícios de que o aprendizado da língua portuguesa está sendo menos lento e mais significativo na vida dos alunos chineses que moram no Brasil. Eles estão conhecendo mais o país e aceitando as diferenças culturais do Brasil em relação à China.

Considerações parciais
Conforme o relato acima, observou-se que o ensino/aprendizagem de

PFOL para chineses não apresenta o resultado que deveria porque não se trata apenas do ensino de uma língua e cultura, mas também da falta de vivência de ambas, ou seja, da negação do aculturamento da língua e cultura brasileira pelos chineses. Verificou-se, ainda, muitos outros fatores que dificultam o aprendizado da língua portuguesa pelos chineses e seus descendentes, fatores estes relacionados à grande preocupação do imigrante em não perder suas raízes ou em se manter, de alguma forma, fechados à sua comunidade. Não se pode negar, no entanto, o fator geográfico que se estabelece nas mudanças de um país para o outro, além das implicâncias socioculturais próprias desses movimentos.

Além do não querer aprender a língua portuguesa, há ainda alunos que demonstram ter alguns problemas de aprendizagem. Eles não acompanham as aulas, são dispersos e, por isso, não acompanham o grupo na mudança de nível. Outro problema encontrado, também, é o da indisciplina pois, por rejeitarem o aprendizado da língua brasileira, eles se tornam indiferentes ao ensino/aprendizagem da língua alvo, relapsos com seus deveres e até mesmo expressam certo grau de agressividade em sala de aula em relação aos colegas e professores. Nesse sentido, o ensino/aprendizagem de uma outra língua que não a materna, não está restrito apenas ao conteúdo linguístico, mas nele se refletem outros tantos fatores, os quais não dependem do ensino propriamente dito, pois estão relacionados a outras situações independentes do universo da sala de aula. É por isso que, ao ensinar a língua e a cultura brasileira aos adolescentes e crianças chinesas, está também se ensinando a cultura escolar do país, cultura essa que não deve ser apenas aprendida mas, também, vivenciada para um desenvolvimento mais abrangente do indivíduo.

Por fim, este trabalho não se esgota em si mesmo, uma vez que há muito a ser pesquisado nessa área e, principalmente, nesse contexto. Ele visa discorrer e refletir sobre alguns problemas vivenciados no colégio em questão e que podem fazer parte de outros ambientes escolares semelhantes.

Referências Bibliográficas

Leite, J. R. T. "Imigração Chinesa para o Brasil" - China em Estudo, *FFLCH*, no. 2. p. 25-40, 1995.

Shoji, Rafael. "Reinterpretação do Budismo Chinês e Coreano no Brasil." *Revista de Estudos de Religiao*. no. 3, pp. 74-87, 2004. Web. 13/7/2014.

Assessoria de Comunicação Social TEM. "Brasil concedeu 73 mil vistos de trabalho a estrangeiros em 2012." Web. 13/7/2014

Spinosa, Marcela. "Alunos chineses em colégio no centro de SP." Web: 13/7/2014

OS ESTUDANTES CHINESES E A INTERAÇÃO MEDIÁTICA COM O PORTUGUÊS
Manuel Duarte João Pires

Introdução
A apresentação que efectuei no âmbito do EMEP II centrou-se no contacto que os estudantes universitários chineses estabelecem com os *media* para aprofundar os seus conhecimentos culturais (e linguísticos) sobre o mundo lusófono. A análise dos contornos desta dimensão mediática tem por base um estudo efectuado junto dos alunos de Português da Universidade de Sun Yat-sen, situada na província chinesa de Cantão, na qual me encontro a trabalhar há dois anos e que constitui parte da minha dissertação para obtenção do grau de mestre em Língua e Cultura Portuguesa pela Faculdade de Letras da Universidade de Lisboa. A título de contextualização, este trabalho presta-se também a examinar o conjunto de factores que têm contribuído para o estreitar de relações entre a China e os países lusófonos e para a decorrente procura da língua portuguesa neste país asiático, em particular no meio universitário. Segundo alguns documentos da Embaixada de Portugal em Pequim existem atualmente 19 universidades com programas de estudos de português na China, um universo de cerca de 1400 estudantes e uma centena de professores (um terço são estrangeiros). Até 2005 apenas 3 universidades tinham cursos de licenciatura em português, sendo que desde 2005 se têm criado anualmente novos cursos a um ritmo médio de 3 por ano, o que é bem elucidativo da intensidade das relações socioeconómicas entre esta potência asiática e os membros da Comunidade dos Países de Língua Portuguesa.

O interesse pelo lado mediático surge na medida em que fora da sala o contacto que os alunos estabelecem com a cultura lusófona faz-se, quase em exclusivo, através dos meios de comunicação. Os *media* representam uma porta aberta para o mundo e neste caso para a lusofonia em particular, pelo que é bastante proveitoso para um professor perceber qual o uso e a interacção que os seus estudantes têm com os mesmos. É interessante na medida em que proporciona uma noção mais definida de quais os gostos e interesses dos alunos e permite aproveitar esse facto para ir ao encontro das pretensões dos alunos enquanto aprendentes. Por outro lado, possibilita compreender melhor a quantidade de informação que os alunos recolhem e quais as fontes ou meios por onde estabelecem esse contacto com a cultura lusófona, o que permite ter uma ideia concreta dos meios usados, das suas

vantagens e lacunas e de como orientar os alunos nessa busca autónoma de conhecimentos. A amostra em causa é formada por estudantes de *Minor*, língua opcional, conscientes do valor actual da língua portuguesa e especialmente motivados por irem desenvolver os seus estudos em Portugal ou no Brasil ao fim de dois anos de estudo de português nesta faculdade.
A premissa que fez com que este trabalho tomasse o caminho da análise da dimensão mediática da cultura lusófona nos estudantes chineses e se debruçasse sobre este tema em particular nasce de um conjunto de circunstâncias e de uma pergunta recorrente. Chegado à China, assomou-me à mente com alguma inquietude uma interrogação que por norma não é incomum aos professores de Português Língua Estrangeira, sobretudo aos que mais longe se encontram dos países lusófonos. Uma questão que no fundo são duas interligadas. Quais as motivações que levam estes jovens estudantes chineses a procurar aprender uma língua tão distante linguística e geograficamente da sua e, sobretudo, de que forma nutrem e desenvolvem o contacto com a cultura lusófona fora da sala de aula? A resposta à primeira parte da pergunta assume uma extensão que pode ser mais casual, mas é pertinente de ser analisada na perspetiva da alteridade e na procura de analisar os factores que estão na base do que impele alguém que provém de um contexto cultural significativamente diferente a estudar a língua portuguesa. Ainda que pontualmente haja motivações mais fortuitas para escolher aprender português (desde o fascínio por Michel Teló a Kaká, passando por Fernando Pessoa ou Paulo Coelho), existe uma evidente noção por parte dos estudantes de que o português é uma língua útil em termos de empregabilidade, dadas as vigorosas relações económicas que envolvem estes países e o facto de pouca gente dominar o português na China. Há uma intenção bastante prática e definida na hora de aprender português, uma vez que os estudantes têm consciência desta importância e admitem muitas vezes serem aconselhados pelos familiares a optar por aprender português pois poderá constituir uma ferramenta bastante útil nos seus percursos profissionais. Esta consciência geoestratégica da vertente económica dos países verifica-se também fora do meio universitário, é recorrente encontrar cidadãos desconhecedores do mundo lusófono e dos seus aspectos culturais e linguísticos, mas por outro lado conscientes da saúde económica destes países e das relações comerciais que estabelecem com a China. É evidente a preponderância da economia como motivação para aceder ao português.
Relativamente ao contacto com a língua fora da sala de aula, este é feito quase por inteiro através da *internet*, uma vez que não é viável descrever em pormenor todos os aspectos estudados, vou registar em seguida alguns tópicos com as principais ilações sobre a presença do português no meio universitário chinês e a sua dimensão mediática:
Público feminino: Na amostra deste estudo está em indiscutível maioria. É um

factor elucidativo do perfil da maior parte dos aprendentes de português na China, importante para todos os que trabalham na área do PLE, mas também nas vertentes a jusante, como a profissional, comercial ou até mediática. A título de exemplo adianto ainda que dois dos três alunos do sexo masculino da turma inicial não transitaram para o 2º ano o que quiçá poderá ser indiciador da pertinácia e dedicação com que as mulheres enfrentam o estudo de uma língua tão distinta e da sua presença em maior número relativamente ao sexo masculino.

Major: Os cursos de *Major* - ou licenciaturas, numa adaptação livre do termo à realidade portuguesa – que os alunos frequentam estão ligados ou à economia/comércio (Inglês para Negócios, Relações Internacionais e Tradução ou Interpretação, de forma mais indirecta) ou ao ensino/educação (Chinês para Estrangeiros). Este segundo ramo, em que os futuros professores de chinês aprendem português, pode representar, passe a expressão, "o outro lado da barricada", isto é, a noção de que muitas pessoas do espaço lusófono estão a querer aprender chinês por motivos semelhantes, por conseguinte, tentar desta forma chegar a esse mercado. No fundo, no que às licenciaturas que escolhem o português diz respeito, a força motriz não deixa de ser a economia e os seus desígnios.

Economia: Conceito fulcral e absolutamente incontornável em tudo o que envolva as relações sino-lusófonas. É curioso constatar que os inquiridos demonstram parcos conhecimentos prévios sobre o mundo lusófono (com o futebol, o Carnaval e Macau a sobressaírem), mas a consciência das ligações económica entre estes países é esmagadora e com expressiva influência na opção de estudar português. Deste conceito englobante decorrem outros.

Empregabilidade: Existe uma assumida procura do português por este motivo. "Poucas pessoas estudam português na China", "língua importante no mundo e com futuro", "encontrar uma boa empresa", são argumentos bastante usados e determinantes na hora de enveredar pelo português. Há inclusive quem revele ter sido aconselhado por familiares nesta escolha o que revela uma interessante percepção do valor económico e profissional que a língua portuguesa possui actualmente. Os inquiridos indicam maioritariamente que pretendem vir a trabalhar com o português sobretudo nas áreas do comércio, ensino e tradução. "Há a ideia de que aprender português é uma garantia de empregabilidade. Os estudantes chineses acham que lhes abre portas no jornalismo, na diplomacia e nas empresas"[20]

---

[20] André, Carlos Ascenso, em Entrevista concedida a Manuela Goucha Soares, Ensino de Português Cada Vez Mais Procurado entre os Chineses,

Soft Power: Expressão recorrente quando se aborda esta certa abertura das entidades chinesas empenhadas em transmitir uma imagem mais atractiva e estabelecer um diálogo intercultural de maior qualidade. Falar a língua do outro tem também a vantagem de permitir estabelecer uma relação mais abrangente e efectiva a nível económico e demonstra ao mesmo tempo um esforço de aproximação para com o outro. Os inquiridos neste estudo possuem um nível de inglês muito alto, aliás, o inglês está presente em todo o percurso escolar dos estudantes chineses, pelo menos, até ao exame final de acesso à universidade e há uma noção cada vez mais generalizada de que é necessário munirem-se de mais outra língua para uma maior vantagem competitiva no que respeita à empregabilidade. Para esse efeito o português é uma boa oportunidade...

Portugal e Brasil: A esta distância estes dois países são os que de longe granjeiam mais notoriedade dentro do espaço lusófono, embora haja uma elevada consciência do peso de Angola em termos das relações comerciais – mais uma vez a dimensão económica. Antes de começarem a estudar português os conhecimentos que possuíam sobre o espaço lusófono eram parcos e praticamente reduzidos a alguns lugares-comuns dos quais se destacam o Carnaval, o futebol (e "Ronaldo"), a referência a Macau, o pastel de nata ou o Vinho do Porto. De assinalar ainda uma alusão à CPLP e outra aos BRICS[21]. Portugal e Brasil são também os destinos predilectos para visitar, estudar ou trabalhar.

Media: São fundamentais para recolher informação sobre o mundo lusófono, esta é a primeira conclusão que se pode verificar. Todos os inquiridos referiram a *internet* como meio preferido, sendo que grande parte usa também o telemóvel para esse fim. Também a televisão e a rádio têm um peso significativo, no entanto, apesar da relativa facilidade em obter informação, os estudantes confessam que existe pouca presença do mundo lusófono nos meios de comunicação chineses. A facilidade de obter informação poder-se-á explicar também pelo uso de VPN's,[22] muito

---

Expresso, Lisboa, 30 de Outubro de 2013,
(http://expresso.sapo.pt/portugues-e-a-lingua-da-moda-e-do-emprego-na-china=f838497#ixzz2x9nyur69 – acesso em 01/11/2013)

[21] Expressão inglesa que denomina o grupo de países economicamente emergentes que inclui o Brasil, a Rússia, a Índia, a China e África do Sul (South Africa, no original).

[22] VPN é a sigla inglesa para Virtual Private Network. Normalmente consiste num programa informático que se instala no computador e permite aceder à *internet* através de fontes alternativas. Particularmente usados

comuns por entre os jovens chineses, pois permitem pular sobre a censura de alguns sítios interditos como o *Facebook*, *Twitter*, *Youtube* e às vezes o *Google* ou o *Gmail*. As novas tecnologias possibilitam fazer do mundo um espaço mais curto e permitem também reunir uma série de conhecimentos, embora nem sempre fidedignos ou produtivos, de forma relativamente autónoma consoante os interesses de cada um. Os elementos da amostra em causa servem-se destes meios disponíveis para contactar com a língua portuguesa de diferentes formas e buscar diversos tipos de informação sobre temas lusófonos, manifestando interesse em ampliar os seus conhecimentos e aprofundar os que já possuem.

Cultura e Mediatismo: Em termos culturais, a música é o que os alunos mais revelam procurar. Segue-se o desporto, filmes, notícias em geral, mas também história, literatura ou gastronomia. Quase todos afirmam também usar as novas tecnologias para estudar ou praticar português. De notar ainda a predominância do Brasil nas músicas, filmes e notícias pesquisadas (Jogos Olímpicos de 2016 e o Mundial de Futebol de 2014, por exemplo) que se poderá justificar pela hegemonia do Brasil relativamente aos outros países lusófonos no espaço da *internet*.

Quanto mais distante está o objecto de interesse mais os *media* adquirem preponderância e se destacam como verdadeiros meios de comunicação ao colocar diferentes realidades e culturas distintas em diálogo. Os *media* são sem sombra de dúvida fundamentais para os aprendentes de português na China e hoje em dia esta relação entre mediatismo e cultura faz-se quase em absoluto dentro do espaço da *Internet*. Os alunos chineses utilizam os *media* para estudar, mas, sobretudo, para fins recreativos, adensarem os seus conhecimentos e verem satisfeita a sua curiosidade por assuntos que vão desde as músicas, os filmes, o futebol até à história ou literatura. Não creio que isto difira muito em relação a estudantes de outras partes do mundo, mas estou seguro de aqui se poderá revelar de maior protuberância dada a distância e o relativo e generalizado desconhecimento sobre o mundo lusófono. O aumento progressivo do número de falantes de português e a procura crescente de aprender esta língua faz com que seja necessário contrariar a menor dimensão do mundo lusófono nos meios de comunicação social chineses e marcar maior presença, efectuar um estudo da realidade local e escolher os canais indicados para o fazer. A título de exemplo, relato o caso de uma produtora vinícola portuguesa que este ano efectuou uma mostra dos seus vinhos em Shenzhen, próspera cidade chinesa também situada no delta do Rio das Pérolas e que faz fronteira com

---

quando os servidores de *internet* bloqueiam o acesso a certas páginas e, por esse motivo, bastante comuns na China.

Hong Kong. Esta produtora de vinhos divulgou o evento em português e em chinês, mas fê-lo na rede social *Facebook*, sendo que os chineses (salvo pontualíssimas excepções) pura e simplesmente não usam o *Facebook*, entre outras coisas, porque o seu acesso está proibido neste país. Procurei de várias formas, alertei algumas pessoas e não encontrei qualquer informação sobre o evento nas redes sociais chinesas. Isto é não só revelador do desconhecimento da realidade chinesa e de uma evidente falha na relação entre mediatismo e cultura, mas serve também de paradigma sobre o que não se deve fazer (e o que não se deve desconhecer) quando se pretende chegar a este público. Todas as redes sociais ditas ocidentais têm um equivalente em chinês que funciona segundo os mesmos moldes e que supre as mesmas necessidades comunicativas. Nos *media* como nas outras áreas da vida social, desde sempre, mesmo antes dos tempos do *soft power*, é essencial conhecer o *outro*, a sua realidade, as suas características.

Neste ano de 2014 não posso deixar de fazer referência a um evento tão significativo para o espaço lusófono, falo do Mundial de Futebol no Brasil. Não me centro no futebol propriamente dito, parte integrante da cultura lusófona e tão celebrado por tantos artistas e intelectuais do Brasil em especial. Refiro-me ao poder agregador e inclusivo deste acontecimento e que diariamente me deixou imensuravelmente surpreendido com a quantidade de lusofonia que de repente é possível respirar neste país tão distante. O número de vezes que ouvi os chineses, que de modo geral não têm grande interesse por este desporto, falarem das equipas do Brasil, de Portugal, a discutirem as semelhanças do clima de algumas regiões do Brasil com algumas províncias da China, a abordarem o ambiente que se viveu nos estádios de futebol, mas também o sentimento do povo brasileiro em relação a alguns despesismos e vicissitudes que estão muito para lá dos valores desportivos, vi pessoas que dormiram pouco por passarem madrugadas de olhos postos no outro lado do mundo, ruas cheias de referências ao Brasil e ao futebol, os supermercados cheios de publicidade, jogadores e camisetas em tudo o que é produto, mas também a televisão que a toda a hora passou anúncios onde para divulgar produtos chineses se vislumbrava lusofonia em locais emblemáticos, músicas em português, os ritmos e o modo de estar das gentes da cultura lusófona. É de facto entusiasmante e uma experiência bastante peculiar, poder assistir *in loco* ao poder de um evento desportivo que através dos *media* tem um alcance verdadeiramente abrangente, capaz de transportar uma cultura para todo o mundo. Este pode muito bem ser o mote ou o estímulo para que não se deixe esmorecer esta vaga e o mundo lusófono se instale de forma significativa e duradoura nos *media* chineses. Tal interação será deveras proveitosa para as relações entre a China e os povos da CPLP.

As tecnologias da comunicação são utilizadas pelos estudantes de português para explorarem os seus interesses sobre a cultura lusófona, gostos esses que não diferem muito dos jovens de outros lugares. Músicas, desporto e filmes despertam a curiosidade dos alunos para descobrir mais e aprofundar conhecimentos já adquiridos. Por outro lado, também existe uma procura pela história e literatura, além de que quase todos os participantes neste estudo utilizam aplicações para estudar e exercitar a parte linguística. Verifica-se assim que os *media* são utilizados tanto para objetivos mais recreativos como para fins mais práticos. As redes sociais ocidentais mais famigeradas têm por norma um equivalente chinês o que nos diz que mesmo em culturas distintas os usuários possuem idênticos tipos de necessidades e atributos no mundo virtual. Sendo este um mercado significativo e em ascensão é necessário ter em conta estas e outras especificidades para chegar aos novos falantes de português na China, como compreender o perfil do tipo de público em causa, perceber que tipo de interesses tem e sobretudo saber que meios usa e dispõe para poder comunicar. Os alunos admitem que a presença do mundo lusófono é parca e esse é o melhor ponto de partida para resolver chegar até eles. Por exemplo, profissionais, empresas ou artistas têm através destes meios a oportunidade de publicitar e divulgar o seu trabalho; a nível didáctico há imenso espaço para desenvolver metodologias que utilizem os *media* e assim contribuir para aprimorar a qualidade do ensino de português na China; os próprios países lusófonos poderão veicular mais informação sobre si mesmos.

Os *media* representam actualmente uma das maiores montras que os países têm à sua mercê, pelo que neste caso concreto devem acompanhar o período ditoso que a língua portuguesa vive em território chinês e servir com afinco de meio transmissor de cultura nas suas várias vertentes. É indispensável uma análise prévia de diferentes factores e uma certa dose de risco, mas restam poucas dúvidas de que todos os intervenientes deste processo ficariam a ganhar com essa presença e assiduidade.
Há um notório sentido prático, um propósito definido de empregabilidade que pesa na decisão dos estudantes chineses optarem pelo português, a percepção de que ingressar nesta língua lhes pode abrir portas profissionalmente. O comércio, desde sempre, a pautar a interação entre estes dois mundos. É recorrente referir que Portugal é um dos países que há mais tempo mantém relações diplomáticas e comerciais com a China, sensivelmente 500 anos (o Presidente da República de Portugal também o salientou na sua última visita a este país). Contudo, é interessante constatar que, excepção feita à Região Administrativa Especial de Macau, até 2005 existiam na China continental apenas três universidades com cursos de licenciatura em português e que a partir desse ano começaram a criar-se vários cursos a uma média de quase três por ano, havendo actualmente perto de três dezenas de universidades que disponibilizam aos seus

estudantes a oportunidade de estudar português. Apesar dos elos históricos esta recente e progressiva procura acontece num período em que Portugal não tem sido um país particularmente próspero. Tal facto não nos diz somente que há países lusófonos com um poder económico pujante e emergente cujas relações comerciais passam pela China, mas demonstra também o poder mobilizador e agregador de uma língua franca, capaz de representar um poderoso e proveitoso activo para os países que a têm como sua. É por esta razão em que a língua se revela uma mais-valia ou uma espécie de locomotiva que nunca é demais recomendar concertação e união em termos linguísticos e culturais entre os povos que a falam. É verdade que se têm movido sinergias no sentido de uma maior consonância por diversos meios e instituições da sociedade civil, das quais destaco neste momento a CPLP ou o Fórum Macau, numa perspectiva mais chinesa, mas prevalece sempre no ar o aroma a economia, a conveniência financeira, o que se compreende e é manifestamente positivo. O que defendo é que não se faça com que o poder que o mundo lusófono possui se reduza e se esgote apenas nos números das balanças comerciais. Tem de se trabalhar uma mentalidade lusófona e evitar desvios perniciosos. Fica sempre bem citar Bernardo Soares através de Pessoa e repetir vezes sem conta que a língua portuguesa é a "minha pátria", mesmo que muitas vezes no meu país não se queira consentir, aqui d'el-rei, que essa pátria afinal se estenda para lá dos Açores ou da Madeira e se forme por mais de meros 10 milhões de pessoas; é de bom tom celebrar Camões e os "mares nunca dantes navegados", mesmo que amiúde não se conceba que a língua seja desde esses idos tempos instrumento de todos os que a falam na mesma exacta medida, independentemente de bandeiras, níveis sociais ou sequer instrução. Considero, francamente, que o que se falta cumprir não é Portugal, nem o Brasil, nem Angola, nem nenhum país em particular, mas é sim o espírito do espaço lusófono em que além das riquíssimas diferenças que temos, partilhamos os mesmos perenes elos comuns. A hora é de consciencializar, combater a ignorância, deixar desafectos para trás e aproveitar o actual advento económico para transmitir este espírito ao *outro*, onde quer que ele esteja, mas mais do que tudo a nós mesmos, de uma vez por todas, pela sua inestimável importância. É intraduzível o sentimento de estar a 13000 km de casa e mostrar de quantas tonalidades, de quantas canções, de quantos mares e dialectos se compõe a cultura da minha língua e é ainda mais indefinível sentir a admiração de um povo de 1,3 mil milhões de pessoas, em que 97% pertencem à mesma etnia, ao ver quantas gentes, espaços e contextos diferentes cabem numa língua só. Por isso é imperativo que nós, os que um dia tivemos o acaso de passar a pertencer a esta grande família lusófona sejamos os primeiros a sentir esta força e a consciência desta boa fortuna.

Junto ao quadro as salas desta universidade têm pequenas caixas de giz, de várias cores e feitios. Costumo dizer aos meus alunos, com uma pequena caixa de giz nas mãos, que se um dia, por alguma razão olvidarem todo o português que um dia souberam, não se esqueçam nunca da palavra... diversidade.

Referências bibliográficas:

António, Nélson Santos (2008), *Economia e Gestão Chinesas: Aspectos Fundamentais*. Edições Sílabo, Lisboa.

Espadinha, Maria Antónia (2007), "Multiculturalidade e Ensino de Português". In Mata, Inocência e Grosso, Maria José (ed.), *Pelas Oito Partidas da Língua Portuguesa, Homenagem a João Malaca Casteleiro*, Universidade de Macau, Macau.

Filipe, Mário (2006), *Promoção da Língua Portuguesa no Mundo: Hipótese de Modelo Estratégico*. Tese de Doutoramento em Estudos Portugueses, Universidade Aberta, Lisboa.

Grosso, Maria José (1999), *O Discurso Metodológico do Ensino do Português em Macau a Falantes de Língua Materna Chinesa*, Tese de Doutoramento, Universidade de Lisboa, Lisboa.

Instituto internacional de macau (2010), "Macau and the Economic Relations Between China and the Portuguese-Speaking Countries", *Macao Focus*, Macau.

Kurlantzick, J. (2007), *The Charm Offensive. How China's Soft Power Is Transforming the World*, Yale University Press, New Haven and London.

Mata, Inocência (2007), "O Ensino das Literaturas de Língua Portuguesa: Um Tempo Intercultural" In MATA, Inocência e GROSSO, Maria José (ed.), *Pelas Oito Partidas da Língua Portuguesa, Homenagem a João Malaca Casteleiro*, Universidade de Macau, Macau.

Matias, J. C. (2010). "The Macau Forum: China's Charm Offensive for Lusophone Countries", in IPRI – *Lusophone Countries Bulletin*, Novembro, Macau.

Mendonça, M. L. M. (Org.), (2010), *Mídia e Diversidade Cultural*, Casa das Musas, Brasília.

Mingjing, L. (2008), "China debates Soft Power", *in Chinese Journal of International Politics*, vol. 2, Beijing.

Pereira, Rui (2006), "A Nova Política da China em África", *Relações Internacionais*, n.º 10.

Semprini, A. (1999). *Multiculturalismo*. Bauru, EDUSC, São Paulo.

Thompson, Kenneth, (Ed.), (1997) *Media and Cultural Regulation*, The Open University, London.

Zhang, B. (2010), "Chinese Foreign Policy in Transition: Trends and Implications" *Journal of Current Chinese Affairs 2/2010*, Beijing.

DESENVOLVER A CONSCIÊNCIA E A EXPLICITAÇÃO LINGUÍSTICA NA AULA DE LÍNGUA MATERNA[23]

Joana Batalha

Introdução

Nas últimas décadas, em Portugal, o ensino da gramática tem estado no centro do debate sobre o currículo da língua materna. Se, por um lado, os programas de português preveem o ensino da gramática enquanto competência nuclear, assumindo a perspetiva do conhecimento explícito da língua, por outro lado, continuam a persistir nos documentos curriculares indicações contraditórias, que têm gerado ou, pelo menos, concorrido para alguns problemas no ensino e na aprendizagem da gramática nas escolas portuguesas. Partindo deste contexto e tendo por base os objetivos listados por I. Duarte (O conhecimento da língua 10-16) para o ensino do conhecimento explícito da língua, procura-se mostrar, com o presente artigo, como um trabalho de promoção da consciência e explicitação gramatical, sustentado em contributos recentes da investigação em aquisição da linguagem, pode promover o desenvolvimento de estruturas de desenvolvimento tardio, nomeadamente, alguns tipos de orações relativas.

Assim, para além da introdução e da conclusão, o artigo encontra-se organizado em quatro pontos: após uma breve revisão dos documentos orientadores do ensino da língua materna, identificando-se os principais problemas relacionados com o ensino e aprendizagem da gramática, descrevem-se os pressupostos e objetivos fundamentais da perspetiva do conhecimento explícito da língua. Em seguida, partindo de um desses objetivos, remete-se para estudos sobre a aquisição de orações relativas em português europeu que têm permitido identificar alguns tipos de orações relativas como potencialmente problemáticas para o ensino devido à sua aquisição tardia. Por fim, numa tentativa de concretizar como pode ser desenvolvido um trabalho de consciência e de explicitação gramatical na aula de língua materna, propõem-se algumas atividades de um percurso didático para o ensino de orações relativas, concebidas numa lógica de atividade de descoberta.

---

[23] A investigação da qual decorre este trabalho é financiada por fundos nacionais através da FCT – Fundação para a Ciência e Tecnologia (BD individual SFRH / BD / 73881 / 2010).

O ensino e a aprendizagem da gramática em Portugal

Há uma década, num artigo sobre a língua portuguesa e o currículo, Duarte e Costa (329) afirmavam que o espaço do ensino da gramática nos documentos curriculares foi crescendo de tal forma que "passou da periferia para o núcleo do currículo". Concluíram as autoras, na altura, que essa evolução curricular não foi, no entanto, plenamente assumida, coexistindo documentos orientadores do ensino da gramática com perspetivas contraditórias.

De facto, desde, pelo menos, 1997, com o documento de referência *A Língua Materna na Educação Básica*, que se argumenta a favor da perspetiva do "conhecimento explícito da língua", entendido como "a progressiva consciencialização e sistematização do conhecimento implícito no uso da língua" (Sim-Sim, Duarte e Ferraz 31). Em 2001, com a publicação do *Currículo Nacional para o Ensino Básico*, documento entretanto revogado, a designação de conhecimento explícito da língua é assumida em documentos oficiais, passando a gramática a ser considerada uma competência nuclear a desenvolver na aula de língua materna, a par das competências de oralidade, leitura e escrita. No entanto, no Programa de 1991, que viria a ser substituído apenas em 2009, prevalecia a perspetiva do funcionamento da língua, que entende a gramática como sendo transversal às competências do oral e da escrita, conferindo-lhe um estatuto periférico. Assim, e como se pode observar no quadro apresentado, entre 1991 e 2009, data em que se atribuem conteúdos específicos à gramática e se preconiza explicitamente um trabalho em que o conhecimento gramatical deve ser convocado em situações de uso oral e escrito da língua, coexistiram nos documentos orientadores diferentes designações para a gramática e, consequentemente, diferentes perspetivas teóricas e metodológicas para o seu ensino.

Ano de publicação	Ano de revogação	Documento	Designação	Estatuto
1991	2009	Programa de Língua Portuguesa	Funcionamento da língua	Domínio transversal
2001	2011	Currículo Nacional do Ensino Básico	Conhecimento explícito da língua	Competência nuclear
2009	em vigor	Programa de Português para o Ensino Básico	Conhecimento explícito da língua	Competência nuclear
2012	em vigor	Metas Curriculares - Português	Gramática	Domínio de referência

Quadro 1 – A gramática no currículo de língua materna 1991-2014.

Recentemente, com a publicação das *Metas Curriculares*, e embora estas se assumam como "documentos clarificadores das prioridades nos conteúdos fundamentais dos programas" (Buescu *et al.* 4), a designação de conhecimento explícito da língua foi substituída pela de gramática, não sendo claro o estatuto que lhe é atribuído nem o tipo de trabalho previsto para o seu ensino. Na verdade, muitas das metas definidas para este domínio parecem apontar para uma perspetiva tradicional de gramática, assente em tarefas de classificação, como se observa nos seguintes exemplos de metas para os diferentes ciclos: "Formar o plural dos nomes e adjetivos terminados em consoante" – 4.º ano (Buescu *et al.* 33); "Aplicar regras de utilização do pronome pessoal em adjacência verbal" (Buescu *et al.* 48) – 6.º ano; "Dividir e classificar orações" – 8.º ano (Buescu *et al.* 62).

Não parece, pois, ser possível dissociar a discordância entre documentos orientadores dos problemas identificados ao nível do ensino e da gramática nas escolas portuguesas.

Estudos preparatórios para os Programas de 2009 (Ucha 7-11; R. Duarte 10-11) concluíram que, em final de ciclo, os alunos apresentam lacunas graves na resolução de tarefas que convoquem conhecimento gramatical ou a sua explicitação, não dominando muitos dos conceitos gramaticais mais básicos. Por sua vez, os professores de língua portuguesa revelam atribuir menos importância à gramática do que às competências de leitura, escrita e oralidade. Para além disso, "a explicitação de regras, exemplificação, aplicação e treino", assim como "as atividades relacionadas com a leitura e a escrita" surgem como as estratégias mais utilizadas para o ensino da gramática (com taxas de resposta superiores a 90% e 80% respetivamente), o que parece confirmar, por um lado, o estatuto secundário da gramática face às competências comunicativas e, por outro, o predomínio de metodologias tradicionais.

Confirmando estes dados, A. L. Costa identifica dois modos antagónicos de atuação no ensino da gramática nas escolas portuguesas: "uma abordagem tradicional e perspetivas difusas de um ensino contextualizado do funcionamento da língua" (36). A primeira privilegia a apresentação de regras normativas e assume, como principal estratégia, a memorização ou o conhecimento de definições. A autora aponta como principais fragilidades desta abordagem, derivadas de ter como fim único o domínio da norma, o insucesso na efetiva mobilização de um conhecimento gramatical estruturado para situações de uso, assim como a não coincidência entre os conteúdos ensinados e a gramática oral e escrita que os alunos usam. Já a segunda abordagem preconiza a mobilização do conhecimento gramatical em situações de uso, assentes nas competências comunicativas do ouvir/falar e ler/escrever. Contudo, o que resultou das práticas de ensino baseadas nesta perspetiva, que não reconheceu um estatuto próprio à gramática e fez depender dos textos os conteúdos gramaticais a ensinar, foi a inexistência de momentos de reflexão e de sistematização linguística e, em última análise, uma própria anulação do ensino da gramática.

Uma terceira abordagem será a do conhecimento explícito da língua, que corresponde a um conjunto de perspetivas de ensino da língua de tipo *language awareness* ou, mais especificamente, *linguistic awareness*, que têm em comum o facto de defenderem "a importância de tornar conscientes os processos, as estratégias e as estruturas envolvidas nas situações de interação oral, de escrita, de leitura, de modo a que os sujeitos possam monitorizar e controlar, de forma intencional, os seus discursos e agir socialmente, de modo consciente, através deles" (A. L. Costa 36). Neste enquadramento, não só são reforçados os objetivos instrumentais do ensino da gramática, como é assumido um objetivo não instrumental, o do ensino da gramática enquanto espaço autónomo para o estudo das características da língua.

A perspetiva do conhecimento explícito da língua

Como se lê no *Guião de Implementação do Programa* dedicado ao conhecimento explícito da língua, a designação de conhecimento explícito "só faz sentido tendo como referência a ideia de que existe um conhecimento implícito sobre a língua". Assume-se, portanto, "que os alunos são falantes competentes, … que mobilizam de forma automática regras gramaticais para gerar e produzir enunciados na sua língua" (J. Costa *et al.*, Conhecimento explícito 8).

De facto, o conhecimento linguístico, tal como o conhecimento que temos de outros domínios, é essencialmente implícito ou não consciente. Não nos recordamos de como começámos a compreender o que ouvíamos à nossa volta nem de quando começámos a falar. Do mesmo modo, em situações de comunicação natural, por exemplo, quando participamos numa conversa, não prestamos atenção aos aspetos formais do nosso discurso, mas antes ao que pretendemos comunicar (I. Duarte, Avaliação da consciência linguística 11). Pode dizer-se, por isso, que o uso que fazemos da língua, enquanto falantes, é "implícito, holístico e direcionado para o conteúdo" (Ravid e Tolchinsky 21).

No entanto, o uso que fazemos da língua nas atividades de compreensão e produção é distinto daquele em que adotamos uma atitude reflexiva sobre a língua e a sua manipulação, o que significa que, desde cedo, a par de um conhecimento implícito, intuitivo, desenvolvemos capacidades que nos permitem observar a língua como um domínio de análise ou um objeto que pode ser explorado. Como refere I. Duarte (Avaliação da consciência linguística 12), o facto de as crianças fazerem precocemente observações sobre a pronúncia ou o significado de certas palavras, de inventarem rimas ou de repetirem lengalengas é uma indicação de que possuem capacidades para refletir sobre a língua que usam. Estas capacidades, que têm sido amplamente estudadas nas últimas décadas, fazem parte do que se tem chamado consciência linguística.

Na brochura *O conhecimento da língua: desenvolver a consciência linguística*, a mesma autora afirma que a consciência linguística, "caracterizada por alguma capacidade de distanciamento, reflexão e sistematização sobre a língua", pode ser considerada como um estádio intermédio entre o conhecimento implícito e o conhecimento explícito da língua, sendo que este "designa o conhecimento reflexivo e sistemático do sistema intuitivo que os falantes conhecem e usam, bem como o conhecimento dos princípios e regras que regulam o sistema oral e escrito desse sistema" I. Duarte (O conhecimento da língua 17-18). Já Sim-Sim (220) distingue consciência linguística e conhecimento explícito quanto ao grau de controlo e consciência do conhecimento, podendo distinguir-se, desta forma, três níveis de conhecimento da linguagem: um primeiro nível caracterizado pelo domínio implícito e inconsciente das regras da língua; um segundo nível, o da consciência linguística, que permite ao sujeito pensar sobre algumas propriedades formais da língua; e um terceiro nível em que surge um conhecimento deliberado, refletido e explícito das propriedades e operações da língua, através da aprendizagem formal.

Nesta perspetiva, o ensino da gramática tem por objetivo fazer evoluir o conhecimento intuitivo que as crianças têm e usam para um estádio de conhecimento explícito, ou seja, ensinar gramática será um processo de explicitação do conhecimento linguístico. Isto torna necessária, antes de mais, a distinção do que decorre do processo espontâneo e natural de aquisição da língua do que terá de ser sujeito a estímulo e aprendizagem formal. Por exemplo, e como se irá retomar adiante, sabe-se que alguns tipos de orações relativas, como as relativas de objeto, são estruturas de aquisição tardia, que não se encontram estabilizadas à entrada na escola, ao contrário das relativas de sujeito, que são compreendidas e produzidas desde cedo (J. Costa, Desenvolvimento da linguagem 25). Pelo contrário, o conhecimento sobre as regras de pontuação ou de ortografia não pode ser construído a partir do conhecimento implícito, porque se tratam de aspetos convencionais da língua, que têm de ser aprendidos formalmente, ainda que seja fundamental a sua ancoragem em conhecimento consolidado por um processo de explicitação (A.L. Costa 39).

Para além disso, na perspetiva do ensino do conhecimento explícito da língua, e de acordo com I. Duarte (O conhecimento da língua 10-16), não só são reforçados objetivos instrumentais do ensino da gramática, como i) o domínio da língua padrão, ii) o domínio de estruturas de desenvolvimento tardio, iii) o aperfeiçoamento e a diversificação do uso da língua, iv) o desenvolvimento de competências de estudo e v) a aprendizagem de línguas estrangeiras, como se prevê o cumprimento de objetivos atitudinais-axiológicos, nomeadamente o desenvolvimento da autoconfiança linguística e da tolerância cultural e linguística, assim como de objetivos cognitivos gerais e específicos, como sejam a aprendizagem do método científico e treino do pensamento analítico e o aprofundamento e sistematização do conhecimento da língua.

Num trabalho de desenvolvimento da consciência e da explicitação linguística, que prevê a reflexão e a sistematização sobre a língua, faz sentido o recurso a métodos de trabalho característicos da investigação científica, nomeadamente através de atividades de "aprendizagem pela descoberta" (Hudson 8; I. Duarte, Oficina gramatical 165), em que os alunos são orientados pelo professor a observar dados que permitam a deteção de regularidades, a formulação de generalizações e a sua testagem com novos dados. De salientar que as atividades deste tipo se adequam à construção de conhecimento, envolvendo uma fase de ativação do conhecimento, com manipulação de estruturas e exposição a contextos linguísticos alvo para, posteriormente, se proceder a um trabalho de explicitação (A.L. Costa 40).

Contributos da linguística para o ensino da língua materna: orações relativas

Um dos objetivos previstos no ensino do conhecimento explícito da língua é, como vimos, o de estimular o desenvolvimento de estruturas de desenvolvimento tardio, de que as orações relativas são um exemplo concreto. Quando se compara a aquisição de orações relativas com outras estruturas, por exemplo, coordenadas ou mesmo outro tipo de subordinadas, observa-se que aquelas surgem posteriormente no discurso espontâneo das crianças, ainda que alguns tipos de relativas pareçam ocorrer mais cedo do que outras (Vasconcelos 323).

Embora outro tipo de fatores, relacionados com dificuldades de processamento, possam estar envolvidos na compreensão das orações relativas, estudos mais recentes em aquisição e desenvolvimento da linguagem têm mostrado existir, em várias línguas, uma assimetria na aquisição de orações relativas em que o pronome desempenha a função de sujeito – sendo, por isso, chamadas relativas de sujeito – e aquelas em que o pronome desempenha a função de objeto – as relativas de objeto. Os exemplos (1) e (2), de Costa, Lobo e Silva (1084), exemplificam os dois tipos de relativas que, embora sejam semelhantes quanto à existência de uma dependência sintática entre um relativo e uma posição com a qual ele se relaciona (marcada nos exemplos com __), diferem quanto ao facto de apenas a relativa de objeto apresentar uma configuração em que um grupo nominal, neste caso, *a mãe*, está entre o relativo e a posição de que ele depende, como se explica em J. Costa, Desenvolvimento da linguagem (25).

(1) Eu vi o rapaz que __ abraçou a mãe.
(2) Eu vi o rapaz que a mãe abraçou __.

Trabalhos de João Costa e colaboradores no âmbito das dependências sintáticas confirmaram existir no português europeu a mesma assimetria entre os dois tipos de relativas, concluindo-se que, à semelhança do que foi observado noutras línguas, a compreensão e produção de relativas de objeto é mais tardia do que a compreensão e a produção de relativas de sujeito.
Em particular, em J. Costa *et al.* (Produção e compreensão de relativas 215-219), foram aplicadas duas tarefas, uma de produção e uma de compreensão, a 60 crianças entre os 3 e os 6 anos de idade. Enquanto os resultados globais para as relativas de sujeito atingiram os 78% e os 96% respetivamente na produção e na compreensão, os resultados obtidos nas relativas de objeto foram bastante inferiores, com valores de 31% e 68%. Para além disso, uma análise qualitativa das respostas desviantes das crianças na tarefa de produção confirma que estas têm dificuldades na interpretação dos grupos nominais envolvidos nas relativas de objeto, produzindo, em alternativa, frases agramaticais, por exemplo, em que o sujeito e o objeto se encontram invertidos ou com repetição do antecedente, através de um grupo nominal ou de um pronome, como se observa nas seguintes respostas para a resposta alvo "Gostava de ser o menino que o avô visita", de J. Costa *et al.* (Produção e compreensão de relativas 218):
(3) Gostava de ser o menino que visita o avô.
(4) Gostava de ser o menino que o avô visita o avô.
(5) Gostava de ser o menino que o avô o visita.
Do ponto de vista do ensino da língua materna e, em particular, do ensino da gramática, estes dados revestem-se de grande utilidade, pois não só identificam as orações relativas cujo conhecimento implícito não está estabilizado à entrada para a escola, como distinguem que tipo de estruturas poderá ser mais problemático (neste caso, as relativas de objeto, não as de sujeito), permitindo, assim, i) um trabalho mais produtivo, centrado sobre as estruturas que geram dificuldade e ii) uma organização do trabalho por etapas, partindo-se das estruturas não problemáticas para aquelas que são mais complexas (J. Costa, Desenvolvimento da linguagem 131-132).
Proposta de atividades para o ensino das orações relativas
Nos pontos anteriores, temos vindo a argumentar a favor de um ensino da gramática que promova o desenvolvimento linguístico, partindo do conhecimento implícito que os alunos têm, enquanto falantes competentes, sobre a sua língua para chegar a um nível de conhecimento explícito que lhes permita, por um lado, saber sobre a sua língua como se sabe sobre outras áreas do conhecimento e, por outro, dominar a língua em situações de uso oral e escrito.
Para promover este desenvolvimento linguístico, é fundamental distinguir aquilo que decorre da aquisição natural da língua do que beneficia de uma instrução explícita. As estruturas de aquisição tardia, não estabilizadas à

entrada da escola, como a que identificámos no ponto anterior, as relativas de objeto, são um exemplo de áreas potencialmente problemáticas, que beneficiarão de um trabalho de tomada de consciência e de explicitação. Assim, numa tentativa de concretizar como pode ser desenvolvido este tipo de trabalho na aula de língua materna, propõem-se, em anexo, algumas atividades centradas sobre a distinção entre relativas de sujeito e relativas de objeto, seguindo as etapas de um "laboratório gramatical", um formato que decorre das atividades de tipo "atividade pela descoberta" (I. Duarte, O conhecimento da língua 19).

Tomou-se como ponto de partida o percurso proposto por J. Costa (Do que as crianças sabem 30), nomeadamente as etapas para construção de conhecimento sobre estas estruturas: i) observação de relativas de sujeito; ii) observação de relativas de objeto; iii) comparação e sistematização de diferenças entre relativas de sujeito e relativas de objeto; iv) formulação de hipótese descritiva; v) observação de novos dados; vi) confirmação/infirmação da hipótese; vii) treino com exercícios de identificação e produção de relativas. Apresentam-se, concretamente, atividades para as etapas i) a iii).

De salientar que as atividades propostas, não tendo sido à data testadas em contexto de sala de aula, fazem parte de um conjunto de materiais a aplicar numa intervenção didática com alunos do ensino básico, no âmbito da investigação de doutoramento que nos encontramos a desenvolver sobre relações entre o conhecimento explícito da língua e a competência de leitura. Em termos gerais, procura-se saber se o ensino explícito de determinadas estruturas linguísticas que se sabe serem geradoras de dificuldade – incluindo as orações relativas – pode reverter a favor da melhoria dos desempenhos na leitura, em particular, na compreensão de textos.

Considerações finais

Há mais de duas décadas que, no contexto português, em documentos ou trabalhos de referência para os professores de língua materna (por exemplo, o trabalho de 1992 de Inês Duarte ou o documento *A Língua Materna na Educação Básica*, de 1997) se tem argumentado a favor de um trabalho de desenvolvimento da consciência e da explicitação linguística numa perspetiva de ensino da gramática enquanto competência nuclear, ou seja, como componente autónoma, à qual devem ser atribuídos conteúdos específicos e metodologias próprias. Nesta perspetiva, designada, de acordo com os Programas de Português em vigor, de conhecimento explícito da língua, o ensino da gramática é entendido como um processo de progressiva explicitação do conhecimento linguístico, partindo do conhecimento implícito dos alunos sobre a sua própria língua para se chegar a um estádio de conhecimento explícito.

Contudo, devido a sucessivas mas nem sempre condizentes alterações nos documentos curriculares, os professores não atribuem ainda à gramática a mesma importância que a outras competências e os alunos continuam a evidenciar fracos resultados neste domínio.

Assim, procurámos mostrar como a perspetiva do conhecimento explícito da língua, sustentada por contributos da investigação em linguística, cumpre objetivos relevantes no âmbito do ensino da língua materna, como o de promover o crescimento linguístico dos alunos, nomeadamente, através do desenvolvimento de estruturas não estabilizadas à entrada na escola.

Tentou-se, por fim, concretizar, com alguns exemplos de atividades, o modo como uma atividade pela descoberta, no formato de laboratório gramatical, pode ser elaborada. Tratámos o tópico das orações relativas e, em particular, o da distinção entre relativas de sujeito e relativas de objeto, por haver hoje dados disponíveis que confirmam existir uma assimetria na dificuldade associada a estas duas estruturas, apesar das semelhanças entre elas.

Referências Bibliográficas

Buescu, Helena *et al. Metas Curriculares de Português. Ensino Básico. 1.º, 2.º e 3.º Ciclos.* Lisboa: MEC, 2012.

Costa, Ana Luísa. *Estruturas contrastivas: desenvolvimento do conhecimento explícito e da competência de escrita.* Tese de Doutoramento em Linguística Educacional. Faculdade de Letras da Universidade de Lisboa, 2010.

Costa, João. Desenvolvimento da linguagem e ensino da língua materna. Inês Duarte e Olívia Figueiredo (org.). *Português, Língua e Ensino.* Porto: Universidade do Porto, 2011.121-140.

_____. *Do que as crianças sabem ao que temos de lhes ensinar.* Comunicação apresentada nas Jornadas sobre o Ensino do Português. FCSH, Lisboa, 2008.

Costa, João, Assunção C. Cabral, Filomena Viegas e Ana Santiago. *Conhecimento Explícito da Língua. Guião de Implementação do Programa.* Lisboa: ME-DGIDC, 2011.

Costa, João, Maria Lobo, Carolina Silva, Elisa Ferreira. Produção e compreensão de orações relativas em Português Europeu: dados do desenvolvimento típico, de PEDL e do agramatismo. *Textos Seleccionados. XXIV Encontro Nacional da APL.* Lisboa: APL, 2009. 211-224.

Costa, João, Maria Lobo, Carolina Silva. Subject-object asymmetries in the acquisition of Portuguese relative clauses: Adults vs. children. *Língua*, 2011. 121, 1093-1100.

Duarte, Inês. *O conhecimento da língua: desenvolver a consciência linguística.* Lisboa: DGIDC-ME, 2008.

_____. Oficina gramatical: contextos de uso obrigatório do conjuntivo. M.

R. Delgado Martins *et al. Para a didática do português. Seis estudos de linguística*. Lisboa: Edições Colibri, 1992. 165-177.

_____. Sobre o conceito de consciência linguística. Maria João Freitas, Anabela Gonçalves e Inês Duarte (coord.). *Avaliação da Consciência Linguística. Aspetos fonológicos e sintáticos do português*. Lisboa: Edições Colibri, 2010.

Duarte, Inês e Ana Luísa Costa. The place of Portuguese as first language in the National Curriculum of Basic Education: Essential Competences. Miguel Zabalza (coord.). *Flexibility in Curriculum. Citizenship and Communication*. Lisboa: ME, 323-330.

Duarte, Regina (coord.). *Posição dos docentes relativamente ao ensino da língua portuguesa*. Lisboa: ME-DGIDC, 2008.

Hudson, Richard. *Teaching grammar. A teacher's guide to the National Curriculum*. Oxford: Blackwell, 1992.

Ministério da Educação. *Currículo Nacional do Ensino Básico. Competências Essenciais*. Lisboa: DEB-ME, 2001.

_____. *Programa Língua Portuguesa. Plano de Organização do Ensino/Aprendizagem. Ensino Básico*. 3.º Ciclo, vol. I e II. Lisboa: DGEBS-ME, 1991.

Ravid, Dorit e Liliana Tolchinsky. Developing linguistic literacy: a comprehensive model. *Journal of child language*, 2002. 29, 419-448.

Reis, Carlos (coord.). *Programa de Português para o Ensino Básico*. Lisboa: DGIDC-ME, 2009.

Sim-Sim, Inês. *Desenvolvimento da Linguagem*. Lisboa: Universidade Aberta, 1998.

Sim-Sim, Inês, Inês Duarte e Maria José Ferraz. *A Língua Materna na Educação Básica*. Lisboa: DEB-ME, 1997.

Ucha, Luísa (coord.). *Desempenho dos alunos em língua portuguesa – ponto da situação*. Lisboa: ME-DGIDC, 2007.

Vasconcelos, Manuela. Compreensão e produção de frases relativas em Português Europeu. Isabel Hub Faria *et al. Introdução à Linguística Geral e Portuguesa*. Lisboa: Caminho, 1996. 323-330.

ANEXO

Etapa 1 - Observação de relativas de sujeito
1. Observa a seguinte frase.
(1) O atleta que venceu a corrida bateu um novo recorde.
1.1. Esta frase contém duas frases, uma frase principal e uma frase encaixada. Identifica-as, completando o esquema.

Frase principal	O atleta
Frase encaixada	O atleta

1.2. Nas duas frases, há uma expressão repetida. Qual é?
1.3. Na frase (1), porque é que não ocorre repetição da expressão "o atleta"?

> **Regista:** A frase (1) contém duas frases, uma frase principal e uma frase encaixada. A palavra "que" substitui a expressão "o atleta".

2. Vamos observar as frases (1) e (1b).
(1) O atleta que venceu a corrida bateu um novo recorde.
(1b) O atleta venceu a corrida.
2.1. Qual é a função de "o atleta" na frase (1b)?
__ Sujeito
__ Complemento direto
2.2. E qual será a função de "que" na frase (1)?
__ Sujeito
__ Complemento direto

> **Regista:** Se, na frase (1b), "o atleta" tem a função de sujeito, então na frase (1), "que" tem a mesma função, porque o substitui.

3. Completa a conclusão.

Na frase (1), a palavra _____ substitui a expressão _____ e tem a função de _____ .

Etapa 2 – Observação de relativas de objeto
1. Observa a seguinte frase.
(2) O atleta que o jornalista entrevistou bateu um novo recorde.
1.1. Esta frase contém duas frases, uma frase principal e uma frase encaixada. Identifica-as, completando o esquema.

Frase principal	O atleta

| Frase encaixada | O jornalista |

1.2. Nas duas frases, há uma expressão repetida. Qual é?
1.3. Na frase (2), porque é que não ocorre repetição da expressão "o atleta"?

> **Regista:** A frase (2) contém duas frases, uma frase principal e uma frase encaixada. A palavra "que" substitui a expressão "o atleta".

2. Vamos observar as frases (2) e (2b).
(2) O atleta que o jornalista entrevistou bateu um novo recorde.
(2b) O jornalista entrevistou o atleta.
2.1. Qual é a função de "o atleta" na frase (2b)?
__ Sujeito
__ Complemento direto
2.2. E qual será a função de "que" na frase (2)?
__ Sujeito
__ Complemento direto

> **Regista:** Se, na frase (2b), "o atleta" tem a função de complemento direto, então na frase (2), "que" tem a mesma função, porque o substitui.

3. Completa a conclusão.

| Na frase (2), a palavra _____ substitui a expressão _____ e tem a função de _____ . |

Etapa 3 – Comparação e sistematização de diferenças entre relativas de sujeito e de objeto
1. Observa de novo estas frases que já conheces e a sua representação.
(1) O atleta que venceu a corrida bateu um novo recorde.
O atleta que [o atleta venceu a corrida] bateu um novo recorde.
(2) O atleta que o jornalista entrevistou bateu um novo recorde.
O atleta que [o jornalista entrevistou o atleta] bateu um novo recorde.

2. Assinala com X a frase 1, a frase 2 ou ambas, de acordo com as afirmações seguintes.

	Frase (1)	Frase (2)
É constituída por duas frases, uma frase principal e uma frase encaixada.		

A palavra "que" substitui uma expressão da frase encaixada.		
A palavra "que" está mais próxima da expressão que substitui.		
A palavra "que" está mais distante da expressão que substitui.		
A palavra "que" substitui a expressão "o atleta" com a função de sujeito.		
A palavra "que" substitui a expressão "o atleta" com a função de complemento direto.		

ENSINO DE LÍNGUA PORTUGUESA NO ÂMBITO DO PIBID: UM RELATO DE EXPERIÊNCIA

Marilia de Carvalho Caetano Oliveira

Introdução

O presente trabalho visa apresentar o processo de implementação e os resultados de um projeto de ensino de língua portuguesa, desenvolvido no período de julho a dezembro de 2013 e direcionado a alunos do Ensino Médio da Escola Estadual Governador Milton Campos, situada na cidade de São João del-Rei, Minas Gerais, Brasil. O referido projeto está vinculado ao Programa Institucional de Bolsa de Iniciação à Docência (PIBID/UFSJ), subsidiado pela Coordenação de Aperfeiçoamento de Pessoal de Nível Superior (CAPES). Tal programa tem por finalidade fomentar a iniciação à docência, contribuindo para o aperfeiçoamento da formação de docentes em nível superior e para a melhoria da qualidade da educação básica pública brasileira.

Defende-se, aqui, que o ensino de português deve oferecer oportunidades de reflexão sobre as práticas de leitura, escuta de textos orais, produção de textos orais e escritos e análise linguística, para que tais conhecimentos contribuam para a construção da competência linguística dos alunos. Sugere-se, portanto, que o ensino de língua portuguesa focado apenas em aspectos da gramática normativa deve ceder lugar a uma visão mais abrangente sobre o uso e a reflexão linguística, contemplando, inclusive, uma reflexão sistemática sobre as práticas orais e sobre a escuta de textos, processos muitas vezes desconsiderados pelos docentes. Assim, entende-se que o trabalho com análise linguística constitui a imprescindível etapa de reflexão sobre a língua, ao lado das outras práticas, que constituem o eixo do uso. Essas outras práticas dizem respeito ao fato de ensinar a língua dentro de seu fluxo discursivo.

Dessa forma, o foco das ações deste subprojeto é o ensino dos gêneros textuais/discursivos por meio de sequências didáticas, já que os alunos devem ser preparados para lidar com esses gêneros. Ou seja, nossa linha de trabalho é subsidiada também pelo conceito de multiletramentos. Esse conceito "aponta para dois tipos específicos e importantes de multiplicidade presentes em nossas sociedades, principalmente urbanas, na contemporaneidade: a multiplicidade cultural das populações e a multiplicidade semiótica de constituição dos textos por meio dos quais ela se informa e se comunica". (Rojo; Moura, 2012, p. 13).

A partir desses fundamentos teórico-metodológicos, foram propostas atividades diversas aos alunos, priorizando o caráter social e interativo da língua. Os resultados desse trabalho indicaram importante desenvolvimento de competências orais e escritas nos discentes, também possibilitadas pelo contato com gêneros associados ao uso de tecnologia, o que promoveu maior motivação para o aprendizado.

Passa-se, a seguir, à descrição geral dos procedimentos utilizados para implementação do projeto e seus respectivos resultados.

A dinâmica do trabalho no PIBID

O trabalho no subprojeto do PIBID de língua portuguesa foi desenvolvido parte na UFSJ, parte na Escola Estadual Governador Milton Campos. A equipe era constituída por oito bolsistas da graduação[24], a professora supervisora da Escola Básica[25] e a coordenadora do projeto. Esse grupo, intitulado Grupo de Estudos Direcionados ao ensino de língua portuguesa (GEDELP),reunia-se, no mínimo, uma vez por semana, para discutir aspectos teóricos do ensino de língua portuguesa e, a partir dessa discussão, elaborava atividades de intervenção e também avaliava os resultados das atividades realizadas, propondo novos encaminhamentos, caso fosse necessário.

Concomitante a isso, semanalmente, os alunos observavam todas as aulas da professora supervisora na Escola Básica (Ensino Médio), acompanhando e colaborando no desenvolvimento das atividades propostas. Por meio dessas observações, os bolsistas coletavam e organizavam dados sobre os perfis das turmas, os conteúdos trabalhados pela professora, o desenvolvimento do processo de aprendizagem dos alunos, os fatores que influenciavam nessa aprendizagem etc. Com base nesses dados, as atividades eram elaboradas, o que proporcionou uma maior adequação do conteúdo às características específicas das turmas.

Apresentam-se, a seguir, os fundamentos teórico-metodológicos que subsidiaram as intervenções realizadas.

Pressupostos teórico-metodológicos do projeto

Esta proposta parte do pressuposto de que o ensino de língua portuguesa deve propiciar momentos de reflexão sobre as práticas de leitura, escuta de textos orais, produção de textos orais e escritos e análise linguística, para que tais conhecimentos possam instrumentalizá-lo como sujeito produtor de sentidos.

---

[24] Os bolsistas eram: Isabelle Stephanie Ribeiro de Carvalho, João Marcos Vilela Oliveira, Joycimara Alves de Jesus, Lucyan Alan Peixoto, Priscila Lima e Silva, Tarsila Dayse de Medeiros, Vinicius Ricardo de Andrade.
[25] A supervisora era: Maria Estela Veloso M. Amaral.

O tratamento didático dos conteúdos, portanto, deve refletir a visão epistemológica do professor. Dessa forma, é necessária uma concepção sobre as práticas de linguagem a serem trabalhadas, para que as estratégias propostas sejam adequadas aos objetivos perseguidos.

Em primeiro lugar, ensinar língua oral, de acordo com os Parâmetros Curriculares Nacionais (PCN), deve significar para a escola possibilitar acesso a usos da linguagem mais formalizados e convencionais, que exijam controle mais consciente e voluntário da enunciação, tendo em vista a importância que o domínio da palavra pública tem no exercício da cidadania. Significa desenvolver o domínio dos gêneros que apoiam a aprendizagem escolar de Língua Portuguesa e de outras áreas (exposição, relatório de experiência, entrevista, debate etc.) e, também, os gêneros da vida pública no sentido mais amplo do termo (debate, teatro, palestra, entrevista etc.). (Brasil 67-68).

Por sua vez, a leitura de textos escritos é o processo no qual o leitor realiza um trabalho ativo de compreensão e interpretação do texto, a partir de seus objetivos, de seu conhecimento sobre o assunto, sobre o autor, de tudo o que sabe sobre a linguagem etc. Trata-se de uma atividade que implica estratégias de seleção, antecipação, inferência e verificação, sem as quais não é possível proficiência. É o uso desses procedimentos que possibilita controlar o que vai sendo lido, permitindo tomar decisões diante de dificuldades de compreensão, avançar na busca de esclarecimentos, validar no texto suposições feitas. (Brasil 69-70).

Com relação à produção de textos orais, os PCN orientam que suas atividades de ensino devem incluir a organização de [...] situações que possibilitem o desenvolvimento de procedimentos de preparação prévia e monitoramento simultâneo da fala que: a) partam das capacidades comunicativas dos alunos antes do ensino; b) ofereçam um *corpus* de textos organizados nos gêneros previstos como referência modelizadora; c) proponham atividades no interior de um projeto que deixe claro para o aluno os parâmetros da situação de comunicação; d) isolem os diferentes componentes do gênero a ser trabalhado e organizem o ensino dos conteúdos, estabelecendo progressão coerente; e) reintroduzam os componentes trabalhados isoladamente no interior de novas atividades de produção de textos orais, o que possibilita avaliar a apropriação dos conhecimentos pelo aluno e as estratégias de ensino. (Brasil 74).

Já na produção de textos escritos, o autor precisa associar um conjunto de elementos: o que dizer, a quem dizer, como dizer. De acordo com os PCN, pensar em atividades para ensinar a escrever é, inicialmente, identificar os múltiplos aspectos envolvidos na produção de textos, para propor atividades sequenciadas, que reduzam parte da complexidade da tarefa no que se refere tanto ao processo de redação quanto ao de refacção. (Brasil 76).

Além da escuta, leitura e produção de textos, o ensino de língua portuguesa prevê ainda a prática de análise linguística. Os PCN sugerem que essa prática pressupõe trabalho com atividades epilinguísticas e metalinguísticas: parece ser necessária a realização tanto de atividades epilinguísticas, que envolvam manifestações de um trabalho sobre a língua e suas propriedades, como de atividades metalinguísticas, que envolvem o trabalho de observação, descrição e categorização, por meio do qual se constroem explicações para os fenômenos linguísticos característicos das práticas discursivas. Por outro lado, não se podem desprezar as possibilidades que a reflexão linguística apresenta para o desenvolvimento dos processos mentais do sujeito, por meio da capacidade de formular explicações para explicitar as regularidades dos dados que se observam a partir do conhecimento gramatical implícito. (Brasil 78).

Essas concepções sobre as práticas de linguagem sugerem, portanto, que o ensino de língua portuguesa tradicional deve dar lugar a uma visão mais abrangente sobre o uso e a reflexão linguística, contemplando, inclusive, reflexão sobre as práticas orais e sobre a escuta de textos, processos muitas vezes desconsiderados pelos professores.
Isso quer dizer que a escola não pode assumir uma postura de alienação quanto às exigências linguístico-sociais, atuais e futuras, a serem enfrentadas pelo aluno e, por isso os conteúdos a serem tratados na aula de língua portuguesa devem fazer parte dessa realidade. Postula-se, assim, "uma tendência centrada na língua enquanto atuação social, enquanto atividade e interação verbal de dois ou mais interlocutores e, assim, enquanto sistema-em-função, vinculado, portanto, às circunstâncias concretas e diversificadas de sua atualização. (Antunes 41).
Por causa disso, torna-se de suma importância o ensino de gêneros textuais, já que a vida em sociedade requer dos alunos a habilidade de uso de uma infinidade desses gêneros. Segundo Marcuschi, os gêneros textuais são fenômenos históricos, profundamente vinculados à vida cultural e social. Fruto de trabalho coletivo, os gêneros contribuem para ordenar e estabilizar as atividades comunicativas do dia a dia. São entidades sociodiscursivas e formas de ação social incontornáveis em qualquer situação comunicativa. (Marcuschi 19).

Isso quer dizer que o contato com tal multiplicidade de gêneros existentes em cada cultura e seu domínio não só podem habilitar "os sujeitos sociais a interagir de forma adequada nas diversas situações interativas" (Koch 167) em que se encontram como também perceber quando estão sendo manipulados com o fim de produzir determinados efeitos.

Essa variedade dos gêneros é infindável, já que as atividades humanas têm sido cada vez mais variadas e complexas, tendendo a incorporar novos gêneros para atender às novas demandas sociais, culturais etc. Por essa razão, Marcuschi (19) aponta como características dos gêneros a maleabilidade, a dinamicidade e a plasticidade, considerando que os mesmos "surgem emparelhados a necessidades e atividades socioculturais, bem como na relação com inovações tecnológicas, o que é facilmente perceptível ao se considerar a quantidade de gêneros textuais hoje existentes em relação a sociedades anteriores à comunicação escrita".

É necessário, portanto, que os alunos desenvolvam sua competência linguística para lidar com essas novas demandas, o que pode ser favorecido pela perspectiva dos multiletramentos. Segundo Rojo, os multiletramentos se diferem dos letramentos (múltiplos) por estes apenas apontarem para a multiplicidade e variedade das práticas letradas, valorizadas ou não nas sociedades. Já o conceito de multiletramentos aponta para dois tipos específicos e importantes de multiplicidade presentes em nossas sociedades, principalmente urbanas, na contemporaneidade: a multiplicidade cultural das populações e a multiplicidade semiótica de constituição dos textos por meio dos quais ela se informa e se comunica. (Rojo 13).

Os multiletramentos levam em conta, portanto, a variedade cultural presente na contemporaneidade e a variedade de sistemas semióticos dos textos. Em qualquer desses dois sentidos, os estudos sobre o tema destacam como suas características: são interativos; mais que isso, colaborativos; fraturam e transgridem as relações de poder estabelecidas; são híbridos, fronteiriços, mestiços (de linguagens, modos, mídias e culturas). (Rojo 23).

Isso significa que os textos não são mais constituídos apenas por signos linguísticos em sequência linear, mas podemos verificar, por exemplo, a existência daqueles compostos simultaneamente por signos verbais e imagens, disponíveis em mídias audiovisuais. Nas palavras da autora, é o que tem sido chamado de multimodalidade ou multissemiose dos textos contemporâneos, que exigem multiletramentos. Ou seja, textos compostos de muitas linguagens (ou modos, ou semioses) e que exigem capacidades e práticas de compreensão e produção de cada uma delas (multiletramentos) para fazer significar. (Rojo 19).

Supõe-se, dessa forma, que a escola deva preparar os alunos para lidarem com essa multimodalidade textual/cultural, o que pode ser obtido por meio do trabalho com sequências didáticas. Dolz; Noverraz; Schneuwly (82) afirmam que uma sequência didática (SD) é um conjunto de atividades escolares organizadas, de maneira sistemática, em torno de um gênero textual oral ou escrito. [...] Tem, precisamente, a finalidade de ajudar o aluno a dominar melhor um gênero de texto, permitindo-lhe, assim, escrever ou falar de uma maneira mais adequada numa dada situação de comunicação. O trabalho escolar será realizado, evidentemente, sobre gêneros que o aluno não domina ou o faz de maneira insuficiente/ sobre aqueles dificilmente acessíveis, espontaneamente, pela maioria dos alunos/ e sobre gêneros públicos e não privados. (Dolz; Noverraz; Schneuwly 82, 83).

Os autores propõem uma estrutura de base para a SD, que seria a seguinte: apresentação da situação (momento para a contextualização inicial do gênero a ser estudado), produção inicial (primeira versão do gênero de texto proposto), módulos (propostas de atividades para superar as defasagens da produção inicial) e produção final (produção que demonstrará o aprendizado do aluno obtido nos módulos).
A sequência didática pressupõe uma gama de atividades, tanto orais como escritas, de diferentes naturezas, a fim de que o professor possa contribuir de modo sistemático para o desenvolvimento da competência linguística de seus alunos. Portanto, um princípio geral das sequências didáticas é a modularidade, inscrevendo-se numa "perspectiva construtivista, interacionista e social que supõe a realização de atividades intencionais, estruturadas e intensivas, que devem adaptar-se às necessidades particulares dos diferentes grupos de aprendizes. (Dolz; Noverraz; Schneuwly 93).
Um componente complementar na construção da sequência didática é a ludicidade. Devido ao seu caráter interativo e motivador, as atividades lúdicas em sala de aula também contribuem positivamente para o desenvolvimento humano por meio da linguagem, principalmente no que diz respeito às funções mentais superiores. Dessa forma, por meio de atividades lúdicas, o educador conseguirá atuar no que Vygotsky denomina de zona de desenvolvimento proximal, que, segundo ele, consiste na distância entre o nível de desenvolvimento real, relativo às situações em que o educando consegue resolver sozinho, e o nível de desenvolvimento potencial, em que a solução de problemas depende da orientação e/ou colaboração de adultos e/ou companheiros mais capazes. Tendo em vista que o educando só aprende a partir do que ele já sabe, ou seja, partindo do "velho" para o "novo", ao atuar nessa "zona", o educador, além de ter em mãos um excelente método diagnóstico, já que por meio desta pode-se dar conta dos ciclos e processos já completados, pode também realizar um delineamento dos processos que estão em formação e precisam ser desenvolvidos ou até mesmo dos que ainda podem vir a se formar, possibilitando, assim, uma orientação acerca de estratégias pedagógicas que auxiliem na concretização desses processos. Entretanto, ao contrário do que muitos pensam, os momentos de ludicidade são de grande valia não só para as crianças, mas para todas as séries, não devendo ser vistos como

atividades relacionadas apenas à infância.

Além disso, a metodologia baseada em sequências didáticas parece adequada não apenas por priorizar a questão dos gêneros, tão crucial na atualidade, como também possibilita um acompanhamento mais próximo e contínuo dos conhecimentos construídos pelos alunos. Essas características indicam, portanto, a perspectiva de avaliação aqui adotada: a avaliação formativa alternativa (AFA). Segundo Fernandes, a AFA

é um processo eminentemente pedagógico, plenamente integrado ao ensino e à aprendizagem, deliberado, interativo, cuja principal função é a de regular e de melhorar as aprendizagens dos alunos. Ou seja, é a de conseguir que os alunos aprendam melhor, com compreensão, utilizando e desenvolvendo suas competências, nomeadamente as do domínio cognitivo e metacognitivo. (Fernandes 59).

Essa concepção de avaliação sugere responsabilidades tanto por parte dos professores, que devem ser os mediadores do processo, quanto dos alunos, que devem autorregular suas aprendizagens a partir dos *feedbacks* fornecidos pelos professores. Para Fernandes (99), o *feedback* desempenha um importante papel na aprendizagem, já que, por meio dele, "os alunos são sistematicamente lembrados dos níveis de aprendizagem, ou dos padrões, que é necessário alcançar e ficam cientes dos seus próprios progressos, considerando a comparação com seus desempenhos anteriores ou critérios previamente definidos".

Levando-se em conta todos esses aspectos teórico-metodológicos, propuseram-se as atividades de intervenção, que serão sumariamente apresentadas na próxima seção.

As atividades desenvolvidas: um breve relato.

A fim de organizar e implementar as ações na escola, os bolsistas foram distribuídos em duplas de trabalho, que se mantiveram até o final do projeto. Antes de serem colocadas em prática, as propostas de sequências didáticas, baseadas nos aspectos teóricos previamente discutidos, foram planejadas pelas duplas de bolsistas, e essas propostas foram apresentadas nos encontros do grupo de estudos e receberam sugestões de aperfeiçoamento dos outros participantes do subprojeto.

Os gêneros foram trabalhados com os alunos do 1º ano C e foram selecionados pela professora regente da turma, considerando que essa indicação foi baseada no livro didático adotado. O estudo desses gêneros foi aliado a um trabalho de análise linguística, assim relacionados: diário/acentuação gráfica, carta pessoale comercial/homônimos e parônimos, *e-mail*/fonologia da língua portuguesae *blog*/emprego de hífen.Essa relação foi estabelecida após discussões sobre os itens que poderiam ser melhor explorados em cada gênero. Passa-se, adiante, à descrição geral das sequências didáticas trabalhadas, considerando que as mesmas obedeceram à estrutura proposta por Dolz; Noverraz; Schneuwly (2004), ou seja, apresentação da situação de comunicação, produção inicial, elaboração de módulos e produção final.

O estudo do gênero diárioiniciou-se pela sondagem do que os alunos sabiam sobre o gênero, havendo, posteriormente, discussão de suas principais características, a partir da apresentação e análise de alguns diários reais retirados da *internet*. Propositalmente, alguns desses diários continham problemas de acentuação gráfica, para que os alunos pudessem analisar se isso ocasionaria dificuldade de interpretação dos textos e por quê. Para enriquecer os procedimentos de análise, foi proposta uma atividade lúdica (gincana), intitulada pelos bolsistas de "Resta 1 da acentuação". Durante essa atividade, os alunos puderam trabalhar, informalmente, com algumas regras de acentuação, ao mesmo tempo que interagiam e se divertiam. Após essa gincana, foi exibido e analisado um vídeo em que um estudante relatava, como num diário, os problemas de sua escola e esse vídeo foi utilizado para que os alunos refletissem sobre a função desse gênero naquele contexto. A produção final dos alunos consistiu na elaboração de um diário, em que os mesmos puderam também manifestar suas insatisfações quanto aos problemas de sua escola.Os textos foram avaliados individualmente pelos bolsistas e os problemas e pontos positivos dos textos foram projetados em *datashow* para discussão.

O gênero carta foi introduzido pela sondagem do que os alunos sabiam sobre esse gênero. Logo após, foram apresentadas duas cartas diferentes: uma informal e outra formal. Após a leitura, foi feita uma análise comparativa dos dois textos, realçando-se os recursos linguístico-discursivosempregados.Terminada essa primeira atividade, foram apresentadas mais duas cartas: em uma delas, o remetente solicitava à Presidente da República atenção ao tráfego nas grandes cidades, mas a carta-resposta da Presidente, por engano, fazia referência ao tráfico no país e não ao tráfego, o que serviu de mote para a incorporação do tópico gramatical (homônimos e parônimos) ao gênero. A seguir, apresentaram-se aos alunos dois vídeos sobre as manifestações que ocorreram no Brasil em junho/2013. Um vídeo trazia opinião favorável a essas manifestações e o outro contra, o que motivou um debate produtivo por parte dos alunos. Depois da discussão, os alunos foram convidados a escrever uma carta a um amigo, relatando sobre as manifestações e indicando sua opinião sobre o assunto. Para enriquecer ainda mais as atividades, foi proposta uma dinâmica do verdadeiro (V) ou falso (F), em que os alunos foram divididos em grupos e cada grupo recebeu plaquinhas de V ou F, que eram mostradas a partir de afirmativas sobre o gênero e o tópico gramatical em questão. A seguir, foi exibido um outro vídeo sobre o problema da educação no Brasil, a partir do qual foi realizado outro debate. A produção final proposta aos alunos foi uma carta à diretora da escola, levantando os pontos positivos e sugerindo melhorias para a Instituição. Aqui novamente os alunos receberam o *feedback* de seus textos.

O trabalho com o gênero *e-mail* iniciou-se pela sondagem sobre esse gênero: que alunos possuíam, como ele surgiu, qual sua finalidade etc. Após a apresentação da situação de comunicação, foram apresentados aos alunos e analisados dois e-*mails*: um formal e outro informal, realçando, inclusive, a questão do tipo diferenciado de escrita, em alguns casos ("vc", "blz"etc), o que tornou possível a inserção do tópico gramatical que versava sobre a relação entre fonemas e letras. A seguir, os alunos foram levados à sala de informática para uma primeira produção. Para que as atividades ficassem ainda mais interessantes, os alunos criaram seus *e-mails*, para onde foi enviado um questionário interativo, o qual os alunos teriam de responder e devolver as questões também por *e-mail*. Na finalização da sequência, foram criadas situações comunicativas para trocas de *e-mails* entre os alunos, a partir dos perfis criados por eles mesmos. Essas produções também receberam *feedback* personalizado.

A introdução ao gênero *blog* foi possibilitada pela exibição de um vídeo que continha informações sobre esse gênero. Logo após, foi apresentado um texto bem-humorado de uma blogueira, gerando uma discussão sobre o uso desse gênero. Dentre outros aspectos, foi realçada a necessidade de os blogueiros terem uma assinatura, tendo de criar seus *nicknames* (apelidos) para se expressarem.A fim de colaborar para que o aluno também se reconheça como sujeito na construção do conhecimento, a seguir, foi apresentado um vídeo sobre cidadania e, a partir desse vídeo, foi proposto um debate.Após esse momento, os alunos foram solicitados a criar seus *nicknames*para a assinatura do *blog* criado para a turma, e esses *nicknames* foram apresentadosutilizando palavras compostas (daí a necessidade do conhecimento das regras de uso do hífen). Como produção final, os alunos deveriam escolher um apelido, com a finalidade de buscar fotos, objetos etc que fizessem referência a essa palavra, e essas imagens seriam postadas no *blog*. A seguir, eles deveriam criar um texto que ligasse essa imagem a algum aspecto do tema cidadania e esse texto seria postado no *blog* da turma. Por fim, os textos foram avaliados e os alunos receberam o *feedback* sobre os mesmos.

Após essa primeira etapa do trabalho, percebeu-se que os alunos demonstravam, de modo geral, pouco traquejo de escrita, considerando que os textos apresentavam muitas inadequações e de diferentes naturezas: argumentativa, sintática etc. Como dispúnhamos de pouco tempo, decidimos focar no aspecto argumentativo, que talvez fosse o problema mais gritante.A partir daí, iniciou-se uma sondagem sobre temas que poderiam ser atrativos para os alunos, chegando-se à conclusão de que a redução da maioridade penal seria um tema interessante, por relacionar-se com a faixa etária dos alunos e por tratar-se de uma discussão atual.

A aula motivadora foi introduzida pela leitura e análise de um texto argumentativo, focando-se nas estratégias de construção de argumentos para a defesa de um ponto de vista. Após esse primeiro momento, o tema da maioridade penal foi inserido por meio de um vídeo que tratava sobre o assunto. Além do vídeo, foi disponibilizado aos alunos um texto com nove argumentos contra e nova a favor da redução da maioridade penal, para que os alunos conhecessem algumas opiniões divergentes. A partir desse texto, também foi enfocada a função dos conectivos para a construção do texto argumentativo. A seguir, foi entregue um texto lacunado, para que os alunos completassem com os conectivos mais adequados a cada contexto. Posteriormente, os alunos foram orientados a construírem seus próprios textos, posicionando-se sobre o assunto. Essas produções foram avaliadas e os alunos tiveram a oportunidade de fazerem a reescrita das mesmas sob a supervisão dos bolsistas.

Essa última etapa do trabalho culminou com a produção de um júri simulado sobre a redução da maioridade penal. Para tanto, alguns alunos assumiram papéis próprios de um júri (advogados, juiz, testemunhas etc) e tiveram de construir argumentos coerentes com o ponto de vista que defenderiam. Esse foi um momento bastante interessante e do qual os alunos participaram intensamente, tendo sido mais votada a opção pela redução da maioridade penal.

Indicam-se, a seguir, os resultados das atividades propostas.

Resultados

Os resultados do trabalho apontaram que os aspectos positivos predominaram sobre os negativos.

A precariedade da estrutura de informática da escola prejudicou um pouco o desenvolvimento de algumas atividades: alguns computadores não funcionaram e não eram suficientes para os alunos. Isso realçou ainda mais as dificuldades de alguns alunos que não tinham habilidade para lidar com informática. Outro fator agravante foi o curto período de tempo para executar as tarefas, causando certa apreensão por parte dos bolsistas e dos discentes. Ficou nítido também o desinteresse recorrente de alguns alunos, mesmo estando diante de situações não habituais na sala de aula.

Apesar desses problemas, verificou-se que o trabalho com gêneros textuais que tratam de temas que estão presentes na realidade dos alunos é mais motivador, principalmente se estiverem aliados às tecnologias da informação e comunicação. Percebeu-se, ainda, que a análise linguística contextualizada ganha mais sentido para os alunos, não tendo apenas que decorar uma metalinguagem, que para eles não faz sentido. Entende-se que as atividades propostas contribuíram para a proficiência de escrita dos alunos, principalmente relativa a textos argumentativos.

Além disso, a inserção de atividades lúdicas permitiu maior descontração dos alunos, que se mostraram mais motivados a aprender. A ideia de realizar o júri simulado também foi bastante interessante e foi a atividade em que os alunos mais se envolveram. Por fim, a disponibilização de um *feedback* personalizado aos discentes possibilitou avanços nas dificuldades encontradas, e a oportunidade de reescrita foi essencial para o amadurecimento das estratégias de autoavaliação dos alunos.

Considerações finais

A realização deste projeto tornou possível a aproximação entre teoria e prática. As atividades buscaram incorporar os aspectos teóricos discutidos, possibilitando a reflexão sobre seus desdobramentos metodológicos. Essa possibilidade tem se mostrado imprescindível à formação dos graduandos em Letras, os quais têm oportunidade de vivenciar as questões escolares por um período maior de tempo, podendo entender de modo mais abrangente o espaço escolar e suas complexidades.

As intervenções, portanto, geraram impactos positivos tanto na Escola quanto na Universidade. Na escola perceberam-se: grande envolvimento dos alunos e da professora supervisora durante as atividades; melhoria da qualidade dos textos produzidos pelos alunos; motivação de alguns alunos considerados sem interesse; diversificação das atividades escolares. Na Universidade, puderam ser percebidos: a importância de estender a proposta do PIBID a um número maior de alunos; o amadurecimento teórico e prático dos bolsistas envolvidos; a consolidação do PIBID como algo essencial à formação dos licenciandos; uma maior procura dos alunos para participar do projeto.

Em termos metodológicos, ao optar-se pela sequência didática, propiciou-se uma maior organização do trabalho, além de proposição de atividades mais personalizadas a cada situação de ensino. Tais atividades foram planejadas buscando atender aos critérios da diversificação e da contextualização, promovendo um maior envolvimento por parte dos alunos. O trabalho com os multiletramentos permitiu a ampliação do repertório linguístico-discursivo dos alunos, os quais, em alguns momentos, demonstraram inabilidade para lidar com os recursos tecnológicos disponíveis.

Além disso, ao propor etapas que estimulam progressivamente a interação, a socialização e o automonitoramento, processos estes indispensáveis ao desenvolvimento dos discentes, objetivou-se o desenvolvimento da autonomia e da maturidade dos mesmos, para que possam atuar de modo mais consciente, respeitando a diversidade e sendo detentores de competência técnica nas práticas de letramento exigidas pela sociedade moderna.

Referências bibliográficas

Antunes, Irandé. *Aula de português*: encontro e interação. São Paulo: Parábola, 2003. Impresso.

Brasil. 1998. Secretaria de Educação Fundamental. *Parâmetros curriculares nacionais:* terceiro e quarto ciclos do ensino fundamental: língua portuguesa/Secretaria de Educação Fundamental. Brasília: MEC/SEF, 1998. Impresso.

Brasil. *Parâmetros curriculares nacionais:* Ensino Médio. Brasília: MEC, 2000. Impresso.

Dolz, J.; Schneuwly, B. *Gêneros orais e escritos na escola.* Trad. e Org. R. rojo e G.S. Cordeiro. Campinas, Mercado de Letras, 2004. Impresso.

Fernandes, Domingos. *Avaliar para aprender:* fundamentos, práticas e políticas. SãoPaulo: Editora UNESP, 2009. Impresso.

Koch, IngedoreGrunfeld Villaça. *Introdução à linguística textual:*trajetória e grandes temas. São Paulo: Martins Fontes, 2004. Impresso.

Marcuschi, L. A.Gêneros textuais: definição e funcionalidade. In: Dionísio, A. P.; Machado, A. R; Bezerra, M. A (Orgs). *Gêneros textuais e ensino.* São Paulo: Lucerna, 2002. Impresso.

Rojo, Roxane; Moura, Eduardo (Orgs*). Multiletramentos na escola.* São Paulo: Parábola, 2012. Impresso.

Vygotsky, Lev Semenovitch. *A formação social da mente.* São Paulo: Martins Fontes, 1998. Impresso.

Anexos

Bolsistas aplicando as sequências didáticas

Júri Simulado

MARCAS DO LÉXICO: BRASILIDADE E UNIVERSALIDADE EM VINICIUS DE MORAES
Afrânio Da Silva Garcia

Introdução
Este trabalho tem por objetivo apresentar de que maneira o *léxico* utilizado por Vinicius de Moraes expressa e enfatiza tanto o sentido de pertencimento à realidade e cultura nacionais quanto de exílio dessa mesma cultura e adesão a uma visão maior e mais universalista.
Para uma análise dos elementos lexicais que atestam a brasilidade em Vinicius de Moraes nos valeremos dos poemas ***Pátria Minha*** e ***Balada do Mangue***, em que as palavras desvelam muito da realidade brasileira.
Em seguida, observaremos o preciosismo lexical da poética de Vinicius de Moraes que descreve terras e culturas estrangeiras em ***A Última Elegia***, em que a perspicácia no retrato da paisagem europeia deixa transparecer o sentimento de exílio.
Por último, trataremos do amálgama da brasilidade com a universalidade, num embate poético multicultural, em que a poesia é a grande vitoriosa, nos poemas ***Olha Aqui, Mr Buster*** e ***Poema de Auteil.***.
Por uma questão e respeito ao grande poeta, optamos por apresentar a íntegra dos poemas após seus comentários, visto considerarmos que a obra literária em si se sobrepõe ao seu estudo, por mais brilhante que seja.

Marcas da brasilidade em "pátria minha" e "balada do mangue"
Em ***Pátria Minha***, Vinicius recusa a adjetivação grandiloquente do discurso oficial de amor à pátria já no início do poema, quando afirma:
A minha pátria é *como se não fosse*, é *íntima*
Doçura e vontade de chorar; uma criança dormindo
É minha pátria. Por isso, no *exílio*
Assistindo *dormir meu filho*
Choro de saudades de minha pátria.
Note-se a perfeição do cavalgamento ou enjambement, em que a pátria torna-se não uma entidade concreta, com lugar e definição, mas um ser abstrato, imaginário, emocional: *íntima*, situada no coração, no afeto: *íntima doçura e vontade de chorar*, na qual cabe (caberia?) toda a paz e encantamento de *uma criança dormindo*, uma criança tão amada como o *próprio filho*, daí o poeta *chorar de saudade*.
As palavras que designam os elementos físicos, concretos, como: *a luz, o sal, a água; sem sapatos, sem meias, tão pobrinha; a Cruz do Sul;*

terra sedenta e praia branca; o grande rio secular que bebe nuvem, come terra e urina mar; atento à fome em tuas entranhas e ao batuque do teu coração (note-se a insistência nas *prosopopeias*, lembrando que a pátria e tão gente quanto as gentes que nela habitam) descrevem o Brasil, mas principalmente servem para introduzir a pátria íntima de Vinícius, que assim é definida, numa *ironia* com o Hino Nacional:
Teu nome é *pátria amada, é patriazinha,*
não rima com mãe gentil
Vives em mim como uma filha, que *és*
A essa patriazinha, bem mais *filha* do que *mãe*, Vinicius declara não devoção, mas sentimento, carinho:
Mas sei que minha pátria é a luz, o sal, a água
Que elaboram e liquefazem a minha *mágoa*
Em *longas lágrima amargas.*

Vontade de beijar os olhos de minha pátria
De *niná-la,* de *passar a mão pelos seus cabelos.*

Tenho-te no entanto em mim como *um gemido*
De flor, tenho-te como *um amor morrido*
Estas antíteses, quase paradoxos: *gemido de flor, amor morrido,* enfatizam a ternura do poeta pela pátria em sua realidade dicotômica, que aparece em várias *ironias* em relação à visão fantasiosa patriótica:
Fonte de mel, bicho triste, pátria minha
Amada, idolatrada, salve, salve!
Que mais *doce esperança acorrentada*
O não poder dizer-te aguarda...
Não tardo!

Pátria minha... A minha pátria *não é florão, nem ostenta*
Lábaro não, a minha pátria *é desolação*
De caminhos, é *terra sedenta...*

Mais do que a mais garrida a minha pátria *tem*
Uma quentura, um querer bem, um bem

O poema apresenta como síntese final a definição (ou indefinição) desta pátria íntima (vejam a importância lexical do advérbio de dúvida):
Uma *ilha de ternura*: a Ilha
Brasil, *talvez.*

Pátria Minha (1949)
A minha pátria é como se não fosse, é íntima
Doçura e vontade de chorar; uma criança dormindo
É minha pátria. Por isso, no exílio
Assistindo dormir meu filho
Choro de saudades de minha pátria.

Se me perguntarem o que é a minha pátria, direi:
Não sei. De fato, não sei
Como, por que e quando a minha pátria
Mas sei que a minha pátria é a luz, o sal e a água
Que elaboram e liquefazem a minha mágoa
Em longas lágrimas amargas.

Vontade de beijar os olhos de minha pátria
De niná-la, de passar-lhe a mão pelos cabelos...
Vontade de mudar as cores do vestido (auriverde!) tão feias
De minha pátria, de minha pátria sem sapatos
E sem meias, pátria minha
Tão pobrinha!

Porque te amo tanto, pátria minha, eu que não tenho
Pátria, eu semente que nasci do vento
Eu que não vou e não venho, eu que permaneço
Em contato com a dor do tempo, eu elemento
De ligação entre a ação e o pensamento
Eu fio invisível no espaço de todo adeus
Eu, o sem Deus!

Tenho-te no entanto em mim como um gemido
De flor; tenho-te como um amor morrido
A quem se jurou; tenho-te como uma fé
Sem dogma; tenho-te em tudo em que não me sinto a jeito
Nesta sala estrangeira com lareira
E sem pé-direito.

Ah, pátria minha, lembra-me uma noite no Maine, Nova Inglaterra
Quando tudo passou a ser infinito e nada terra
E eu vi alfa e beta de Centauro escalarem o monte até o céu
Muitos me surpreenderam parado no campo sem luz
À espera de ver surgir a Cruz do Sul
Que eu sabia, mas amanheceu...

Fonte de mel, bicho triste, pátria minha
Amada, idolatrada, salve, salve!
Que mais doce esperança acorrentada
O não poder dizer-te: aguarda...
Não tardo!

Quero rever-te, pátria minha, e para
Rever-te me esqueci de tudo
Fui cego, estropiado, surdo, mudo
Vi minha humilde morte cara a cara
Rasguei poemas, mulheres, horizontes
Fiquei simples, sem fontes.

Pátria minha... A minha pátria não é florão, nem ostenta
Lábaro não; a minha pátria é desolação
De caminhos, a minha pátria é terra sedenta
E praia branca; a minha pátria é o grande rio secular
Que bebe nuvem, come terra
E urina mar.

Mais do que a mais garrida a minha pátria tem
Uma quentura, um querer bem, um bem
Um libertas quae sera tamen
Que um dia traduzi num exame escrito:
"Liberta que serás também"
E repito!

Ponho no vento o ouvido e escuto a brisa
Que brinca em teus cabelos e te alisa
Pátria minha, e perfuma o teu chão...
Que vontade me vem de adormecer-me
Entre teus doces montes, pátria minha
Atento à fome em tuas entranhas
E ao batuque em teu coração.

Não te direi o nome, pátria minha
Teu nome é pátria amada, é patriazinha
Não rima com mãe gentil
Vives em mim como uma filha, que és
Uma ilha de ternura: a Ilha
Brasil, talvez.

Agora chamarei a amiga cotovia

E pedirei que peça ao rouxinol do dia
Que peça ao sabiá
Para levar-te presto este avigrama:
"Pátria minha, saudades de quem te ama...
Vinicius de Moraes."

Em **Balada do Mangue**, Vinicius retrata a realidade da prostituição através de **antíteses** com um toque de barroco, em que o **profano**, a vida real e dura das prostitutas, contrapõe-se ao **sagrado**, a vida bela, vibrante, florescente que elas teriam se a realidade fosse outra. Para enfatizar essa imagem da decadência dos seres humanos, o poeta vale-se da **metáfora da flor**, tradicionalmente associada ao amor e ao esplendor da natureza.
O poema abre com a antítese terrível, de um realismo duro e cruel:
Pobres *flores gonocócicas*
Que *à noite despetalais*
As vossas *pétalas tóxicas*!
Pobres de vós, *pensas, murchas*
Orquídeas do despudor

Ah, jovens putas das tardes
O que vos aconteceu
Para assim *envenenardes*
O pólen que Deus vos deu?

Em seguida, o poeta compara as mulheres a *feras*, aprisionadas em suas *jaulas*, sofrendo e fazendo sofrer:
Sois frágeis, desmilinguidas
Dálias cortadas ao pé
Corolas descoloridas
Enclausuradas sem fé

No entanto crispais sorrisos
Em suas *jaulas acesas*
Mostrando o *rubro das presas*
Falando coisas de amor
E às vezes *cantais uivando*
Como *cadelas à lua*

Cantai, *maternais hienas*
Canções de caftinizar

Como *sofreis, que silêncio*
Não deve gritar em vós

Esse *imenso, atroz silêncio*
Dos santos e dos heróis

Finalizando o poema, Vinicius acena com a **vingança** das **flores do mangue** contra seus exploradores, ainda que à custa da própria vida (talvez a única solução possível à época em que este poema foi feito):
Por que não vos *trucidais*
Ó *inimigas*? Ou bem
Não ateais fogo às vestes
E vos lançais como tochas
Contra esses **homens de nada**
Nessa terra de ninguém

Balada Do Mangue (1946)
Pobres flores gonocócicas
Que à noite despetalais
As vossas pétalas tóxicas!
Pobre de vós, pensas, murchas
Orquídeas do despudor
Não sois Lœlia tenebrosa
Nem sois Vanda tricolor:
Sois frágeis, desmilingüidas
Dálias cortadas ao pé
Corolas descoloridas
Enclausuradas sem fé,
Ah, jovens putas das tardes
O que vos aconteceu
Para assim envenenardes
O pólen que Deus vos deu?
No entanto crispais sorrisos
Em vossas jaulas acesas
Mostrando o rubro das presas
Falando coisas do amor
E às vezes cantais uivando
Como cadelas à lua
Que em vossa rua sem nome
Rola perdida no céu...
Mas que brilho mau de estrela
Em vossos olhos lilases
Percebo quando, falazes,
Fazeis rapazes entrar!
Sinto então nos vossos sexos

Formarem-se imediatos
Os venenos putrefatos
Com que os envenenar
Ó misericordiosas!
Glabras, glúteas caftinas
Embebidas em jasmim
Jogando cantos felizes
Em perspectivas sem fim
Cantais, maternais hienas
Canções de caftinizar
Gordas polacas serenas
Sempre prestes a chorar.
Como sofreis, que silêncio
Não deve gritar em vós
Esse imenso, atroz silêncio
Dos santos e dos heróis!
E o contraponto de vozes
Com que ampliais o mistério
Como é semelhante às luzes
Votivas de um cemitério
Esculpido de memórias!
Pobres, trágicas mulheres
Multidimensionais
Ponto morto de choferes
Passadiço de navais!
Louras mulatas francesas
Vestidas de carnaval:
Viveis a festa das flores
Pelo convés dessas ruas
Ancoradas no canal?
Para onde irão vossos cantos
Para onde irá vossa nau?
Por que vos deixais imóveis
Alérgicas sensitivas
Nos jardins desse hospital
Etílico e heliotrópico?
Por que não vos trucidais
Ó inimigas? ou bem
Não ateais fogo às vestes
E vos lançais como tochas
Contra esses homens de nada
Nessa terra de ninguém!

Marcas da universalidade em "a última elegia"

O poema **A Última Elegia**, escrito em Londres em 1939, quando Vinicius estudava na Universidade de Oxford, traz inúmeras inovações e demonstra bem a universalidade do autor, pois traz, a par de elementos léxicos vinculados a Londres e à Inglaterra, marcas lexicais de várias outras nações e culturas, confirmando a universalidade do grande poeta.

Logo no primeiro verso, Vinicius se vale da disposição intencional do texto para motivar signos imotivados, fazendo com que a expressão "***O roofs of Chelsea***" (*ó telhados de Chelsea*, famoso bairro londrino), se assemelhe na foram aos telhados fortemente inclinados de determinadas partes de Londres:

```
O       L
 O F     E S
  R S   H  E
   O   OFC  A
```

No verso seguinte, ele enfatiza esse sentido de novidade dos telhados ingleses através da sua cor: **greenish** (***esverdeado***, uma cor muito rara nos telhados brasileiros), fazendo também uma paronímia com **Greenwich**, o célebre observatório nos arredores de Londres, por onde passa o meridiano de Greenwich, a partir do qual se mede a longitude. Associado a greenish e com pronúncia semelhante, temos o neologismo **newish** (novado, cheio de novidade) e a repetição dos telhados de Chelsea no segundo verso:
Greenish, newish roofs of Chelsea

Em seguida, Vinicius mistura várias referências culturais e linguísticas, primeiro por um neologismo híbrido: ***forlornando***, verbo português formado a partir do adjetivo inglês ***forlorn*** (abandonado, só); o vocábulo inglês ***landscape*** (paisagem) e a expressão ***joy for ever*** (alegria para sempre, alusão a Keats, que escreveu: ***a thing of beauty is a joy for ever***, uma coisa bela é uma alegria para sempre); um latinismo: ***et nunc et semper*** (e agora e sempre) e uma brincadeira; ***uer are iú*** (pronúncia aportuguesada de ***where are you***, onde está você?, realçando de forma irônica a falta que lhe fazia a amada).
Forlornando baladas para nunca mais!
Ó imortal ***landscape*** no anticlímax da aurora! ô ***joy for ever!***
Na hora da nossa morte ***et nunc et semper***
Na minha vida em lágrimas! ***uer ar iú***

Continuando, Vinicius faz uso de itens lexicais que remetem a diferentes culturas, momentos históricos e lugares: ***fog*** (nevoeiro típico da Inglaterra), ***darling*** (querida, palavra usual), ***darkling*** (obscuro, sombrio, linguagem poética), ***it is, my soul, it is her gracious self*** (é isso, minha alma, é o

gracioso ser dela, paráfrase de um trecho de Romeu e Julieta), **Nabucodonosor** (rei da Babilônia no séc. VI a. C., famoso por ter feito os Jardins Suspensos), **the Three Musketeers** (os Três Mosqueteiros, de Alexandre Dumas, mestre da literatura francesa), **Romeo** (de Romeu e Julieta), **Alas** (interjeição inglesa, muito usada por Shakespeare, que exprime tristeza, preocupação), **The songs of Los** (nome de um livro de William Blake, poeta místico inglês, que descreve a África e a Ásia). Intercalado a essa demonstração de diversidade cultural e linguística, temos a presença de **neologismos**, alguns de fácil interpretação, como **impassévidos** (**impassíveis** + **ávidos**), **esterlúridas** (radical de **estrela** + eruditismo **lúridas**, pálidas, melodramáticas), **celua** (do latim **celu** + **luna**, amálgama de céu e lua, hipótese confirmada pelo contexto: celua me iluminou, me iludiu), **miaugente** (***gente que é ou age como um gato***, metonimizado na onomatopeia **miau**), introduzidos por um neologismo indecifrável: **fenesuites**. É ainda nesta parte que estão contidos os primeiros elementos lexicais pertinentes à **aventura do eu lírico**, que tem de escapar de Oxford à noite para se juntar à amada, Tati (variante familiar de Beatriz), primeira esposa de Vinícius, que se encontra em Londres, visto a universidade não permitir casais nos alojamentos, evidenciada na descrição: **Motionless I climb the water pipes** (quase sem movimentos eu subo pelos canos de água) seguida pela cumulação: **Am I a Spider? Am I a Mirror? Am I an X Ray?** (*Eu sou uma aranha? Eu sou um espelho? Eu sou um Raio X?*, enfatizando sua dificuldade em escapar para encontrar a amada sem ser visto), daí sua semelhança com um gato furtivo: **meus passos são gatos** e **miaugente**, a trepar pelas **cornijas** (saliências na parte superior de uma porta ou similar).
Ó **fenesuites**, calmo atlas do **fog**
Impassévido devorador das **esterlúridas**?
Darling, darkling I listen...
"*... it is, my soul, it is her gracious self...*" murmura adormecida
É meu nome!... sou eu, sou eu, **Nabucodonosor**!
Motionless I climb the water pipes
Am I a Spider? Am I a Mirror? Am I an X Ray?

No, I'm **the Three Musketeers rolled in a Romeo.**
Vírus da alta e irreal paixão subindo as veias
Com que chegar ao coração da amiga.
Alas, celua me iluminou, **celua** me iludiu cantando
The songs of Los; e agora **meus passos são gatos**
Comendo o tempo em tuas **cornijas** em lúridas, muito lúridas
Aventuras do amor mediúnico e **miaugente**...

O poema continua alternando os idiomas **português** e **inglês**, com uma leve predominância para o primeiro, além de outras línguas e inúmeras referências culturais e literárias, como *so I came* (paráfrase de uma fórmula introdutória recorrente na Bíblia: *so it came, so we came, so I came*, além de ser parte de uma *joke* (piada) americana: *The hell was full so I came back*, o inferno estava cheio, então eu voltei), **Beátrix** (paródia com o nome de Tati e alusão tanto à musa de Dante Alighieri quanto ao romance de Honoré de Balzac, visto que a grafia é francesa), **Obstétrix** (parteira em francês), **Poésia** (grafia grega), **celua nostra** (latinismo: céu-lua nossa), **mare nostrum** (latinismo: mar nosso), **Christ church meadows, cloisters de Magdalene** (os campos da igreja de Cristo, os claustros de Madalena, referindo-se a Oxford), **proctors, bowler-hat, policeman, passada de cautchu** (inspetores, chapéus-coco – quase uma metonímia da Inglaterra, policiais, passada de borracha, todos elementos léxicos que configuram ameaça às suas escapadas), *the ghost of Oscar Wilde, Ballad of Reading Gaol* (duas alusões ao eminente poeta inglês: o fantasma de Oscar Wilde, a Balada do Cárcere de Reading), *ô darlingest* (ô mais querida de todas, escrito propositalmente de forma errada, para enfatizar o sentimento acima das regras morfossintáticas), *art thou in love?, dost thou believe in pregnancy?, give thy horses, give me thy eyes of brown, Ye pavements!* (Você está apaixonado?, Você acredita em gravidez?, Dê seus cavalos?, Dê-me seus olhos castanhos, As calçadas!, todas essas expressões escritas na forma ou na grafia do inglês arcaico), *mighty Goya* (o poderoso Goya, pintor espanhol), *Jack the Ripper* (Jack o Estripador), *Lenore! Quoth the driver: — Right you are, sir.* (alusão a O Corvo, de Edgar Allan Poe, com paródia na segunda parte: em vez de **Disse a corvo: Nunca mais**, temos: **Disse o motorista: Aqui está você, senhor**), *cap and gown* (alusão aos *romances de capa-e-espada*), **Vercingetórix** (monarca gaulês que se rebelou contra Roma), *Os quatro cavaleiros do Apocalipse* (alusão à Bíblia), **Paddington** (importante bairro de Londres), *leitmotiv* (motivo condutor em alemão, muito usado na crítica literária), **Bilac** (alusão ao poeta parnasiano brasileiro).

Finalizando, aparecem mais uma vez neologismos: **bimbalalões** (bimbalhar + balões), **menstruosamente** (mênstruo + monstruosamente), **Menaipa** (origem obscura), **Forox** (provavelmente derivado da palavra *fora*), *impressentido* (que não é pressentido), **microerosíferos** (micro + eros + feros, emanações eróticas microscópicas).

A última elegia (1939)

```
O       L
 O F   E S
  R  S  H  E
O    O F C    A
```

Greenish, newish roofs of Chelsea
Onde, merencórios, toutinegram rouxinóis
Forlornando baladas para nunca mais!
Ó imortal landscape
                    no anticlímax da aurora!
                         ô joy for ever!
Na hora da nossa morte et nunc et semper
Na minha vida em lágrimas!
                         uer ar iú
Ó fenesuites, calmo atlas do fog
Impassévido devorador das esterlúridas?
Darling, darkling I listen...
                    "... it is, my soul, it is
Her gracious self..."
                         murmura adormecida
É meu nome!...
                    sou eu, sou eu, Nabucodonosor!
Motionless I climb
the water pipes
Am I a Spider?
Am I a Mirror?
Am I an X Ray?

No, I'm the Three Musketeers
                    rolled in a Romeo.
                    Vírus
Da alta e irreal paixão subindo as veias
Com que chegar ao coração da amiga.
                         Alas *interj* que exprime: exclamação
de pesar, tristeza, preocupação, celua
Me iluminou, celua me iludiu cantando
The songs of Los; e agora
                    meus passos
                         são gatos
Comendo o tempo em tuas cornijas
Em lúridas, muito lúridas (1 lúrido, lívido, pálido. 2 lúgubre,
sombrio. 3 sensacional, melodramático.)
Aventuras do amor mediúnico e miaugente...
So I came
          — from the dark bull-like tower
                    fantomática
Que à noite bimbalha bimbalalões de badaladas

Nos bem-bons da morte e ruge menstruosamente sádica
A sua sede de amor; so I came
De Menaipa para Forox, do rio ao mar — e onde
Um dia assassinei um cadáver aceso
Velado pelas seis bocas, pelos doze olhos, pelos centevinte dedos espalmados
Dos primeiros padres do mundo; so I came
For everlong that everlast — e deixa-me cantá-lo
A voz morna da retardosa rosa
Mornful and Beátrix
Obstétrix
Poésia.
Dost thou remember, dark love
Made in London, celua, celua nostra
Mais linda que mare nostrum?
      quando early morn'
Eu vinha impressentido, like the shadow of a cloud
Crepitante ainda nos aromas emolientes de Christ Church meadows
Frio como uma coluna dos cloisters de Magdalen
Queimar-me à luz translúcida de Chelsea?
Fear love...
    ô brisa do Tâmisa, ô ponte de Waterloo, ô
Roofs of Chelsea, ô proctors, ô preposterous
Symbols of my eagerness!
     — terror no espaço!
      — silêncio nos graveyards!
       — fome dos braços teus!
Só Deus me escuta andar...
     — ando sobre o coração de Deus
Em meio à flora gótica... step, step along
Along the High... "I don't fear anything
But the ghost of Oscar Wilde..." ...ô darlingest
I feared... a estação de trens... I had to post-pone
All my souvenirs! there was always a bowler-hat

Or a policeman around, a stretched one, a mighty
Goya, looking sort of put upon, cuja passada de cautchu
Era para mim como o bater do coração do silêncio (I used
To eat all the chocolates from the one-penny-machine
Just to look natural; it seemed to me que não era eu
Any more, era Jack the Ripper being hunted) e suddenly
Tudo ficava restful and warm... — o siiiiiiiii
Lvo da Locomotiva — leitmotiv — locomovendo-se

Through the Ballad of Reading Gaol até a visão de
Paddington (quem foste tu tão grande
Para alevantares aos amanhecentes céus de amor
Os nervos de aço de Vercingetórix?). Eu olharia risonho
A Rosa dos Ventos. S. W. Loeste! no dédalo
Se acalentaria uma loenda de amigo: "I wish, I wish
I were asleep". Quoth I: — Ô squire
Please, à Estrada do Rei, na Casa do Pequeno Cisne
Room twenty four! ô squire, quick, before
My heart turns to whatever whatsoever sore!
Há um grande aluamento de microerosíferos
Em mim! ô squire, art thou in love? dost thou
Believe in pregnancy, kindly tell me? Ô
Squire, quick, before alva turns to electra
For ever, ever more! give thy horses
Gasoline galore, but to take me to my maid
Minha garota — Lenore!
Quoth the driver: — Right you are, sir.
*
O roofs of Chelsea!
Encantados roofs, multicolores, briques, bridges, brumas
Da aurora em Chelsea! ô melancholy!
"I wish, I wish I were asleep..." but the morning
Rises, o perfume da madrugada em Londres
Makes me fluid... darling, darling, acorda, escuta
Amanheceu, não durmas... o bálsamo do sono
Fechou-te as pálpebras de azul... Victoria & Albert resplende
Para o teu despertar; ô darling, vem amar
À luz de Chelsea! não ouves o rouxinol cantar em Central Park?
Não ouves resvalar no rio, sob os chorões, o leve batel
Que Bilac deitou à correnteza para eu te passear? não sentes
O vento brando e macio nos mahoganies? the leaves of brown
Came thumbling down, remember?
"Escrevi dez canções...
            ...escrevi um soneto...
                        ...escrevi uma elegia..."
Ô darling, acorda, give me thy eyes of brown, vamos fugir
Para a Inglaterra?
                "...escrevi um soneto...
                        ... escrevi uma carta..."
Ô darling, vamos fugir para a Inglaterra?
                        ..."que irão pensar
Os quatro cavaleiros do Apocalipse..."

"...escrevi uma ode..."
Ô darling!
    Ô pavements!
        Ô roofs of Chelsea!
Encantados roofs, noble pavements, cheerful pubs, delicatessen
Crumpets, a glass of bitter, cap and gown... — don't cry, don't cry!
Nothing is lost, I'll come again, next week, I promise thee...
Be still, don't cry...
    ...don't cry
    ...don't cry
        Resound
Ye pavements!
    — até que a morte nos separe
        ó brisas do Tâmisa, farfalhai!
Ó telhados de Chelsea,
amanhecei!

A poesia como amálgama da brasilidade com a universalidade em "olhe aqui, mr. Buster" e "poema de auteil"

Olhe aqui, Mr. Buster constitui um excelente exemplo do amálgama de *brasilidade* e *universalidade* presente na obra de Vinicius de Moraes. Neste poema, o Autor contrapõe elementos léxicos que evidenciam o progresso tecnológico, a riqueza material e a cultura americana, bem como ícones da cultura ocidental, a marcas lexicais que remetem à cultura brasileira, à qualidade de vida e à alegria de viver.

Neste poema, Vinicius elenca símbolos da cultura americana e ocidental: *Park Avenue* (uma rua chique de Nova York), *Beverly Hills*, *Hollywood* (bairros chiques de Los Angeles), *Nova York*, *Los Angeles*, *Partenon* (símbolo da Grécia e da democracia), *poço de petróleo* (fonte de riqueza), *geladeiras gigantescas*, *vacuum-cleaners* (mantendo a grafia original, em vez de usar aspiradores de pó, talvez porque ainda fossem muito raros no Brasil), *máquinas de lavar*, *célula fotelétrica*, *torradeiras automáticas*, *aparelhos de televisão*, *hi-fi* (ícones do progresso tecnológico e material dos Estados Unidos), *filmes de mocinho* (um marco da cultura americana) e *Elsa Maxwell* (famosa colunista de Nova York).

Porém o Autor não perde a oportunidade de criticar o materialismo, a ânsia de poder e os defeitos da sociedade americana aproveitando estes mesmos símbolos para compor *ironias* e *sarcasmos*, como em: *caco de friso do Partenon* (não o Partenon ou um friso, mas apenas um *caco*), *poço de petróleo trabalhando de dia para lhe dar dinheiro e de noite para lhe dar insônia* (o poder e a riqueza como fonte de aflição e ansiedade), *geladeiras gigantescas capazes de conservar o seu preconceito racial* (mostrando o paradoxo vexatório de a nação mais progressista e rica do mundo ser também uma das mais preconceituosas), *vacuum-cleaners com mais chupo que um beijo de Marilyn Monroe* (usando a sucção como elemento norteador da ironia), *máquinas de lavar capazes de apagar a mancha de seu desgosto de ter posto tanto dinheiro em vão na guerra da Coréia* (ironizando o maior fracasso militar dos Estados Unidos à época), *alto-falantes espalhados por todos os andares, quatro aparelhos de televisão, dois psiquiatras* (expressões que satirizam o exagero e a ostentação americanos, mas também sua vacuidade, já que aparecem combinadas com psiquiatras) e *petróleo, aço e consciências enlatadas* (transformando um dos mais fortes símbolos do poderio americano: *os produtos enlatados*, numa ironia terrível de sua falta de compaixão e seu conformismo: *consciências enlatadas*).

Vinicius finaliza a poesia mostrando nossa superioridade existencial, humana e espiritual, através de símbolos e evidências da emoção, do sentimento e da alegria de viver, como: *um choro de Pixinguinha* (note-se a ambiguidade sutil, mas intensa, do *choro*, como manifestação musical e expressão de sentimento), *ter uma jabuticabeira no quintal* (a felicidade de ser brasileiro, metonimizada na *jabuticabeira*, que reúne em si as características de natureza, sabor, infância e fruição, associada ao quintal, lugar doméstico e cotidiano do prazer), *torcer pelo Botafogo* (a capacidade de se envolver realmente e intensamente com aquilo que ama), introduzidas pela anáfora: *Você sabe?*, implicitamente dizendo que os americanos, os capitalistas *não sabem viver*, pois *não sabem vivenciar suas paixões e seus sentimentos*.

Olhe aqui, Mr. Buster (1962)

Olhe aqui, Mr. Buster: está muito certo
Que o Sr. tenha um apartamento em *Park Avenue* e uma casa em *Beverly Hills*.
Está muito certo que em seu apartamento de Park Avenue
O Sr. tenha um *caco de friso do Partenon*, e no quintal de sua casa em *Hollywood*
Um *poço de petróleo trabalhando de dia para lhe dar dinheiro e de noite para lhe dar insônia*
Está muito certo que em ambas as residências
O Sr. tenha *geladeiras gigantescas capazes de conservar o seu preconceito racial*
Por muitos anos a vir, e *vacuum-cleaners com mais chupo*
Que um beijo de Marilyn Monroe, e *máquinas de lavar*
Capazes de apagar a mancha de seu desgosto de ter posto tanto dinheiro em vão
na *guerra da Coréia*.
Está certo que em sua mesa as torradas saltem nervosamente de *torradeiras automáticas*
E suas portas se abram com *célula fotelétrica*. Está muito certo
Que o Sr. tenha *cinema em casa* para os meninos verem *filmes de mocinho*
Isto sem falar nos *quatro aparelhos de televisão* e na fabulosa *hi-fi*
Com *alto-falantes espalhados por todos os andares*, inclusive nos banheiros.
Está muito certo que a Sra. Buster seja citada uma vez por mês por *Elsa*

Maxwell
E tenha *dois psiquiatras*: um em *Nova York*, outro em *Los Angeles*, para as duas "estações" do ano.
Está tudo muito certo, Mr. Buster – o Sr. ainda acabará *governador* do seu estado
E sem dúvida presidente de muitas companhias de *petróleo, aço e consciências enlatadas.*
Mas me diga uma coisa, Mr. Buster
Me diga sinceramente uma coisa, Mr. Buster:
O Sr. sabe lá o que é *um choro de Pixinguinha?*
O Sr. sabe lá o que é *ter uma jabuticabeira no quintal?*
O Sr. sabe lá o que é *torcer pelo Botafogo?*

Poema de Auteil é outro poema em que encontramos um embate entre a **universalidade** e a **brasilidade** na obra de Vinicius. Embora o título se refira a um distrito de Paris, ele é muito mais um lamento de saudade do Brasil do que uma saudação a Paris. Já nos primeiros versos temos esta disputa, quando o Autor diz textualmente: **Não há nenhuma razão no mundo para eu estar andando nesse meio-dia por essa rua estrangeira com o nome de um pintor estrangeiro** (note-se a força da *iteração*: estrangeira – estrangeiro), e prossegue: **Eu devia estar andando numa rua chamada Travessa Di Cavalcanti no Alto da Tijuca, ou melhor na Gávea, ou melhor ainda, no lado de dentro de Ipanema**. Como que a corrigir alguma interpretação patriótica, Vinicius afirma: **não vai nisso nenhum verde-amarelismo**. E completa: **De verde quereria apenas um colo de morro e de amarelo um pé de acácias repontando de um quintal entre telhados** (repare-se na possível ambiguidade de *colo*: aclive e regaço). A partir deste ponto, o Autor introduzirá vários versos e orações com a anáfora **Deveria**, como a lembrar repetidamente que seu lugar não é Paris, seu lugar é o Brasil. Inicialmente, ele descreve várias situações características da vida brasileira: **dedilhar de menina estudando piano, samba de Antônio Maria, canto de cigarra, mormaço, vulto de uma banhista, guarda-sol vermelho** e **praia luminosa**. Após isso, Vinicius se volta para os cheiros do Brasil: **rato morto na sarjeta** (não podemos esquecer o viés crítico que sempre marcou sua poesia), **odor de bogaris** (planta típica do Brasil) e **cheiro de peixe fritando** (comida típica popular do Brasil). Vinicius retorna então à ideia de **calor**, que já fora apresentada em **mormaço**, esta característica tão marcante e que provoca tanta saudade nos brasileiros: **Haver muito calor**, fazendo um contraponto quase permanente com Paris e a Europa. Vinicius termina lindamente seu poema de louvor ao Rio de Janeiro em Paris com a afirmação enfática: **Eu poderia estar voltando de, ou indo para: não teria a menor importância**, seguida de sua explicação: **Eu deveria estar sem saber bem para onde ir:**

se para a casa materna e seus encantados recantos, ou se para o apartamento do meu velho Braga, em suma, não importa o lugar, contanto que seja na **Pátria**, etimologicamente a **terra do pai**, mas também da mãe (**casa materna**) e dos amigos (**apartamento do meu velho Braga**).

Poema de auteil (1959)
A coisa não é bem essa.
Não há nenhuma razão no mundo (ou talvez só tu, Tristeza!)
Para eu estar andando nesse meio-dia por essa rua estrangeira com o nome de um pintor estrangeiro.
Eu devia estar andando numa rua chamada Travessa Di Cavalcanti
No Alto da Tijuca, ou melhor na Gávea, ou melhor ainda, no lado de dentro de Ipanema:
E não vai nisso nenhum verde-amarelismo. De verde quereria apenas um colo de morro e de amarelo um pé de acácias repontando de um quintal entre telhados.
Deveria vir de algum lugar
Um dedilhar de menina estudando piano ou o assovio de um ciclista
Trauteando um samba de Antônio Maria. Deveria haver
Um silêncio pungente cortado apenas
Por um canto de cigarra, bruscamente interrompido
E o ruído de um ônibus varando como um desvairado uma preferencial vizinha.
Deveria súbito
Fazer-se ouvir num apartamento térreo próximo
Uma fresca descarga de latrina abrindo um frio vórtice na espessura irremediável do mormaço
Enquanto ao longe
O vulto de uma banhista (que tristeza sem fim voltar da praia!)
Atravessaria lentamente a rua arrastando um guarda-sol vermelho.
Ah, que vontade de chorar me subiria!
Que vontade de morrer, de me diluir em lágrimas
Entre uns seios suados de mulher! Que vontade
De ser menino, em vão, me subiria
Numa praia luminosa e sem fim, a buscar o não-sei-quê
Da infância, que faz correr correr correr...
Deveria haver também um rato morto na sarjeta, um odor de bogaris
E um cheiro de peixe fritando. Deveria
Haver muito calor, que uma sub-reptícia
Brisa viria suavizar fazendo festa na axila.
Deveria haver em mim um vago desejo de mulher e ao mesmo tempo
De espaciar-me. Relógios deveriam bater

Alternadamente como bons relógios nunca certos.
Eu poderia estar voltando de, ou indo para: não teria a menor importância.
O importante seria saber que eu estava presente
A um momento sem história, defendido embora
Por muros, casas e ruas (e sons, especialmente
Esses que fizeram dizer a um locutor novato, numa homenagem póstuma:
"Acabaram de ouvir um minuto de silêncio...")
Capazes de testemunhar por mim em minha imensa
E inútil poesia.
Eu deveria estar sem saber bem para onde ir: se para a casa materna
E seus encantados recantos, ou se para o apartamento do meu velho Braga
De onde me poria a telefonar, à Amiga e às amigas
A convocá-las para virem beber conosco, virem todas
Beber e conversar conosco e passear diante de nossos olhos gratos
A graça e nostalgia com que povoam a nossa infinita solidão.

Considerações finais

Vinicius de Moraes reflete em sua poesia a própria *dualidade* de sua vida, oscilando entre o ***Brasil***: a pátria, o lugar da família, da emoção e do sentimento (note-se que todas suas esposas foram brasileiras) e o ***Mundo***: a cultura, o estudo, o trabalho diplomático, o exílio. Percebe-se a antítese cultural e espacial entre o ***poeta*** (telúrico, sempre a contemplar sua terra com o carinho e o desespero de um pai com sua filha, plena de encantos e problemas) e o ***diplomata*** (cosmopolita, cidadão do mundo, de cultura ampla e multilíngue), mas a ***brasilidade*** sobrepõe-se à ***universalidade***, fazendo deste grande brasileiro ***o branco mais preto do Brasil, na linha direta de Xangô, saravá!*** (como ele mesmo diz em ***Canção da Bênção***), evidenciando uma ***brasilidade intensa e genuína***, que não excluía nenhum componente da cultura e da nacionalidade brasileiras, embora também não excluísse as matrizes culturais gregas e romanas e a cultura europeia, principalmente em língua inglesa e francesa.

Referências Bibliográficas

Garcia, A. da S. *Estudos Universitários em Semântica*. (2. ed. rev. atual.) Rio de Janeiro /Edição do Autor/ 2011.
Henriques, C. C. *Léxico e Semântica*. Rio de Janeiro : Elsevier, 2011.
Lyons, J. *Semantics*. Cambridge : C. U. P., 1979.
Moraes, V. de. *Nova Antologia Poética*. São Paulo : Companhia das Letras, 2005.
Simões, D.. *Iconicidade Verbal: Teoria e Prática*. Rio de Janeiro : Dialogarts, 2009.
Ullmann, S. *Semântica: uma Introdução á Ciência do Significado*. Lisboa : Calouste Gulbenkian, 1987.

O LÉXICO E A EXPRESSÃO DE IDEIAS
Darcilia Simões
Rosane Reis de Oliveira

Introdução
O desenvolvimento das competências e habilidades de leitura e produção de texto é o principal objetivo do ensino de uma língua. Por isso, a pesquisa de processos e procedimentos que auxiliem na consecução dessas metas tem sido o eixo principal das pesquisas do grupo SELEPROT — Semiótica, leitura e produção de textos (criado por Simões e registrado na Base do CNPq em 2002).
O conceito de competência relaciona três aspectos importantes. O primeiro é entender *competência* como uma capacidade do sujeito; o segundo é ligá-la ao verbo *mobilizar*, que significa *movimentar com força interior*; o terceiro está ligado à palavra *recursos*. Por fim, o conceito de competência está ligado à abordagem e resolução de situações complexas.
Para resolver situações complexas, o primeiro recurso exigido é o *conhecimento de conteúdos*. Por exemplo, se a situação complexa for *interpretar um texto*, é preciso que o leitor tenha o conhecimento específico relativo às abordagens do texto: *modo de organização discursiva, gênero textual, isotopia, intertextualidade, inferências, interlocução* etc. Associado ao termo *competências* está o segundo recurso, que é a *habilidade* ao *saber fazer* algo específico, isto é, uma ação indicadora de uma capacidade adquirida. Assim, *identificar, relacionar, correlacionar, aplicar, analisar, avaliar* são verbos que podem indicar a habilidade do sujeito em campos específicos. A habilidade não é um recurso inato; é desenvolvida com treinamento, exercício para preparar o sujeito para a realização tarefas com eficiência.
Nessa perspectiva, o desenvolvimento da competência linguística do aluno não está pautado na exclusividade do domínio técnico de uso da língua legitimado pela norma, mas, principalmente, no domínio da competência performativa: saber usar a língua em situações de comunicação distintas umas das outras; ou seja, a competência comunicativa sob a ótica do valor social e simbólico da atividade linguística, no âmbito dos inúmeros discursos concorrentes.
Em toda sociedade escolarizada, as competências de leitura e de escrita têm caráter imprescindível na vida das pessoas e estão associadas ao exercício pleno da cidadania, pois essas práticas possibilitam o desenvolvimento da consciência do mundo vivido, propiciando aos sujeitos sociais a autonomia

na aprendizagem e a contínua transformação, inclusive e principalmente das relações sociais.

Nesse sentido, os atos de leitura e de produção de textos ultrapassam os limites da escola, especialmente os da aprendizagem da língua materna e por meio dela, configurando-se como pré-requisitos para o pleno entendimento de todas as disciplinas escolares. A leitura e a produção de textos devem ser, portanto, atividades cotidianas na escola. Por isso mesmo, todos os Currículos Escolares deveriam ter por eixo a competência geral de ler e de produzir textos, ou seja, o conjunto de competências e habilidades específicas de compreensão e de reflexão crítica intrinsecamente associado ao trato com o texto escrito.

Além do domínio da textualidade propriamente dita, o aluno que é submetido à leitura constante vai construindo, ao longo dos anos escolares, um repertório cultural vasto, relacionado às diferentes áreas do conhecimento que usam a palavra escrita para o registro de fatos, de ideias, de experiências, de conceitos etc. Consideradas as reflexões anteriores, já se antevê o grau de dificuldade e de responsabilidade que incide sobre os professores de língua, que se habilitam a ensinar a seus alunos a competência e a habilidade da produção textual.

Experiências iniciais voltadas para a aquisição da escrita estimulou a elaboração de uma metodologia de ensino da leitura e da produção textual a partir da descoberta da iconicidade como um valor a considerar na estruturação dos textos. Em continuidade, averiguando-se a importância do conhecimento lexical na formação do leitor e no desenvolvimento da competência expressional escrita e constatando-se a íntima relação entre conhecimento lexical e competência na interpretação de textos, persegue-se hoje a hipótese de que a leitura do texto literário, além de ampliar o repertório discente, favorece o desenvolvimento da capacidade de produção textual, uma vez que a identificação do potencial icônico ou indicial dos signos verbais auxilia a ampliação não apenas do domínio vocabular, mas também de estruturação dos sintagmas. Em outras palavras: quanto maior o vocabulário maior será a possibilidade de composição de sintagmas suficientemente comunicativos. Chega-se à conclusão de que se deve tratar a leitura como uma ferramenta imprescindível para o enriquecimento vocabular e a consequente habilidade das escolhas lexicais.

No exercício da leitura dos textos, o treinamento na identificação de signos orientadores — ícones e índices — na superfície textual é estratégia didático-pedagógica de aquisição lexicogramatical, porque o levantamento dos eixos temáticos e dos signos que os materializam propicia o enriquecimento vocabular, gramatical e enciclopédico. Este conhecimento decorrerá dos valores observados nos sintagmas estudados, dos quais emergirão indagações acerca do conteúdo informativo ali presente. Na qualidade de orientador, o docente não poderá furtar-se ao disciplinamento da produção textual do estudante, quer como leitor quer como redator, apontando-lhe as características de cada ato comunicativo e as consequências da adequação e da inadequação das escolhas léxico-sintático-semânticas no processo de comunicação.

Para tanto, propõe-se a interação/intervenção didático-pedagógica cotidiana com textos literários, a fim de promover um exercício lexical para ampliação do repertório dos estudantes, além de demonstrar-lhes a importância do domínio do sistema linguístico na produção da comunicação literária, na qual poderá obter insumos para suas futuras produções, seja de leituras, seja de redações.

Nessa ótica, vimos considerar a aquisição do vocabulário presente no texto clássico como mais uma forma de ampliar a capacidade redatora e leitora dos discentes. Trazemos palavras de Bechara, para reforçar o que pensamos sobre léxico.

O coloquialismo, que no trabalho de muitos cronistas modernos resulta de um elaborado consciente artesanato expressivo nem sempre tem sido visto como tal no dia a dia de sala de aula. O resultado é que os alunos, não sendo alertados para o propósito estilístico que inspira a opção linguística, limitando-se a essa leitura, perdido o contacto com os tradicionais textos "clássicos" e, com isso, a oportunidade de extrair deles subsídios para o seu enriquecimento idiomático, especialmente no campo da sintaxe e do léxico. E assim perde a escola o apoio que lhe poderia dar a literatura no aperfeiçoamento da educação linguística dos alunos. (Bechara 6).

Isso posto, entendemos que a prática pedagógica de uma língua deva promover o exercício da leitura como fonte de aquisição de itens léxicos. Ainda que a leitura dos textos clássicos não mais seja o foco das aulas de língua, cumpre lembrar que tais textos são verdadeiro manancial de informações lexicais, sem contar com o volume de dados enciclopédicos ali existentes. Dessa forma, é relevante conscientizar o aluno sobre a importância dessa adequação para que ele possa assumir uma posição crítica frente à linguagem e possa escolher, no ato da escrita, as palavras ou as proposições que melhor expressam seus pensamentos, emoções e atitudes em seu texto. Assim sendo, neste artigo, apresentamos exemplos que materializam essa perspectiva de exploração da camada léxica da língua portuguesa.

Base teórica
Na presente pesquisa[26], o léxico vem sendo estudado sob a perspectiva da teoria da iconicidade verbal de Simões (68) e das metafunções propostas

---

[26] A limitação do artigo certamente provocará muitas indagações sobre a proposta, todavia, temos muitos artigos disponíveis para cópia gratuita em

por Halliday (29). Dessa forma, vem sendo discutida a importância do domínio lexical, observados os papéis icônicos e indiciais desempenhados pelos itens léxicos (palavras e expressões) na condução do leitor à identificação dos temas e subtemas abrigados no texto. Por meio desse enfoque, torna-se possível apurar a univocidade, ambiguidade, ou polissemia em passagens dos contos-córpus, indicar de modo objetivo palavras e expressões que funcionam como âncoras textuais — itens léxicos que concentram feixes semânticos — que permitem inferir isotopias subjacentes aos textos-córpus.

Para dar início às considerações sobre iconicidade, trazemos um excerto de "Peircean semiotics in the study of iconicity in language":

A comunicação bem sucedida de um falante para um ouvinte envolve três níveis de produção de ícones. O primeiro e segundo níveis estão nas mentes dos falantes e ouvintes, onde "imagens familiares" são evocadas. O terceiro se deve ao paralelismo entre essas duas imagens, o que faz das imagens do ouvinte um ícone das imagens do falante. Note-se, contudo, que essa iconicidade no paralelismo entre a interpretação sígnica do falante e do ouvinte não é de modo algum perfeita. Ao contrário, o falante só pode supor ou talvez ter esperança de que o ouvinte evoque as mesmas imagens, mas, na realidade, há sempre diferenças que permanecem e dão origem à dialógica "sequência de interpretações sucessivas" *ad infinitum* no processo dialógico de semiose ilimitada. (Nöth 618)[27].

Observe-se que o estudioso inicia mostrando a realização da iconicidade em nível mental, portanto abstrato. Falante e ouvinte (ou leitor) captam o enunciado, e imagens familiares são chamadas à consciência, para propiciar a construção de sentido. Entretanto, não é possível pressupor uma iconicidade perfeita entre as imagens evocadas pelos interactantes. Seu conhecimento de mundo e a respectiva representação verbal são distintos, logo, o produto da interação será sempre, no máximo, assemelhado, jamais

---

https://uerj.academia.edu/DARCILIASIMOES assim como artigos em periódicos e coletâneas em www.dialogarts.uerj.br .

[27] Texto original: The successful communication of an idea from a speaker to a hearer thus involves three levels of iconic sign production. The first and the second levels are in the speaker's and hearer's minds, where "familiar images" are evoked. The third is in the parallelism between these two images, which makes the hearer's image an icon of the speaker's image. Notice, however, that this iconicity in the parallelism between the speaker's and the hearer's interpretations of the signs is by no means a perfect one. On the contrary, the speaker can only suppose or perhaps hope that the hearer evokes the same images, but actually there are always differences which remain and which give rise to a dialogic "sequence of successive interpretations" ad infinitum, in the dialogic process of unlimited semiosis.

idêntico. Porém, veja-se que o pesquisador fala de "comunicação bem sucedida", o que implica a compreensão da mensagem recebida — construção de sentido válido. Assim sendo, é preciso, de fato, haver um equilíbrio entre os repertórios de falante e ouvinte (ou leitor) para que se torne possível a compreensão do conteúdo semioticamente representado em um dado texto (seja ele verbal ou não). Trata-se de uma categoria fundada na plasticidade, a qual consiste na faculdade de um signo poder re(a)presentar o objeto tomado como referente. A princípio, a iconicidade teria origem na similaridade, todavia essa não é condição indispensável, pois qualidades como: cor, posição, localização, forma, proporção etc. são traços que podem gerar a iconicidade de um signo.

Há diversos estudos da iconicidade verbal. Menciona-se aqui apenas Nöth (613–619) e Givón (9). Mesmo que a iconicidade seja observada em ângulos distintos, o que se ressalta são sua existência e relevância. Logo, não há originalidade na proposta de um estudo da iconicidade no léxico senão nos propósitos e na forma de abordagem. O que se almeja é, demonstrado o potencial icônico de signos em dado texto, estimular o estudante a ampliar seu repertório, por conseguinte sua proficiência na língua objeto, no caso, a língua portuguesa.

Pretende-se, então, avançar na construção teórica acerca da iconicidade lexical, buscando na lexicologia argumentos técnico-científicos que ajudem a responder as seguintes questões: (1) Signos indiciais levantados no córpus podem ser usados como material icônico? (2) Os signos tidos como icônicos e indiciais podem auxiliar o recorte isotópico, orientando, assim, a interpretação do texto? (3) A atenção para o léxico e a respectiva força icônica podem servir de estímulo à leitura e à ampliação de repertório do estudante?

O princípio da iconicidade é considerado, no funcionalismo hallidiano, como a existência de alguma relação entre expressão e conteúdo, partindo da premissa de que a língua reflete, de alguma forma, a estrutura da experiência. Para a teoria da iconicidade verbal, os signos representam modos de pensar o mundo, e as relações sintáticas são responsáveis pela construção da ilusão da objetividade constituída pela clareza ou transparência (cf. Hullmann 167) com que exprimem as ideias. Para Peirce, os sinais ouvidos/lidos devem excitar na mente do receptor a formação de imagens familiares, reminiscências de imagens, sons, sentimentos, gostos, cheiros, ou outras sensações, que são ícones de ideias para o intérprete. Nessa perspectiva, pressupostos semióticos se associam a componentes semânticos e pragmáticos para subsidiar a apropriação, o entendimento e o emprego do léxico de forma proficiente; e os signos icônicos são a fonte de criatividade na linguagem (CP 3.433).

Demonstração

Seguindo os passos de Barbosa (20), destaca-se a importância da relação entre sistema de signos e sistema de significação. Na leitura de uma obra, que é produzida por meio de um sistema de signos (no caso do verbal, as línguas), há de se convir que o sistema de significação é criado antes, durante e depois da produção. Antes, porque o escritor parte de um sistema preexistente; durante, porque a obra recria o sistema segundo suas necessidades; e depois, porque se submete ao leitor que a recriará mediante um diálogo entre sua experiência, o texto e todo o conhecimento semiótico que traz de sua comunidade discursiva. Barbosa (52) ensina que:

[...] o sistema de significação se sustenta nas grandezas-signos — que são, na realidade, seu produto — mas têm como princípio básico de sua reestruturação e funcionamento, a função semiótica — relação de dependência entre o plano da expressão e o plano do conteúdo — e a semiose, enquanto processo instaurador da significação como relação intra-sígnica, processo gerador, em última análise, das grandezas-signos. (Barbosa 52).

Resumindo, é indispensável apreciar o léxico como componente fundamental na produção e na compreensão do texto. A malha semiótica é construída na trama textual, logo, o dicionário é apenas ponto de partida, pois a significação dos itens léxicos é construída no texto. Por isso, o potencial icônico dos signos tem relevância, em especial para quem ensina línguas. Por meio da plasticidade sígnica que se pode encontrar o fio que conduzirá o leitor aos sentidos possíveis para o texto.

Faz-se aqui breve demonstração com dados do conto-córpus, "No Moinho" (Queiroz 65), uma vez que a pesquisa vem explorando os contos ecianos.

Com auxílio do programa WordSmithTools 6.0, obteve-se a lista de palavras (WordList) do conto, da qual foram selecionados os nomes substantivos. Usando o programa Excel, produziu-se um gráfico com os dados selecionados, para facilitar a visualização das palavras-chave — ou conector isotópico — ou signo para o qual convergem os semas privilegiados pelo analista para demonstrar o(s) tema(s) subjacentes à superfície textual. São assim signos icônicos, ou âncoras textuais, palavras que reúnem em si as várias isotopias do texto. Vamos aos esquemas.

A Tabela 1 — com os dez itens de maior ocorrência no texto — gerou um gráfico que apresenta, na vertical, o número de ocorrências do item léxico; na horizontal, os valores icônicos. Com esse gráfico gerou-se a tabela cujas colunas são: (1) os itens léxicos destacados do texto pela ferramenta *lista de palavras*; (2) valores icônicos dos signos em destaque. Com esse conjunto de signos, é possível abonar a análise proposta.

Toma-se, como referência, a hipocrisia do instituto do matrimônio, historicamente constituído como o lugar da responsabilidade e do conforto.

No entanto, a relação afetiva e a resposta aos estímulos da carne eram abafadas, e as uniões tinham caráter negocial. Por isso, os itens selecionados nesta tabela já possibilitam a construção de um resumo da trama que se desenrola no conto, cuja protagonista aceita casar-se com um homem doente para ver-se livre da vida que levava com seus pais, cujo cenário era a embriaguez do pai e os gritos da mãe espancada. Portanto, casou-se com João Coutinho, embora não o amasse, pretendendo, com isso, "salvar o casebre da penhora", já que ele era rico. Maria da Piedade tomaria esse casamento como uma solução aos tormentos anteriormente mencionados. Eis um trecho do conto:

E quando João Coutinho pediu Maria em casamento, apesar de doente já, ela aceitou, sem hesitação, quase com reconhecimento, para salvar o casebre da penhora, não ouvir mais os gritos da mãe, que a faziam tremer, rezar, em cima no seu quarto, onde a chuva entrava pelo telhado. (Queiroz 67).

Assim, o casamento de Piedade e Coutinho nada tinha de romântico, de acordo com Alana de O. Freitas El Fahl (2009, 104):

[...] em nada lembra o amor romântico alimentado pela tradição já difundida no século XIX; não há sentimento, não há idealização, apenas convivência, já que o casamento representava o caminho possível para a mulher daquele período, única ambição no seu horizonte. Para Piedade, casar era, portanto, ascender socialmente e libertar-se do convívio familiar. (El Fahl 104).

As escolhas temáticas, assim, não são aleatórias, mas constituem uma isotopia, que é um recorte temático, uma perspectiva de leitura, uma interpretação possível. A isotopia serve como bússola para a discussão dos itens léxicos, por exemplo. Para essa mostra, elegemos o contraste de temas: casamento e frustração & sedução e ruína moral. Eis o Esquema 1:

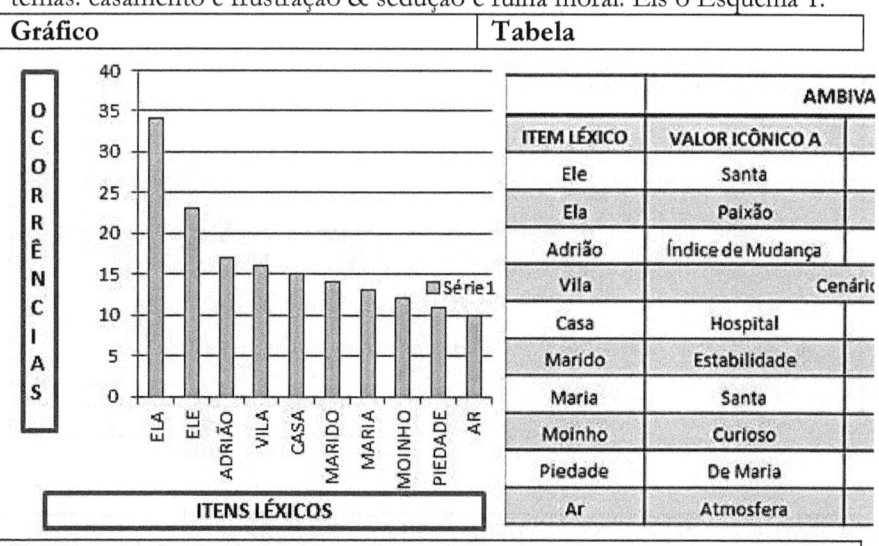

Esquema 1: Itens de maior ocorrência no Conto

A ambivalência apontada em cada signo contrasta com o item vila, que representa o cenário em que se desenrola a história e que não sofre qualquer alteração. Ao contrário, a população local assiste à transformação da vida de Maria da Piedade. A alteração da vida de Maria foi provocada por Adrião, visitante que a seduz e a abandona logo em seguida, desestabilizando a protagonista. O sufixo –ão (presente em Adrião) pode ser considerado um ícone-índice da força desta personagem e do destaque que ganha no desenrolar da trama. Em contraste com o nome do marido de Maria, João Coutinho, é possível aventar a hipótese de que tais antropônimos tenham sido estrategicamente eleitos pelo autor para representar as personas pretendidas: 1) o marido, João Coutinho, traz um prenome dividido, o que pode insinuar uma ambivalência. Em João, o –ão poderia representar a força financeira motivadora do casamento, que é em seguida e imediatamente atenuada pelo –inho (sufixo de diminutivo), contido no segundo prenome. Este, por sua vez, permite pensar-se em couto como variante de coito, permitindo que se traduza Coutinho como um coito de pouca volúpia; enquanto Adrião prevalece como o grande.

Veja-se o Esquema 2 que representa a transformação de Maria da Piedade sob as imagens icônicas de seus dois homens:

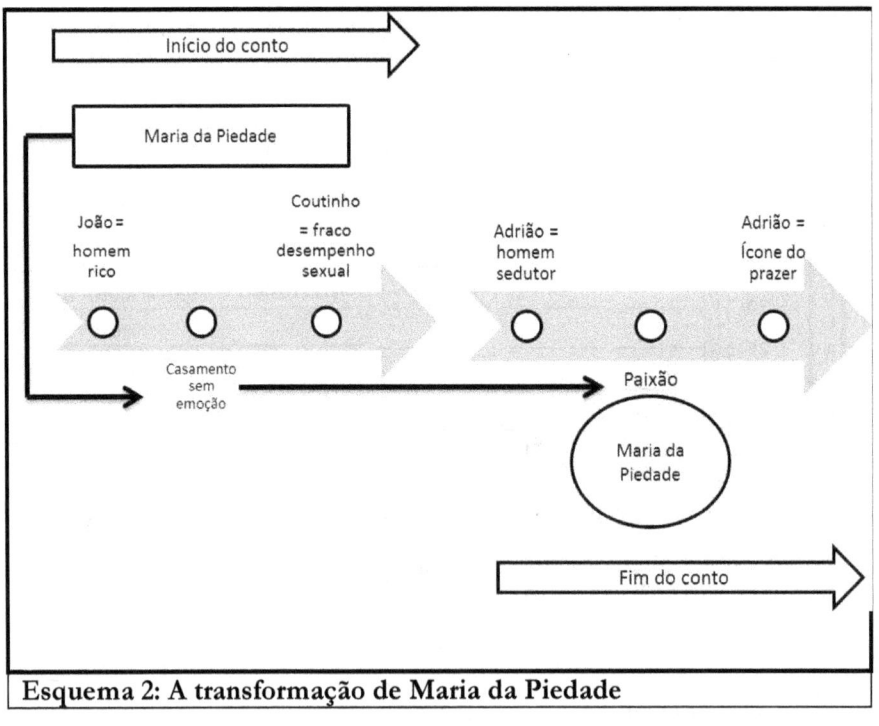

Esquema 2: A transformação de Maria da Piedade

E essa grandeza vai produzir a alteração da visão de mundo de Maria e vai transformar seu comportamento, levando-a de uma vida deplorável para outra talvez pior. Observe-se que o levantamento lexical favorece a apuração da ambivalência (ou ambiguidade) no conto e identificar a trilha da transformação da protagonista, Maria da Piedade: de mulher virtuosa e respeitada, passa a escrava do sexo e alvo de deboche na vila.
Como o próprio título do conto e local onde acontecera o beijo entre Piedade e Adrião sugere, o moinho é, por definição, um artefato destinado à fragmentação de materiais em estado bruto. O vocábulo *moinho*[28] deriva do latim *molinum*, de *molo*, que significa *moer, triturar grãos brutos*. Sua iconicidade, portanto, é altíssima e funciona como elemento divisor de toda a trama do conto. Maria da Piedade era uma mulher em estado bruto, pura, que foi fragmentada pelo primo visitante. Este passou pela vida dela como um vento que move moinhos, provocando um processo semelhante ao que se faz com os grãos dados em mó: após diversas moagens e peneirações, o produto final vai à venda. O amor que Maria da Piedade sentiu depois do beijo modificou toda a rotina em sua casa. Antes de conhecer Adrião, lia "Vida dos Santos" aos pés do marido inválido. Depois da partida do visitante (o vento avassalador), passou a ler "todos os seus livros, sobretudo, aquela Madalena que também morrera de abandono" (Queiroz 82). Assim, Maria da Piedade se tornou uma Madalena[29], uma pecadora, como sugere a antiga Igreja Romana, e, portanto, um objeto de venda, como o produto final da moenda. Enfim, a esposa de Coutinho mudara radicalmente de atitudes, impactando a sociedade da época com seus valores comportamentais.
Propõe-se, assim, um tratamento menos subjetivo dos dados para demonstrar a realização semântica das palavras nos textos, permitindo a interpretação por mais de uma perspectiva, contudo, sob o controle do potencial sêmico de cada item léxico em discussão.

---

[28] "Moinho. (o-î) [Do lat. *molinu*.] . Substantivo masculino. 1. Engenho composto de duas mós sobrepostas e giratórias, movidas pelo vento, por queda-d'água, animais ou motor, e destinado a moer cereais. 2. Lugar onde se acha instalado esse engenho. 3. Máquina que serve para triturar qualquer coisa; moenda" (...) [Aurélio, *s.u.*]
[29] Cabe ressaltar que Madalena, presente nas leituras da protagonista do conto, representa uma retomada aos evangelhos de João e Lucas, já que revela a figura da mulher pecadora que foi levada pelos fariseus e escribas à presença de Jesus. Cf.
Maria Madalena é assim chamada por ser de Magdala, aldeia de pescadores que ficava na costa oeste do mar da Galiléia, próxima a cidade de Tiberíades. O Novo Testamento nos relata que Cristo expulsou dela sete demônios (Marcos 16.9; Lucas 8.2)

Relato de experiência

Com base no que foi exposto, vimos trabalhando, então, a produtividade da leitura do clássico, como forma de enriquecimento do léxico e dos componentes dos signos linguísticos que orientam a opção por uma forma em detrimento da outra. A leitura do texto literário, em especial os ditos clássicos, é o conhecimento de outras épocas, outros usos e costumes e tudo isso materializado em itens léxicos novos para os leitores. Cada página lida se mostra como uma aventura, e o mundo do leitor vai-se alargando na proporção em que a leitura avança.

Pudemos concluir que, da pouca leitura ou do convívio com textos curtos e de pouca (ou nenhuma) complexidade vocabular, as dificuldades de leitura e produção de textos são consequência.

Inicialmente, o exercício continuado de elaboração de paráfrases de textos começa a produzir efeitos na qualidade do texto em si. Percebemos sensível melhoria no desempenho discente seja na expressão seja na escrita.

Como nossa pesquisa tem-se baseado em preceitos semióticos, vimos perseguindo a iconicidade lexical, no intuito de demonstrar-lhe a pertinência e importância como estratégia de leitura e compreensão de textos, ao mesmo tempo que instrumentalizaria o falante a produzir textos compreensíveis.

Para testar nossa hipótese, elegemos uma turma de 3º ano do Ensino Médio, em uma escola de Petrópolis, Itaipava: *Dinâmico Centro de Ensino*. Separamos, dos 22 alunos, cinquenta por cento como grupo experimental, e os outros cinquenta por cento como grupo de controle. Chamamos aqui de Grupo A e Grupo B, respectivamente, a fim de identificarmos os resultados obtidos com a experiência.

Durante seis meses de trabalho contínuo, vimos preparando o Grupo A com estratégias de leitura dos clássicos, criando um ambiente propício ao entendimento dos textos eleitos. Usamos várias técnicas de leitura e interpretação, desde a leitura orientada até a pesquisa em dicionários e enciclopédias. Entendemos que uma das estratégias mais bem sucedidas foi a que privilegiava a interação do grupo com a professora que atuou na experiência. A interação estimula a participação do aluno e sua atitude diante do processo de compreensão do texto. É na sala de aula que professores e alunos constroem sentidos para mundos mediados pela linguagem. Assim, buscamos trabalhar os clássicos por meio do diálogo com os alunos, para que a leitura (mesmo a silenciosa) não se torne maçante, entediante.

Ao apresentar nossas justificativas para um trabalho mais específico com vocabulário, passamos a descrever o modo como cada um dos Grupos, A e B, reagiu às aulas de Redação e, consequentemente, o modo como seus textos evoluíram após as intervenções na correção.

Como, no Grupo A, utilizamos diversas estratégias de leitura[30] e estudo do léxico de textos clássicos, os resultados das intervenções e correções dos textos discentes foram ainda mais satisfatórios que no Grupo B, cujo trabalho não passou de aulas tradicionais de Redação, com ensino de técnicas de produção textual, correções e intervenções segundo o modelo tradicional, com mínimas explicações dos desvios cometidos.

No Grupo No Grupo A, a professora incentivou os estudantes a participarem ativamente do processo de leitura e compreensão dos textos escolhidos, com estudo minucioso do vocabulário clássico, a fim de aumentar o repertório linguístico e enciclopédico dos alunos, por conseguinte de sua capacidade redatora. Depois do estudo do texto e de seus signos icônicos e indiciais (sem ênfase nesta nomenclatura, senão nos valores/funções que os signos desempenham, reapresentando ideias ou orientando raciocínios), mapeando as possibilidades (isotopias) de entendimento pelo léxico, a professora propunha um tema de redação. Os alunos, então, punham-se a escrever e entregavam seus textos à professora para correção.

No Grupo B, a professora ensinava modelos de escrita, regras gramaticais, exercícios de argumentação e técnicas redacionais, sem nenhum apoio de texto motivador. Depois, da mesma forma, elegia um tema para que os alunos produzissem suas redações, que em seguida eram recolhidas para correção. Na devolutiva, tanto no Grupo A quanto no B, a professora propunha um diálogo com os alunos, visando à reflexão sobre os desvios gramaticais e sobre as escolhas lexicais. Logo, todos os participantes tiveram a mesma chance de interagir com a professora depois da correção, reescrevendo seus textos e reapresentando para nova avaliação de sua produção escrita. Foi nesse segundo momento que percebemos que as intervenções da professora surtiram maior efeito no Grupo A que no B. A permuta de uma palavra ou expressão por outra foi mais consciente no Grupo A. Alunos do Grupo B trocavam as palavras em uso inadequado ao contexto por outras de igual ou maior inadequação. No Grupo A, as

---

[30] Nestas oportunidades, propúnhamos aos alunos que lessem os textos silenciosamente, depois, oralmente, a fim de observarmos a entonação de suas leituras, antes do estudo minucioso do vocabulário desconhecido por eles. Depois, passávamos a marcar com eles as palavras desconhecidas ou usadas em sentidos diversos dos que lhes eram conhecidos. Após a marcação, passávamos à pesquisa no dicionário, observando qual significado melhor cabia a cada situação discursiva. Somente depois dessas pesquisas do léxico, líamos novamente o texto, agora com uma entonação mais adequada ao pretexto comunicativo, pois os alunos, então, já dominavam o sentido das palavras que antes eram desconhecidas ou empregadas em situação textual diferente.

construções léxicas são próprias do grau de informatividade que se estabeleceu, à medida que os alunos receberam informações semânticas mais ricas que as fornecidas ao Grupo B. O que procuramos destacar, nesse momento, é a configuração de seus textos, estabelecidas as diferenças de tratamento entre os grupos. A tabela a seguir resume as ocorrências de escolhas lexicais equivocadas e suas respectivas substituições após estudo das devolutivas e as respectivas reescrituras, confirmando a teoria e a proposta aqui apresentadas. As ocorrências foram divididas de acordo com os Grupos A e B.

COMPARATIVO DE ESCOLHAS LEXICAIS			
GRUPO A		GRUPO B	
Texto original do aluno com destaque da escolha lexical discente	Novas escolhas na reescritura depois da devolutiva	Texto original do aluno com destaque da escolha lexical discente	Novas escolhas na reescritura depois da devolutiva
"e não ficar DEPENDENTE daqueles que tentam manipular informações"	À MERCÊ	"era bondade da princesa, MESMO PORQUE os escravos não passaram a gozar de liberdade"	JÁ QUE
"mesmo não sabendo exatamente como eram as INTERVENÇÕES do Governo"	INTERVENIÊNCIAS	"o bullying é difícil de ser DIAGNOSTICADO pelos professores"	IDENTIFICADO
"buscando esclarecer o que teria PROVOCADO a Lei Áurea"	DESENCADEADO	"o bullying é ALGO SÉRIO"	UMA AÇÃO PERIGOSA
"podemos DAR a cada um a responsabilidade de praticar e conceder a liberdade de expressão"	INCUMBIR	"os bullies costumam LEVAR como característica marcante"	TER

Após o estudo de correções — devolutivas e reescrituras —, procedemos a um minucioso levantamento do vocabulário adequadamente empregado pelos dois grupos, em assuntos idênticos, e chegamos à conclusão de que realmente há uma notável diferença de vocabulário utilizado nos textos de cada grupo.

Ampliar o universo de escolhas dos sujeitos é o primeiro passo para a apreensão da língua na variedade padrão. Os professores devem compreender que a exemplaridade é também um componente da educação, mormente da educação linguística que integra a trajetória escolar.
Nessa mesma ótica, Moura Neves (2002) diz que:
Não existe, simplesmente, uma escolha entre norma culta padrão e registro (popular) do aluno. De um lado, não há dúvida de que é um papel da escola prover para seus alunos a formação necessária para que eles sejam usuários da língua no padrão necessário à ocupação de posições minimamente situadas na escala social. De outro, não há dúvida de que uma enorme parte da clientela de ensino fundamental e médio entra na escola com uma apropriação apenas de padrões linguísticos extremamente distantes dos que a sociedade aceita e respeita. (Neves 231).

Torna-se, pois, necessário e urgente que os textos literários sejam lidos e trabalhados na escola para que sirvam de roteiro aos estudantes e para que não se dê sequência à falha cultural de transpor a língua falada e as marcas da variedade popular, para a língua escrita sem a observância da relação entre gênero textual e variedade linguística.
A leitura dos textos literários, em especial dos clássicos, propicia a ampliação do repertório discente, além de demonstrar como empregar as formas adquiridas nas futuras e diferentes situações comunicativas.

Considerações finais
Supomos que o treinamento na identificação de signos icônicos e indiciais pode funcionar como uma estratégia didático-pedagógica de aquisição lexical e gramatical, uma vez que o levantamento dos eixos temáticos e dos signos que os materializam seria um procedimento favorável ao enriquecimento vocabular, gramatical e enciclopédico. Este conhecimento decorrerá dos valores levantados nos sintagmas estudados, a partir dos quais emergirão indagações acerca do conteúdo informativo ali presente.
Os processos cognitivos que operam a seleção vocabular em consonância com a proposta temática do texto devem ser considerados quando do treinamento tático dos falantes, no sentido de tornarem-se aptos a identificar os signos e seus matizes significativos, para que as escolhas léxicas se façam adequadas e conscientes.
Para nós, o domínio lexical implica: (1) saber o grau de probabilidade de encontrar essa palavra na fala ou na escrita. Esse item diz respeito a dois tipos de conhecimento: frequência e colocabilidade; (2) conhecer os condicionamentos de seu uso de acordo com variações de função e de situação, ou variações de registro; (3) pressupor conhecimento de sua forma subjacente e de suas possíveis derivações e flexões; (4) conhecer suas propriedades gramaticais e estruturais; (5) conhecer a rede de associações

com outras palavras da língua ou suas relações paradigmáticas e (6) conhecer suas potencialidades semânticas nos planos denotativo e conotativo.

As experimentações realizadas em classes dos níveis básico ao superior vêm demonstrando a validade e a eficiência dessa proposta teórico-metodológica, uma vez que aos alunos agrada a sensação de que é possível entender o texto, extrair-lhe interpretações diversas e distintas sem precisar de "bola de cristal ou de adivinhômetro" conforme dizem os próprios estudantes.

Referências Bibliográficas

Barbosa, Maria Aparecida. *Léxico, produção e criatividade: processos do neologismo.* São Paulo: Editora Plêiade, 1996.

Bechara, Evanildo. *Ensino de gramática. Opressão? Liberdade?* 5 ed. São Paulo: Ática, 2003.

El Fahl, Alana Oliveira Freitas. *Singularidades narrativas: uma leitura dos contos de Eça de Queirós.* MA thesis. Universidade Federal da Bahia, 2009.

Givón, Talmy. *Functionalism and Grammar.* Amsterdam: Benjamins, 1995.

Halliday, Michael and Matthiessen, Christian. *An Introduction to Functional Grammar.* 3 ed. London: Edward Arnold, 2004.

Lévy, Pierre. *A Inteligência Coletiva: por uma Antropologia do Ciberespaço.* Lisboa: Instituto Piaget, 1994.

Neves, Maria Helena Moura. *A gramática: história, teoria e análise, ensino.* São Paulo: Editora UNESP, 2002.

Novo Dicionário Eletrônico Aurélio. Versão 7.0. 5 ed. Curitiba: Positivo, 2010.

Nöth, Winfried. "Peircean semiotics in the study of iconicity in language". *Transactions of the Charles S. Peirce Society* 25.3 (1999): 613-9.

Peirce, Charles Sanders. *The Collected Papers of Charles Sanders Peirce.* [CP] Charles Hartshorne and Paul Weiss, eds vols. 1-6. Arthur W. Burks, ed vols. 7-8. Cambridge: Harvard University Press, 1931-58.

Queiroz, Eça de. "No Moinho". *Contos.* Porto: Livraria Chardron, 1902. 65-85.

Simões, Darcilia. *Iconicidade Verbal: teoria e prática.* Rio de Janeiro: Dialogarts, 2009.

Ullmann, Stephen. *Semântica: uma introdução à ciência do significado.* 4 ed. Lisboa: Calouste Gulbenkian, 1964.

A RETEXTUALIZAÇÃO NO ENSINO DE LÍNGUA PORTUGUESA[31]

Regina L. Péret Dell´Isola

Introdução

O estudo dos gêneros textuais possibilita a exploração de algumas regularidades nas esferas sociais em que eles são utilizados e favorece a reflexão acerca da identidade e do conhecimento humano determinada pelos textos a que estão expostos, que produzem e que consomem. Por isso, qualquer profissional que trabalhe com o ensino da linguagem no país deveria levar em conta este aspecto no estudo e ensino da língua portuguesa.

Os textos circulam socialmente com finalidades definidas e suas estruturas dependem de uma infinidade de fatores que vão desde as escolhas linguísticas até os suportes físicos que os sustentarão, por isso trataremos neste trabalho da relevância de que haja investimento em propostas de produção de textos de diferentes gêneros na escola. Com base no pressuposto de os textos têm propósitos definidos, defendemos, com Swales (2004) e Bazerman (2005, 2006), que as produções – orais ou escritas – partem de um intento comunicativo que, certamente, orientará o modo de expressão oral ou escrita e exigirá do locutor um conjunto de competências que incluem o conhecimento dos gêneros textuais mais adequados a determinadas situações comunicativas.

Considerando-se as várias possibilidades de gêneros disponíveis, é preciso orientar nossos alunos a desenvolverem habilidade de selecionar no cardápio dos gêneros textuais, o(s) mais apropriado(s) para o propósito estabelecido. Essas escolhas envolvem tanto a melhor maneira de construção do texto, as formas gramaticais mais adequadas, quanto as condições de produção que estão diretamente vinculadas à função de cada um, ao objetivo almejado, às situações de uso. Não só a língua varia no tempo, no espaço, em diferentes classes sócio-culturais, mas também os modos de uso da língua variam de acordo com os gêneros textuais. O ensino do português não pode acontecer sem que todos esses aspectos sejam levados em consideração.

---

[31] Este trabalho tem o apoio da Fundação de Amparo à Pesquisa de Minas Gerais (FAPEMIG) que financiou a participação da pesquisadora no III Encontro Mundial sobre o Ensino de Português realizado na Columbia University, New York, EUA.

Retextualização: trans-formação

O processo de retextualização tem se mostrado um excelente recurso para o trabalho com os diversos textos em atividades de linguagem no ensino de Língua Portuguesa. Muitos estudiosos têm se debruçado em analisar como esse processo que se manifesta em diferentes contextos situacionais. Para citar alguns estudos, lembramos das operações apresentadas por Marcuschi (2000) da fala para a escrita, das atividades da prática de resumos acadêmicos analisados por Matêncio (2002), dos mecanismos empregados por alunos do Ensino Fundamental analisados por Benfica (2002), da exploração dos movimentos retóricos dos gêneros textuais a partir da proposta de retextualização escrita defendida por Dell´Isola (2007, 2009) e de tantos trabalhos recentes que evidenciam a importância do processo de retextualização.

Por retextualização, entendemos "a transformação de uma modalidade textual em outra, ou seja, trata-se de uma refacção de um texto verbal em outro, seja ele oral ou escrito, processo que envolve operações que evidenciam o funcionamento social da linguagem" (DELL´ISOLA, 2007). Estava lançada aí uma noção que, acreditamos, tem sido bem aceita pelos professores e pesquisadores da área de Linguagens. Defendemos que a retextualização não deve ser vista como tarefa artificial que ocorre apenas em exercícios escolares e cientes de que é consenso o fato de ela ser atividade comum na vida diária.

Embora saibamos que a realização de retextualizações possa se dar de muitas diferentes maneiras, apesar de sabermos que a maioria dos professores compreendam a noção desse processo e até saibam como explorá-lo em suas aulas, ainda nos parece incipiente a orientação para se ensinar a retextualizar. Não são muitas as diretrizes voltadas para a condução de atividades que levem à transposição de um texto em outro. Como exigir dos professores o trabalho com a retextualização, sem estabelecermos parâmetros que os orientem a conduzir atividades dessa natureza?

Por acreditarmos que devemos instruir os futuros profissionais da área de Língua Portuguesa a refletir sobre o assunto e a reconhecer a importância dessa atividade, voltamo-nos para orientar o professor e o futuro professor a reger a sinfonia de textos com que lidam e com que vão lidar em sua prática docente. Esse trabalho foi feito tanto em cursos de Especialização quanto em cursos de graduação em Letras e é a seu respeito que vamos tratar nesta apresentação.

Diretrizes a partir de um exemplo

Passo aqui a descrever um conjunto de procedimentos que estimularam os aprendizes a retextualizar de modo prazeroso, focalizando os propósitos comunicativos necessários para a interação, sem desconsiderar aspectos linguísticos importantes na construção dos textos. A origem da proposta está exclusivamente na ideia de que os conhecimentos da língua portuguesa servem para o uso, para a leitura e produção de texto, de modo que os alunos se apropriem desses conhecimentos para realizarem tarefas de escrita, necessárias para interação sociocomunicativa.

O primeiro passo é a **leitura de um texto**. Toda a turma leu o artigo de opinião escrito por Stephen Kanitz intitulado "Revolucione a sala de aula" em que o articulista afirma ter freqüentado vários tipos de salas de aula e descreve o padrão usual desses ambientes. Nesse texto, veiculado pela revista Veja, Kanitz procura demonstrar o comportamento dos alunos e professores que traz consequências negativas ao comportamento dos adultos escolarizados em nossa sociedade. Após delinear um perfil negativo do alunado em nosso país, ele estabelece uma comparação com sua experiência como estudante no exterior, onde não só as salas tinham uma configuração diferente da que ele estava habituado como também o modo de ensinar era bastante peculiar. Ao final, Stephen Kanitz incita o leitor a fazer mudanças significativas para uma revolução em nossas salas de aula. Os alunos devem atentar para os argumentos bem articulados, para a clareza do texto claro e devem observar quão bem escritos é, conforme podemos constatar na leitura desse texto na íntegra.

Revolucione a Sala de Aula
Stephen Kanitz (administrador)

Qual a profissão mais importante para o futuro de uma nação? O engenheiro, o advogado ou o administrador? Vou decepcionar, infelizmente, os educadores, que seriam seguramente a profissão mais votada pela maior parte dos leitores. Na minha opinião, a profissão mais importante para definir uma nação é o arquiteto. Mais especificamente o arquiteto das salas de aula.

Na minha vida de estudante freqüentei vários tipos de sala de aula. A grande maioria seguia o padrão usual de um monte de cadeiras voltadas para um quadro negro e uma mesa de professor bem imponente, em cima de um tablado. As aulas eram centradas no professor, o "lócus" arquitetônico da sala de aula, e nunca no aluno. Raramente abrimos a boca para emitir nossa opinião, e a maior parte dos alunos ouve o resumo de algum livro, sem um décimo da emoção e dos argumentos do autor original, obviamente com inúmeras honrosas exceções.

Nossos alunos, na maioria, estão desmotivados, cheios das aulas. É só lhes perguntar de vez em quando. Alguns professores adoram ser o centro das atenções, mas muitos estão infelizes com sua posição de ator obrigado a entreter por cinquenta minutos um bando de desatentos.

Não é por coincidência que somos uma nação facilmente controlada por

> políticos mentirosos e intelectuais espertos. Nossos arquitetos valorizam a autoridade, não o indivíduo. Nossas salas de aula geram alunos intelectualmente passivos, e não líderes; puxa sacos, e não colaboradores. Elas incentivam a ouvir e obedecer, a decorar, e jamais a ser criativos.
> A primeira vez que percebi isto foi quando estudei administração de empresas no exterior. A sala de aula, para minha surpresa, era construída como anfiteatro, onde os alunos ficavam num plano acima do professor, não abaixo. Eram construídas em forma de ferradura ou semicírculo, de tal sorte que cada aluno conseguia olhar para os demais. O objetivo não era a transmissão de conhecimento por parte do professor, esta é a função dos livros, não das aulas.
> As aulas eram para exercitar nossa capacidade de raciocínio, de convencer nossos colegas de forma clara e concisa, sem "encher lingüiça", indo direto ao ponto. Aprendíamos a ser objetivos, a mostrar liderança, a resolver conflitos de opinião, a chegar a um comum acordo e obter ação construtiva. Tínhamos de convencer os outros da viabilidade de nossas soluções para os problemas administrativos apresentados no dia anterior. No Brasil só se fica na teoria.
> No Brasil, nem sequer olhamos no rosto de nossos colegas, e quando alguém vira o pescoço para o lado é chamado à atenção. O importante no Brasil é anotar as pérolas de sabedoria.
> Talvez seja por isto que tão poucos brasileiros escrevem e expõem as suas ideias. Todas as nossas reclamações são dirigidas ao governo - leia-se professor - e nunca olhamos para o lado para trocar idéias e, quem sabe, resolver os problemas sozinhos.
> Se você ainda é um aluno, faça uma pequena revolução na próxima aula. Coloque as cadeiras em semicírculo. Identifique um problema de sua comunidade, da favela ao lado, da própria faculdade ou escola, e tente encontrar uma solução. Comece a treinar sua habilidade de criar consenso e liderança. Se o professor quiser colaborar, melhor ainda. Lembre-se de que na vida você terá de ser aprovado pelos seus colegas e futuros companheiros de trabalho, não pelos seus antigos professores.
>
> FONTE: *VEJA*. São Paulo: Ed. Abril, edição 1971, Ano 33, n.42, 18 out. 2000. p. 23.

O segundo passo consiste na **compreensão** do conteúdo temático desse texto, do convite à observação e ao levantamento das características de textualização que levarão os alunos à identificarem as características essenciais do gênero artigo de opinião. Após essa tarefa de leitura, propõe-se a realização de um debate sobre o assunto para favorecer a troca de experiências e a explicitação dos diferentes pontos de vista acerca do assunto tratado. Nesse momento, abre-se espaço em que todos têm

oportunidade de se expressar. Temos aí uma retextualização do texto escrito para o oral.
O terceiro passo envolve o levantamento dos **procedimentos operacionais** da transformação **do escrito para o oral**, ou seja, do artigo de opinião escrito para a discussão oral. Nessa etapa, verifica-se que prevalecem os termos "eu acho", "eu penso que", "concordo", "discordo", seguidos de marcadores conversacionais e de modalizadores, além de todos os elementos interacionais orais: o uso de dêiticos gestuais, presença de hesitações, emprego de palavras truncadas, de prosódia, repetições, redundâncias e outras marcas da oralidade. Merece registro a substituição dos conectores do texto escrito por outros na reconstrução da argumentação. Vemos também uma mudança nos tempos verbais e uma reorganização geral dos operadores argumentativos, dando uma sequenciação diferente à empregada na escrita. É importante registrar que ambas as formas, falada e escrita têm lógica, são consistentes e sistemáticas; ambas têm organizações próprias.
O quarto passo é o levantamento de **novas possibilidades de retextualização**. Para isso, é indispensável a presença de razões que levariam os docentes a escreverem algo a respeito do texto que leram. Assim, passamos a refletir a respeito dos motivos que conduziriam a atividade de retextualização da oralidade para a escrita (se tomarmos o debate como texto a ser retextualizado) ou da escrita para a escrita (se considerarmos o artigo publicado por Kanitz como texto fonte). Decidindo por levar adiante esta atividade – e não aquela – os docentes e os futuros professores, passaram a criar propósitos comunicacionais plausíveis para a escrita de um texto a partir do artigo escrito.
O quinto passo é a **produção do texto**, com base nas finalidades que cada um estabeleceu como relevante para a execução da tarefa.

Produções escritas resultantes
Entre as decisões tomadas, citamos a retextualização escrita com o propósito de
- desabafar – gênero escolhido diário (ou blog) – a ser escrito em folha de papel ou postado virtualmente;
- opinar a respeito da opinião do articulista, argumentar contra o ponto de vista defendido por Kanitz – gênero escolhido: artigo de opinião a ser publicado em qualquer veiculou midiático;
- apresentar sugestões para a diretoria de uma escola para gerir mudanças fundamentadas nas ideias defendidas por Kanitz – gênero selecionado: carta pessoal formal;
- divulgar ideias, convencer, persuadir – gênero escolhido: campanha publicitária a ser veiculada em jornais e revistas impressos;

- segmentar as ideias do autor e elaborar perguntas que podem ter gerado respostas explícita ou implicitamente na base do texto de origem – gênero escolhido: entrevista.

Vejamos algumas das retextualizações produzidas, a partir dos propósitos comunicativos estabelecidos e dos gêneros textuais adequados à retextualização pretendida. Optamos por apresentar fragmentos dos textos para oferecer um maior número de exemplos e dar visibilidade à produtividade do processo.

2.1. DIÁRIO

04 de dezembro de 2007

Fim de ano (como passou rápido!)... dessa vez quis pensar um pouco em outras questões além das festas de Natal e Reveillon. Como estou quase me formando na faculdade, fiquei tentando achar uma resposta para a pergunta: **"Qual a profissão mais importante para o futuro de uma nação?"**. Achei difícil responder...

Segundo meus pais "o professor", segundo meu irmão, "médico" (típico... claro que ele ia responder isso, egocêntrico que é!)... Recebi respostas bem articuladas e quase convincentes...quase! Pensando bem (mente inquieta que tenho) acho que **a profissão mais importante para definir uma nação poderia mesmo ser o arquiteto (como escreveu na Veja um administrador chamado Kanitz).** Faz sentido [...]. Me refiro aqui especificamente ao **Arquiteto de salas de aula.** A disposição tradicional das cadeiras, **a posição centralizada do professor...toda essa atmosfera pressupõe uma hierarquia existente na relação professor-aluno e muitas vezes chega a criar nos alunos medo de expor suas ideias.** Pura verdade! Acontece sempre comigo... no João Herculino, no Anglo... até mesmo agora na UFMG! Muitas vezes guardo pra mim um comentário que poderia ser bom por medo de dar palpite...terrível isso! [...] Acho até que não acontece só comigo... na maioria das vezes **a sala de aula é um lugar onde o professor fala e o aluno finge que escuta** (eu mesma já fiz isso várias vezes!). Fica **todo mundo enfileirado...** [...]

Bom...acho que fiz um discurso "inflamado" demais e me esqueci que ainda tenho que estudar para a prova de Francês (já são 23h.... a nem, to com sono....). Até que foi bom refletir um pouco sobre esse assunto. Acho que a partir dele a gente pode pensar em várias outras coisas (como a relação desse nosso sistema escolar tradicional e excludente com a passividade com a qual a sociedade brasileira aceita os mandos e desmandos dos governantes do país) mas... isso é papo pra depois... o Francês me espera... Au revoir :)

Fragmento do texto de Bruna Maia Rocha (grifos nossos)

Os trechos em destaque têm relação direta com o texto-fonte. Observa-se que os elementos textuais constitutivos desse texto podem categorizá-lo como diário que se assemelha a uma carta pessoal informal, cujo destinatário pode ser o próprio autor, preferencialmente, se escrita for feita em um caderno (geralmente manuscrita) ou pode ser qualquer leitor do blog, se o texto é virtual e disponibilizado em um blog.
A linguagem é bastante coloquial. Os alunos identificaram elementos da escrita que se aproximam da oralidade. A riqueza da exploração desses elementos trouxe reflexões voltadas para as variedades linguísticas e os registros. Finalmente, foram levantadas características desse modo de expressar e sua relação com o gênero produzido.
Não vamos aprofundar aqui todas as características abordadas na exploração de cada produto retextualizado. Nossa intenção é apresentar o resultado do trabalho realizado com professores da Especialização em Leitura e Produção de Texto (Curso PROLEITURAS da Faculdade de Letras da UFMG) e alunos da graduação em Letras (Licenciatura em Língua Portuguesa da Faculdade de Letras da UFMG). Nossa proposta é ensinar a ensinar. Partimos do pressuposto de que devemos investir em um trabalho reflexivo em que os professores e futuros docentes tenham oportunidade de praticar algumas das práticas que são propostas nos atuais parâmetros curriculares nacionais. Como podemos exigir dos professores algumas práticas que não foram por eles experimentadas?

Vejamos outras retextualizações.

2.2. ARTIGO DE OPINIÃO

kanitz pelo cano

Recentemente, li um artigo de opinião do Stephen Kanitz. Em seu texto, ele **narrava sua experiência na escola**. Num primeiro momento, **a escola era brasileira**. Uma escola repleta de **alunos desmotivados, professores extremamente vaidosos** e, segundo Kanitz por isso, hoje o **povo brasileiro é passivo e facilmente controlado por políticos, donos de circo e intelectuais com teorias revolucionárias**. Para ele, a escola é o vilão porque produz toda essa corja mentalmente paraplégica.

Ele compara o **ensino fundamental e médio brasileiro** a uma renomada **escola** de administração **gringa** Lá no estrangeiro, os **alunos ficam em semicírculo, em cima de um palanque, aprendendo a pensar sozinhos**. Lá os alunos aprendiam a ler livros. As aulas serviam para olhar um para a cara do outro, e discutir as coisas. Lá o professor recebe em dólar. E ao fim do artigo, ele manda o leitor dele promover uma revolução em sala de aula. Como se tudo isso fosse adiantar alguma coisa. [...]

Mal sabe o senhor Kanitz que para mudar o sistema, tal como a trilogia de Matrix, é preciso ser parte integrante dele. É ingenuidade de um administrador de empresas, formado no estrangeiro, acreditar que a cultura brasileira vai se modificar, se nos sentarmos em um semicírculo.

Ninguém nunca mudou o mundo mudando a **posição das carteiras dentro da sala de aula**. Isso é fato.

Fragmento do texto de Henrique Wollny (grifos nossos)

Observa-se que é possível retextualizar um texto, mantendo-se o mesmo gênero. Nesse fragmento, verifica-se que os trechos em destaque têm relação direta com o texto-fonte. Desde o título, o autor mantém o tom de crítica saliente no texto. A exploração sonora no título já prenuncia a voz do autor que tratará de criticar o original. A presença de elementos textuais argumentativos de natureza opinativa nos dois textos confirma que ambos são artigos de opinião. Foram comparados, então, os estilos de escrita argumentativa. Além das semelhanças entre a constituição dos dois textos de mesma categoria tipológica, foram analisados os elementos de oposição presentes no segundo artigo que geram confronto de pontos de vista. Nota-se que o ponto de vista do autor, seu tom de ataque às opiniões emitidas no texto fonte, é nítido na retextualização.

2.3. CARTA

Belo Horizonte, 05 de dezembro de 2007

Prezado Sr. Diretor,

Sou mãe do aluno Luis Gustavo, que cursa na sua instituição o segundo ano do colegial. Resolvi lhe escrever esta carta porque percebo que meu filho está com muita dificuldade de redigir textos a partir das propostas elaboradas pelos professores. E, além disso, ele está desmotivado a escrever, o que é um problema ainda maior.
Pensei em várias formas de solucionar os problemas, assino revistas e internet a cabo. [...] Eu acredito, então, que o problema esteja na escola e proponho uma solução.
Sou arquiteta e tenho pensado muito sobre **a influência do espaço da sala de aula na maneira como se configuram as aulas**. Segundo meu filho, a sala da sua instituição segue o padrão usual. Dessa forma, **as cadeiras estão voltadas para o quadro negro e para o professor e não para os alunos**. Assim, alunos como o meu filho, que já não emitem

opiniões em casa, raramente devem se expor em sala de aula.
Eu proponho, portanto, uma sala de aula que valorize os indivíduos em detrimento da autoridade do professor. É necessária uma **reforma nas salas de aula que seriam construídas como um anfiteatro, onde os alunos ficariam num plano acima do professor, não abaixo.** Dessa forma, o objetivo das aulas não seria simplesmente a **transmissão de conhecimentos**, mas o **exercício do raciocínio**. Esta arquitetura impulsionaria os alunos a debaterem idéias, expor conflitos e resolvê-los de forma viáveis. As aulas serviriam para mostrar lideranças, chegar a um comum acordo e obter uma ação construtiva.

Imagine, Sr. Diretor, quantas redações brilhantes poderiam surgir a partir dessas fervorosas discussões?

Atenciosamente,

Laura Ferreira.

P.S. Está anexado a esta mensagem o esboço de um projeto de uma sala de aula. Estou à disposição.

Fragmento do texto de Laura Ferreira (grifo nosso)

Não temos aí uma carta destinada a alguém que ocupa importante posição na hierarquia escolar e remetida por alguém que se apresenta como interessado em mudanças positivas na estrutura da escola. O remetente, além de ser mãe de aluno da escola dirigida pelo destinatário, exerce profissão que lhe dá autoridade para apresentar as sugestões de melhorias especificadas no corpo da carta. Há aí um alocutário definido e um locutor que expõe as razões pelas quais decide elaborar a missiva. Trata-se de um texto claro, com linguagem formal e respeitosa, que apresenta estrutura canônica de correspondência dessa natureza. Ressalta-se que o gênero escolhido cumpriria o propósito para o qual foi elaborado. Todos os trechos em destaque são intertextos cuja origem está no texto fonte da retextualização. Após a exploração dessa carta, desafiamos os alunos a imaginarem como seria a retextualização se a remetente optasse por um telefonema para a Diretoria da escola e conversasse com o diretor (por telefone ou pessoalmente, após ter agendado uma reunião com ele). Os resultados foram extraordinários.

2.4. CAMPANHA PUBLICITÁRIA

Texto de Nelson Sá Fortes.

Para a elaboração dessa peça publicitária, foi necessária uma pesquisa de imagem que fosse coerente com a mensagem elaborada pelo autor da campanha. Para retextualizar, o autor dessa peça, buscou uma imagem que fosse apropriada para o texto que elaborou. Ele escreveu apenas cinco enunciados:

1º enunciado: "Aprender assim, parece negócio da China, mas não é."

Negócio da China é expressão que remete a uma ideia positiva, usada para significar que a realização de um "ótimo negócio". O dêitico "assim" nesse enunciado remete à disposição das carteiras tal qual foi mencionada no texto fonte da retextualização. Temos aí o diálogo multimodal entre imagem que complementa linguagem verbal.

2º., 3º e 4º. enunciados: "Não espere tudo de seu professor. Revolucione a sala de aula.Lembre-se que na vida precisará mais do que a aprovação de seus antigos professores para passar"

Todos eles foram retiradas *ipsis verbis* do texto de Kanitz, mas com uma grande diferença: foram pinçados, cuidadosamente escolhidos, não estão nessa ordem no original. O autor da campanha foi muito feliz na síntese das ideias que Kanitz apresenta para aconselhar o leitor. Portanto, temos aí uma retextualização resultante da seleção e composição de trechos do original.

O 5º. enunciado encontra-se na lateral direita "Campanha da Revista Veja em favor da Educação no Brasil", elaborado com base no veículo e suporte do texto original e no tema do artigo de opinião.

O que há de novo? A campanha em si. A criatividade está na escolha de uma escola é chinesa – marcada pela presença da grafia da escrita na lousa e dos traços físicos do professor - o uso da expressão "negócio da China" seguida do verbo parecer, ou seja, "parece, mas não é". A composição desse enunciado sintetiza a tese do articulista de que a organização da sala pode interferir na qualidade do aprendizado.

2.5. ENTREVISTA

STEPHEN KANITZ FALA SOBRE A EDUCAÇÃO BRASILEIRA

STEPHEN KANITZ, consultor de empresas e conferencista, vem realizando seminários em grandes empresas no Brasil e no exterior. Já realizou mais de 500 palestras nos últimos 10 anos. Mestre em Administração de Empresas pela Harvard University, foi professor Titular da Faculdade de Economia, Administração e Contabilidade da Universidade de São Paulo.
Ex-comentarista econômico da TV Cultura de São Paulo. Assessor do Ministro do Planejamento 1986-1987. É o criador do Prêmio Bem Eficiente para entidades sem fins lucrativos e do site www.voluntarios.com.br. É também criador de Melhores e Maiores da Revista Exame, avaliou até 1995 as 1000 maiores empresas do país. Sua experiência como consultor lhe rendeu vários prêmios: Prêmio ABAMEC Analista Financeiro do Ano, Prêmio JABUTI 1995 - Câmara Brasileira do Livro e o Prêmio ANEFAC. Atualmente é articulista da Revista Veja - Editora Abril e árbitro da BOVESPA na Câmara de Arbitragem do Novo Mercado. Kanitz concedeu entrevista à revista OLHE em seu apartamento em São Paulo.
OLHE: **Qual é a profissão mais importante pra o futuro de uma nação?**
STEPHEN KANITZ: Vou decepcionar, infelizmente, os educadores, que seriam seguramente a profissão mais votada pela maior parte dos leitores. Na minha opinião, a profissão mais importante para definir uma nação é o arquiteto. Mais especificamente o arquiteto de salas de aula.

OLHE: Por que o senhor resolveu adotar essa denominação ("arquiteto de salas de aula")?
S. K.: Bem, na minha vida de estudante freqüentei vários tipos de sala de

aula. **A grande maioria seguia o padrão usual de um monte de cadeiras voltadas para um quadro negro e uma mesa de professor bem imponente, em cima de um tablado.** As aulas eram centradas no professor, o "locus" arquitetônico da sala de aula, e nunca no aluno.
OLHE: **Como esse padrão de sala de aula influencia no aprendizado?**
S. K.: Raramente abrimos a boca para emitir nossa opinião, e a maior parte dos alunos ouve o resumo de algum livro, sem um décimo da emoção e dos argumentos do autor original, obviamente com inúmeras honrosas exceções. **Nossos alunos, na maioria, estão desmotivados, cheios das aulas.** É só lhes perguntar de vez em quando. Alguns professores adoram ser o centro das atenções, mas muitos estão infelizes com sua posição de ator obrigado a entreter por cinquenta minutos um bando de desatentos.
OLHE: **E quanto ao posicionamento dos professores?**
S. K.: Acredito que isso também influencie. **Nossos arquitetos valorizam a autoridade, não o indivíduo.** Nossas salas de aula geram alunos intelectualmente passivos, e não líderes; puxa sacos, e não colaboradores. Elas incentivam a ouvir e obedecer, a decorar, e jamais a ser criativos. Não é por coincidência que somos uma nação facilmente controlada por políticos mentirosos e intelectuais espertos.
OLHE: Então **o sucesso de outras nações está relacionada a sua sala de aula?**
S. K.: Exatamente. A primeira vez que percebi isto foi quando estudei administração de empresas no exterior.
OLHE: E **qual é a diferença entre as salas de aula no exterior e no Brasil?**
S. K.: No exterior, a sala de aula, para minha surpresa, era construída como **anfiteatro, onde os alunos ficavam num plano acima do professor, não abaixo. Eram construídas em forma de ferradura ou semicírculo, de tal sorte que cada aluno conseguia olhar para os demais.** O objetivo não era a transmissão de conhecimento por parte do professor, esta é a função dos livros, não das aulas. **As aulas eram para exercitar nossa capacidade de raciocínio**, de convencer nossos colegas de forma clara e concisa, sem "encher lingüiça", indo direto ao ponto. Aprendíamos a ser objetivos, a mostrar liderança, a resolver conflitos de opinião, a chegar a um comum acordo e obter ação construtiva. Tínhamos de convencer os outros da viabilidade de nossas soluções para os problemas administrativos apresentados no dia anterior. No Brasil só se fica na teoria. No Brasil, nem sequer olhamos no rosto de nossos colegas, e quando alguém vira o pescoço para o lado é chamado à atenção. O importante no Brasil é anotar as pérolas de sabedoria. Talvez seja por isto que tão poucos brasileiros escrevem e expõem as suas idéias.
OLHE: E **como a sala da aula influencia na formação do cidadão?** S.

> K.: Ela influencia na formação do senso crítico. **Não é à toa que todas as nossas reclamações são dirigidas ao governo - leia-se professor - e nunca olhamos para o lado para trocar idéias e, quem sabe, resolver os problemas sozinhos. [...]**

Fragmento de texto de Vanessa Ribeiro (grifos nossos)

Temos aí um exemplar de retextualização do artigo de opinião para uma entrevista impressa. Foi necessária a busca por informações a serem acrescidas para a apresentação do entrevistado.

Na introdução, elemento que integra e caracteriza grande parte das entrevistas veiculadas pela mídia impressa, é apresentado o perfil do entrevistado. Temos também a inserção de perguntas a partir das respostas cuja base está no artigo de opinião lido. A atividade de elaborar perguntas, sem dúvida, envolve habilidades de compreensão e de organização importantes para o desenvolvimento cognitivo dos aprendizes. Essa tarefa deveria ser valorizada na escola e poderia ser mais bem trabalhada. O aluno tem o hábito de responder às questões previamente elaboradas que estão nos livros didáticos, nas avaliações, nos exercícios. Por que não propor o contrário? Por que não apresentar um texto e solicitar a elaboração de perguntas a respeito do que foi lido? Elaborar perguntas é uma competência que deve ser valorizada.

O que se observa nessa entrevista é que o texto de origem foi segmentado e para cada segmento foi elaborada uma questão. Pouco se alterou na constituição das respostas, comparadas ao texto de partida, mas muito se investiu na estruturação do gênero. Para a segmentação foi preciso que fossem evidenciadas as saliências de base textual, a partir das quais foi possível construir a entrevista.

Produções intergenéricas resultants
Entre as retextualizações elaboradas, algumas ultrapassaram a exclusiva escrita de outro gênero. Destacamos a seguir três produções textuais intergenéricas, conforme a concepção de Marcuschi (2003). Para esse autor, um gênero pode assumir a função de outro subvertendo cânones do modelo global desse gênero. Isso ocorre nos textos híbridos, quando temos a forma de um gênero com a função de outro. Para citar alguns exemplos: uma carta com função de propaganda, um poema com função de artigo de opinião. Para Marcuschi (2003, p.31)
a questão da intertextualidade inter-gêneros evidencia-se como uma mescla de funções e forma de gêneros diversos num dado gênero e deve ser distinguida da questão da heterogeneidade tipológica do gênero, que diz respeito ao fato de um gênero realizar várias sequências de tipos textuais.

Assim, diante de uma bula de remédio - que tem estrutura e forma típicas - não temos dúvida quanto à sua classificação. Mas nem sempre essa relação é direta. Sabemos que um texto pode ter estrutura de bula de remédio e outra função que não é peculiar à função das bulas de remédio. Vejamos algumas retextualizações intergenéricas feitas com base na leitura do artigo de Stephen Kanitz.

Exemplo 1

Revolumato de escolasticina Genérico Medicamento genérico Lei n° n°9.787, de 1999. Bula do Paciente **Atenção: Não tome medicamento sem o conhecimento do seu médico. Pode ser perigoso para sua saúde.** **IDENTIFICAÇÃO DO MEDICAMENTO** **Revolutions Escolares do Brasil** Química e Farmacêutica Ltda. **Revoluton Escolástico composto** revolumato de escolasticina e mudancenetolico sódico FORMAS FARMACÊUTICAS E APRESENTAÇÕES USO ADULTO E PEDIÁTRICO Via oral **Solução oral (gotas):** frasco com 20 ml **Solução oral (gotas)** Cada ml (20 gotas) contém 6,67 mg de **revolumato de escolasticina** correspondentes a 4,59 mg de escolatina e 333,4 mg de revolumato sódico, correspondentes a 311,58 mg de mudancitina. Excipientes:	REVOLUTON COMPOSTO alivia de maneira rápida e por longo tempo a dor do inconformismo estimulando o lado inovador do cérebro. QUANDO NÃO DEVO USAR ESTE MEDICAMENTO? [...] **Contra-indicações absolutas** Não devem usar REVOLUTON COMPOSTO os pacientes com intolerância conhecida a estimulantes criativos (medicamentos contra o ócio escolástico instalado) ou analgésicos da família da tolerancitina ou com determinadas doenças metabólicas, como medo de falar em público ou deficiência congênita de iniciativa e proatividade (doença com múltiplas manifestações clínicas, decorrentes de erros do metabolismo de substâncias denominadas amedrotontinas). Também está contra-indicado em pacientes com: redução das capacidades lingual (paralislingua); culpaprofessoratite (inflamação do dedo indicador, geralmente causado por indicação em haste a algum indivíduo, geralmente ligado à docência); **Este medicamento é contra-**

varianmato de classecina, falatorina sódica diidratada, discutiofato de sódio monobásico, proactivante de sódio dibásico, água.

OUTRAS FORMAS FARMACÊUTICAS E APRESENTAÇÕES

<u>Comprimidos</u> *revestidos:* embalagem com 30 <u>comprimidos</u> revestidos.
Solução injetável: embalagem com 5 ampolas de 5 ml.

INFORMAÇÕES AO PACIENTE

COMO ESTE MEDICAMENTO FUNCIONA? REVOLUTON COMPOSTO é a combinação de dois <u>medicamentos</u> que estimulam de forma rápida a capacidade criativa do indivíduo, eliminando todo tipo de passividade escolástica (em ambiente escolar ou não) e aliviando os sintomas do conformismo acadêmico. O medicamento faz efeito logo depois de tomado e seu efeito dura por 6 a 8 horas.

POR QUE ESTE MEDICAMENTO FOI INDICADO?
Durante o tratamento pode-se observar alteração do nível de entusiasmo e criatividade, provocando um embelezamento instantâneo da pele e um brilho constante nos olhos porém, isto não tem significado clínico.
Grupos de risco: pacientes sensíveis à mudanças, que se amedrontam facilmente diante dos desafios e

indicado para pessoas com tendência ao descontrole emocional diante de uma sala de aula, pessoas incapazes de olhar nos olhos dos colegas de sala e principalmente para aquelas que pensam que o professor é sempre responsável pelo mau rendimento escolar do aluno. Não recomendado também para alunos que pensam que o professor nunca é o responsável.
ADVERTÊNCIAS
Se surgirem manifestações alérgicas, como <u>coceira</u> e placas vermelhas e se houver inchaço no lábio, boca ou <u>garganta,</u> interrompa imediatamente o uso deste produto e consulte seu médico.
Sintomas como vontade incontrolável de mudar as regras e sair do padrão são perfeitamente normais. No entanto, se a letargia e a falta de iniciativa ainda estiver pairando sobre você, consulte seu médico.
PRECAUÇÕES
Pode ocorrer agravamento de tendência a discordar das outras pessoas, decorrente de uma ação do revolumato de escolasticina sobre fatores de passividade aguda (deficiência de paradezina).

ONDE E COMO DEVO GUARDAR ESTE MEDICAMENTO?

Manter o medicamento em temperatura ambiente (15°C a 30 °C). Proteger da luz e da umidade.

Todo medicamento deve ser

com problemas de relacionamento devem usar com cuidado o REVOLUTON ESCOLÁSTICO. Os pacientes não devem dirigir ou operar máquinas após a administração de BUSCOPAN COMPOSTO, porque pode haver um excesso de animação (alegria instantânea e motivação fulminante).

Gravidez e lactação
Este medicamento deve ser utilizado por mulheres grávidas com toda certeza. Principalmente por aquelas que desejam que seus filhos sejam alunos revolucionários. As que estão amamentando, usem também. Quem sabe o desejo de mudança passe para o seu filho por meio do leite materno?

COMO DEVO USAR ESTE MEDICAMENTO? ASPECTO FÍSICO
Líquido límpido de cor amarelada.

CARACTERÍSTICAS ORGANOLÉPTICAS Seu odor (cheiro) é apenas perceptível (levemente percebido).

DOSAGEM
Solução oral (gotas) [...]

COMO USAR [...]

Siga **corretamente o modo de usar. Não desaparecendo os sintomas, procure orientação médica.**
Não use o medicamento com o mantido fora do alcance das crianças.

DIZERES LEGAIS[...]

UFMG – Faculdade de Letras – Belo Horizonte – MG

Indústria Brasileira SAC0800 123456
N° de lote, data de fabricação e prazo de validade: vide cartucho. Esta bula é atualizada continuamente. Por favor, proceda à sua leitura antes de utilizar o medicamento.
Para sua segurança, mantenha esta embalagem até o uso total do medicamento.
RESULTADOS DE EFICÁCIA
Avaliando a eficácia analgésica de vários esquemas terapêuticos com duração de quatro dias, em pacientes com letargia causada por anos numa escola tradicional (quadros dolorosos, mais ou menos contínuos, de gravidade intermediária provocada por timidez aguda ou passividade crônica), incluiu o uso oral de REVOLUTON ESCOLÁSTICO e obteve os seguintes resultados: alívio da dor em 81,5% dos pacientes (total de 76) tratados com REVOLUTON ESCOLÁSTICO, contra 9,3% no grupo placebo (total de 151). Ref [...]
INTERAÇÕES MEDICAMENTOSAS
Deve-se evitar o uso concomitante de álcool, pois o efeito do álcool pode ser potencializado.
Indústria Brasileira

prazo de validade vencido. Antes de usar observe o aspecto do medicamento.	SAC 0800 0000000N° de lote, data de fabricação e prazo de validade: vide cartucho. Esta bula é atualizada continuamente. Por favor, proceda à sua leitura, antes de utilizar o medicamento.
A suspensão do tratamento a qualquer momento não causará danos ao paciente. QUAIS OS MALES QUE ESTE MEDICAMENTO PODE CAUSAR? As reações adversas mais freqüentes são os efeitos anticolinérgicos, incluindo: boca seca (de tanto falar), turvação da vista (porque mudam os pontos de vista), aumento dos batimentos do coração (porque o ânimo triplica), tontura e retenção urinária (não dá tempo de ir ao banheiro, devido ao número de atividades). Todavia, tais reações são leves e autolimitadas.	**Para sua segurança, mantenha esta embalagem até o uso total do medicamento.**

Fragmento de texto de Fabiana Alves

Deixemos claro aqui que defendemos a ideia de que determinados gêneros são exclusivamente para serem lidos. Não estamos sugerindo a produção escrita de bulas de remédio, estamos aceitando a possibilidade de o aluno produzir um texto em forma de bula com outra função, no caso, a de crítica.

Entendemos que textos oficiais, por exemplo, como os das certidões em geral, dos documentos oficiais, das bulas de remédio, das leis, etc são especificamente texto de leitura, produzidos por especialistas. Cabe aos professores trabalhar com a sua composição em atividade de leitura. Nossa posição é bastante clara: nem todos os gêneros devem ser alvo de produção escrita em sala de aula. Entretanto, percebemos, em alguns gêneros híbridos, a possibilidade de desenvolvimento da habilidade de leitura e de expressão que ultrapassam os limites estruturais dos textos. Estamos cientes que a exploração da estrutura dos gêneros deve estar associada às funções de cada um.

Vejam-se estas duas produções escritas intergenéricas que merecem ser apresentadas como bons exemplos de retextualização:

Exemplo 2

Lei de Diretrizes e Bases da Revolução da Sala de Aula Nacional

Lei nº 1.671 de 18 de Outubro de 2000.

Estabelece as diretrizes e bases da revolução da sala de aula no Brasil.

O ADMINISTRADOR
Faço saber que o Congresso Nacional decreta e eu sanciono a seguinte Lei:

TÍTULO I
Da Revolução

Art.1º
A revolução consiste na reestruturação física da sala de aula para atender as necessidades de uma concepção mais ampla de educação escolar.
§1 Esta Lei direciona a educação escolar em instituições de ensino para que ensinar não seja apenas transmitir conhecimento, tarefa que passa a ser atribuída apenas aos livros.
§2 A educação escolar passa a ser mais claramente vinculada ao mundo do trabalho e à prática social, formando efetivamente cidadãos, sujeitos de seu processo de formação humana.

TÍTULO II
Dos Princípios e Fins da Revolução da Sala de Aula

Art. 2º
A partir de experiências educacionais estrangeiras, verifica-se a necessidade de revolucionar a sala de aula nacional. A revolução deve ser estruturar com base nos seguintes princípios: I – A iniciativa de modificação do ambiente escolar deve partir do aluno;
II – As cadeiras devem ser colocadas em semicírculo, o que difere do modelo tradicional, do padrão usual de um monte de cadeiras voltadas para o quadro negro;
III – A mesa do professor não deve ser imponente, em cima de um tablado. O centro das atenções deve ser primordialmente os estudantes. Quando possível, posicionar os estudantes em um plano acima do professor.

Art.3º
A nova organização da sala de aula trará conseqüências ao processo de ensino e aprendizagem. As principais mudanças que a revolução acarretará são:
I – Aulas centradas no aluno, o novo *locus* arquitetônico da sala de aula;

II – Exposição das opiniões dos estudantes sobre temas relevantes, como os problemas da comunidade ou da instituição escolar;
III – Busca de solução de problemas promovida pelos alunos.
§1 Nos debates, os alunos devem visualizar todos os colegas e treinar sua capacidade de convencer os outros da viabilidade de suas soluções para os problemas.
§2 Novas saídas devem surgir como consenso após o trabalho dos alunos.

TÍTULO III
Dos Profissionais da Educação – Os Arquitetos da Sala de Aula

Art. 4
A nova sala de aula deve ser regida pelos alunos, cuja posição será de destaque. A função do educador passa a ser a de arquiteto da sala de aula, responsabilizando-se pela manutenção da organização física da sala de aula e pela mediação dos debates.
§1 A nova função do educador favorecerá o aluno, mas também o professor que não será o único responsável pela fala. Pelo contrário, a exposição de opiniões será tarefa primordial do aluno.

TÍTULO IV
Das Disposições Gerais e Transitórias
Art. 5
A Revolução da Sala de Aula é válida para todos os níveis de educação escolar.

Art. 6
Os alunos egressos deste novo sistema educacional deverão ser capazes de escrever e expor suas idéias de forma clara e concisa. Serão, também, cidadãos ativos, lideranças em potencial, colaboradores aprovados por seus pares em casa, no trabalho ou na comunidade onde moram.

Art.7
Esta Lei entra em vigor na data de sua publicação.

Texto de Vanessa Santos

Exemplo 3

ORAÇÃO

Súplica por socorro
Senhor,

sabes que na minha vida frequentei diferentes tipos de sala de aula, mas o que mais me chamou a atenção é a arquitetura das mesmas. No Brasil senhor, Tu sabes, as salas sempre possuem as cadeiras dispostas em fileiras, com os alunos sempre voltados para o professor em cima de um tablado. E esses professores são sempre cheios de si, adoram aparecer, mas sabem que fundo, os alunos estão descontes com o andamento das aulas.

Bendito o momento, meu pai, que tive a oportunidade de conhecer uma sala de aula no exterior. Notei que tais salas, com forma de anfiteatro, colocam os alunos numa posição de se entreolharem e num espaço acima do professor. Assim, o propósito desta aula não era o transmitir o conhecimento de quem sabe para alguém em estado de ignorância, mas desenvolver o raciocínio e a discussão dos temas que havíamos estudado nos livros posteriormente. Nesta sala, aprendíamos a ser objetivos, convincentes com nossos colegas e a sempre encararmos tudo que nos é dado com criticidade.

Nossos arquitetos, ó Pai, valorizam a autoridade, ao passo que os arquitetos do exterior, valorizam a formação de cidadãos. Nossas salas de aula formam intelectuais submissos a uma autoridade, sem espírito de liderança. Não podemos dividir comentários e idéias com nossos colegas durante a aula!

Como brasileiros somos ensinados a sempre a obedecer, sem questionar, não só aos professores, mas ao governo também. Ó pai, ajude-nos a revolucionarmos a sala de aula, a colocarmos as cadeiras em semicírculo, a identificarmos o que pode ser mudado em nossa sociedade. Se encontrarmos um problema, ajude-nos a buscar a solução, não só reclamar do professor ou dos dirigentes do Brasil. Tenha piedade Senhor, tal problema está sempre diante de nossa sociedade há gerações e não fazemos nada para mudar. Faze o bem ao Brasil, dê-nos força para lutarmos na construção de uma pátria mais digna.

Rogo no nome de teu filho Jesus. Amém.

Texto de Saulo Sales

Todos os exemplos de retextualização são fruto de um trabalho de escrita de um outro texto, orientada pela transformação de um gênero em outro gênero. Os alunos, após a leitura do texto fonte, original e da produção de um novo texto são levados a procederem a uma conferência, ou seja, a verificarem se atenderam às condições de produção: o gênero textual escrito, a partir do original, deve manter, ainda que em parte, o conteúdo do texto lido. Obrigatoriamente, eles deverão identificar, no texto que produziram, as características do gênero-produto da retextualização.
Partimos do pressuposto de que "ensinar" português é preparar nossos

alunos tanto para lidar com diversas linguagens quanto para renovar o prazer de utilizar o idioma que falam, recuperando sua historicidade e sua função social. "Aprender" português é aprimorar a capacidade de expressão nessa língua; é saber manusear cada vez melhor as habilidades de ler, escrever, ouvir e falar, utilizando a linguagem falada ou escrita para produzir novos textos. A textualização é importante instrumento do processo de seleção entre as possibilidades de expressão verbal.

Concluindo...

O resultado desse trabalho deixa clara sua fundamentação no princípio geral de que a língua é uma atividade sociointerativa, histórica e cognitiva e não um sistema de regras ou simples instrumento de informação.

A atividade de retextualização vem se mostrando eficiente e associa-se à premência de se desenvolverem novas perspectivas educacionais relativas à linguagem e ao seu uso. Constata-se a urgência de se promover a formação de leitores e escritores capazes de compreender e interpretar as relações sociais, de se compreender identidades e formas de conhecimento veiculadas através de textos em variadas circunstâncias de interação.

Esta proposta atende ao que preconizam os Parâmetros Curriculares Nacionais de Língua Portuguesa (Brasil, 2006). Quando um aluno é levado a retextualizar um gênero para outro, ele é conduzido a pensar sobre a linguagem dos gêneros de partida e o retextualizado. Para usar um sistema de notação próprio do gênero retextualizado, ele terá que considerar aspectos circunstanciais a respeito desse gênero, sua ação social e suas características básicas que o tipificam. Levando em consideração todo esse conhecimento a respeito desse gênero, na retextualização, ele adotará uma série de convenções de necessárias para manter, com um mínimo de fidelidade, características identitárias desse gênero. É claro que esse processo leva a adaptações, e, neste procedimento, ocorrem perdas. Mas essas perdas são previstas, pois sempre haverá mudanças nessa transposição.

O importante nesta proposta é que o aluno é levado a pensar sobre os gêneros, é conduzido a escrever e, ao produzir outro gênero, ele é praticamente obrigado a rever, a corrigir, a interferir no formato do gênero de partida para realizar a transformação das passagens de um texto para outro. Ao refazer o texto de um formato lingüístico para outro formato, a preocupação é a manutenção do conteúdo o que leva o aluno a guardar alguma equivalência de sentido entre os textos. Essa preocupação é importante porque esta atividade de retextualização aqui proposta tem como condição que o assunto se mantenha no texto retextualizado. Reconhecemos que isso não é algo simples e que, em alguns casos, a inserção de informações é imprescindível. Mas esta é uma atividade que atinge de modo bastante acentuado a reflexão por parte do aluno acerca do processo de elaboração dos gêneros.

Alertamos que não existe uma fórmula ideal para a retextualização e que os gêneros retextualizados variarão em grande medida. É nessa riqueza de produtos que teremos novos textos sobre os quais os alunos irão refletir e a partir dos quais será possível avaliar a qualidade da produção. Há o perigo de se engessar fórmulas de produção de gênero. Nossa proposta centraliza-se na necessidade de se ver os gêneros como linguagens textuais, orais ou escritas, desprendidas de estruturas rígidas, mas que apresentam genes de suas origens, havendo semelhanças entre textos do mesmo gênero. Contudo, como uma família, os gêneros guardam características próprias, sócio-historicamente construídas e, ao mesmo tempo, em permanente construção.

Referências bibliográficas

Bazerman, C. *Gêneros textuais, tipificação e interação*. São Paulo: Cortez, 2005.

_____.*Gênero, Agência e Escrita*. São Paulo: Cortez, 2006.

_____. *Escrita, gênero e interação social*. São Paulo: Cortez, 2007.

Benfica, M. Flor. Do texto-fonte palestra ao relato noticioso: uma experiência com a retextualização no ensino fundamental. *Scripta - Revista do programa de pós-em LETRAS e do Centro de Estudos Luso-Afro-brasileiros da PUC-MINAS*. Belo Horizonte, v. 6, p. 171-184, 2002.

Brasil. Secretaria de Educação Básica. *Parâmetros Curriculares Nacionais*. Brasília: Ministério da Educação, Secretaria de Educação Básica, 2006. v. I, II, III.

Dell'Isola, Regina *Retextualização de gêneros escritos*. Rio de Janeiro: Lucerna, 2007.

_____. *(Re)-textualizações*. Belo Horizonte: Editora Fale/UFMG, 2009.

Dionisio, Angela; Machado, Anna Rachel & Bezerra, M. Auxiliadora (Orgs.). *Gêneros textuais & ensino*. Rio de Janeiro: Lucerna, 2002.

Matencio. M. L. M. Atividades de (re)textualização em práticas acadêmicas : um estudo do resumo. *Scripta - Revista do programa de pós-em LETRAS e do Centro de Estudos Luso-Afro-brasileiros da PUC-MINAS*. Belo Horizonte, v. 6, n.11, p.109-122, 2002.

Marcuschi, Luiz Antonio. *Gêneros textuais: o que são e como se constituem*. Recife, UFPE, 2000. Mimeo.

_____. Gêneros textuais: definição e funcionalidade. In: Dionísio *et al.* (orgs.) . *Gêneros Textuais e Ensino*. Rio de Janeiro: Lucerna, 2003.

_____. Gêneros textuais: configuração, dinamicidade e circulação. 2005. In: Karwosky *et al.* (orgs.) . *Gêneros Textuais*: Reflexões e Ensino. Palmas e União da Vitória, PR: Kaygangue, 2005.

_____. *Produção textual, análise de gêneros e compreensão.* São Paulo: Parábola, 2008.

Swales, J. M. *Genre analysis: English in academic and research settings.* Cambridge: Cambridge University Press, 1990.

_____. *Research genre: Exploration and applications.* Cambridge: Cambridge University Press, 2004.

O ENSINO DA LÍNGUA MATERNA POR MEIO DOS RECURSOS MULTIMIDIÁTICOS: UMA PRÁTICA PEDAGÓGICA DO GÊNERO CHARGE ANIMADA

Cléverson Alves da Silva
Conceição Maria Alves de Araújo Guisardi

Introdução
Graças às inovações tecnológicas e ao surgimento de novas propostas, a partir da década de 80, que visavam revisar as práticas pedagógicas tradicionais por meio de uma reorganização curricular, aos investimentos na formação dos professores, o Ensino de Português, doravante EP, tem sido muito (re)pensado no Brasil e provavelmente no mundo todo, onde a língua é ensinada. Esse repensar apontou para uma revisão nas práticas do EP por meio da leitura e da escrita, ancoradas especialmente em estudos no campo da Linguística Textual (LT) e da Análise do Discurso (AD). As discussões originaram-se da necessidade de ir além de uma abordagem estruturalista da língua no ensino e de tomar o texto como unidade e o gênero como objeto de ensino.
No Brasil, a reorganização curricular e propostas de mudanças no ensino de Língua Portuguesa - LP foram apresentadas em âmbito nacional a partir dos Parâmetros Curriculares Nacionais (PCN). Os PCN preconizam o ensino de LP como "práticas de ensino em que tanto o ponto de partida quanto o ponto de chegada é o uso da linguagem" (BRASIL, 1998, 18) e propõem um trabalho com textos de diversos gêneros, de modo a possibilitar ao aluno a reflexão sobre as práticas sociais[32] as quais os gêneros estão veiculados, sobre os usos dos diferentes recursos linguísticos empregados nesses gêneros e seus efeitos de sentidos.
Partimos do conceito de Bakhtin (1997, 278) sobre os gêneros do discurso.

---

[32] Chouliaraki e Fairclough (1999 apud Ottoni 2007, 20) definem *práticas sociais* como "modos habituais de ação social, ligados a um espaço e tempo particulares, nos quais as pessoas aplicam recursos (material e simbólico) para agir juntas no mundo". Esse conceito é trazido por eles do materialismo histórico-geográfico de Harvey (1996). Como explica Ottoni (2007, 20), "uma prática pode ser entendida tanto como uma ação social concreta e singular, realizada em um tempo e lugar particulares, quanto como uma forma habitual de agir, ou seja, algo que já foi consolidado dentro de certa permanência".

Segundo esse autor eles são definidos como sendo "enunciados relativamente estáveis" elaborados por cada esfera de utilização da língua, determinados sócio-historicamente. Concordando com Bakhtin, nós nos comunicamos por meio dos gêneros do discurso, desse modo, o conhecimento dos gêneros possibilita ao sujeito participar ativamente das práticas sociais.

Pensando assim, percebemos que por meio da escrita e da leitura de gêneros discursivos passamos a ter acesso às mais diversas e complexas formas de socialização da vida como cidadãos. O domínio do uso da linguagem proporciona ao aprendiz uma oportunidade de interação com o mundo social, além do conhecimento e contato com outras culturas. O indivíduo que não sabe utilizar a língua nas diferentes práticas sociais, das quais ele faz parte, está fadado a ser dependente e limitado, tanto nas questões pessoais, como também profissionais.

A crescente modernização e os avanços tecnológicos das mídias digitais, como a internet e os recursos aplicados às Tecnologias da Informação e Comunicação – TIC, permite-nos explorar diferentes estratégias para subsidiar o trabalho pedagógico do Ensino de Português - EP. Vivemos em uma era de grandes transformações social, política, econômica e por que não dizer discursiva? Com elas, muitas mudanças ocorreram na educação, seja nos objetivos, nas metodologias, nos conteúdos. Essas mudanças implicam o surgimento de novos gêneros discursivos que são criados pela demanda de um mercado ou a partir das necessidades de uso social da língua. Tudo isso parece levar a uma conscientização acerca da importância de se ampliar a utilização de diversos gêneros discursivos nas práticas educativas.

Um dos frutos desse crescimento tecnológico é a charge, que ganhou uma nova roupagem ao se transformar em charge animada. Dessa forma, a maneira como os fatos, opiniões e críticas são expostas atingem novas proporções ao sair do plano estático para as animações, recheadas de cores e sons. Por isso, percebe-se um maior interesse por parte do público jovem, que passa a ser visto como leitor-espectador. Assim, acreditamos que os elementos que compõem a charge animada podem e devem ser usados para motivar o ensino da LP, tanto em relação à estrutura da língua, quanto para o ensino da leitura como prática social.

Tomando como base nossas experiências de mais de 10 anos em sala de aula, percebemos que os alunos parecem ter muito acesso a textos do gênero charge dentro e fora da sala de aula, mas em sua maioria apresentam dificuldades de compreendê-los e identificar os efeitos de sentido humorístico. Partimos do pressuposto de que o estudo do gênero charge animada por meio dos recursos multimidiáticos poderá trazer relevantes resultados no que tange a leitura, portanto, assumimos a necessidade de tomar esse gênero como objeto de ensino do Português.

Cumpre, agora, ressaltar que os textos que possuem diferentes modalidades semióticas compõem um cenário que demanda práticas, não mais centradas apenas no verbal, mas que levem em conta a multimodalidade, chamadas práticas de multiletramentos[33]. Rojo (2013) afirma que a integração de semioses, o hipertexto, a garantia de um espaço para a autoria e para a interação, a circulação de discursos polifônicos num mesmo ciberespaço, com a distância de um clique, desenha novas práticas de letramento na hipermídia.

Acreditamos que a escola deve empenhar-se no sentido de desenvolver práticas de letramento digital que também possam promover uma aprendizagem significativa e, ao mesmo tempo, prazerosa. Para isso, devemos apoderar-se das tecnologias da informação e da comunicação, integrando-as aos conteúdos e investir na leitura e produção de diferentes gêneros, presentes em diferentes práticas sociais.

Pressupostos teóricos
Reflexões acerca do ensino de Português
A aprendizagem de uma língua precisa ter significado e isso, permeado pelo campo do Português, leva à reflexão de que é preciso romper com padrões na qual a organização dos conteúdos esteja baseada numa rígida sucessão linear, o que ocasiona na apresentação da língua para o aprendiz, de forma fragmentada, distante da realidade, das práticas sociais.

Bakhtin (1997, 279) ressalta que "todas as esferas da atividade humana, por mais variadas que sejam, estão relacionadas com a utilização da língua. Não é de surpreender que o caráter e os modos dessa utilização sejam tão variados como as próprias esferas da atividade humana".

A língua enquanto sistema simbólico utilizado pela comunidade linguística apresenta aspectos sociais e é determinada historicamente, não se limitando apenas a mero instrumento de comunicação. O processo de apropriação da língua está relacionado a aprender a transitar pelas duas modalidades da linguagem verbal – a oral e a escrita. E permear por essas modalidades amplia a experiência discursiva do aprendiz. Evocando o filósofo e pensador russo, Bakhtin, enfatizamos que nossa compreensão da tensão discursiva existe em qualquer grupo, espaço social ou sociedade, e que pode ser explicada dependendo onde nos posicionemos.

---

[33] De acordo com Rojo (2014) o termo Multiletramento significa que ler e compreender textos não está limitado ao trato verbal oral e escrito, mas à capacidade de colocar-se em relação às diversas modalidades da língua, como a oral, escrita, verbal, imagem, imagem em movimento gráficos, infográficos etc. – para delas tirar sentido. "(Comunicação Oral – IV Jornada de Linguagem , Florianópolis, 2014).

O objetivo principal do ensino de Português (EP) na escola é desenvolver a competência discursiva do aluno, ampliando sua capacidade de comunicação e de interação social por meio da linguagem. Para que o objetivo seja atingido, devemos, enquanto professores, proporcionar aos alunos acesso aos mais diversos gêneros que circulam em nossa sociedade. Esse contato deve ser iniciado na escola, porém, não esgotado nela. Habilidades de leitura e de escrita serão alcançadas após o aluno interagir com os mais diversos textos, acionando conhecimentos prévios de mundo, de língua, de intertextualidade.

Segundo Bakhtin (1988), a verdadeira composição da língua é constituída pelo fenômeno da interação verbal, realizada por intermédio da enunciação ou das enunciações. Schneuwly (1994) *apud* Kock; Elias (2014, 61) defende que "os gêneros podem ser considerados ferramentas, na medida em que um sujeito – o enunciador – age discursivamente numa situação definida - a ação - por uma série de parâmetros, com a ajuda de um instrumento semiótico – o gênero". Bakhtin (1997, 283) diz que "a variedade de gêneros do discurso pode revelar a variedade dos estratos e dos aspectos da personalidade individual".

Compreendemos, então, o gênero charge animada, proposta aqui apresentada para o EP, como ferramenta capaz de auxiliar o aprendiz no domínio da língua além de contribuir na construção do próprio discurso.

AS TIC e o Ensino de Português (EP)

Vivemos na era digital e representamos, muitas vezes, o digital, pois estamos inseridos em uma sociedade que vivencia significativas transformações, acesso a tecnologias da informação e da comunicação, as quais acabam configurando-se em uma linguagem que dá acesso a letramentos múltiplos, em função do processo de leitura e escrita mediadas pelo computador.

Lévy (1996) defende que a concepção de leitura, no contexto atual, perpassa pela materialidade do livro e se estende à tela do computador. O autor destaca que essa extensão do livro para o computador, acaba lançando ao leitor uma infinidade de leituras multissensoriais.

É importante lembrar, também, que vários textos que são disponibilizados para a linguagem digital acabam sofrendo problemas em relação à autoria. Chartier (2002) ressalta que nesse processo desaparece a atribuição de textos ao nome do seu autor. Rojo (2014) enfatiza que com os diversos textos aparecem diversas autorias. Chartier (2002) explica que a não atribuição dos textos ao nome do autor, justifica pelo fato de acontecer o processo de modificação dos textos por uma escrita coletiva, múltipla, polifônica.

Diante desse ciberespaço que cresce de maneira acelerada, temos toda uma confusão do falado, do vivido, do humano. Cabe ao professor, ao utilizar esses recursos tecnológicos, enfatizar que o leitor navegará por labirintos instáveis e que o texto estará carregado de complexidade. No entanto, existe outra textualidade eletrônica que permite o desenvolvimento de argumentações, o hipertexto. O leitor poderá, nesse contexto, dinamizar sua leitura, fazer suas produções de forma significativa, ir além do texto impresso, interagir.

Com essa concepção é que a charge animada surgiu como uma proposta de possibilidade de acesso ao letramento digital, ao desenvolvimento de habilidades que possam fazer com que os aprendizes estejam inseridos no meio em que vivem, atuando de forma crítica.

O Moodle

A plataforma Moodle (Modular Object-Oriented Dynamic Learning Environment), ambiente de aprendizagem desenvolvido pelo Australiano Martin Dougiamas em 1999, envolve administradores de sistema, professores, pesquisadores, designers instrucionais, desenvolvedores e programadores.

Segundo Teodoro e Rocha (2007), o ***Moodle*** é na prática um sistema construído para criar ambientes virtuais voltados à aprendizagem. Ou até, um "sistema para gerenciamento de cursos destinado a auxiliar o educador na implantação de cursos em um ambiente virtual. Podemos dizer também que, o ***Moodle*** é um Sistema de Gerenciamento de Aprendizagem em trabalho colaborativo (SGA)".

Essa plataforma de aprendizagem tem por base sólidos princípios pedagógicos, é uma plataforma de simples utilização, leve, eficiente, contribui muito com a aprendizagem. O aprendiz tem acesso a uma gama de recursos que variam desde o material didático (textos), de um conjunto de ferramentas de aprendizagem como: fóruns de discussão, testes, lições – tarefas, glossários, trabalhos, chats, wikis, cronograma das atividades e ao acompanhamento do seu próprio desempenho em cada tarefa, por meio da ferramenta ***notas***.

O ambiente virtual apresenta uma navegabilidade de fácil acesso, pois todas as informações do ***Moodle*** são obtidas por meio da navegação por hiperlinks[34] o que o torna bastante simplificado, uma vez que está

---

[34] Hyperlinks (ou hiperlinks, em português) são ligações dinâmicas entre diferentes páginas ou informações em páginas Internet. Ao serem ativadas, essas ligações levam o usuário a outras páginas ou outro setor da mesma página, acessando novas informações que estão inter-relacionadas.
Disponível em:
<http://www.opet.com.br/biblioteca/PDF's/moodle%20como%20criar%

organizado no formato social, semanal e modular, além das informações serem claras, dinâmicas o *layout* é objetivo e sucinto. Apresenta um controle de usuários por nome e senha. Ele reserva aos alunos um papel muito mais ativo do que é possível nos blogs, e a aposta pedagógica maior está na dinâmica dos Fóruns: neles os estudantes podem manifestar-se a qualquer momento, externando seus pontos de vista, trocando ideias entre si, construindo conhecimentos, segundo suas próprias estratégias de estudo, comunicação, discussão.

O **Moodle** parece agradar a todos os utilizadores de uma plataforma *e-learning*. Aos administradores pela simplicidade de configuração e administração. Aos formadores pela disponibilidade de ferramentas de criação de conteúdos de utilização fácil. E aos estudantes por dispor de uma interface simples e intuitiva.

Além de todas essas características que faz do **Moodle** uma ferramenta fundamental no processo de ensino aprendizagem, principalmente no contexto da Educação a Distância - EAD. O **Moodle** apresenta uma gama de ferramentas capazes de facilitar a construção e reconstrução do conhecimento. Algumas dessas ferramentas merecem ser destacadas:

Fóruns, o fórum é uma ferramenta fantástica, rica em possibilidades de discutir informações fundamentais para a aprendizagem. Sem dúvida a mais importante do AVA **Moodle**, como também da EAD como um todo, pois permite o debate e a troca de informações entre os participantes, possibilitando que o conhecimento seja criado em conjunto por todo o grupo.

Mesmo se o aluno deixa de visitar espontaneamente a página do curso, ele poderá receber diariamente na sua caixa de correio eletrônico o conjunto integral de mensagens trocadas no Fórum, além de mensagens sobre os novos materiais inseridos pelo professor no ambiente virtual, convocação para visitas nos fóruns dentre outros.

Não menos importante que o fórum, podemos destacar as **tarefas**, elas complementam o processo da aprendizagem, como também da avaliação. Permitem que os participantes enviem um único arquivo de qualquer tipo como doc, pdf, imagem, documento Word, web. Quando uma tarefa for proposta pelo tutor ou pelo professor ela deverá ser enviada por meio de um arquivo. As tarefas podem ser as mais diversas, desde produção textual, projetos, relatórios, imagens, vídeos. Os professores podem avaliar essas tarefas enviadas para diagnosticar a evolução na aprendizagem do aluno.

Outra ferramenta interessante e eficiente é a **Wiki**. Essa ferramenta é interativa e propõem a construção do saber por meio de um texto colaborativo. A Wiki pode ser considerada como muito simples, pelo fato

20um%20curso%20utilizando%20a%20plataforma%20de%20ensino%20%C3%A0%20dist%C3%A2ncia.pdf>

de não exigir uma linguagem específica computacional para operá-la. Todos os usuários podem modificar e complementar uma informação dando uma construção colaborativa do conhecimento de maneira motivadora. O aluno contribuinte pode visualizar instantaneamente o registro da sua participação. Por ser dinâmico o *software* Wiki pode ser utilizado como uma alternativa ao uso da ferramenta glossário.

A última ferramenta a ser destacada é o **sistema de avaliação**. Os professores podem criar diversos critérios e escalas de avaliações. No sistema de avaliação, a ferramenta nota é utilizada como um diário que apresenta as notas dos alunos. Algumas notas são calculadas e organizadas em planilha pelo ***Moodle,*** conforme as atividades vão sendo realizadas, o que facilita o trabalho do professor.

A charge animada
O termo charge tem origem no francês que significa carregar, exagerar e até mesmo atacar. Trata-se de um gênero multimodal, pois é constituído de imagens e de texto verbal. A primeira Charge feita no Brasil retrata as disputas políticas no período regencial. Foi escrita em 1837 por Manuel de Araújo Porto Alegre[35].

O gênero charge tem como objetivo satirizar, criticar, avaliar algum acontecimento atual. Envolve caricaturas, além de toda uma carga de humor. Com todo o discurso e humor que as charges trazem, é um gênero que está intimamente ligado a outros gêneros opinativos, como o artigo de opinião e o editorial. Quando esse gênero surgiu não era assinado, para proteger os autores.

Santos (2005, 5) diz que "a charge não se limita apenas a ironizar, mas acrescenta ao cômico, criado pela deformação da imagem, um dado singular: a crítica, que visa levar o leitor a solidificar sua posição acerca de um determinado aspecto da realidade, sendo o foco principal os fatos políticos." Ottoni (2007) defende que as críticas das charges não devem ser restringidas apenas ao político, mas também ao econômico e cultural. Notamos, em muitos momentos, que as charges aparecem também nas seções de esporte, política, catástrofes.

Para Miranda (2011, 63), "a charge tem sido abordada por especialistas como um gênero textual que integra um conjunto de conhecimentos básicos e específicos para o seu entendimento". É destacado pela autora, também, que estes conhecimentos são constituídos levando em

---

[35] Primeiro e único barão de Santo Ângelo. Foi um escritor do romantismo, político e jornalista (fundador de várias Revistas, dentre elas a "Revista Guanabara", divulgadora do gênero literário romântico e "Lanterna Mágica", publicação de humor político), pintor, caricaturista, arquiteto, crítico e historiador de arte, professor e diplomata brasileiro.

consideração a identidade social e pessoal do chargista e da interação deste com o leitor.

Enfatizamos que, diante dessa era tecnológica, da evolução desse gênero, temos, hoje, charges que não se concretizam somente no formato impresso, mas também, no digital, como charge animada. Ottoni (2007) ressalta que o acelerado desenvolvimento das TIC tem propiciado o surgimento de gêneros nos modos de ação e interação, no qual destacamos, então, os gêneros do humor animados, como a charge animada.

Magalhães (2006) *apud* Ottoni (2007, 92) diz que "essas charges são produzidas com base nos mesmos objetivos das charges jornalísticas convencionais: a crítica social por intermédio do humor". Silva; Asêvedo (2010, 5) destacam que "a transmutação para o meio virtual fez com que as charges - que antes apresentavam uma linguagem visual - verbal - passassem a assumir uma linguagem verbo - visual - sonora. Essa linguagem audiovisual é viabilizada pelas condições oferecidas pelo ambiente cibernético".

A interação ocorrida a partir desse gênero, segundo Ottoni (2007), é resultado de um processo de recontextualização, reconfiguração e hibridização de gêneros[36] veiculados nas diferentes mídias.

Destacamos que, em termos de potencialidades no EP, as charges podem ser exploradas valorizando aspectos discursivos, presença de ambiguidade, ironia, e relacionadas ao humor e à crítica.

No campo da produção textual, é preciso enfatizar que a elaboração de uma charge implica habilidades em desenhos, por causa das caricaturas, além de ter todo um significado relacionado à temporalidade. Conhecendo o gênero impresso, tornará mais fácil, o contato com as charges animadas, visto que:

O suporte virtual concede à charge um caráter de imaterialidade, visto que ao legitimar sua existência no ambiente cibernético, configura-a como uma produção que se presentifica por meio dos instrumentos tecnológicos, mas que por si próprio não se materializa e permanece em um suporte flutuante. (Silva, Asêvedo, 2010, 3)

Inegavelmente, o texto *chárgico* é permeado do sagaz, do irônico e do cômico. O tom de denúncia presente nas charges remete para o riso sarcástico de quem as lê. A partir do acesso às charges animadas, os alunos poderão produzir outros gêneros orais, como o debate, o fórum de discussão, entre outros. Acreditamos que seja um caminho para desenvolver a competência discursiva do aluno.

A ampliação da competência discursiva do aluno ainda sofre limitações no EP. Muitos professores de Língua Portuguesa buscam somente no livro didático apoio para desenvolver as atividades.

---

[36] Sugerimos a leitura de *A recontextualização, a multimodalidade e o hibridismo na abordagem dos gêneros do humor de* autoria de Maria Aparecida Resende Ottoni.

Por essa concepção do EP, é que engendramos uma proposta com o gênero do humor charge. As atividades da proposta foram desenvolvidas no Moodle[37], e serão detalhadas aqui, na metodologia.

Metodologia

A partir da observação e as nossas experiências de mais de 10 anos em sala de aula, percebemos que com a evolução tecnológica, cada vez mais os alunos estão se sentindo desmotivados para a aprendizagem nos moldes tradicionais. Pensamos, então, em desenvolver estratégias que pudessem amenizar o desinteresse pelo aluno de participar das atividades impressas e de pouca interação. A partir daí, nos veio a ideia de trabalhar com o gênero charge animada usando um ambiente virtual. Os alunos têm muito acesso a textos do gênero charge dentro e fora da sala de aula, mas em sua maioria parecem apresentar dificuldades de compreendê-los e identificar os efeitos de sentido humorístico.

Partimos do pressuposto de que o estudo do gênero charge animada por meio dos recursos multimidiáticos poderia trazer ótimos resultados no que tange a leitura.

Para chegar a um conhecimento mais amplo sobre o assunto proposto, gênero do humor charge, fez-se uma pesquisa bibliográfica. Esta foi desenvolvida com base em material já elaborado, constituído de livros, artigos científicos, periódicos, revistas científicas e materiais da internet. Para Rampazzo (2002), qualquer espécie de pesquisa, em qualquer área, pressupõe e exige uma pesquisa bibliográfica prévia, quer para o levantamento da situação da questão, quer para a fundamentação teórica, ou ainda para justificar os limites e contribuições da própria pesquisa. Thiollent (1986) já defendia que é preciso definir, qual ação, quais agentes, seus objetivos e obstáculos, qual exigência de conhecimentos a ser produzido de acordo dos problemas encontrados na ação ou entre os atores da situação.

Pensamos e planejamos um curso de leitura de charges animadas para alunos do 9º ano do ensino fundamental e para alunos do 1º ano do ensino médio. Selecionamos as charges animadas para serem trabalhadas de acordo com os objetivos de cada atividade a ser desenvolvida. Iniciou-se, então, a elaboração do curso no ambiente Moodle.

Descrição do curso

O curso foi desenvolvido para contribuir com os professores de Língua Portuguesa com aulas dinamizadas e que atraem o interesse do aprendiz, para ajudar os alunos a serem mais eficientes no uso da língua, além de considerarmos um excelente suporte para explorar o gênero charge. O

---

[37] A plataforma Moodle é uma sala de aula virtual onde o aluno tem a possibilidade de acompanhar as atividades do curso pela internet.

curso proporciona a possibilidade de aprender acerca de novas teorias e métodos inovadores no EP. Juntamente com as teorias e métodos, oferecemos atividades que dão a oportunidade de o aluno praticar suas habilidades no processo de ensino e aprendizagem de LP.

Em caráter experimental o curso foi aplicado para vinte alunos, sendo 10 alunos do 9º ano do ensino fundamental e 10 alunos do 1º ano do ensino médio[38], esses alunos foram convidados, por nós professores de português, para participarem do curso como sendo uma atividade extraclasse e desvinculada do planejamento de atividades avaliativas do bimestre.

As ações da proposta "piloto" foram organizadas da seguinte forma:
- Contato com os alunos para convite da proposta, por meio das redes sociais, aproveitando para destacar a utilidade de alguns ambientes de comunicação e interação, no contexto contemporâneo;
- Organização de horários para que o acesso à plataforma fosse concomitante com os horários dos professores pesquisadores;
- Desenvolvimento sequencial das atividades;
- Diagnóstico.

A seguir, apresentamos uma amostra do curso:

Figura 1- Apresentação do curso

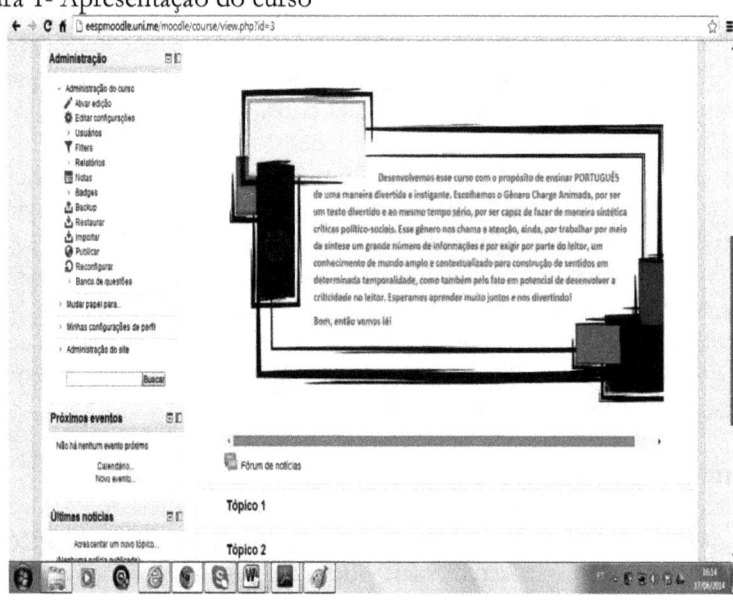

---

[38] Foram escolhidas as turmas de 9º ano do ensino fundamental e 1º ano do ensino médio, pelo fato dos pesquisadores serem professores de LP dessas turmas.

Figura 2 – Glossário *chargístico*

Figura 3- Discussão do gênero Charge

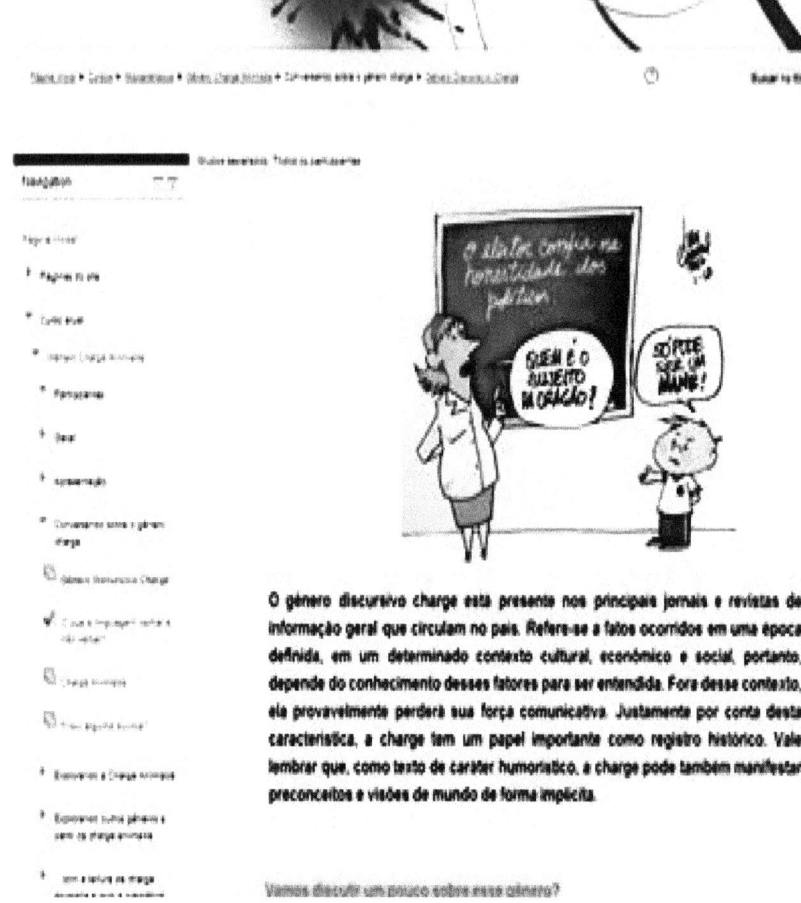

Figura 4 – Explorando uma charge – Atividade – "Assista a charge".

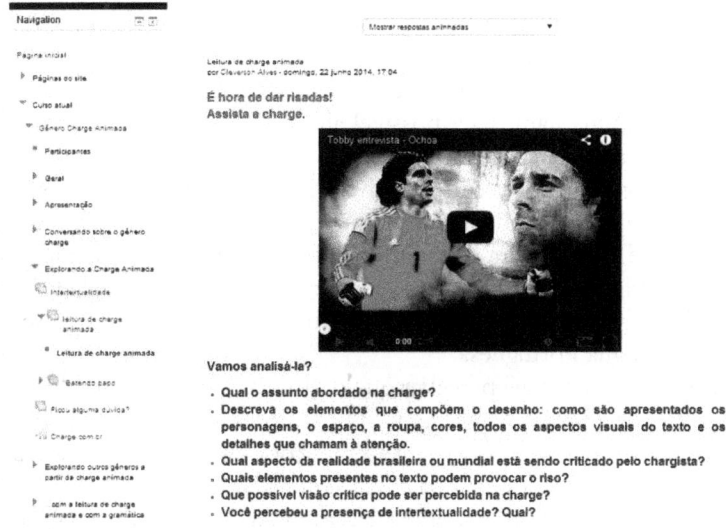

Apresentamos aqui, apenas uma amostra. O curso é dividido em módulos, a saber:

- Apresentação do curso "Charge Animada: aprendendo português com humor";
- Fórum de apresentação e glossário *chargístico*;
- Conversando sobre o gênero charge;
- Explorando a charge animada;
- Explorando outros gêneros a partir da charge animada;
- Divertindo com a leitura de charge animada e com a gramática.

Para acesso de todos os módulos, em uma versão sem as respostas e participações dos alunos a fim de preservar a identidade dos participantes, acesse:

< http://eespmoodle.uni.me/moodle/course/view.php?id=3 >

Os alunos responderam as atividades dos módulos, na própria plataforma do curso, como sendo uma atividade à distância. Ao apresentarmos a proposta, de imediato, 20 alunos manifestaram interesse em participar do curso piloto, mesmo estando em período de férias. O contato, para o convite, foi feito via rede social em um grupo próprio dos alunos e dos professores de LP. Pelo fato de os alunos estarem de férias a proposta piloto foi aplicada em um curto prazo, do dia 16/06/2014 ao dia 23/06/2014 (total de oito aulas), porém, pela participação efetiva dos alunos foi possível apresentar resultados.

Discussão dos resultados

Cientes que elaboramos uma proposta no sentido de estabelecer uma relação entre o conhecimento e a ação, é que nos pautamos em um método qualitativo, o que nos interessa não são os dados quantitativos, mas apresentar sugestões que contribuam com o EP, apontando situações pertinentes à LP. Acreditamos ser possível alcançar resultados qualitativos, pela possibilidade de interação entre pesquisadores professores e alunos.

A plataforma do curso possui certa atratividade, mesmo porque, o fato de trabalhar com a multimodalidade - imagens, cores e áudio - parece tornar qualquer atividade atrativa para o aluno. A charge animada, já foi de início, a primeira motivação para participarem do curso, seja por curiosidade em relação ao gênero, ou pelo desejo de contribuir com a investigação de seus professores de Língua Portuguesa.

Ao acessar o curso, é possível perceber que o gênero charge foi apresentado aos alunos, logo no início, e em seguida, as atividades foram desenvolvidas gradativamente, até que o aluno tivesse condições de explorar o módulo que aborda outros gêneros a partir da charge animada.

As dificuldades encontradas pelos alunos, segundo a avaliação do curso, foi de acesso, devido a "queda" de conexão, e em alguns casos de leitura das charges, tirando isso, consideram o ambiente atrativo e motivador para desenvolverem as atividades. Os alunos despertaram um interesse maior em ler esse tipo de gênero, tanto pelo aspecto cômico, quanto pela crítica que trazem. O fórum de discussão concretizou-se como um excelente suporte para registro de impressões do curso. Registramos, aqui, alguns comentários dos aprendizes, para manter o sigilo da identidade dos participantes, chamaremos de Aluno A, B, C, D, E.

"Mesmo estando em período de férias, adorei desenvolver essas atividades." (Aluno A)
"Todas as aulas de Português poderiam ser assim". (Aluno B)
"Como as charges animadas são interessantes, nunca podia imaginar que teria tanta coisa para discutir em cima de uma simples charge." (Aluno C)
"Não sabia que existia tanta informação por trás das imagens." (Aluno D)
"Quando teremos o próximo?" (Aluno E)

Fonte: Curso charge animada desenvolvido no ambiente Moodle.

O curso de charge animada, como incentivo da leitura, proporcionou momentos de encanto em ler, pelo prazer em aprender, pelo lúdico, pelo cômico, principalmente com os recursos multimidiáticos utilizados, como a linguagem não verbal representada por imagens diversas. Acreditamos que as charges não podem ser vistas como um subproduto da literatura e nem das artes plásticas, mas como uma possibilidade de levar o letramento ou letramentos aos alunos. Entendemos também, que trabalhar com esse gênero usando como suporte um ambiente virtual, ofertou a possibilidade de trabalhar sob o viés de: gênero, do uso das TIC, multimodalidade, intertextualidade, etc.

Aprender a ler é um acontecimento extraordinário na vida de qualquer ser humano, não importa a língua que ele fale. Muitas vezes não nos damos conta disso e de tudo o que a capacidade de ler pode nos trazer. Os alunos perceberam, ao participarem do curso, que o processo de leitura e escrita por meio dos recursos multimidiáticos pode distrair, informar e desenvolver a criticidade. Consideramos que o ambiente virtual Moodle foi uma ferramenta relevante para ser explorada nas aulas de Língua Portuguesa, seja para trabalhar esse ou outro gênero.

Considerações finais
Ao elaborar uma proposta de charge animada para alunos do ensino fundamental e médio, tivemos como objetivo contribuir para práticas de leitura e escrita nas aulas de Português, refletindo no contexto social e cultural do aprendiz. Com isso, organizamos atividades para que o aluno, ao finalizar o curso proposto no ambiente *Moodle*, pudesse ser capaz de: perceber a charge como um gênero discursivo do humor; identificar a diferença entre charge estática e charge animada; realizar inferências a partir das pistas verbais e não verbais presentes na charge; ler criticamente a mensagem da charge, observando os aspectos que envolvem a crítica, a ironia e o humor; identificar as características e os elementos que compõem a charge; compreender a função social desse gênero; dentre outros. Compreendemos que o chargista, ao produzir seus textos, busca estratégias diversas para compor o gênero de maneira que provoque um efeito de humor que é esperado nesse tipo de produção.
Enquanto professores de Português e pesquisadores, percebemos que ensinar uma língua não pode ter outro objetivo, senão o de chegar aos usos sociais desta língua, como ela acontece no dia a dia. Digamos que é a língua em sua verdadeira função, que ocorre entre as pessoas e que tem uma finalidade de acordo com os diversos contextos.
O professor de Português, como grande colaborador de práticas de letramento ou letramentos múltiplos, não precisa se restringir a livros didáticos ao ministrar as aulas, mas, buscar fazer com que o aluno leia na escola e continue sendo leitor ao sair dela. Pensando assim, aplicamos essa proposta, em caráter experimental, com o objetivo de fazermos uma análise da efetividade de se trabalhar esse tipo de gênero no formato de curso tal qual apresentamos.
Apesar de ter sido apenas um projeto piloto, já foi possível perceber que despertou mais atenção e interesse dos alunos, do que se tivéssemos trabalhado com charges impressas, pelo fato da interação e socialização dos participantes serem constantes. Sabemos que, o aprendiz deve utilizar a língua para expressar pensamentos ou para transmitir informações para outro aprendiz em situações que possam agir e interagir. Notamos, durante a aplicação do curso, que alguns alunos consideravam as charges complexas,

porém, sabemos da necessidade do aluno em acionar os conhecimentos de mundo. Respeitamos as suas respostas, não exigindo respostas uniformes, como se os textos apresentassem uma leitura única, mas obviamente, acatamos o leque que envolve o texto, o processo de compreensão e o leitor. Ao trabalhar os diversos gêneros com os alunos, independente de qual seja, se charges, histórias em quadrinhos, cartuns, texto jornalístico, entre os infindáveis que circula em nossa sociedade, devemos, enquanto professores de Português, assumir uma concepção de língua como algo que proporcione a interação social, ou seja, dialógica. As charges animadas, trabalhadas nessa proposta, ofertaram a possibilidade de perceber as informações verbais e não verbais, envolvendo todo o contexto dinâmico desse gênero.

No plano prático e teórico da proposta, percebermos que o gênero charge se constituiu como uma possibilidade de explorar o extralinguístico, pois foi possível analisarmos os efeitos dos discursos e como neles se inscrevem as condições sociais, históricas e culturais.

Indubitavelmente, a metodologia aplicada apontou resultados que permitiram a percepção de que por meio de cursos como esse, o ensino do Português pode ser dado através de recursos multimidiáticos. Não se trata de uma "fórmula mágica", pois sabemos que o usuário/aluno sofre restrições que obedecem a determinações cognitivas, socioculturais, pragmáticas e linguísticas. Consideramos que foi importante mostrar que essas conclusões revelaram uma prática pedagógica de LP que abriu possibilidades para que o aprendiz pudesse atuar de forma significativa em práticas e eventos de letramento aos quais se deparam constantemente.

Referências Bibliográficas

Antunes, I. *Aula de Português*. São Paulo: Parábola, 2003. Print

Bakhtin, M. *Questões de literatura e de estética*. São Paulo: Unesp e Hucitec, 1988. Print

_____. *Estética da criação verbal*. São Paulo: Martins Fontes, 1997. Print

_____. *Estética da criação verbal*. Trans. Paulo Bezerra. São Paulo: Martins Fontes, 2003. Print

_____. *Marxismo e filosofia da linguagem*. São Paulo: Martins Fonte, 1998. Print

Brasil. *Parâmetros Curriculares Nacionais:* 3º e 4º ciclos do Ensino Fundamental: Língua Portuguesa. Brasília/DF: MEC/SEF, 1998. Print

Campos, F e Gonçalves. A. *Ambiente Virtual Moodle, Mídias de Comunição e Fundamentos de EAD – Módulo 1. Guia Moodle*. UAB lante. Rio de Janeiro, 2008. Print

Chartier, R. *Os desafios da escrita*. Trans. Fulvia M. L. Moretto. São Paulo: UNESP, 2002. Print

Kock, I. *Introdução à linguística textual*. São Paulo: Martins Fontes, 2004. Print

_____. *Introdução à Linguística Textual*. São Paulo: Martins Fontes, 2006. Print

_____. *Linguística Textual hoje: questões e perspectivas*. Atas do II Encontro do GELCO. Vol. I. Conferências, 2004. Print
_____. *A inter-ação pela linguagem*. São Paulo: Contexto, 2004. Print
_____. *O texto e a construção dos sentidos*. São Paulo: Contexto, 2005. Print
_____. *Linguística textual: um balanço e perspectivas*. In: TRAVAGLIA, Luiz Carlos (org.). Encontro na linguagem: estudos linguísticos e literários. Uberlândia: UDUFU, 2006. Print
Kleiman, A. B. *Modelos de letramento e as práticas de alfabetização na escola*. In: Kleiman, A. (Org.). Os significados do letramento: uma nova perspectiva sobre a prática social da escrita. Campinas: Mercado de Letras, 1995. Print
_____. *Ação e mudança na sala de aula: uma pesquisa sobre letramento e interação*. In: Rojo, R. (Org.). Alfabetização e letramento: perspectivas linguísticas. Campinas: Mercado de Letras, 1998. Print
Kock, I; Elias, V. *Ler e Escrever: estratégias de produção textual*. São Paulo: Contexto, 2014. Print
Lessa, David P. L, 2007. "O gênero textual charge e sua aplicabilidade em sala de aula". Junho de 2014 <www.unioeste.br/prppg/mestrados/letras/revistastravessias>.
Lévy, Pierre. *O que é o virtual*. São Paulo, 1996. Print
_____. *Cibercultura*. São Paulo: 34, 1999. Print
Magalhães, H. M. G. "Aprendendo com humor: o gênero humor e o subgênero humor negro." In: Círculo De Estudos Linguísticos Do Sul – CELSUL, 8., 2008. Porto Alegre. Anais eletrônicos... UFRGS, 2008. 15 março de 2014
<https://docs.google.com/viewer?url=http%3A%2F%2Fwww.celsul.org.br%2FEncontros%2F08%2Faprendendo_com_humor.pdf>.
Miranda, H.S. "As relações dialógicas e polifônicas de Mikhlal Bakhtin nas charges jornalísticas de Angeli", 2011. 15 março de 2014 < http://ojs.semed.capital.ms.gov.br/index.php/dialogos/article/viewFile/33/61>.
Nakamura, R. *Moodle. Como criar um curso usando a plataforma de Ensino à distância*. 1º Ed. São Paulo. Farol do forte, 2008.
Ottoni, M. A. R. "Os gêneros do humor no ensino de Língua Portuguesa: Uma abordagem discursiva crítica", 2007. Junho de 2014. < http://bdtd.bce.unb.br/tedesimplificado/tde_busca/arquivo.php?codArquivo=2293>.
Rampazzo. L. *Metodologia científica: para alunos dos cursos de graduação e pós-graduação*. São Paulo: Loyola, 2002.
Rojo, R. "Entrevista Multiletramentos, multilinguagens, novas aprendizagens, com Roxane Rojo." 2013. Junho de 2014 <http://www.grim.ufc.br>
Silva, M. R; Asevêdo, Aurélio Tenório. "Charges virtuais e redes sociais na

internet: acesso e mobilidade." 2010. Junho de 2014. <http://www.ufpe.br/nehte/simposio/anais/Anais-Hipertexto-2010/Marcelo-Rodrigo-Silva&Flavio-Aurelio-Asevedo.pdf>

Soares, M. *Letramento: um tema em três gêneros*. Belo Horizonte: Autêntica, 2009. Print

Teodoro, G. L. M; Rocha, L. C. D. "Moodle – Manual do Professor." Belo Horizonte: UFMG,2007. Junho de 2014 <http://mambo.grude.ufmg.br/paginas/caed/index.php?option=com_remository&Itemid=33&func=fileinfo&id=6>

Thiollent, M. *Metodologia da pesquisa* - **ação.** São Paulo: Cortez, 1986. Print

PERCEPÇÃO DOS ALUNOS DA UNIVERSIDADE FEDERAL DE GOIÁS EM RELAÇÃO A CONSTRUÇÕES TAUTOLÓGICAS USUAIS NO PORTUGUÊS BRASILEIRO

Leosmar Aparecido da Silva

Introdução

Não há registro, no Português Brasileiro, de estudos sobre a tautologia com significado presuntivo, tal como o que se verifica em enunciados construídos por meio de sintagmas nominais equativos como em *Guerra é guerra*, por exemplo. Em vista disso, este trabalho tem o propósito de fazer um estudo sobre a produtividade semântico-pragmática da tautologia em sintagmas equativos, dado que, em geral, a tautologia é vista pela tradição apenas como pleonasmo vicioso e, portanto, um vício de linguagem. O trabalho se justifica, então por colocar em evidência conceptualizações de estudantes universitários no âmbito de sua língua, no caso a variante goiana do Português Brasileiro. A perspectiva teórico-metodológica da pesquisa é a cognitivo-funcional, em que se buscam explicações para o processo de construção do discurso, salientando-se o caráter dinâmico da apreensão, armazenamento e uso das construções linguísticas.

Em termos metodológicos, foi solicitado a 21 graduandos da disciplina de Núcleo Livre[39] *Cognição e Linguagem*, ministrada na Faculdade de Letras da Universidade Federal de Goiás (UFG), em 2013, que listassem todas as construções tautológicas do tipo [SN$_i$ Cop SN$_i$] e os significados que atribuiriam a essas construções. Posteriormente, os dados foram analisados na tentativa de buscar respostas para as seguintes indagações: 1) que construções tautológicas do Português Brasileiro estão mais evidentes na memória desses alunos; 2) quais são os significados que eles pensam que podem ser atribuídos a tais construções; 3) que visão/ões de mundo sobre diferentes assuntos é/são revelada/s pelo estudante da UFG quando a estrutura de repetição lhe é ativada na mente.

O artigo está dividido em quatro seções. Na primeira, são feitas as considerações finais, em que se apresentam os objetivos da pesquisa, a metodologia e a perspectiva teórica adotada. Na segunda, é feito um estudo

---

[39] Núcleo Livre é a denominação dada pela Universidade Federal de Goiás para disciplinas que podem ser feitas por alunos de diferentes cursos de Graduação.

teórico sobre a tautologia tomando por base Grice (1989), Wierzbicka (1987), Gibbs (1994), Croft e Cruse (2004), Meibauer (2008) e outros. Na terceira seção, é feita a análise dos dados coletados na turma da disciplina *Cognição e Linguagem*, ministrada na Faculdade de Letras da UFG. Na quarta seção, procurou-se delinear algumas considerações finais.

Aspectos teóricos sobre as construções tautológicas equativas
Consideremos a estrutura de repetição presenta na seguinte propaganda das Baterias Moura, veiculada na mídia impressa e virtual, na qual foi utilizada a imagem do bicampeão de Fórmula 1 Emerson Fittipaldi:

Disponível em: <http://www.portaldapropaganda.com.br>. Acesso em: 04 jun. 2014.

A sentença *Moura é moura*, antecedida pelo enunciado *vá por quem entende de bateria*, pode ser interpretada com o sentido de que *as baterias Moura são tão boas que não existem substitutas; elas, por si só, garantem a excelência no desempenho elétrico do carro*. Essa interpretação é corroborada com a imagem de Emerson

Fittipaldi, que, no texto, atua como argumento de autoridade. Sentenças do tipo [SN_i Cop SN_i], nomeadas por Ward and Hirschberg e Autenrieth (1997) *apud* Meibauer (2008) como *construções tautológicas equativas*, são bastante produtivas na língua falada, na literatura em geral.

Os autores argumentam que existem basicamente seis tipos de construções tautológicas: as disjuntivas, as condicionais, as subordinadas, as relativas, as coordenadas e as equativas. O quadro 1, a seguir, mostra o tipo de construção, a forma e um exemplo representativo:

Quadro 1: Tipos de construções tautológicas

TIPO	FORMA	EXEMPLO
Disjuntivas	(ou) P ou não P	*Ou ela virá ou ela não virá.*
Condicionais	Se P (então P)	*Se ele faz isso, ele faz isso.*
Subordinadas	P porque P; então P, P	*Eu estou com raiva porque eu estou com raiva.*
Relativas	P o que P	*Eu digo o que eu digo.*
Coordenadas	A é A e B é B	*Trabalho é trabalho e feriado é feriado.*
Equativas	A é A	*Guerra é guerra. Hoje é hoje.*

Adaptação de Meibauer (2008, p. 441)

Em um trabalho de 1987, Wierzbicka enumera diferentes construções tautológicas do tipo *equativas*, que apresentam traduzibilidade em diversas línguas, para mostrar as diferentes visões de mundo que se constrói com cada uma delas. *War is war [guerra é guerra]*, por exemplo, é, segundo a autora, uma expressão tautológica que revela uma atitude soberba em relação a uma atividade humana. *Kids are kids [crianças são crianças]*, por outro lado, revela a tolerância dos adultos com a natureza humana das crianças.

Para Gibbs (1994), as construções tautológicas equativas podem apresentar variação sintática. A grande maioria se apresenta na forma canônica [SN_i Cop SN_i]. Outras apresentam determinantes e/ou marcação de número, em estruturas sintáticas como [(Art[40]) SN Cop (Art) SN] e [SNpl[41] Coppl SNpl]. Exemplos como *homem é homem, um adolescente é um adolescente* ou *adolescentes são adolescentes* mostram respectivamente variações na não marcação da definitude, na marcação da indefinitude e na marcação de plural.

Para Meibauer (2008), o tipo semântico dos nomes que preenchem os SNs também pode variar. Assim, os SNs podem ser concretos (*uma cama é uma cama*), humanos (*vendedores são vendedores*) ou abstratos (*promessas são promessas*). Para Wierzbicka (1987), as construções tautológicas equativas possuem

---

[40] *Art* deve ser entendido como *Artigo, determinante*.
[41] *Pl* deve ser entendido como marcação de *Plural*.

direcionamento interpretativo múltiplo, ou seja, não há uma atribuição de sentido comum à construção que possui as mesmas características sintático-semânticas. É o caso, por exemplo, de construções como *guerra é guerra* e *amor é amor*. Guerra e amor são nomes abstratos, mas a construção com *guerra* está conectada inevitavelmente à soberba do homem e aos aspectos negativos dessa atividade humana; e a construção com *amor* não tem essa interpretação.

Além dessas considerações, as construções tautológicas, segundo Gibbs (1994), solicitam algum tipo de raciocínio metonímico: é necessário que, em construções tautológicas, o ouvinte reconheça a menção de que todo se refere a alguma parte saliente desse todo. Ao se dizer, por exemplo, *menino é menino* revela-se uma complacência em relação a apenas ao comportamento indisciplinado de uma criança e não à criança como um todo.

Além disso, para o autor (*op. cit.*, p. 433), na construção tautológica existe partilhamento de estereótipos ou partilhamento de crenças que estão na base da cultura que os falantes integram. Quando o enunciador diz, por exemplo, que *mãe é mãe*, ele partilha com o seu interlocutor a interpretação de o papel social de mãe é estereotipamente representativo da benevolência, da superioridade, da dedicação, do amor incondicional desse ente.

Ao tratar de construções tautológicas, os manuais de gramática tradicional ou de redação e estilo o chamam *pleonasmo vicioso, petição de princípio*, classificado, normalmente entre os vícios de linguagem ou como estratégia falaciosa utilizada no ato argumentativo. Garcia (2000, p. 318), por exemplo, afirma que a *petição de princípio* é "o argumento de quem... não tem argumentos, pois apresenta a própria declaração como prova dela, tomando como coisa demonstrada o que lhe cabe demonstrar, isto é, admitindo já como verdadeiro exatamente aquilo que está em discussão." Os manuais de gramática mais antigos, editavam extensas listas de pleonasmos viciosos que deveriam ser evitados na fala e na redação. Dentre esses pleonasmos, destacavam-se *subir para cima, descer para baixo, hemorragia de sangue, entrar para dentro, sair para fora, suicidou-se a si mesmo, panorama geral, adiar para depois, encarar de frente* e outros. A perspectiva cognitivo-funcional da linguagem, porém, interpreta que essas construções são elaboradas pelo falante porque, conceptualmente, para ele, o verbo ou o SN sozinho é insuficiente para expressar o sentido desejado na intensidade necessária. Dessa forma, recorre a outro elemento linguístico ou sintagma mais conceitual para cumprir essa necessidade comunicativa. No caso das construções do tipo [SN_i Cop SN_i], segundo Meibauer (2008), as tautologias são informativas e sua informatividade é dependente da natureza predicativa do segundo SN. O autor simula uma situação comunicativa parecida com a seguinte:

(1) **Falante A:** *você realmente quer viajar pela Europa com um Volks velho?*
Falante B: *Por que não?* **Um carro é um carro.**

(2) **Falante A:** *Não é verdade que eu poluo o ambiente; meu carro é equipado com um catalisador.*
Falante B: *Bem,* **um carro é um carro.**

Tanto em (1) quanto em (2), o segundo SN da sentença *um carro é* **um carro** não é esvaziado de sentido. Pragmaticamente, a interpretação estereotípica relevante para (1) é a de que *os carros são meios de transporte, independentemente de serem velhos*. Em (2), por outro lado, a interpretação é a de que *todo carro polui, independentemente de ter ou não catalisador*. Comprova-se, portanto, que, consideradas as variáveis contextuais, o segundo SN não é exatamente igual ao primeiro. Pode o ser na forma, mas não no sentido, na função e na forma de conceber o fato.

Meibauer (2008) defende que, prototipicamente, o primeiro SN é genérico. A referência é feita em relação a uma classe abstrata de entidades, e não a entidades concretas em um discurso. Isso, segundo o autor, contribui para o estabelecimento e para a manutenção do estereótipo. É preciso considerar, porém, que nem todo primeiro SN na construção tautológica é genérico. Em *seus carros são seus carros*, por exemplo, a primeira menção aos carros do endereçado é específica. O segundo SN, por seu turno, é conceptualmente enriquecido de significado também específico, visto que é relevante para o sentido comunicativo do enunciado. Além disso, tem função predicativa, como fui visto nos exemplos (1) e (2).

Acrescenta-se ainda que, segundo Meibauer (2008), uma grande variabilidade de significados tautológicos é compatível com o papel das forças ilocucionárias associadas às construções em uso. Maibauer (2008) aponta três formas ilocucionárias que podem estar associadas a algumas construções tautológicas: 1) *a força ilocucionária da justificação, da 'desculpa'*. Dizer, por exemplo, que, mesmo sendo velho, *um carro é um carro* constitui uma justificação para se viajar pela Europa em um Crato velho; 2) *a força ilocucionária da censura*. Ao dizer que *um carro é um carro*, no exemplo (2), o falante censura indiretamente seu interlocutor por ter um carro, independente de ter ou não catalisador, porque é uma máquina poluidora do ambiente e; 3) *a força ilocucionária do elogio*. Dizer, por exemplo, que *Neymar é Neymar* é colocá-lo num nível superior de qualificação em relação aos outros jogadores, fazendo-se um elogio à sua competência técnica no futebol.

A seguir, serão apresentados os dados da pesquisa realizada entre os alunos do curso de *Cognição e Linguagem*, Núcleo Livre ministrado em 2013 na Faculdade de Letras da Universidade Federal de Goiás.

Percepções dos alunos da UFG em relação a construções tautológicas estocadas na memória: conceptualizações partilhadas

No segundo semestre de 2013, foi oferecido um Núcleo Livre intitulado *Cognição e linguagem* na Faculdade de Letras da Universidade Federal de Goiás. Cursaram o Núcleo Livre alunos das Artes Cênicas, da Música, das Artes Visuais, do Agronomia, da Física, da Letras e de outras áreas do conhecimento. Ao estudarem os aspectos pragmáticos envolvidos no processamento cognitivo, foi pedido que listassem em formulário específico todas as construções tautológicas do tipo equativo (como *guerra é guerra*) de que se lembrassem. Participaram da atividade 21 alunos. Foi coletado um total de 266 construções tautológicas equativas para as quais os alunos atribuíram significados que acreditavam ser pertinentes, considerando-se situações comunicativas em que tais construções poderiam ocorrer. O quadro 2, a seguir, mostra as construções tautológicas que foram lembradas pelos alunos, a quantidade de ocorrências de cada uma em números absolutos e o percentual delas:[42]

Quadro 2: quantificação das construções equativas citadas pelos alunos

Construção equativa	Número de ocorrência	percentual
Mãe é mãe	15	5,63%
Homem é homem	14	5,26%
Criança é criança	11	4,13%
Aluno é aluno	11	4,13%
Jogo é jogo	10	3,75%
Federal é Federal	10	3,75%
Amor é amor	10	3,75%
Clássico é clássico	9	3,38%
Crime é crime	8	3%
Amigo é amigo	8	3%
Deus é Deus	7	2,63%
Menino é menino	6	2,25%
Gosto é gosto	6	2,25%
Malandro é malandro	6	2,25%
Dinheiro é dinheiro	6	2,25%
Tradição é tradição	5	1,87%
Brasil é Brasil	5	1,87%

---

[42] No quadro 2, estão descritas apenas as quantidades das construções tautológicas que apresentaram a estrutura sintática canônica [SN$_i$ Cop SN$_i$]. Faltam ainda 24 ocorrências que serão mostradas no quadro 4 porque apresentam outra configuração sintática.

Mané é Mané	4	1,50%
Filho é filho	3	1,12%
Medicina é medicina	3	1,12%
Ladrão é ladrão	3	1,12%
Sexo é sexo	3	1,12%
Droga é droga	3	1,12%
Opinião é opinião	3	1,12%
Paz é paz	2	0,75%
Lar é lar	2	0,75%
Família é família	2	0,75%
Comida é comida	2	0,75%
Coca-cola é Coca-cola	2	0,75%
Lance é lance	2	0,75%
Trabalho é trabalho	2	0,75%
Livro é livro	2	0,75%
Regra é regra	2	0,75%
Pobre é pobre	2	0,75%
Guerra é guerra	1	0,37%
Mulher é mulher	1	0,37%
Adolescente é adolescente	1	0,37%
Político é político	1	0,37%
Machado é Machado	1	0,37%
Platão é Platão	1	0,37%
Stalin é Stalin	1	0,37%
Cristo é Cristo	1	0,37%
Sagrado é sagrado	1	0,37%
Pecado é pecado	1	0,37%
Gol é gol	1	0,37%
Vitória é vitória	1	0,37%
Sucesso é sucesso	1	0,37%
Herói é herói	1	0,37%
Atleta é atleta	1	0,37%
Corinthians é Corinthians	1	0,37%
Unicamp é Unicamp	1	0,37%
Sábado é sábado	1	0,37%
Doença é doença	1	0,37%
Roubo é roubo	1	0,37%
Furto é furto	1	0,37%
Bandido é bandido	1	0,37%
Violência é violência	1	0,37%
Trouxa é trouxa	1	0,37%

Palavra é palavra	1	0,37%
Negócio é negócio	1	0,37%
Mentira é mentira	1	0,37%
Sofrimento é sofrimento	1	0,37%
Brasileiro é brasileiro	1	0,37%
Iphone é Iphone	1	0,37%
Brastemp é Brastemp	1	0,37%
Chevrolet é Chevrolet	1	0,37%
França é França	1	0,37%
Perfeito é perfeito	1	0,37%
Romance é romance	1	0,37%
Beijo é beijo	1	0,37%
Paixão é paixão	1	0,37%
Picanha é picanha	1	0,37%
Ouro é ouro	1	0,37%
Ditadura é ditadura	1	0,37%
Literatura é literatura	1	0,37%
Poeta é poeta	1	0,37%
Torto é torto	1	0,37%
Erro é erro	1	0,37%
Justiça é justiça	1	0,37%
Rico é rico	1	0,37%
Samba é samba	1	0,37%
Fulano é fulano	1	0,37%
Sonho é sonho	1	0,37%
Comédia é comédia	1	0,37%
Artista é artista	1	0,37%
Estrela é estrela	1	0,37%
Santo é santo	1	0,37%
Veado é veado	1	0,37%
Macaco é macaco	1	0,37%

Como se observa no quadro 2, a construção tautológica que mais foi lembrada pelos alunos foi *mãe é mãe*. A sentença foi citada 16 vezes (5,63% das ocorrências). Os significados atribuídos à construção estavam ligados principalmente ao atributo de *ser insubstituível, ser superior, singular, possuir amor incondicional e ser respeitada*. Silva (2012, p. 69-70) faz alusão a um trabalho de Lakoff (1987) em que a autora recruta conceitos de MÃE, que envolvem: 1) o modelo natal (a pessoa que dá a luz é a *mãe*); 2) o modelo genético (a fêmea que contribui com o material genético é a *mãe*); 3) o modelo de nutrição (a fêmea adulta que alimenta e cuida da criança é a *mãe* daquela criança); 4) o modelo marital (a esposa do pai é a *mãe*); 5) o modelo genealógico (o ancestral feminino mais próximo é a *mãe*). Desses cinco modelos, o estereótipo que pareceu predominar na percepção dos alunos da UFG foi o modelo genealógico por ser o ancestral mais próximo e o modelo natal, que dá a luz e que, por isso, é insubstituível, superior, única, amorosa e respeitada. O fato de os alunos terem interpretado a sentença, atribuindo à mãe as características de ser insubstituível e superior é relevante para o surgimento de uma expressão tautológica resumitiva de quem é o ente familiar, ou seja, mãe é uma entidade tão singular e superior que não é possível predicar outra coisa senão o próprio nome *mãe*.

A construção tautológica mais lembrada em segundo lugar foi *homem é homem*. Foram 14 ocorrências ou 5,26% delas. Em relação aos significados atribuídos a um enunciado desse tipo, a maior parte dos 5,26% que se lembraram da construção disse que a sentença pode ser entendida como *possível superioridade do homem, qualidade superior, poder fazer o que dá na telha*. Outros disseram que a sentença estaria ligada à ideia de *maturidade que se destaca em quem se comporta verdadeiramente como homem*. Outros disseram ainda que a sentença se liga às noções de *força, vigor, virilidade, machismo e masculinidade, que se encontram no ser homem*. Apenas um aluno disse que ela seria *expressão de preconceito que iconiza a figura do homem com inferior e incapaz*. Supõe-se que a maior parte das respostas relacionou a sentença *homem é homem* com situações comunicativas que têm como força ilocucionária o *elogio* à condição de ser homem, força proposta por Meibauer (2008). O único significado negativo atribuído à construção pode estar relacionado à possibilidade de o aluno ter se referido a uma situação comunicativa em que a expressão tem força ilocucionária de *censura*, tal como se pode perceber no exemplo, a seguir, em que o segundo SN de *homem é homem* deve ser entendido como *aquele que comete erros*, diferente da máquina que tem menor probabilidade de errar:

(3) **Falante A:** *O Pedro deveria ter feito os cálculos da planilha utilizando o computador. Ficaram todos errados.*
Falante B: *É. Homem é homem.*

As construções *criança é criança* e *aluno é aluno* tiveram, ambas, 11 ocorrências ou 4,13%. Os significados atribuídos a *criança é criança*, em geral, estavam relacionados ao estereótipo de que *crianças devem ser toleradas em determinadas circunstâncias devido ao seu pouco juízo ou imaturidade*. Esse significado também se fez presente na construção *menino é menino*, que teve menor número de ocorrências (6 ou 2,25%). Já para a construção *aluno é aluno* praticamente todos os significados atribuídos estavam ligados a estereótipos pejorativos, do tipo: *todo aluno possui as mesmas características (especialmente ruins); previsibilidade de atitudes questionáveis; justificativa de possíveis falhas dos alunos; irresponsabilidades; aluno é relaxado, não faz as coisas; quase todo aluno inventa desculpas para os professores*. Apenas um significado tratou a construção como indicativa de *valorização das qualidades do discente*. Esse significado pode estar relacionado a contextos muito especializados em que se verifica o sucesso do aluno diante de provas ou seleções.

Das construções que tiveram 10 ocorrências (ou 3,75% cada uma), dentre elas *jogo é jogo, federal é federal, amor é amor*, destacaria inicialmente a construção *Federal é federal* que, pela resposta dos alunos, refere-se a Instituições de Ensino Superior, dentre elas a Universidade Federal de Goiás (UFG). A sociedade em geral e os alunos em específico partilham a conceptualização de que a UFG e outras instituições federais de ensino superior têm prestígio, por isso, são instituições valorizadas. Os significados atribuídos a essa construção tautológica foram os seguintes: *superioridade da UFG com relação a outras instituições; superioridade em relação a outros órgãos públicos; instituições federais (destacadamente universidades) são superiores às demais; conotação de melhor; mostra superioridade no dizer; de peso, de qualidade; superioridade; superioridade e/ou preferência; melhor*. Interessante observar que, do sintagma *universidade federal*, apenas o atributo *federal* foi selecionado para constituir os SNs da construção equativa. O que é relevante, portanto, não é o fato de ser universidade, mas o fato de ser federal.

Em relação aos significados atribuídos a *jogo é jogo*, a percepção dos alunos estava voltada para se distinguir o que é *sério* – reportando-se à seriedade da *vida cotidiana* – e o que é *brincadeira* – reportando-se a algum tipo *jogo*. Assim, foram frequentes significados do tipo: *não se deve levar para a vida; não se deve levar a sério brincadeiras, atitude de reconhecimento de um contrato consensual relativo a uma situação de jogo; não se envolva tanto, aceitabilidade da partida*. As respostas apontam para uma força ilocucionária de advertência, como se um enunciador potencial tentasse acalmar um jogador inconformado pela perda da partida para que ele não criasse tipo algum de confusão com o time adversário. Associada à ideia de jogo, a construção *clássico é clássico* foi citada nove vezes. Os alunos se referiam a um tipo de *jogo de futebol superior aos demais*. Para eles, dizer *clássico é clássico* significa afirmar que um clássico é *impecável, principal, o que é de melhor*. Indica a *valorização de um tipo de jogo; a importância sobre os outros jogos*.

Já com relação à construção *amor é amor*, as percepções mostraram-se relacionadas à *incondicionalidade do sentimento; à superioridade do sentimento do amor; à enlevação do sentimento do amor pela sua constituição como sentimento maior entre os outros*. Novamente, a noção de superioridade, de maior importância destaca-se na percepção dos alunos.

Comentadas as construções que tiveram até 9 ocorrências (3,38%), por uma questão metodológica, passa-se, a partir de agora, a comentar e a analisar aspectos linguísticos e extralinguísticos também relevantes de outras construções do *corpus*.

Com base nos dados coletados, além da categorização por número de ocorrências, procurou-se categorizar as construções tautológicas equativas também pela temática e/ou valores semânticos que apresentaram. O quadro

3, a seguir, mostra as temáticas e os valores semânticos que mais apareceram no *corpus* e as construções a elas relacionadas:

Quadro 3: aproximações temáticas e valores semânticos das construções tautológicas equativas

TEMÁTICAS	CONSTRUÇÕES
Atitudes humanas	*Negócio é negócio, guerra é guerra, paz é paz, vitória é vitória, sucesso é sucesso, crime é crime, violência é violência, roubo é roubo, furto é furto, opinião é opinião, gosto é gosto, mentira é mentira, traição é traição, erro é erro, justiça é justiça, regra é regra, ditadura é ditadura;*
Qualificações	*Malandro é malandro, Mané é mané, bandido é bandido, ladrão é ladrão, trouxa é trouxa, amigo é amigo, brasileiro é brasileiro, perfeito é perfeito, torto é torto, rico é rico, pobre é pobre, estrela é estrela, santo é santo, artista é artista, poeta é poeta;*
Gênero	*Homem é homem, mulher é mulher;*
Família	*Lar é lar, família é família, mãe é mãe, filho é filho;*
Política	*Político é político;*
Religião	*Deus é Deus, Cristo é Cristo, Sagrado é sagrado, pecado é pecado;*
Esportes	*Jogo é jogo, clássico é clássico, gol é gol, atleta é atleta, Corinthians é Corinthians;*
Escola	*Aluno é aluno, Federal é federal, Unicamp é Unicamp, Medicina é Medicina;*
Fases da vida	*Criança é criança, menino é menino, adolescente é adolescente;*
Sentimentos / estados	*Alegria é alegria, amor é amor, doença é doença, sofrimento é sofrimento;*
Marcas	*Coca-cola é coca-cola, Iphone é Iphone, Chevrolet é Chevrolet, Brastemp é Brastemp;*
Relações sexuais/afetivas	*Romance é romance, paixão é paixão, beijo é beijo, lance é lance, sexo é sexo;*
Atividades variadas	*Comédia é comédia, sonho é sonho, samba é samba, tradição é tradição, trabalho é trabalho, literatura é literatura;*
Países	*Brasil é Brasil, França é França;*
Grandes nomes	*Machado é Machado, Platão é Platão, Stalin é Stalin;*
Entidades concretas	*Livro é livro, droga é droga, ouro é ouro, picanha é picanha, dinheiro é dinheiro.*

A categorização das construções equativas evocadas pelos alunos é importante porque revela as dimensões do mundo extralinguístico que estão mais evidentes na memória do aluno. Silva (2012, p. 53) afirma que a frequência de uso de uma palavra ou construção pelo falante está relacionada às experiências psicofísicas e discursivas advindas das interações estabelecidas por ele empiricamente.

Isso licencia dizer que o contato do aluno, por exemplo, com mídias escritas e/ou televisivas que noticiam fatos de violência, roubo, morte ou regimes ditatoriais contribui para que sua memória registre como relevantes construções relacionadas a **atitudes humanas** mais ou menos negativas como *guerra é guerra, crime é crime, violência é violência, roubo é roubo, furto é furto, mentira é mentira, traição é traição, justiça é justiça, ditatura é ditatura*, atribuindo a elas sentidos relacionados à *necessidade de punição, à injustificação e à crueldade de determinados atos.*

A necessidade comunicativa de qualificar aos indivíduos e as coisas por suas características específicas também contribui para o compartilhamento de estereótipos qualificativos estocados na memória de longo termo e que se traduzem na forma de construções tautológicas que tomam a qualidade como a própria entidade, numa relação metonímica de parte e todo. O resultado disso é que o adjetivo se substantiva, como se verifica em: *bandido é bandido, trouxa é trouxa, amigo é amigo, brasileiro é brasileiro, perfeito é perfeito, torto é torto, rico é rico, pobre é pobre, estrela é estrela, santo é santo, artista é artista.*

As relações familiares, escolares e afetivas, as discussões sobre gênero, política, religião e esporte, as próprias fases da vida vivenciadas e percebidas pelos alunos, os eventos sociais de que participam e sobre o qual discutem, as marcas em evidência em campanhas publicitárias, as leituras que fazem, tudo isso contribui para se extraírem da memória estereótipos que se traduzem em construções como *lar é lar; filho é filho; Unicamp é Unicamp; menino é menino; adolescente é adolescente; sofrimento é sofrimento; Brastemp é Brastemp; beijo é beijo; lance é lance; sexo é sexo; comédia é comédia; samba é samba; França é França; Platão é Platão; picanha é picanha; dinheiro é dinheiro.*

Gibbs (1994) afirma que os SNs das construções tautológicas podem ser concretos, humanos e abstratos, como já foi visto na seção 2. Os dados revelaram que, além desses três tipos de qualificativos semânticos dos SNs, é possível que ocorram também, de maneira mais específica, SNs com **nomes próprios concretos,** tais como *Cristo é Cristo, Corinthians é Corinthians, Unicamp é Unicamp, Coca-Cola é Coca-Cola, Iphone é Iphone, Chevrolet é Chevrolet, Brastemp é Brastemp, Brasil é Brasil, França é França, Machado é Machado, Platão é Platão, Stalin é Stalin.* Em todos os casos, os significados estão relacionados à superioridade e à singularidade das entidades designadas por esses nomes próprios. Além disso, os dados revelaram SNs que **distinguem tipos humanos por suas qualificações.** Em outros dados, percebem-se SNs unidos por expressar ideia de **coletividade.** É o caso, por exemplo, de *família é família.*

Embora já se tenha falado sobre conceptualização anteriormente sem apresentar-lhe uma definição teórica, importante que ela seja discutida com o objetivo de se analisar as que são feitas pelos alunos da UFG por meio das construções tautológicas. Silva (2002, p. 51) afirma que
as palavras e as estruturas gramaticais são recursos que o falante utiliza para simbolizar cenas ou fatos da vida cotidiana. Nesse sentido, aquilo que se fala a respeito do mundo não representa o mundo em si, mas a visão que se tem dele. [...]. Nesse sentido, a hipótese da conceptualização do mundo está fortemente ligada aos padrões culturais.

Por meio dos significados atribuídos às construções tautológicas, os alunos da UFG mostraram as conceptualizações que eles e a sociedade/cultura na qual estão inseridos têm sobre diferentes dimensões da atuação humana. É o que ocorreu, por exemplo, quando seis alunos atribuíram significado para a construção *dinheiro é dinheiro*. Para alguns, essa sentença representa a *valorização que alguém dá a uma mínima quantia de dinheiro* numa situação parecida com a seguinte:
(4) **Falante A:** *você faz questão que eu pague os seus oitenta centavos?*
Falante B: *claro. Dinheiro é dinheiro.*

Para outros, a construção *dinheiro é dinheiro* está relacionada ao estereótipo de que, *com o dinheiro se compra tudo e se tem status*, numa situação como:
(5) **Falante A:** *você viu que mulher bonita, fina e com pele bem tratada?*
Falante B: *vi sim. Dinheiro é dinheiro.*

Para outros ainda, enunciar a sentença *dinheiro é dinheiro* significa dizer que *todo dinheiro é bem-vindo, não importa como*, conceptualização que pode ser traduzida numa situação como a descrita em (6):
(6) **Falante A:** *Você acredita que a empresa teve coragem de aceitar dinheiro de corrupção?*
Falante B: *Sim, acredito. Para ela, o que interessa é lucrar, afinal, dinheiro é dinheiro.*

Três conceptualizações foram apontadas para uma mesma construção tautológica. Todas elas atadas a situações empíricas vividas, ouvidas, lidas pelos atribuidores de significação.
Para finalizar a análise dos dados, apresentam-se, no quadro 4, a seguir, construções tautológicas que revelaram outras configurações sintáticas diferentes da canônica [SN$_i$ Cop SN$_i$], com suas respectivas ocorrências absolutas e relativas:

Quadro 4: configurações sintáticas diferentes da canônica

SENTENÇA	ESTRUTURA SINTÁTICA	QUANTIDADE	PERCENTUAL
Eu sou eu	Pro Cop$_{PR}$ Pro	4	1,50%
Eu sou mais eu	Pro Cop PR INT Pro	1	0,37%
Cada um é cada um	SN(Pro +Num) Cop SN (Pro +Num)	1	0,37%
Meninos serão meninos	SN$_{PL}$ Cop FUT SN$_{PL}$	1	0,37%
Toda pinga é pinga	SN (Pro + Nome) Cop SN	1	0,37%
Existem mulheres feias e mulheres feias	SV [SN$_{PL}$ CONJ SN$_{PL}$]	1	0,37%
Nada é igual a nada	Pro Cop SAdj SPrep	1	0,37%
Um grande herói é herói grande	SN (art + adj + Nome) Cop SN (art + adj + Nome +)	1	0,37%
Namorado é namorado, amigo é amigo	SN Cop SN, SN Cop SN	1	0,37%
Uma coisa é uma coisa, outra coisa é outra coisa	SN (art+Nome) Cop SN (art+nome), SN (Pro+nome) Cop SN (pro+nome)	1	0,37%
Você é você, eu sou eu	Pro Cop Pro, Pro Cop pro	1	0,37%
Treino é treino, jogo é jogo	SN Cop SN, SN Cop SN	1	0,37%
Malandro é malando, mané é mané	SN Cop SN, SN Cop SN	1	0,37%
Companheiro é companheiro, 'fedaputa' é 'fedaputa'	SN Cop SN, SN Cop SN	1	0,37%
O Brasil é o Brasil	SN (art+nome) Cop SN (art+nome)	1	0,37%
Sentir é sentir	SV Cop SV	1	0,37%
Ficar por ficar	SV Cop SV	1	0,37%
Ir por ir	SV Prep SV	1	0,37%
Cada um, cada um	SN (Pro +Num), SN (Pro +Num)	1	0,37%
Cara a cara	Nome Prep Nome	1	0,37%
Frente a frente	Nome Prep Nome[43]	1	0,37%

---

[43] Glosa: Pro = pronome; PR = presente; Int = intensificador; Num = numeral; PL = plural; FUT = futuro; SAdj = Sintagma Adjetival; SPrep = Sintagma Preposicionado; Art = artigo; Adj = adjetivo; SV = Sintagma Verbal; Prep = preposição.

Merecem destaque as construções tautológicas coordenadas do tipo *namorado é namorado, amigo é amigo* [SN Cop SN, SN Cop SN]. Segundo Meibauer (2008), nessas construções, existe a implicatura de que os referentes dos respectivos sujeitos dos SNs seriam distintos, não se confundindo. A explicação sintática do estudioso pode ser comprada, pela sua semelhança, à explicação semântica do aluno que a citou: *tentativa de distinção entre os papéis sociais do 'namorado' e do 'amigo'.* O aluno parece mostrar essa diferença também para a construção *você é você, eu sou eu*, quando diz: *demonstração 'objetiva' de que os indivíduos são naturalmente diferentes.* Em *treino é treino, jogo é jogo*, o aluno apontou para a maior relevância do jogo em relação ao treino. Já em *companheiro é companheiro, 'fedaputa' é fedaputa'*, aponta-se para a maior relevância da amizade em detrimento da traição e da inimizade, simbolizadas metaforicamente por meio do sintagma 'fedaputa', que constitui um xingamento ofensivo, mas usual na língua falada contemporânea do Estado de Goiás e no Português Brasileiro como um todo.

Considerações finais
O estudo sobre as construções tautológicas equativas revelou que o aluno goiano, conectado a seu tempo e à sua cultura, mostrou por meio das sentenças tautológicas lembradas e analisadas, a sua competência linguística em perceber os significados estereotipados de tais construções.
O estudo revelou ainda que um fator preponderante para que a construção tautológica se origine como tautológica é a não 'discutibilidade' de determinada atividade, evento, tema ou papel social. É o caso, por exemplo, de *gol é gol.* O sentido atribuído pelo aluno de que *não importa como foi, o gol saiu* é uma clara evidência de que a retomada fiel de um SN na sentença expressa a crença de que o enunciador não deseja discutir circunstâncias, já que o interesse dele repousa no produto final – o gol. Ao interpretar que há superioridade da mãe em *mãe é mãe* ou do homem em *homem é homem*, ou de Machado de Assis em *Machado é Machado*, a sentença funciona como um argumento máximo e indiscutível sobre o assunto de que se está falando. Ao interpretar que em *gosto é gosto* existe *incontestável respeito à diferença*, a expressão desse sentido só poderia ser na forma de uma tautologia devido ao caráter 'incontestável' atribuído ao enunciado. Como se observa, existe uma relação muito próxima do prefixo o fato de algo ser *indiscutível, insuperável, incomparável, incondicional, incontestável* com a expressão tautológica. Nesse sentido, cabe concluir que as construções tautológicas não podem ser respostas para questões que perguntam por referentes, mas podem ser respostas para questões que perguntam por propriedades (MEIBAUER, 2008) – a propriedade de ser *indiscutível,* por exemplo.
Como se viu por meio de dados como *Brastemp é Brastemp, Stalin é Stalin,*

também os nomes próprios estão sujeitos à construção de estereótipos e crenças construídas socioculturalmente.

Em relação à constituição semântica dos SNs da construção, é possível vislumbrar como uma consideração final que tanto a não vagueza dos dois SNs quanto o enriquecimento conceptual do segundo SN contribuem para a compreensão de que as tautologias são pragmaticamente produtivas porque apresentam significação e funcionalidade. Nas construções tautológicas coordenadas, verifica-se, por exemplo, a codificação da necessidade comunicativa do falante de distinguir entidades que podem pertencer a uma mesma categoria, mas que possuem significados sociais diferenciados.

Enfim, parece que a atividade aplicada aos alunos contribuiu para que eles percebessem que a tautologia é produtiva na língua, já que variáveis semânticas e pragmáticas asseguram a sua existência, tal com eles mesmos comprovaram quando recrutaram estruturas ditas e/ou ouvidas e atribuíram significados a elas.

Referências Bibliográficas

Croft, W.; Cruse, A. *Cognitive linguistics*. [Cambridge Textbooks in Linguistics]. Cambridge: Cambridge University Press, 2004.

Garcia, O. M. *Comunicação em prosa moderna*. 19 ed. Rio de Janeiro: FGV, 2000.

Gibbs, R. W. Figurative thoughts and figurative language. In.: Gernsbacher, M. A. (Ed). *Handbook of psycholinguistic research*. New York: Academic Press. 1994. p. 411-446.

Grice, P. Logics and conversation. In.: GRICE, P. *Studies in the way of words*. Cambridge, Mass: Harvard University Press. 1989. p. 22-40.

Lakoff, G. *Women, fire, and dangerous things:* what categories reveal about the mind. Chicago and London: The University of Chicago Press, 1987.

Meibauer, J. Tautology as presumptive meaning. *Pragmatics & cognition 16:3*. Hohn Benjamins Publishing Company. DOI 10.1075. 2008. p. 439-470.

Silva, L. A. *As bases corporais da gramática: um estudo sobre conceitualização e metaforização no português brasileiro*. 2012. 284 f. Tese (Doutorado em Estudos Linguísticos) – Faculdade de Letras, Universidade Federal de Goiás, Goiânia, 2012.

Wierzbicka, A. Boys will be boys: radical pragmatics vx radical semantics. *Language*. 63. 1987. p.. 95-114.

PROJETO - UMA PRÁTICA METODOLÓGICA AUTÊNTICA E DESAFIADORA
Carla Alexandra da Silva Marinho Sanches
Sílvia Regina de Carvalho Guedes

> *"Se para o ano ficarmos colocadas numa escola e se tivermos a sorte de ficar com o mesmo nível de ensino, então faremos um Projeto!"*[44]

Sabendo que o espaço de sala de aula continua a estar confinado a um lugar-comum de aprendizagens, a ideia de realizar um projeto que articulasse as diferentes competências do currículo de Português, apresentou-se como um desafio a cumprir com duas turmas de 7° ano (7° A e 7° C), pertencentes a escolas diferentes. Neste sentido, a interpretação do currículo por parte do professor deverá ter em conta a realidade educativa em que se insere, com o intuito de responder às necessidades e dificuldades do público-alvo. A par de um currículo básico, central – core curriculum –, este tanto mais dará sentido se se adequar a realidades e vivências culturais que muitas vezes ultrapassam ou têm visões diferentes do mundo, que não, a visão ocidental, pelo que continua a ser necessário um esforço de toda a comunidade educativa para resolver este nó gordio do sistema educativo, criando condições para uma verdadeira política de sucesso educativo. Deste modo, ao pensarmos um projeto, pretendeu-se criar uma dinâmica e interação que flexibilizasse a sistematização dos conteúdos, pois "É através do vivido do projecto que traduzimos na nossa prática as reflexões críticas sobre o acto de aprender, (...) como uma comunidade de aprendizagem." (Mendonça 96).

A aposta num projeto de correspondência escolar veio, desta forma, colmatar a necessidade de aplicar estratégias que motivassem e despertassem nos alunos o gosto pela escrita, pela leitura e pela comunicação oral.

Criaram-se, assim, sinergias que concorreram para um fim comum. Aos alunos foi-lhes atribuída a responsabilidade de colaborarem em estreita relação com os seus pares, atribuindo significado às novas aprendizagens, que os envolveu em algo que lhes pertencia, potencializando os seus conhecimentos, as suas capacidades e vivências. A passagem por esta experiência de aprendizagem, conduz-nos a um «skill» fundamental –

---

[44] Frase proferida pelas duas professoras um ano antes do projeto iniciar

Aprender a Aprender, estreitamente aliado às outras competências, permitindo criar e produzir escrita e oralidade, num sistema contínuo de mobilização de conhecimentos e de instrumentalização da língua, propriamente dita. Através da expressão «learning by doing», Dewey reforça a ideia de que a aprendizagem escolar deve aplicar-se à vida, pois a escola é parte integrante da vida. Na verdade, é fundamental na nossa prática enquanto professores e alunos vermos um sentido, um propósito naquilo que equacionamos fazer e esse é o estímulo que nos faz avançar e querermos algo. Neste sentido, para concretizar este projeto, partiu-se de um problema identificado nas duas turmas – ausência de uma prática de escrita, em contexto de sala de aula. Sérgio Niza identificou esta, como uma questão fundamental a sarar, na prática de sala de aula
há, na relação da escola com os alunos, um processo de traição lamentável, quando os professores não têm consciência de que a escola é fundamentalmente uma instituição de escrita. [...] O mais importante é salientar que quase toda a avaliação que se faz hoje faz-se através da escrita. E, no entanto, nas escolas portuguesas não se ensina os alunos a escrever. (Niza 12)
Quis-se corroborar esta ideia de que não se escreve em contexto de sala de aula e colocaram-se mãos-à-obra, pois só assim se fazem e constroem ideias, planos, projetando-se numa realidade, que é a da escola do nosso Presente.
Assim, definido o ponto de partida, foram delineados objetivos específicos que contribuíssem para o desenvolvimento do domínio da escrita em ação e em contexto, indissociável dos outros domínios: oralidade, leitura e gramática. Nasce, então, e após os primeiros laços estabelecidos, a necessidade de sustentar a continuidade do projeto de correspondência escolar, numa situação-problema mais exigente e desafiadora, ou seja, a ideia da produção escrita de um conto, no coletivo e em parceria, que mais tarde viria a refletir, a escrita das «1000 Vozes», proporcionando "aos alunos oportunidades de utilização da linguagem oral e escrita em experiências de aprendizagem e projetos cada vez mais alargados e exigentes (...)" (ME/PEBP 113/114).
Pretendeu-se, então, estabelecer um conjunto de objetivos que contemplassem as competências do currículo, no projeto, de forma a ajudar na construção do aluno, enquanto leitor, «escritor», comunicador e um conhecedor mais consciente da sua língua.
Com o desenvolvimento deste projeto, o aluno, deveria ser capaz de:
- Responder aos desafios lançados em momentos de produção e reflexão escrita;
- Participar em interação para a construção do conto;
- Aplicar as categorias da narrativa, mobilizando os seus conhecimentos/ ideias;

- Expor ideias e pontos de vista, recorrendo à argumentação e (re)avaliação das intervenções dos outros.
- Professor, enquanto facilitador e orientador das aprendizagens dos seus alunos, pretenderia:
- Desenvolver a autonomia dos alunos, enquanto leitores, que reavaliam, permanentemente, os mecanismos textuais inerentes ao processo de escrita;
- Consolidar o uso da língua através de processos de constante reescrita e aperfeiçoamento linguístico;
- Motivar os alunos para a prática da escrita;
- Responsabilizar os alunos na consecução do projeto, incentivando-os a uma realização extra-escolar.

Pensar um projeto entre duas turmas, oriundas de realidades sociais, linguísticas e culturais diferentes foi o primeiro desafio. Por um lado uma escola TEIP (Território Educativo de Intervenção Prioritária), que obedece e que responde a desafios muito particulares, tendo em conta o contexto socioeconómico em que se insere; por outro, uma escola sem estas «exigências», mas com outras especificidades, foi uma aposta ganha, tendo em conta a heterogeneidade do público escolar participante e de acordo com Mendonça "Os projectos facilitam a integração social das diferenças a partir das interações que dinamiza." (Mendonça 8).

Com a concretização e envolvência dos alunos nas diferentes etapas, estes foram a voz ou as «1000 vozes» das suas ideias, opiniões e até divergências. Responsabilizando-se pela prossecução e cumprimento dos objetivos a que se propuseram, os alunos sentiram-se como parte integrante do projeto, refletindo sobre a língua, articulando conhecimentos, experiências e vivências "Um projecto implica complexidade uma vez que todo o projecto se relaciona com o vivido, e se caracteriza pela sua complexidade, na medida em que integra dimensões múltiplas com as suas componentes individuais e colectivas, psicológicas e socioculturais, os seus processos manifestos e inconscientes." (Mendonça 25).

No 1º Período, começou-se então por empreender a socialização dos participantes, com base na troca de cartas de apresentação, escritas no coletivo, e de uma troca de presentes para as turmas, na época natalícia. Recorremos assim, ao meio tradicional de comunicação, a carta, uma, enviada por correio, e outra, entregue pessoalmente, por uma das professoras, envolvidas no projeto.

No 2º Período, com os primeiros contactos efetuados e com o objetivo de desenvolver a competência de escrita, em estreita articulação com as outras competências, deu-se início à produção escrita de uma narrativa, no coletivo. Este projeto desenvolveu-se nas aulas de Língua Portuguesa, a par dos conteúdos do currículo, das leituras, das aprendizagens que iam sendo realizadas e exigiu da parte, quer dos professores, quer dos alunos, um compromisso sério e permanente.

Para tal, e numa primeira etapa recorreu-se a um jogo de cartas - A Arca dos Contos[45] - para estimular a criatividade na escolha das personagens/ objetos/ palavras que constituiriam parte integrante do conto e à volta dos quais se desencadearia a narrativa criada pelas duas turmas, transformando os alunos em pequenos contadores de estórias.

Ao escrever e criar uma estória, o aluno repensa e reatualiza outros contos que ouviu e leu, dá-lhes outra forma ou outra dimensão que se coaduna melhor com a sua maneira de ser, os seus desejos e/ou medos.

A imagem funcionou aqui como elemento despoletador da escrita, de tão difícil que é esse processo de iniciar um texto escrito, seja qual for a sua natureza e as suas exigências textuais. Escolhidas as cartas/ imagens/ palavras de forma aleatória, a turma da escola TEIP (7°A) iniciou a produção do conto narrativo. Estavam lançadas as primeiras pedras deste projeto arquitetural de escrita, que teve sempre presente uma intencionalidade comunicativa, da qual subjaz a ideia de que escrevo para o outro (que é escritor comigo) e posteriormente, será para outros: alunos, pais, professores e comunidade escolar.

Numa segunda etapa, deu-se início ao ato de produção escrita da narrativa, dividida em quatro momentos, sendo cada uma das turmas, responsável por escrever, no coletivo, duas partes do conto. Assim, o 7° A construiu a primeira (introdução) e a terceira (desenvolvimento) partes e o 7° C, a segunda (desenvolvimento) e a quarta (conclusão) partes.

Implementou-se em sala de aula uma prática e uma dinâmica de escrita (com tempos próprios para esta oficina), mediada e orientada pelo professor que conduzia as vontades dos alunos entre a oralidade, a leitura e a escrita, permitindo a estes refletir sobre a língua. Estas competências realizaram-se num continuum de comunicação ativa, em que a própria escrita foi a estrutura, mobilizando permanentemente os conhecimentos linguísticos e literários.

Neste sentido, estes momentos de escrita a «1000 vozes» foram extenuantes, para todos os intervenientes, pois era necessário, após a receção da parte do conto que tinha sido escrita pela outra turma: ler, reler, fixar as ideias-chave, verificar incoerências, ligações interfrásicas, significações múltiplas, repetições; e então, depois, passar à fase seguinte: escrever, reescrever, aperfeiçoar, limar, compor...uma autêntica partitura que daria voz às nossas vozes "O acto de escrita articula vários tipos de regulação que implicam o domínio dos conhecimentos, a transferência de

---

[45] A *Arca dos Contos* – jogo de cartas para estimular a criatividade e o gosto pela leitura

procedimentos e a expressão em contexto. A sua representação mais oportuna e talvez a menos torpe é a de um encadeamento." (Tochon 83)
Assim, procurou-se compreender, neste trabalho, como é que a escrita na escola, particularmente os processos de revisão, realizados em interação e de forma sistemática, contribuíram para a aprendizagem e evolução dos próprios processos de escrita, ideia reafirmada por Tochon
Três tipos de organizadores didácticos permitem que se conceba uma oficina de escrita (…) estes organizadores cognitivos planificam o funcionamento pedagógico do projecto de escrita: o domínio dos conteúdos, a transferência de procedimentos, o contexto de expressão - estes três tipos de organizadores representa tentativas de explicitação dos esquemas cognitivos activados quando se redige. (Tochon 92)
A permanente (re) construção da escrita, em situação de sala de aula, com a turma a interagir, transforma a fala num elemento potenciador da própria escrita. Assistiu-se, nestas aulas, a uma oralidade espontânea, que dava lugar a uma escrita e assim sucessivamente
É necessário recorrer à capacidade de escuta e de atenção, pois escutar é mais difícil do que falar, na medida em que requer uma extraordinária abertura e vontade de análise e reflexão sobre uma grande variedade de ideias. Não obstante, tal não implica que as visões individuais sejam sacrificadas. Significa antes que as visões múltiplas coexistam até encontrar uma forma de integrar as visões individuais. (Mendonça 18)
Estes momentos foram sendo construídos, ardilosamente trabalhados pelos alunos, geridos pelo professor, recorrendo em sala de aula ao uso das novas tecnologias. A prática desta oficina baseava-se na receção da parte da narrativa escrita pela outra turma, leitura, marcação de frases significativas e posteriormente procedia-se à continuação da mesma. Todo este processo era realizado em tempo real, observado no quadro (com recurso ao vídeoprojetor) e o professor redigia as palavras, as ideias, as frases que eram lançadas e automaticamente traduzidas na tela tecnológica. A observação distanciada do texto permitia à turma ver o texto no seu todo, e claramente detetar aspetos de incoerência e coesão textual que fossem passíveis de alteração/ correção.
No terceiro período, procedeu-se à preparação dos encontros entre turmas (visita às escolas), criando cenários e ambientes que permitiram apresentar o projeto com base em leituras dramatizadas e teatralização do conto, momentos que espelharam o trabalho realizado em sala de aula e o envolvimento dos alunos para a possibilidade deste tão esperado encontro.
As escolas, com a respetiva autorização das direções, dos pais/ encarregados de educação, do pessoal docente e não docente, pensaram em formas de patrocinar as visitas. Para que tal se concretizasse, o apoio das escolas na receção, na oferta dos almoços e dos espaços para a apresentação do projeto foi notório.

Sabendo que um projeto é fluxo de energia, operacionalizou-se uma apresentação dinâmica à comunidade educativa, não só pelo facto de toda a passagem à prática ser uma experiência individual, única, não renovável, como também porque ao fazer a divulgação, os alunos, numa interação humana e em contexto, exercitariam as suas capacidades criativas e de iniciativa que culminassem na apresentação final do projeto.

A organização, definição de tarefas e preparação das visitas, implicou entre professoras/ alunos, um compromisso que, em alguns momentos, ultrapassou o tempo letivo em sala de aula, e quando se consegue envolver e trazer os alunos para a escola, em momentos que não são obrigatórios, então chega-se à conclusão que os alunos sentiram este projeto como uma pertença, que é para preservar, para cultivar, pois reflete todo o seu trabalho e envolvimento. Na perspetiva de Whitaker e segundo Mendonça, a avaliação é o mediador contínuo e, nesse sentido, "(...) o projecto desencadeia um processo, imprime um toque de qualidade e aprendemos a sentir-nos confortáveis no caos e na instabilidade, o que na nossa opinião significa que nos inscrevemos numa postura consciente de aprender a aprender. (Mendonça 19).

Ao realizar este projeto tivemos sempre presente as premissas do mesmo, pelo que podemos dizer que se tratou de um projeto de caráter inovador, porque liga duas turmas através de um processo de escrita comum; criativo, porque parte de um jogo de cartas, com imagens propiciadoras da invenção/ criação e pela transformação posterior do conto, em leituras dramatizadas; motivador, porque constituiu em toda a sua dinâmica, o combustível da própria produção escrita e com alunos motivados, o alcance e concretização dos objetivos inicialmente definidos, ultrapassaram as expectativas, transformando-as em realidades possíveis, e por último, autêntico porque o que se constrói tem uma identidade própria, permitida pela participação de todos.

Alcançou-se, através deste projeto, a possibilidade de intervir no próprio processo de ensino-aprendizagem de cada um dos nossos alunos, fomentando o seu espírito empreendedor, visto que um projeto implica intencionalidade e esta depende do envolvimento significativo dos intervenientes, na construção de uma visão partilhada, cujo processo passa pelo diálogo e interação.

Sendo assim, a perspetiva comunicativa veio reafirmar o papel da linguagem como elemento regulador fundamental da atividade social e cognitiva do aluno, onde o oral e a escrita, sistemas autónomos com características próprias, passaram a ser equacionados no mesmo plano na construção dos saberes e suas significações, resultando dessa comunhão, o conto.

Resultados

No final do ano letivo e no seguimento deste projeto, os alunos participantes responderam a um questionário de autoavaliação, que permitiu às professoras dinamizadoras e aos coordenadores dos Departamentos de Línguas, perceber a abrangência do mesmo, a sua implicação na vida de cada um destes alunos e até na projeção deste trabalho, na comunidade escolar, quer motivando, quer despertando outros para estas iniciativas. O momento de reflexão sobre os processos permitiu-nos concluir que a implicação de alunos/ turmas em projetos, cria mecanismos de metacognição da própria aprendizagem, contribuindo significativamente para o processo ensino-aprendizagem dos nossos alunos.

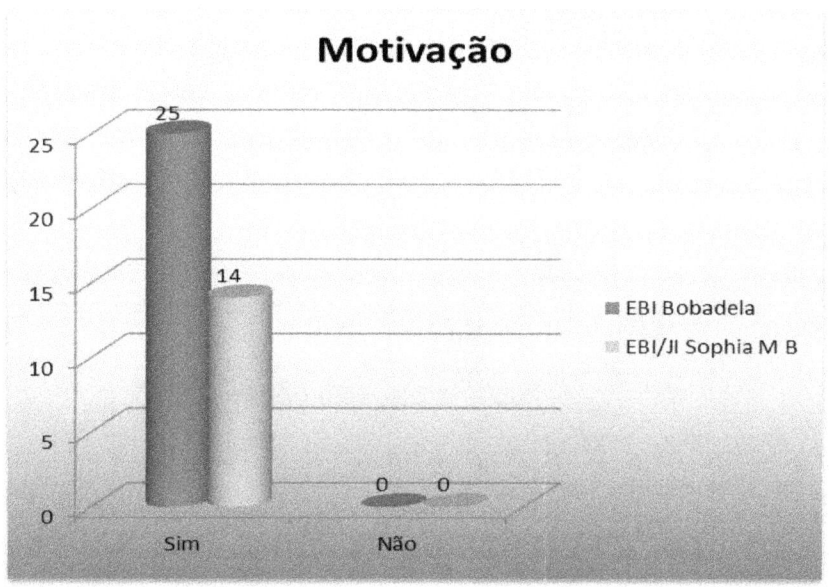

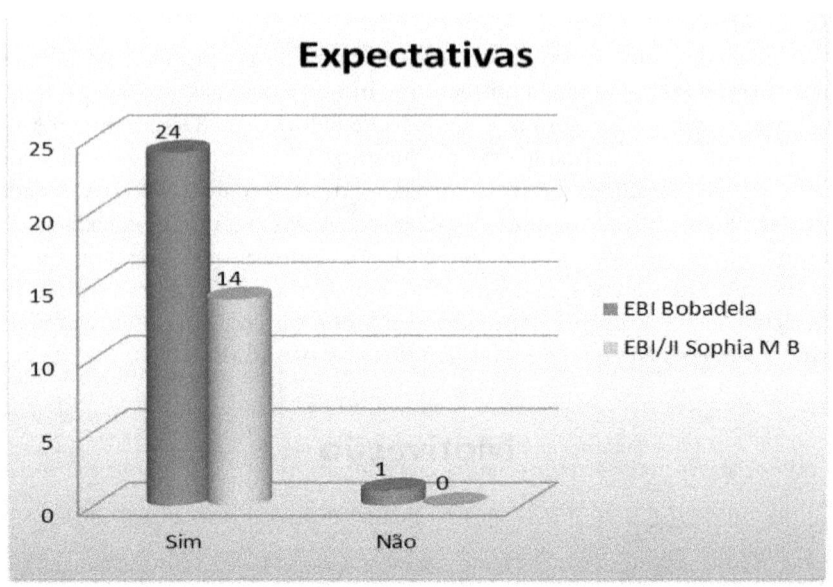

De acordo com a observação dos dados relativos às expectativas e à motivação face ao projeto verifica-se que num total de 39 alunos, apenas um aluno respondeu «não», o que denota por parte das duas turmas, a consciencialização e o cumprimento dos objetivos inicialmente traçados e a sua posterior concretização. Este valor revela, não só o «desejo» dos alunos na participação e consecução do projeto, como também acentua o seu envolvimento e motivação.

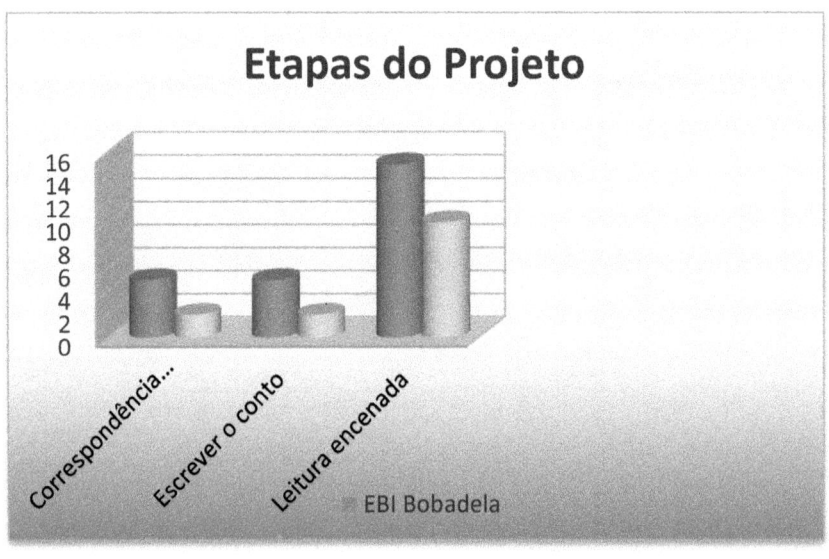

De referir que, os dois momentos de produção escrita: a correspondência escolar e a produção do conto, apresentam os mesmos valores de interesse e de importância, momentos justificados por alguns alunos como tendo sido momentos de expressão escrita "muito cansativos"[46]. Por outro lado, alguns alunos revelaram "Temos um grande produto final que deu muito prazer"[47].

De realçar positivamente nos valores apresentados, a apresentação do projeto à comunidade escolar, fruto de um conjunto de atividades promovidas e dinamizadas pelas turmas, na receção dos seus pares. Tal experiência incutiu-lhes a responsabilização e sensação de pertença face ao culminar do projeto. Deste modo, verifica-se que o momento da leitura/oralidade, apesar de terem sido momentos de exposição face ao (s) Outro (s), constituiu um verdadeiro momento de situação comunicacional, revelador da tal intenção comunicativa subjacente à construção do próprio conto.

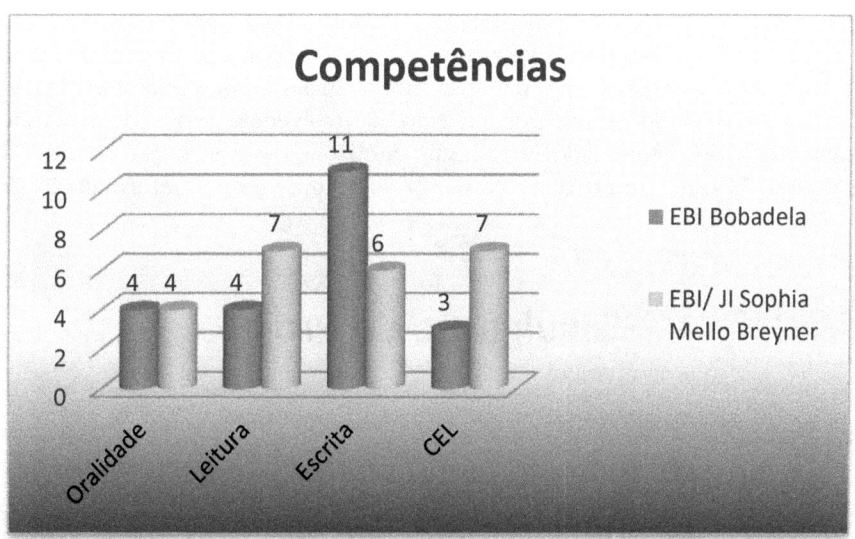

O gráfico das competências mais trabalhadas ao longo do projeto não corresponde ao número total de alunos das duas turmas (39 alunos), uma vez que nesta questão, os alunos tiveram a liberdade de escolher uma ou mais competências. Desta forma, observamos no caso da EBI/ JI Sophia

---

[46] Comentário de um aluno retirado da análise elaborada com base no questionário de autoavaliação.
[47] Comentário de um aluno retirado da análise elaborada com base no questionário de autoavaliação.

de Mello Breyner um número superior de escolhas em relação ao número de alunos da turma (7º A - 14 alunos).

Assim, da análise efetuada, é curioso verificar a perspetiva do aluno face às suas aprendizagens e à consciência das competências que mais trabalhou e desenvolveu ao longo do projeto. A competência da oralidade obteve valores idênticos nas duas turmas. Este recurso, permanente e sistemático à oralidade e de forma inconsciente, não se revelou nos alunos como uma competência que tivesse sido desenvolvida no projeto.

No 7º A, as competências salientadas foram as da leitura e da gramática. Tais dados são reveladores por um lado, de um treino da leitura expressiva, obedecendo ao recurso de técnicas de leitura em voz alta. Por outro lado, na competência da gramática há uma consciencialização notória, de que no processo de escrita, estes mesmos alunos relembraram conteúdos, reforçaram as suas reservas linguísticas, pois a língua foi trabalhada numa oficina permanente de reescrita do próprio texto.

No que respeita a competência de escrita, esta apresenta valores mais aproximados, refletindo por parte dos alunos a ideia de que escrever é um ato moroso e complexo. Porém, no 7º C esta competência foi sentida como fulcral no desenvolvimento das suas competências no domínio da escrita. O valor apresentado reflete, por um lado, a envolvência no ato de produção escrita, e por outro lado, a reflexão permanente sobre a sua escrita e a escrita do outro, num fluxo contínuo de reconstrução e reformulação da própria escrita.

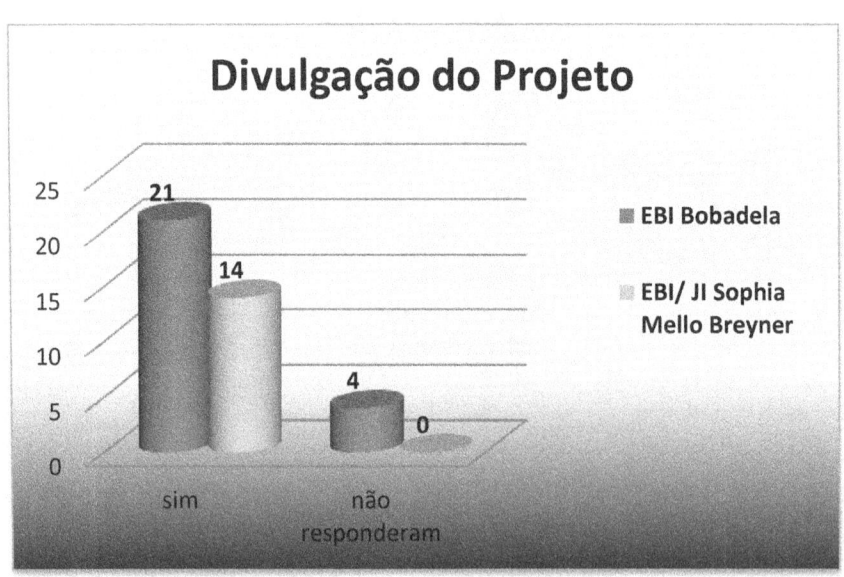

A divulgação do projeto à comunidade foi constituída por momentos vividos pelas duas turmas de forma intensa, no sentido em que os dias das visitas às escolas formalizaram todo o trabalho desenvolvido ao longo do ano. Para além disso, este projeto foi divulgado para a comunidade, tendo sido convidadas outras turmas das próprias escolas para a estreia da leitura expressiva (7º A - EBI/ JI Sophia de Mello Breyner) e a leitura encenada (7º C - EBI de Bobadela). Ficam apenas alguns testemunhos reveladores do sentido deste projeto nas vidas destes alunos: "Deu ideias a outras pessoas; ficam a saber do que os alunos são capazes; para os outros verem o nosso trabalho e o nosso esforço."; "É importante trabalhar a brincar; toda a gente se divertiu; brincámos e melhorámos a escrita."; "A turma é mal comportada nas aulas e isto só mostrou que quando se têm objetivos e projetos os alunos portam-se bem."; "Temos de dar exemplo aos mais novos como lidamos com diferentes situações; para os outros saberem que se quiserem fazer muita coisa, conseguem."; "Divulgar a escola."; "Arranjámos novos amigos" e "As pessoas podem ver que o Português pode ser diferente sem ser só gramática; dar conhecimento de outra maneira de ensinar o Português; para perceber melhor o Português".[48]

Considerações finais
A concretização deste projeto durante um ano letivo e em territórios díspares, foi ao encontro da necessidade urgente de desenvolver a competência de escrita aliada às outras competências, que fazem parte do Currículo Nacional de Língua Portuguesa. Ao longo do nosso percurso profissional temos vindo a verificar que, a competência de escrita em contexto de sala de aula é pouco trabalhada e explorada, quer pela falta de tempo, quer pelo número excessivo de alunos por turma, quer pela exigência de construção deste processo, complexo e reflexivo, que requer tempo e treino sistemático. A escola, espaço de comunhão e de lugar de diferenças, acabou por proporcionar com este projeto uma "interação de aprendizagens significativas a todos os seus alunos, baseadas na cooperação e na diferenciação inclusiva." (Silva 17/18)
Face ao currículo hegemónico e da própria organização da escola, foram assim utilizadas estratégias que permitiram o sucesso educativo dos nossos alunos.
O projeto de correspondência escolar recolheu, por parte dos alunos da EBI c/ JI Sophia de Mello Breyner e da EBI de Bobadela uma boa recetividade e implicação no mesmo (até os alunos que, normalmente, não participavam nas diferentes atividades realizadas em aula e que apresentavam comportamentos inadequados e desajustados ao contexto de

---

[48] Comentários de alunos retirados da análise elaborada com base no questionário de autoavaliação.

aprendizagem, revelaram entusiasmo e participação positiva). Tal aconteceu, porque o projeto em si tinha na sua essência, a liberdade criativa e criadora, sem qualquer tipo de constrangimentos, apelando, por isso, a que fossem canalizados para o mesmo, experiências, saberes e vivências diversos, numa abordagem que se considera intercultural, na relação que foi criada ao longo do ano entre as duas escolas. Ao equacionarmos um projeto, sabemos que este implica um processo e um produto. Integrado num tempo prolongado e faseado, o mesmo vai-se elaborando passo a passo, à medida das suas ações e pela flexibilidade que ele permite para ir integrando os meios e os fins.

A produção do texto, numa interação dinâmica, concorreu para a apropriação do pensamento e para a reconceptualização do mundo, através do recuo e da reflexão sobre o conteúdo que os seus processos propiciam, no quadro das interações sociais. De facto, tendo sempre presente o trabalho cooperativo, todos os intervenientes trabalharam para um objetivo comum, por forma a explorar as diferentes competências cognitivas e afetivas, organizadas numa conetividade articulada, permitindo uma construção unificada - coerente e coesa - do texto narrativo. A ideia de que escrevo não para mim, mas para o outro, perpetua o próprio ato de escrita, que fixa, num determinado tempo e espaço, as vozes destes alunos. E esta foi uma «máxima» permanente e consciente nas mentes dos nossos pequenos escritores.

Ao professor, elemento importante, mas não central do projeto veiculado e pensado para determinada situação de aprendizagem, cabe-lhe a motivação, a predisposição e a iniciativa permanente de conduzir o outro a maravilhar-se e a maravilhar-se[49] com esse outro, numa dinâmica de interação permanente. Quando as ideias surgem, há que agarrá-las e dar-lhes forma e continuidade. Imprimir nos nossos alunos essa vontade de Ser mais e Aprender mais, permitir-lhes-á serem construtores do próprio crescimento enquanto cidadãos.

À escola, espaço físico, social e de aprendizagens múltiplas, lança-se o desafio de permitir projetos, de apoiar professores, alunos, todos, nessa caminhada permanente de garantir o sucesso das aprendizagens dos nossos jovens. Aos nossos alunos, a estes em especial, obrigada por agarrarem a ideia do projeto e por lhe darem a tal forma particular e autêntica, a das vossas palavras, das vossas ideias, traduzindo-as na escrita pela oralidade e pela leitura.[50]

---

[49] Adaptação baseada na expressão de Miranda Santos "E a maravilhar-se quando descobrem a demonstração dessas manifestações." (Mendonça 118)
[50] Ver em anexo o conto integral.

Referências Bibliográficas
Dewey, J. *Experience and Education*. New York, Free Pass, Macmillan Publishing Company, 1938 – 1963.
Meireles, Maria Teresa. *A Arca dos Contos – jogo de cartas para estimular a criatividade e o gosto pela leitura*. Barcelona, Vila fRanca de Xira, 2008.
Mendonça, Marina. *Ensinar e aprender por projetos. in* Coleção Cadernos do CRIAP, Porto, Edições ASA, 2002.
Ministério da Educação. *Programa de Português do Ensino Básico*. Lisboa, ME/DGIDC, 2009.
Miranda, S. *Enigma Indecifrável?*. in Psychologica, 1999.
Niza, Sérgio. In Noesis, 61, Lisboa, IIE, janeiro/ março, 2002.
Santana, Inácia. *A Aprendizagem da Escrita - Estudo sobre a revisão cooperada de texto*. Porto, Porto Editora, 2007.
Silva, M. *Gestão das Aprendizagens na sala de aula inclusiva*. Lisboa: Edições Universitárias Lusófonas, 2011.
Tochon, F. *A Língua como Projeto Didáctico*. Porto, Porto Editora, 1995.
Vilas-Boas, A. Oficinas de Escrita – Modos de Usar. *in* Coleção Cadernos do CRIAP, Porto, Edições ASA, 2003.

ANEXO

Projeto de Escrita a 1000 Vozes

7º A/ 7ºC

Era uma vez, num reino longínquo, um rei e uma rainha que tinham um tesouro.
Estes eram bastante gananciosos, pois não queriam partilhar o tesouro com aqueles que mais precisavam.
Esse reino era grande e distante, muito colorido, visto que as abóbadas do castelo brilhavam e eram objecto de admiração por quem lá passava.
Nos arredores desse reino havia um poço mágico onde estava escondido o tesouro. A magia desse poço consistia no seguinte: por cada moeda que os camponeses atirassem ao poço, eles pediam um desejo, sendo este realizado pelo poço, o que tornava, cada vez mais, o rei rico e ganancioso.
Com o dinheiro que ia ganhando, o rei esbanjava em jóias para a rainha, festas para a corte e acessórios para si, tais como: caçadeiras, carruagens, cavalos puro-sangue, etc...
Certo dia, numa das suas caçadas, encontrou uns objectos espalhados: uma capa, umas botas e um anel.
Este anel, aparentemente, reluzia, parecendo ao rei que ele detinha um poder qualquer, pois o seu brilho era ofuscante e quando o rei o apanhou ele alterou a cor, de imediato.
Quando decidiu voltar ao palácio, o seu cavalo teimava em não obedecer-lhe, e, qual não foi o espanto do rei, quando ele (este - sugestão) disse em voz alta:
- Anda, seu .....!
Ainda o rei não tinha acabado de falar e o cavalo galopou, velozmente.
Sem saber o que fazer, o rei, aflito e sem rumo definido, implorava para que o cavalo parasse e mal o proferiu, o animal parou repentinamente. Quando se apercebeu, estavam mergulhados num território estranho e desconhecido. Curioso, o rei saltou do cavalo e decidiu explorar este lugar aparentemente rico. As muralhas eram revestidas a papel de ouro que continham mensagens indecifráveis.   Ao longe, avistou um imponente castelo e lá bem no alto erguia-se uma bandeira, cujos símbolos de destaque eram uma águia e um rato.
Então, montou o cavalo, agora mais calmo, e dirigiu-se para as portas do castelo.
Sentiu-se tentado a entrar, mas à porta desse castelo deparou-se com Polifeno, o Gigante que à primeira vista lhe parecia perigoso. Mesmo assim, atreveu-se a perguntar-lhe:

- EiYoo! Quem sois vós? Que lugar estranho é este e que me é desconhecido?
- A essa questão, tendes vós de me responder, pois estais em terras alheias. Apenas lhe poderei adiantar que está no Reino Rico em Sentimentos.

Perante isto, o rei que ambicionava conquistar terras e alargar o seu reino, transformando-se no rei mais rico e poderoso, começou logo a pensar numa estratégia para dominar este castelo. E então questionou:
- Haverá alguma possibilidade de dialogar com o seu rei?
- Creio que será impossível, a tristeza assola o seu coração...O rei Dizi perdeu três objectos de grande valor sentimental e está desaparecido há cerca de um mês...
- De que se tratam esses três objectos?
- Apenas uma herança de família: uma capa, umas botas e um anel.

O rei ouvindo isto, retirou-se e dirigiu-se de imediato para o local onde deixara o seu cavalo para ir buscar os dois objectos com que se tinha deparado numa das suas caçadas. Já no local, pega nas botas e na capa, e desta cai uma pequena chave de ouro, cravejada com pedras preciosas, que desenhavam os mesmos símbolos da bandeira.

De regresso ao castelo, o rei questionava-se sobre o significado dos símbolos da bandeira, pois recordava-se de algo que lhe tinham contado na sua infância. Então, aproximou-se do gigante de forma destemida e proferiu:
- Quero saber, imediatamente, o significado dos símbolos da bandeira!!!
- Vem comigo! – pediu-lhe o Gigante.

Então, sentaram-se os dois e o rei muito atento, ouviu a história que o Gigante tinha para lhe contar...

Estes símbolos representavam muito para o rei Dizi. Enquanto que a águia simbolizava a Vitória, o rato significava Esperança. Estes atributos advinham de uma grande batalha travada entre o rei Dizi e um rei cujo exército era em grande número.

O rei Dizi, apesar de ter um exército reduzido, decidiu combater, sem receio, tendo conseguido vencer a batalha, visto ter sempre acreditado nos seus homens, ou seja, a esperança nunca o abandonou, ele venceu a batalha, donde saiu vitorioso, nos ombros dos seus homens. A vontade faz o querer!!!

O rei Dizi era muito bom e amigo dos seus amigos. Estes sentimentos foram transmitidos pelos seus pais que sempre tiveram em conta os bons sentimentos, por isso é que aquele reino se chamava o Reino Rico em Sentimentos.

Os seus pais, além de lhe facultarem uma boa educação, também lhe passaram um grande segredo, que, só a chave de ouro poderia desvendar.

Ao ouvir toda esta história narrada pelo Gigante, o rei, conhecido como o rei Disel, lembrou-se da sua infância.
Outrora, alguém lhe contara que ele tinha tido um irmão de quem tinha sido separado, à nascença, tendo, por isso, sido educado por um homem, muito rígido e frio.
Lembrou-se, então, de ir ao poço mágico e deitar uma moeda para saber se aquele era ou não o seu irmão.
Assim, decidiu voltar ao seu reino e ir ao poço para decifrar este enigma: não havia dúvida, eles eram irmãos.
Mais tarde, resolveu ir ter com o seu irmão e revelar-lhe a verdade sobre o nascimento dos dois.
Após um diálogo muito revelador e franco, aperceberam-se, os irmãos, de que havia uma outra chave de ouro, que se encontrava no meio dos objectos familiares. Tentaram abrir algumas portas do palácio, no entanto nenhuma se abria! Até que...na ala esquerda do palácio ficava o quarto dos seus pais. O rei Dizi tentou abrir a porta, todavia esta não cedeu. De seguida, tentou o seu irmão, mas em vão, pois esta continuava sem se movimentar...pensaram, pensaram o porquê da porta não se abrir e repararam que as chaves encaixavam uma na outra. Então decidiram juntá-las em simultâneo e abrir a fechadura...
A porta abriu-se e ao entrarem no quarto dos seus pais, depararam-se com uma divisão fria, vazia, mas ao fundo uma arca escondia algo no seu interior. Dirigiram-se, curiosamente e sem mais demora abriram a arca. Lá dentro encontrava-se um pergaminho muito antigo, que fornecia os códigos para descodificar mensagens. Serviriam para as mensagens indecifráveis inscritas nas muralhas do castelo?!?
De seguida, os dois irmãos aproximaram-se da janela do quarto para tentar ler o que estava no pergaminho e assim que a luz do sol iluminou aquela simples folha de papel, os dois começaram a decifrar o que o código escondia........
- Não acredito! Mas o que estou a ler?...
- Disel, deixa ver!
Entretanto com este pedido, Dizi começou a ler o pergaminho em voz alta: «Neste pergaminho está guardado um segredo de grande valor e muito, muito antigo.
Neste pergaminho está a chave do conhecimento das mensagens indecifráveis que revestem as muralhas do Reino Rico em Sentimentos. Nas abóbadas do palácio está guardado desde há séculos um pó mágico, preparado pelos antepassados deste reino. Quando a vigésima geração desta família estiver a ler isto deverá dirigir-se à mais alta torre do castelo e carregar na pedra mais brilhante e lisa.
- Estás a ver isto? Nós somos a vigésima geração da nossa família, não é verdade? – perguntou o Disel.

- Sim, sim!!! Acho que sim?!? – responde o Dizi.
- Vamos pedir ao Gigante para lá ir e logo vemos o que vai acontecer...

Então, pediram ao Gigante para cumprir este pedido dos seus antepassados, enquanto se dirigiam para fora do castelo com algum receio do que iriam descobrir.

Entretanto e já na torre, o Gigante identifica a pedra tão procurada, pressiona-a e eis que de repente...

Um pó mágico, multicolor, brilhante que se espalha pelos céus, desliza suavemente pelas muralhas e começa a transformar à sua passagem, cada um dos sinais indecifráveis em letras legíveis.

Tal não foi o espanto dos irmãos, quando começam a ler, espelhado naquelas paredes a história dos seus antepassados e da sua família, revelando o motivo da sua separação à nascença.

Assim, depois de lerem o que lhes tinha acontecido, os irmãos ficaram a saber que aquando do seu nascimento e quando regressavam da casa da parteira para o castelo do Reino Rico em Sentimentos foram atacados por um grupo de salteadores que acabou por levar uma das crianças, o actualmente conhecido por rei Disel.

A partir desse momento os irmãos viveram vidas separadas, em reinos longínquos...até que agora, finalmente se encontraram.

Para além das centenas de histórias aqui contadas, de alguns segredos revelados e desvendados guardados nas pedras das muralhas, estas guardam a mensagem mais importante de todas:

Enquanto viverem, os dois irmãos deverão juntar as suas riquezas e partilhar com o seu povo o amor, a amizade, o dinheiro e a paz que tanto desejavam...e que todos na realidade querem ter!!!

 O rei Disel, outrora considerado por muitos, o Ambicioso, entendera que a vontade dos seus antepassados, gravada nas pedras do Reino Rico em Sentimentos, era agora o sinal da mudança de atitude e de valores. Já Dizi, que andava triste nos últimos tempos, pela ausência dos objectos de grande valor, encontra agora ao lado do irmão a razão para recuperarem juntos o tempo perdido!

Por fim, Dizi e Disel continuam essa viagem pela leitura da história da sua família...

Fim[51]

---

[51] A redação deste conto não obedeceu às regras do Novo Acordo Ortográfico.

PUBLICIDADE NO ENSINO DE PORTUGUÊS: CONTRIBUIÇÕES DA ANÁLISE DO DISCURSO CRÍTICA

Caroline Costa Silva
Francisca Borges Barbosa

Introdução

Este estudo tem como objetivo desenvolver uma proposta de leitura do gênero publicidade, nas aulas de Língua Portuguesa para alunos do 9° Ano do ensino fundamental, utilizando-se do arcabouço teórico-metodológico da Análise do Discurso Crítica.(Faircolugh, 1999, 2001, 2003) e do conceito de multimodalidade. (Kress & Van Leeuwen, 2006)
A Análise do Discurso Crítica, doravante ADC, por ser uma teoria e um método que associa as ciências sociais à linguística, consegue compreender melhor as questões ideológicas, as questões de poder e as questões linguísticas que envolvem o texto desde sua produção, distribuição e consumo. Desse modo, consideramos a contribuição dessa abordagem para uso do gênero como objeto de ensino nas aulas de Língua Portuguesa.
Da mesma forma, a teoria da multimodalidade tem relevância nesse estudo, pois destaca as formas de significações presentes nos ícones, juntamente com os discursos das atividades sociais. Considerando que, atualmente, as composições textuais são ricas em imagens, sons e movimentos, acreditamos que discutir a imagem e a escrita como recurso para a construção de sentido do texto seja uma metodologia de ensino motivadora para o ensino de Língua Portuguesa, no que concerne à leitura como prática social.
Entendemos que a interpretação e a compreensão dos diversos gêneros que circulam socialmente devem ser tomados, pela escola, como objeto de ensino para que o aluno reconheça, nesses gêneros, aspectos ideológicos que influenciam a sua vida social. Dessa forma, o aluno desenvolve habilidades de posicionar-se de maneira crítica, responsável e construtiva nas diferentes situações sociais. (Brasil, 1999)
A partir da notoriedade da complexidade do ato de ler é que planejamos, aplicamos e analisamos a proposta de leitura de uma publicidade que perpassa a análise linguística do texto. Tomamos esse gênero discursivo para o estudo dos discursos evidenciados pela publicidade , quem são os seus produtores e os seus consumidores e as suas implicações nas práticas sociais.
Considerando que os alunos têm contado com esse gênero cotidianamente, seja por meios impressos ou virtuais, julgamos pertinente adotar uma

metodologia de ensino que contemple o estudo da publicidade, com vistas refletir sobre o poder desse gênero para legitimar certas representações e discursos particulares com o intuito de moldar identidades consumidoras, a fim de desenvolver, no aluno, a percepção dos sentidos e implícitos no gênero publicidade.

Para tal, contamos com a contribuição de Bakhtin (1997, 2009) Fairclough (1999, 2001, 2003), Kress & van Leeuwen (1996), Ramalho & Resende (2011), dentre outros.

Referencial teórico
Os gêneros
Muitas pesquisas estão sendo feitas acerca dos gêneros. Os gêneros que, desde a antiguidade, são pauta de discussões, controvérsias, aqui são vistos e discutidos sobre a visão de dois teóricos, Bakhtin (1997, 2009) e Fairclough (2001,2003) e, ainda sobre a visão dos Parâmetros Curriculares Nacionais (Brasil, 1998), doravante PCN.

Bakhtin (2009) considera os gêneros como formas ou modelos sociais percebidos nas situações comunicativas. De acordo com esse pesquisador, os gêneros são considerados modelos relativamente estáveis, pois são construídos mediante a exigência de determinado momento histórico e de determinada situação em que a sua circulação é necessária. Ao enfatizar a sua historicidade, o crítico pretende evidenciar o fato de que os gêneros não são formas estanques e definidas, são, ao contrário, formas maleáveis que se configuram nas práticas sociais[52]. Outra questão destacada por Bakhtin (1997, 2009) é a heterogeneidade dos gêneros do discurso. O autor afirma que existem incontáveis gêneros que são produzidos conforme temas, situações e sujeitos envolvidos:

A riqueza e a variedade dos gêneros do discurso são infinitas, pois a variedade virtual da atividade humana é inesgotável, e cada esfera dessa atividade comporta um repertório de gêneros do discurso que vai diferenciando-se e ampliando-se à medida que a própria esfera se desenvolve e fica mais complexa. Cumpre salientar de um modo especial a *heterogeneidade* dos gêneros do discurso (orais e escritos). (Bakhtin, 1997, 279)

Na visão de Fairclough (2001), o gênero não implica apenas um tipo particular de texto, mas também os processos de produção, distribuição e consumo. O autor afirma que os gêneros são definidos por sua relação com as práticas sociais e pelas formas como elas são articuladas. As mudanças na articulação das práticas sociais ocasionam mudanças nos gêneros que, por

---

[52] Práticas sociais são "maneiras habituais, em tempos e espaços particulares, pelas quais pessoas aplicam recursos-materiais ou simbólicos- para agirem juntas no mundo" (Chouliaraki & Fairclough, 1999, p.21). Esse conceito é oriundo e adaptado de Harvey (1996).

sua vez, implicam mudanças em como os diferentes gêneros são combinados, criando uma variedade de novos gêneros.
Este teórico afirma que os gêneros são definidos por sua relação com as práticas sociais e pelas formas como elas são articuladas. As mudanças na articulação das práticas sociais ocasionam mudanças nos gêneros que, por sua vez, implicam mudanças em como os diferentes gêneros são combinados, criando uma variedade de novos gêneros.
A partir dessas discussões, observamos que, tanto para Bakhtin quanto para Fairclough, os gêneros são diversos, não há um número limitado de quantos existem, nem uma listagem fechada com seus nomes. Aliás, essa busca por quantidade não é importante, o que é importante, realmente, é saber como eles se constituem e como circulam socialmente.
Os gêneros, como atividade discursiva, não podem ser compreendidos apenas pela organização estrutural da mensagem, mas, também, pela sua função, o seu propósito, a sua ação e o seu conteúdo. Eles devem ser analisados como produtos de um tempo, de um espaço e devem ser analisados, também, a partir das relações sociais que propõem entre os seus interlocutores. As circunstâncias em que são produzidos é fator decisivo que auxilia em parte ou na totalidade da sua compreensão.
Nessa concepção de gêneros, é notório que eles podem ser usados como forma de controle social e de disseminação de ideias. De acordo com Marcuschi (2008), pensar que todos são livres para escrever o que deseja, da maneira que deseja, é tanto quanto ingênuo, pois os gêneros possuem configurações que, quando bem dominadas por seu produtor ou receptor, podem servir a projetos de dominação ou a projetos que deslegitimem esses projetos.
Entendendo os gêneros como instrumentos de ação social e de exercício de poder, sabemos que é possível uma mudança discursiva. A questão da ação/relação demonstra as formas como as pessoas agem no mundo e se relacionam com ele, dado esse poder que os gêneros têm em deslegitimar discursos ideológicos que são a favor de interesses e projetos de dominação. No entanto, para que haja essa deslegitimação, é necessário que as pessoas reconheçam as relações de poder que estão nos discursos que compõem os gêneros e que lutem para que haja a transformação social.
Portanto, os gêneros como momentos das ordens do discurso que sofrem mutações históricas e culturais e os discursos que o compõem devem ser estudados para que se compreenda também a complexidade dos elementos que constrói uma determinada sociedade e uma determinada cultura.
Os PCN preconizam que devemos contemplar a diversidade de gêneros ao tomá-los como objeto de ensino, considerando-os "não apenas em função de sua relevância social, mas também pelo fato de que textos pertencentes a diferentes gêneros são organizados de diferentes formas." (Brasil, 1998, 23)
Assim, é importante que os professores de Língua Portuguesa trabalhem,

em sala de aula, tanto a compreensão oral e quanto a escrita, bem como a produção oral e a escrita de textos pertencentes a diversos gêneros, focando e desenvolvendo as habilidades de leitura, de escrita e de oralidade dos alunos.

Gênero Publicidade

A publicidade tem por finalidade fazer informar, mostrar, relembrar um produto ao público em geral com o objetivo de persuadir, estimular ou motivar uma compra, um consumo por meio da comunicação e tem seu objetivo cumprido quando transforma o produto em objeto de desejo, de prazer, impelindo, no leitor, a necessidade de consumo.

Segundo Campos (2012), a publicidade passou a ter o objetivo de convencer um determinado público alvo no final do século XIX, com o aumento de produção de mercadoria em conseqüência de uma expansão industrial elevada.

A linguagem publicitária homogeneíza o seu discurso de forma com que possa atingir o maior número de consumidores possíveis. Os textos são elaborados para vender a si mesmo, um produto ou uma ideia que anunciam, utilizando-se de um vocabulário simples atrelado também a um vocabulário científico.

Hall (2011) afirma que quando as pessoas estão expostas há bastante tempo a textos publicitários, a formação de suas identidades "consumidoras" é moldada pelos discursos desses textos.

No entanto, observamos que ao mesmo tempo em que se utiliza de uma linguagem homogeneizante, a publicidade também aborda o seu leitor de maneira individual para que ele se sinta especial. Portanto, o anunciante torna o apelo do produto abrangente e também único e pessoal.(Vestergaard & Schrøder, 2004)

Os processos ideológicos presentes no texto publicitário apresentam um determinado produto como algo natural e simples, não deixando espaço para questionamentos. Geralmente, o produto anunciado é visto pronto e sua apresentação na peça publicitária não consta a presença de qualquer trabalho para sua construção, ou seja, a publicidade somente se interessa pelo produto final. Os processos de composição com a matéria-prima e a mão de obra utilizada são postos de lado. Isso acaba levando o consumidor a se ater somente na mercadoria final, não levando em conta todo o seu processo de produção.

De forma geral, quando o anunciante se compromete a fazer a peça publicitária, ele tenta distinguir os vários produtos da mesma linha do seu produto. Ele o coloca de forma especial, coloca-o como um produto diferenciado, aliando padrões de beleza, status e poder a ele. Assim, ao criar a publicidade, ele deseja que o leitor veja nas imagens elencadas, as qualidades que deseja destacar. É a partir daí que se observam famílias, homens, mulheres, belezas perfeitos.

O gênero publicidade, segundo Vestergaard & SchrØder (2004), quando consegue aliar essas qualidades ao produto, inicia outro processo que é fazer o consumidor sentir que ao comprar o produto adquirirá também as mesmas qualidades dele, sejam elas status, poder, beleza e outros. A transferência dessas qualidades se encerra com o ato da compra pelo consumidor, conforme afirmam os críticos Vestergaard e Schrøder:

Hoje, porém, o valor simbólico de um produto é criado em campanhas planejadas e transferidos às pessoas que o adquirem e consomem: o anúncio o transmite ao consumidor através da mercadoria, que assim se reveste de poderes mágicos, deixando o consumidor inativo. (Vestergaard e Schrøder, 2004, 241)

Dentre as várias características do gênero publicidade que já foram citadas, também se evidencia o seu formato e o seu propósito comunicativo. Em relação ao formato, a publicidade, geralmente, coloca imagens, ligeiramente, acima do centro óptico do anúncio para chamar atenção e utiliza cores para estimular a ação, embelezar a peça, entre outros. O propósito comunicativo é percebido pela sua linguagem persuasiva, que tenta convencer o leitor/consumidor a comprar algum produto.

Ao observar todas essas características, o leitor reconhece o gênero já mencionado e percebe a sua intenção comunicativa. O leitor reconhece esse gênero por participar da cultura e da sociedade em que ele circula, "não se trata de um sujeito individual e sim de um sujeito social que se apropriou da linguagem ou que foi apropriado pela linguagem e a sociedade em que vive." (Marcuschi, 2008, 93)

Por este motivo, o estudo deste gênero discursivo é relevante, pois somos diariamente bombardeados com peças da publicidade que influirão na nossa identidade social.

A Multimodalidade

Diversas são as formas de representação na sociedade moderna que exigem cada vez mais raciocínio dos indivíduos. Atualmente, um grande número de pessoas está interligada a computadores, *smartphone*s, computadores, entre outros recursos tecnológicos que têm seus textos construídos, geralmente, por meio de palavras e imagens, o que podemos chamar de textos multimodais.

Textos multimodais são aqueles que combinam diferentes modos de representação, unindo imagens, músicas, língua escrita (Kleiman, 2005).São discursos construídos com imagens e palavras. A multimodalidade traz em si uma gama de sentidos nos textos. Por isso, ao ser o gênero publicitário tomado como conteúdo, em sala de aula, deve-se destacar o que é; que recursos são empregados e para quê serve esse gênero.

Esses textos produzem efeitos sobre as pessoas, e tais efeitos devem ser

estudados para se entender como funciona a relação dialética entre texto e contexto, como ocorre a formação de sentido da relação entre o verbal e o não-verbal e também observar como ocorre a construção de discursos.
Vale ressaltar que a construção dos textos multimodais é resultado da cultura de um povo, ou seja, eles foram se formando nas práticas sociais. No passado, as imagens eram vistas apenas como ilustrativas, observa-se, no entanto, que hoje elas fazem parte da composição textual, trazendo-lhe sentido. Com base nessa afirmação, evidencia-se que a linguagem não se limita apenas a elementos verbais, mas também a signos semióticos que servem como elementos de comunicação.
Para Kress e van Leeuwen (2006), os signos semióticos servem como elemento de comunicação e trazem em si representações ideológicas. Ao interpretar os textos multimodais, notamos interesses dos produtores dos textos, sendo guiados por necessidades pessoais de um grupo ou deles próprios:
As estruturas visuais não reproduzem simplesmente as estruturas da realidade. Pelo contrário, elas produzem imagens da realidade que estão vinculadas aos interesses das instituições sociais no interior das quais as imagens são produzidas, circuladas e lidas. Elas são ideológicas. As estruturas visuais nunca são meramente formais: elas têm uma dimensão semântica profundamente importante. (Kress; Van Leeuwen, 2006, 47)
Kress e van Leeuwen (1996) basearam-se nas metafunções da Gramática Sistêmico-Funcional de Halliday (1985) para construir a Gramática do Design[53] Visual. Para esses autores, a relação entre significado e significante é motivada, destacando-se a ideologia presente nessa relação, ou seja, diferentemente de Saussure, os autores acreditam que a escolha determinada de uma palavra ou de uma imagem é motivada, portanto envolve questões ideológicas.

A Análise Do Discurso Crítica
A Análise do Discurso Crítica consiste em uma teoria e um método que une a ciência linguística a outras ciências sociais. Ela surgiu a partir da discussão de um grupo de estudiosos em Amsterdam que buscavam teorias e métodos para análise de discursos. Esse método, portanto, insere-se na tradição da Ciência Social Crítica e sua característica interdisciplinar é explicada por não haver fronteiras epistemológicas rígidas. As teorias sociais são utilizadas para subsidiar a sua abordagem sociodiscursiva.
Para a ADC, a linguagem é parte irredutível da vida social que se manifesta

---

[53] Sugerimos a leitura de *Reading Images: a Grammar of Visual Design*. Londres: Routledge, de Kress, G. R. e Van Leeuwen, T. 2006 [1996].

como discurso: "como uma parte irredutível das maneiras como agimos e interagimos, representamos e identificamos a nós mesmos, aos outros e a aspectos do mundo por meio da linguagem" (Ramalho & Resende, 2011, 15).

De acordo com essa abordagem, o discurso é moldado e restringido pela estrutura social, ao mesmo tempo em que contribui na constituição dela. A visão constitutiva do discurso é formada por várias dimensões, sendo como o discurso constitui o 'eu', as relações sociais e a construção de sistemas de conhecimento.

O discurso é concebido em uma estrutura tridimensional, ao mesmo tempo em que é texto, também é prática discursiva e prática social. Ao se analisar essa estrutura, é possível perceber que o discurso não é uma atividade puramente individual ou uma atividade reflexo de situações variacionais, mas, sim, uma atividade cujos participantes utilizam-se de recursos intrínsecos e de recursos que lhes são socialmente pré-determinados por usos e costumes.

O primeiro elemento da estrutura tridimensional, o texto, concentra-se na análise das propriedades formais que o compõe e de seus significados. Para fazer a análise dessa dimensão, o analista deve observar quatro itens: vocabulário, gramática, coesão e, por fim, estrutura do texto.

O segundo, a prática discursiva, analisa a produção (onde está o texto, em que seção, é com imagem ou sem), a distribuição e o consumo (individual ou coletivo). Ao analisar os processos de produção e interpretação deve-se perceber que esses processos são socialmente restringidos pelos recursos disponíveis dos membros e em segundo lugar pela a natureza específica da prática social.

O último elemento que é prática social é o que se ocupa dos sujeitos que produzem e que recepcionam o texto, quando é consumido e onde é consumido. (Carvalho & Oliveira, 2013)

Neste momento, evidenciam-se os elementos que compõe a prática social, como os sujeitos envolvidos, o tempo e o lugar dessa prática, o discurso, entre outros. Aqui também as questões voltadas à ideologia e à hegemonia são focos de discussão .

O conceito de ideologia está atrelado às práticas sociais. Na perspectiva teórica de Thompson (2013), esse conceito é um instrumento que serve para assegurar uma ideia, o valor de um grupo particular, disseminando-os como se fosse a única representação de mundo possível e legítima.

Muitos dos discursos produzidos levam a naturalização de aspectos da realidade, como algo do senso comum. É exatamente sobre o senso comum que se deve realizar um novo olhar, ou seja, percebê-lo em todas as suas dimensões, pois nem sempre as pessoas têm consciência de que suas práticas diárias são investidas de ideologias alheias, colocadas como se fossem suas

A ideologia se coloca como instrumento de manutenção das relações de dominação, portanto devemos problematizá-la e desvelá-la. Logo, devemos desnaturalizar o senso comum para rompermos e nos desvencilharmos dos sentidos ideológicos que contribuem para a distribuição desigual de poder.
Quanto à questão da hegemonia como poder, ADC utiliza as teorizações de Gramsci. A hegemonia "é a liderança tanto quanto a dominação nos domínios econômico, político, cultural e ideológico de uma sociedade." (Fairclough, 2001, 122)
Nessa concepção, a hegemonia possui um equilíbrio instável, pois se forma pela aliança de uma classe com outras forças sociais. Essas alianças são às vezes mantidas ou rompidas. É dessa instabilidade entre as alianças que nasce o conceito de luta hegemônica, definida por Fairclough como:
[...] um foco de constante luta sobre pontos de maior instabilidade entre classes e blocos para construir, manter ou romper alianças e relações de dominação/subordinação, que assume formas econômicas, políticas e ideológicas. (Fairclough, 2001, 122)
Para os grupos particulares se manterem no poder, eles estabelecem e sustentam a sua liderança, seja ela política, econômica, entre outras na vida social. Dentre uma das maneiras de sustentar a sua liderança, temos o uso do discurso. Passa-se uma ideia, um conceito através do discurso, como consenso de todos, para continuar a favorecer pequenos grupos, ocorrendo uma distribuição desigual de pode.
Portanto, reconhecemos a contribuição da ADC para o trabalho docente com gêneros discursivos.

Metodologia

O presente estudo é de cunho qualitativo, baseada na pesquisa de Godoy, 1995. Optamos por provocar reflexões nos sujeitos envolvidos da pesquisa, a fim de orientar melhor suas práticas e, consequentemente, provocar reflexões das pesquisadoras em relação às suas práticas de ensino.
Para o alcance do objetivo traçado, desenvolvemos uma atividade de leitura do gênero publicidade na sala de do 9º ano do Ensino Fundamental. A escolha do ano escolar justifica-se pelo fato de atuarmos como professoras regentes dessa classe. Foi aplicada a proposta do gênero em questão: *Malbec Duo Nebiollo*, da empresa Boticário.
Tivemos como prioridade trabalhar as imagens da publicidade, dando acesso a questões relacionadas ao contexto multimodal e à competência discursiva do aluno. Para tal, partimos da análise da publicidade e a discussão sobre o que é idealizado e como ela influencia a vida do indivíduo, sugerindo qualidades que se validam a partir da compra do produto anunciado.
Apresentamos, a seguir, o arcabouço analítico proposto por Chouliaraki & Fairclough (1999, 60):

1. Um problema
2. Obstáculos na superação do problema
a) análise da conjuntura
b) análise da prática da qual o discurso é um momento
c) análise do discurso
3. Funcionamento do problema na prática
4. Possíveis maneiras de resolver o problema
5. Reflexão sobre a análise.

Contexto de pesquisa
A escola onde a proposta de leitura foi aplicada é mantida pela rede pública de ensino do Distrito Federal e situa-se na região administrativa do Recanto das Emas. Os alunos que participaram da proposta pedagógica estão matriculados no 9° ano do Ensino Fundamental e estão na faixa etária de 13 (treze) a 16 (dezesseis) anos e pertencem à classe social média baixa[54].
Na próxima seção, analisaremos e discutiremos o gênero publicidade em sala.

Descrição e análise dos dados
Como dissemos, anteriormente, adotamos para essa análise os pressupostos teóricos da ADC. Essa teoria está inserida na tradição de análise científica crítica, abordando a vida social como um sistema de práticas. Esse sistema de práticas é formado por momentos e um desses momentos é o discurso.
A atividade foi dividida em uma sequência de seis aulas. Esclarecemos que o relato das aulas no que tange às discussões em sala serão apresentados numa linguagem mais elaborada, ou seja, as não apresentaremos a fala original dos alunos.

Problema
A ADC inicia a sua pesquisa pela percepção de um problema de origem discursiva em alguma parte/momento da prática social ou na construção reflexiva da prática social.
Considerando essa concepção, nossa proposta teve início com a apresentação publicidade *Malbec Duo Nebiollo,* da empresa Boticário. A duração da atividade inicial foi de duas horas/aulas consecutivas.

---

[54] A classe composta pelos indivíduos que vivem em famílias com rendas *per capta* de R$ 291 a R$ 1019.

Figura1: Disponível em: <www.sinapro.mg.com.br>.

Com a intenção de chegarmos à situação problema, distribuímos cópias coloridas da publicidade aos alunos e pedimos que eles identificassem esse gênero e reconhecessem qual é o seu propósito comunicativo. Eles responderam que se tratava de uma propaganda do Dia dos Pais, em que se ofertava um perfume conhecido dessa linha e que a publicidade foi feita com o objetivo de as pessoas comprarem o perfume para presentear os pais porque eles gostavam de ganhar perfume, que era uma propaganda boa e um perfume bom, pois era da Boticário. Os alunos não se atentaram para imposição social de um conceito de beleza e nem indagaram a existência da data comemorativa, Dia dos Pais. Em seguida apresentamos um problema de origem discursiva, em que é visualizado abaixo do nome Boticário:

A vida é bonita, mas ela pode ser linda.

Na discussão sobre essa frase, ouvimos posicionamentos como: a vida é bonita, mas somente seria linda se comprássemos o produto da empresa Boticário; a empresa só está interessada em nós para o consumo; ser bonito é essencial na vida, pois quem tem alguma característica destoante do padrão imposto pela sociedade sofre preconceito, *bullying* ; se não se vestirmos na moda, se não usarmos marcas que gozam de status somos relegados pelos colegas.

Nas intervenções, abordamos de forma simples o conceito de ideologia e hegemonia. Mostramos a eles, que o conceito de beleza é formado pela mídia que paulatinamente impõe a todos um padrão de beleza fabricado de forma natural. Na convesa, os alunos salientaram sobre esse padrão de beleza, caracterizando-o como indivíduo de pele clara, cabelo liso, de traços finos.

Diante da discussão, julgamos pertinente alertá-los para a reflexão sobre o que eles veem na mídia com o objetivo de aguçar o senso crítico, de levá-los a questionar os valores e crenças formulados por grupos sociais de maior poder econômico, político, cultural que detém um poder hegemônico e também para a visão de que os textos publicitários são elaborados para vender o produto que anuncia.

Deixamos como sugestão que os alunos refletissem sobre os processos de produção e consumo do produto e que trouxessem suas conclusões anotadas, na próxima aula.

Obstáculos a serem enfrentados
a) **Análise da Conjuntura**
Para essa análise, escrevemos na lousa as palavras **produção** e **consumo** e pedimos que os alunos se posicionassem a respeito desses pontos, no contexto publicidade.
Eles comentaram que a produção foi feita pela empresa Boticário e que o consumo era voltado para todas as pessoas que tinham pai ou que gostariam de dar um presente do Dia dos Pais a alguém. Intervimos e pontuamos que a produção não deveria ser analisada de maneira superficial, que era importante refletir sobre a intenção de quem produziu o anúncio, tendo em vista que o texto foi elaborado para ser publicado em revistas de grande circulação nacional. Discutimos sobre a intenção do autor: alcançar o mercado consumidor de forma geral, atingindo, assim, o maior número de pessoas possíveis.

Em relação ao consumo, conversamos sobre a publicidade consumida de modo informal por ser visualizada em revistas ou em *outdoors* e sobre a leitura desse questionamento de sua verdadeira intenção que pode vir a ser uma falsa sugestão de que ao consumir tal produto, o sujeito possa ascender socialmente sua posição e/ou ganhar status social.

b) **Análise da prática e do seu momento discursivo**
A proposta aqui foi a análise da prática social, da relação dialética entre o discurso e outros momentos da prática. Sugerimos que, em grupo, os alunos observassem as influências do contexto social para construção da publicidade e analisassem a seguinte frase:
Você ensinou seu filho a falar. E agora, ele deixa você sem palavras.
Os alunos perceberam que a publicidade dizia que se o filho desse o perfume, o pai ficaria sem palavras, seria o presente que ele queria muito, mas que não imaginava receber do filho. Eles perceberam como um sentimento de amor é tomado pelo comércio para alcançar as metas de venda estipuladas em uma empresa. Na discussão sobre a questão de o Dia dos Pais ser uma data comercial criada para gerar lucro para as empresas,

alguns alunos se posicionaram dizendo que se eles não compram o presente, se sentem mal por não participarem dessa prática social. Outros alunos alcançaram a idéia de que era simplesmente uma data comercial, que o comércio criou de forma perspicaz, uma chantagem emocional para que as pessoas consumissem de maneira quase obrigatória.

Concluímos a discussão com a percepção de que o valor elevado dos produtos de determinadas marcas famosas deve-se ao poder de manipulação que leva a sociedade a um consumo exacerbado desses produtos. É esse consumo exagerado que autoriza os empresários a atribuir um valor disparatado, sem questionamentos.

c) Análise do discurso

Analisando os atores que compõem a peça publicitária, tivemos posicionamentos como: os participantes da publicidade são bonitos e estão felizes. A partir dessa fala, sugerimos que os alunos analisassem a estrutura textual, composta por: uma foto dos atores, uma foto do produto e o texto. A conclusão foi a de que o pai estava brincando com o filho ensinando-o a fazer aviãozinho. Chamamos a atenção dos alunos para o que as imagens remetiam, que significado elas passavam. Eles responderam que passavam a ideia de alegria, de felicidade, de coisas boas e que a publicidade sempre colocava pessoas felizes para associar a alegria das pessoas ao produto e, com intervenção, despertaram par a ideia de que essa imagem passada pela publicidade leva as pessoas a consumirem.

Retomamos o conceito de produção e indagamos os alunos se eles conseguiam ver mais de uma voz na publicidade. Os alunos não se posicionaram. Falamos, então, que o autor de uma publicidade deseja atingir o maior número de pessoas e que para isso ele utiliza de vários discursos para construir seu texto. Primeiro, ele utiliza uma construção formal:

Você ensinou seu filho a falar. E agora, ele deixa você sem palavras.

E em seguida uma linguagem informal:

Faça o Dia dos Pais ficar Bonzão. Dê Duo Malbec.

O uso da linguagem coloquial objetiva convencer o leitor. Os discursos vêm de várias vozes para, assim, ampliar o alcance de seu produto no mercado consumidor. Em dado momento, o discurso assume uma forma particular ao mesmo tempo em que homogeneíza para atingir mais pessoas. Isso é visto na frase:

Reserva Especial

A frase posta dá a ligeira impressão de que se trata de um produto especial feito sobre medida para o seu pai, feito somente para esse momento especial. Nesse debate, os alunos ficaram impressionados por não terem, até então, percebido essas nuances.

E, por fim, propusemos aos alunos que, ancorados nas discussões em sala

de aula, escrevessem sobre suas impressões a respeito dessa mesma publicidade.
Na aula seguinte, recolhemos os textos e escrevemos na lousa:
A vida é bonita, mas pode ser bela.
A análise foi voltava para o elemento coesivo **mas** que contribui para construção do sentido do texto. Apenas com a nossa intervenção foi possível alcançar o entendimento de que e o uso desse conectivo na frase reflete a idéia de que sempre falta algo para completar a vida e que somente com os produtos do Boticário é possível se realizar verdadeiramente.
Discutimos também a gradação de "bonita" para" bela", o que nos remete à idéia de que a vida das pessoas será bela, perfeita, quando consumirem os produtos do Boticário.
Mediante a análise da última atividade das produções escritas sobre a publicidade em estudo, observamos que alguns alunos não revelaram traços de criticidade em suas produções, uma vez que eles continuaram a reproduzir discursos consumistas.
No entanto, grande parte dos alunos questionou a ideia hegemônica de padrão de beleza e o sentido da ideia da publicidade. Essa afirmação ficou comprovada nos discursos de vários alunos quando eles disseram que deveríamos pensar duas vezes antes de comprar algo, pois podemos estar sendo enganados, no sentido de comprar somente para cumprir determinado comportamento social. Outros alunos, sem mencionar as palavras hegemonia e ideologia, escreveram criticando a sociedade por impor um padrão de beleza único e pelo fato de as pessoas serem manipuladas para o consumo.

Considerações finais
A proposta aplicada e os dados analisados evidenciaram que tomar gêneros discursivos como objeto de ensino da língua é pertinente. Diante dos resultados, confirmamos a validade do trabalho com publicidade, em sala de aula, e do uso da ADC para desvelarmos os problemas de ordem social e discursiva. Além do que, entendemos que é de responsabilidade da escola criar situações de ensino-aprendizagem, capazes de conduzir o aluno à competência leitora, de modo a posicionar-se, criticamente, diante das ideologias permeadas nas publicidades, bem como refletir sobre as suas práticas e as práticas sociais das quais participam.
O estudo do gênero publicitário permitiu a visualização dos seus produtores e dos seus consumidores e revelou, principalmente, as implicações nas práticas sociais, que é o maior objetivo quando trabalhamos com os gêneros discursivos.
Notamos, também, que trabalhar com esse gênero proporcionou situações de mobilização de conhecimentos referentes à língua, ao próprio gênero, a coisas do mundo, além de proporcionar situações relevantes de

comunicação. Os gêneros são, portanto, importantes instrumentos que dispõem de condições para que possamos aprimorar a linguagem.

Podemos considerar que o trabalho desenvolvido aguçou a percepção crítica e questionadora do aluno frente à publicidade e despertou o interesse para o estudo da língua, o que tomamos como condição motivadora para desenvolvimento da competência discursiva. Portanto, entendemos este trabalho como uma contribuição à sociedade e também aos novos estudos de ensino de Língua Portuguesa.

Referências Bibliográficas

Bakhtin, M. *Estética da criação verbal.* Trad.: M. E. Galvão. 2. ed. São Paulo: Martins Fontes, 1997.*Print*

Brasil. Secretaria de Assuntos Estratégicos. *Governo define que A classe média tem renda entre R$ 291 a R$ 1.019.* Disponível em: http://www.sae.gov.br/site/?p=17351. Acesso em 12 de maio de 2014.

Brasil. *Parâmetros Curriculares Nacionais: Língua Portuguesa.* Brasília, 1998. *Print*

Brasil. *Vacinação contra o HPV.* Disponível em: www1.folha.uol.com.br. Acesso em 13 de março de 2014.

Boticário. *Publicidade para o dia dos pais.* Disponível em: www.sinapro.mg.com.br. Acesso em 24 de março de 2014.

Campos, R. C. S. O anúncio publicitário e sua construção como gênero: uma análise textual discursiva. In Dell`Isola, Regina péret, *Gêneros textuais: o que há por trás do espelho.* Belo Horizonte: FALE/UFMG, 2012. *Print*

Carvalho, M. A. B.; Oliveira, L. A. Fairclough. In: Oliveira, Luciano A. (Org.). *Estudos do discurso: perspectivas teóricas.* 1.ed. São Paulo: Parábola Editorial, 2013. *Print*

Chouliaraki, L.; Fairclough, N. Discourse in Late Modernity: Rethinking social discourse analysis. Edinburgh University Press, 1999. *Print*

Faraco, C. A. *Linguagens e diálogos: as ideias linguísticas do círculo de Bakhtin.* São Paulo: Parábola, 2009. *Print*

Fairclough, N. *Analysing discourse: textual analysis for social research.* Londres e Nova York: Routledge, 2003. *Print*

_____. *Discurso e mudança social.* Coord. Trad. I. Magalhães. Brasília: Editora Universidade de Brasília, 2001. *Print*

Godoy, A.S. *Pesquisa Qualitativa: tipos fundamentais.* Revista de Administração de Empresas, v.35, n° 3, p. 20-29, UNESP, Rio Claro, 1995. *Print*

Hall,S. *A Identidade cultural na pós-modernidade.* Trad. Tomaz Tadeu da Silva & Guacira Lopes Louro. Rio de Janeiro: Editora DP& A, 2011. *Print*

Kleiman, A. *Preciso "ensinar" letramento- não basta ensinar ler e escrever?* Disponível em: http://www.iel.unicamp.br/cefiel/alfaletras/biblioteca_professor/arquivos5710.pdf. Acesso em 19/09/2013.

Kress, G. e Van Leuween, T. *Reading images.* The Grammar Visual Desing. London, 2006. *Print*

Marcuschi, L. A. *Produção Textual, Análise de Gêneros e Compreensão.* São Paulo: Parábola, 2008. *Print*

Ramalho, V.; Resende, V. M. *Análise de Discurso (Para a) Crítica: o Texto Como Material de Pesquisa.* Campinas: Pontes, 2011. *Print*

Thompson, J. B. *A Mídia e a Modernidade: uma teoria social da mídia.* Tradução de Wagner de Oliveira Brandão. Petrópolis, RJ: Editora Vozes, 2013. *Print*

Vestergaard, T.; Schøroder, K. *A Linguagem da Propaganda.* São Paulo, SP: Editora Martins Fontes, 2004. *Print*

A LÍNGUA PORTUGUESA E A LÍNGUA BRASILEIRA DE SINAIS

Vera Lúcia de Souza e Lima
Ana Rachel Carvalho Leão
Gilberto de Lima Goulart

Introdução

Este artigo faz parte dos trabalhos desenvolvidos no Centro Federal de Educação Tecnológica de Minas Gerais (CEFET/MG) em um dos grupos de pesquisas que compõem o "Projeto de Desenvolvimento de Glossários Terminológicos", caracterizado na modalidade BIC JR. e coordenado pela professora doutora Vera Lúcia de Souza e Lima. Este projeto tem como objetivos a produção de dicionários bilíngues e bimodais[55] de áreas diversas, tendo como língua de partida a Língua Portuguesa (LP) e como língua de chegada a Língua Brasileira de Sinais (Libras). Outro dos objetivos do projeto é desenvolver uma metodologia adequada para o ensino de português como segunda língua para surdos.

Iremos apresentar, neste artigo, o grupo de pesquisa que visa produzir um dicionário bilíngue e bimodal para a área de Química. Para a produção deste dicionário, o grupo recolhe sinais dessa área já existentes em Minas Gerais e no Brasil e também cria novos sinais. Espera-se, como resultado final, que este dicionário seja utilizado para o ensino de Química em Libras para surdos. Além disso, há uma preocupação constante por parte das professoras linguistas do grupo em desenvolver uma metodologia adequada para o ensino de português como segunda língua para surdos, fato que discutiremos a seguir.

Caracterização do grupo de estudos

O grupo é composto por uma professora doutora[56] em Linguística que desenvolveu, em sua tese de doutorado, a metodologia utilizada para a produção de dicionários bilíngues e bimodais (De Souza e Lima, 2014); três alunos surdos, sendo uma bolsista[57] e uma voluntária[58] do projeto, ambas alunas do Ensino Médio da rede pública de Minas Gerais; e um aluno

---

[55] Línguas de duas modalidades distintas.
[56] Vera Lúcia de Souza e Lima (coordenadora do projeto).
[57] Gleycielle Souza.
[58] Rachel Lanna.

voluntário[59], estudante de um curso técnico do CEFET/MG; uma professora doutora[60] em Química e uma intérprete de Libras, graduada em Química, que explicam aos alunos surdos os conceitos relativos à área em questão; e duas professoras ouvintes[61] de Libras e de Língua Portuguesa, mestres em Linguística Aplicada, responsáveis por observar os efeitos de sentido entre os membros do grupo que a todo momento transitam entre as duas línguas e, também, observar a aprendizagem da Língua Portuguesa pelos alunos surdos que participam do grupo.

Para a criação dos sinais de Química acontecer, os alunos surdos assistem às explicações da professora doutora em Química. Esta professora explica, na maior parte do tempo, em português oral, cada conceito da área. Ao mesmo tempo em que a professora faz as explicações na língua oral, a intérprete de língua de sinais traduz para a Libras, para que os alunos surdos consigam entender o que está sendo falado. Apesar de entendermos a importância da língua portuguesa neste momento, uma vez que á a língua utilizada para ensinar os conceitos de Química aos alunos surdos, prioriza-se também a utilização de materiais visuais para que os surdos consigam apreender melhor o que lhe é ensinado (Figueiredo e Guarinello, 2013). Os surdos consideram-se como pessoas mais visuais e, por utilizarem uma língua espacial realizada com o corpo, relatam que imagens facilitam seus processos de aprendizagem.

Para que as explicações dos conceitos não fique centrada apenas na oralização, a equipe incentiva o uso de livros didáticos e de dicionários escritos em língua portuguesa para que os alunos ampliem os conhecimentos sobre o assunto trabalhado. Os livros didáticos complementam os materiais visuais, uma vez que apresentam, além de textos escritos em língua portuguesa, imagens, tabelas, gráficos e ilustrações. Além disso, utiliza-se programas digitais e jogos relacionados à Química, vídeos didáticos disponíveis na internet (falados em português oral e com legenda em português ou janela com intérprete de Libras; ou vídeos gravados em Libras), glossários de Libras ou de outras línguas de sinais (online ou impressos) que apresentem explicações em língua portuguesa e em língua de sinais.

A Língua Portuguesa como segunda língua para surdos

Até o ano de 2002 o Brasil era considerado um país falante apenas da Língua Portuguesa. Este fato, entretanto, mudou quando, em 24 de abril do referido ano, a Lei Federal 10.436 foi promulgada e oficializou a Libras como uma língua brasileira e como a língua oficial dos surdos brasileiros.

---

[59] Felipe de Castro.
[60] Terezinha Alvim.
[61] Ana Rachel Carvalho Leão e Bárbara Neves Salviano.

Mesmo a Libras já sendo falada pelos surdos do Brasil há anos, esta demorou para ser reconhecida como uma língua oficial.

Antes da promulgação da Lei 10.436/02, a Libras já era reconhecida, por lei, como uma língua. Este fato só se concretizou em 1998, quando foi promulgada a Lei 10.098, de 19 de dezembro de 2000. Antes do ano 2000, a Libras era considerada uma linguagem e não ainda uma língua, mas foi esta lei que, de acordo com Bolognini e Costa (2011), concedeu espaço para um novo discurso sobre a língua de sinais. Sobre o fato de o reconhecimento da Libras vir acompanhado de leis, concordamos com Fernandes (2012, p. 49) ao afirmar que "a palavra da lei, pauta-se em uma teoria do direito, com recorrência a outros saberes, o que faz com que sua autorização na sociedade se dê a partir de um discurso caracterizado por um *status* de verdadeiro". Para Bolognini e Costa (op. cit., p. 95), "o que pode ser dito sobre o surdo até o ano 2000 é que sua linguagem é a de sinais e não a oralizada[62]". Com a lei do ano de 2002, concede-se ao surdo uma nova posição sujeito, em que este passa a ser constituído pela língua de sinais (Bolognini e Costa, op. cit.).

Apesar do reconhecimento da Libras como sendo a língua (e não mais a linguagem) dos surdos brasileiros, a modalidade escrita da Libras ainda não é aceita oficialmente em todos os estados do Brasil[63]. No ano de 2005 foi promulgado o Decreto 5.626 que foi o documento responsável pela discussão sobre as línguas que constituem os surdos. Neste decreto, a Libras passou a ser considerada como a primeira língua deles e a Língua Portuguesa passou a ser considerada a segunda língua. Os surdos devem aprender, então, a ler e escrever em português.

A língua de sinais é considerada pelos surdos e por alguns pesquisadores da área de Libras como sendo a língua mais natural para quem não escuta. Essa naturalidade é defendida pelos surdos devido ao fato de entenderem melhor uma língua que é falada com o corpo e entendida pelos olhos. Já Skliar ([1998] 2011), ao tratar da naturalidade das línguas de sinais, comenta o fato de elas serem criadas principalmente por surdos e transmitidas de geração a geração. Já sobre a aprendizagem de línguas, alguns pesquisadores afirmam que a aprendizagem de uma língua oral será mais fácil de ocorrer quando o surdo já é falante nativo de uma língua de sinais, língua que garantirá a entrada deles no mundo da linguagem e garantirá a aprendizagem da língua escrita (Chaves, 2002; Silva, 2010).

Alguns surdos que se comunicam na maior parte do tempo em língua de sinais, costumam afirmar que a Libras é a língua materna deles, independente da idade em que a aprenderam. Esse fato é entendido por

---

[62] A linguagem oralizada é a produzida pela boca e entendida pelos ouvidos.
[63] De acordo com Barreto e Barreto (2012), a escrita de sinais é aceita em alguns estados, como Rio Grande do Sul, Santa Catarina e Ceará.

Rosa (2009), a partir da obra de Derrida (2001), porque é a Libras que faz o sujeito surdo se sentir "em casa". Palma (2011) define a língua materna como a língua que "se sabe" e pela qual o sujeito possui afetividade, pois é a língua que o constitui, não precisando ser, necessariamente, a língua nacional ou a língua oficial do lugar em que habita. Considero ser esse o sentimento que os surdos têm em relação a Libras. Essa língua transmite mais afetividade a eles por, entre outros fatos, ser a língua que os torna iguais aos outros membros da comunidade surda, língua em que eles se sentem acolhidos por seus pares.

Sendo assim, a Língua Portuguesa é vista como uma língua estrangeira ou uma segunda língua por esses surdos, mesmo que ela tenha sido aprendida primeiro. Podemos pensar, a partir de Revuz ([1998] 2006, p. 221) que se comunicar por meio da Língua Portuguesa seria "se colocar em uma situação de não saber absoluto, é retornar ao estágio do *infans*, do neném que não fala ainda, (re)fazer a experiência da impotência de se fazer entender".

Referências Bibliográficas

Bernardino, E. L. *Absurdo ou lógica?* Os surdos e sua produção linguística. Belo Horizonte: Editora Profetizando Vida, 2000.

Bolognini, C. Z.; Costa, J. P. B. Libras, língua portuguesa e o bilinguismo. Cavallari, J. S.; Uyeno, E. Y. (Orgs.). *Bilinguismos:* subjetivação e identificações nas/pelas línguas maternas e estrangeiras. Campinas: Pontes, 2011. p. 83-100.

Brasil. Lei nº 10.436, de 24 de abril de 2002. Dispõe sobre a Língua Brasileira de Sinais (Libras) e dá outras providências. Disponível em: http://www.planalto.gov.br/ccivil_03/leis/2002/L10436.htm. Acessado em 11/10/2011.

Brasil. Lei 10.098, de 19 de dezembro de 2000. Estabelece normas gerais e critérios básicos para a promoção da acessibilidade das pessoas portadoras de deficiência ou com mobilidade reduzida, e dá outras providências. Disponível em: http://www.planalto.gov.br/ccivil_03/leis/l10098.htm. Acessado em 07/06/2013.

Brasil. Decreto nº 5626 de 22 de dezembro de 2005. Regulamenta a Lei nº 10436 de 24 de abril de 2002. Disponível em http://www.planalto.gov.br/ccivil_03/_ato2004-2006/2005/decreto/d5626.htm. Acessado em 21/01/2013.

Chaves, T. A. *A leitura dos surdos*: construindo sentidos. Dissertação (Mestrado em Estudos Linguísticos) Programa de Pós-Graduação em Estudos Linguísticos da Faculdade de Letras da Universidade Federal de Minas Gerais, Belo Horizonte, 2002.

De Souza e Lima, V. L. *Língua de Sinais*: *Proposta Terminológica para a Área de*

Desenho Arquitetônico. Tese (Doutorado em Linguística Teórica e Descritiva) Programa de Pós-Graduação em Estudos Linguísticos da Universidade Federal de Minas Gerais, Belo Horizonte, 2014.

Fernandes, C. A. *Discurso e sujeito em Michel Foucault*. São Paulo: Intermeios, 2012.

Figueiredo, L. C.; Guarinello, A. C. Literatura infantil e a multimodalidade no contexto de surdez: uma proposta de atuação. In: *Revista Educação Especial*, v. 26, n. 45, 2013. p. 175-193.

Palma, A. M. B. *Representações de falantes nativos e não-nativos de inglês no discurso de alunos brasileiros:* (des)construindo oposições binárias. Dissertação (Mestrado em Letras) Universidade de São Paulo, São Paulo, 2011.

Revuz, C. [1998] A língua estrangeira entre o desejo de um outro lugar e o risco do exílio. Tradução de Silvana Mabel Serrani de Infanti. In: Signorini, I. (Org) *Língua(gem) e Identidade*. Campinas: Mercado de Letras/Fapesp FAEP-UNICAMP, 2006. p. 213-230.

Segala, Rimar Ramalho. Tradução Intermodal e Intersemiótica/Interlingual: Português brasileiro escrito para Língua Brasileira de Sinais

Silva, G. M. da. *Lendo e sinalizando textos:* uma análise etnográfica das práticas de leitura em português de uma turma de alunos surdos. 222 f. Dissertação (Mestrado em Educação) Faculdade de Educação da Universidade Federal de Minas Gerais, Belo Horizonte, 2010.

A RELEVÂNCIA DA LÍNGUA PORTUGUESA NO CONTEXTO ETNOLINGUÍSTICO ANGOLANO

Mateus Segunda Chicumba

Introdução

Actualmente a língua portuguesa é reconhecida internacionalmente e ocupa o cimeiro quinto lugar na esfera planetária das línguas mais veiculadas, gravitando à volta de uma comunidade de, sensivelmente, quatro centenas de milhões de falantes. Também é, por essa razão, a língua que assume um lugar de relevo no panorama identitário das organizações da CPLP (Comunidade de Países de Língua Portuguesa) e dos PALOP (Países Africanos de Língua Oficial Portuguesa) que constituem em uníssono a magna comunidade de identidade cultural lusófona.

Em Angola a língua portuguesa está especialmente ligada à sua ancestralidade avoenga enraizada ao longo dos tempos na construção da identidade linguística nacional que se emoldura no domínio histórico-sociológico como uma das conquistas de expressão da tradição oral, que faz parte do conjunto do seu património cultural imaterial. Neste caso define-se património imaterial como as manifestações das práticas culturais, representações, expressões e tradições orais (incluindo a língua), conhecimentos e aptidões, instrumentos, objectos, artefactos, espaços culturais que as comunidades e os grupos reconheçam como parte integrante do seu património cultural histórico que visa a promoção do respeito pela diversidade cultural e pela criatividade humana, transmitidas de geração em geração, contribuindo para o sentimento de identidade e de continuidade, (UNESCO, 2003).

Com efeito, Leão, Gamito & Costa (2007) afirmam que "A presença do português em Angola, durante o período colonial, veio impulsionar uma situação de bilinguismo afro-europeu caracterizado pela coexistência, no território, dos diversos grupos etnolinguísticos africanos e da língua portuguesa" (p. 177).

A partir desta perspectiva, a língua portuguesa ocupa um lugar de grande importância, na medida em que cristalizou-se como ferramenta central de constructo linguístico de intercompreensão das várias comunidades linguísticas, num país essencialmente multilingue que ressente da necessidade de ter uma língua homogénea que fosse veiculada em todo o território nacional como aconteceu noutras nações irmãs, citando casos análogos de Cabo Verde, S.Tomé e Príncipe, Guiné Bissau, onde o crioulo é, inquestionavelmente uma alternativa salutar ao português.

A recorrente e sintomática segregação exercida sobre as línguas africanas no país durante os séculos da latência colonial que se resumia essencialmente ao facto de as línguas veiculadas pelos autóctones serem diferentes, logicamente, da língua dos portugueses terem sido sucessiva e ignorantemente rotuladas de não-línguas, isto na redutora visão colonial, por serem variedades linguísticas que não exornavam a tradicional escrita canónica, não serem línguas nacionais oficiais, sem gramatologia, nem expressão literária, (Pinto, 2010, p. 29).

No entanto, esta conduta de negligência, desinteresse e de manifesto escárnio dos portugueses em relação às línguas africanas remonta historicamente aos primeiros contactos directos que se estabeleceram a partir de meados do século XV, em que atribuíram um estatuto de inferioridade às «novas» línguas africanas. Portanto esta problemática prolongou-se entre 1869 – 1974 e, incompreensivelmente, estas línguas jamais foram contempladas nos planos da educação oficial portuguesa nos países africanos, então colonizados, (Pinto, 2010, p. 31).

Por conseguinte, no período pós-colonial à língua portuguesa deram-se-lhe vários atributos, desde língua de conquista no início, língua de mestiçagem identitária em seguida, língua oficial depois, língua de cultura, língua eclesiástica, língua douta e literária, veículo de ensino-aprendizagem, língua materna, língua segunda, língua estrangeira, língua de concerto internacional – resumida no essencial como língua atractiva, afectiva, e etc. (Dicenta, 2010, p. 15).

Assim, a razão desta temática "A relevância da língua portuguesa no contexto etnolinguístico angolano" é de ressaltar, em última análise, uma panorâmica lacónica sobre às suas características ao longo dos tempos em Angola que serão abordadas sinteticamente nos domínios da historicidade, política adoptada para à sua imposição, adopção como língua oficial na pós-independência, à sua influência geolinguística no território nacional, o seu interaccionismo com as línguas nacionais, língua de condução pedagógica e ensino bilingue e sucintas considerações finais.

Breve panorâmica histórica da língua portuguesa em Angola
É sobejamente precógnita a presença portuguesa no hemisfério ocidental de África no longínquo século XV, quando a célebre armada conduzida pelo navegante Diogo Cão arribou na desembocadura do rio Zaire/Kongo, tendo formalizado então a ocupação do território com a imposição do Padrão (insígnia ocupacionista colonial), datável de 23 de Abril de 1482, e estabeleceram-se contactos preliminares entre os portugueses e os africanos do reino do Kongo.

Nesta ocasião, no entanto foram vincadas relações recíprocas nos domínios de intercâmbio comercial, político-cultural e de relacionamento fraterno, fundamentadas principalmente no respeito e cooperação mútuos, imbuídos

(portugueses) dos imperativos desígnios de cumprimento de missão: civilização e evangelização dos povos "ditos" gentios atrasados do ultramar – lema que constituía a crónica estratégia à época dos descobrimentos.
Para além disso, colocava-se sumamente uma questão que era o estabelecimento da língua de comunicação entre as partes envolvidas. Desta forma, surgiu à necessidade de manter a comunicação através do português, e sobretudo à sua difusão por intermédio de instrução dos africanos (cuja língua era ágrafa) ou talvez como demonstra Mateus (2002) "o espírito de uma nação está contido na língua que fala" (p. 54). Também era considerada língua franca, como referencia (Valkhoff, 1975) *"On sait que le portugais a joué, sur les côtes africaines, le rôle* de língua franca, *surtout aux XVIe et XVIIe siècles"* (p. 119).
Neste contexto, emergiram as primeiras manifestações da obrigatoriedade dos africanos exprimirem-se na língua portuguesa em detrimento das línguas vernáculas, como diz Pinto (2010) "durante as expedições marítimas e diante da necessidade de comunicarem com as populações da costa africana, optaram por obrigar escravos-intérpretes a aprender português" (p. 31).
No entanto, seja qual fosse a razão, é consabidamente que é a partir desta língua que se forjou iniciativas preliminares de escolarização de nativos, embora tenham sido pedagógica e metodologicamente vinculadas à Religião Católica, as instituições escola/igrejas foram pioneiras na instrução de um rol de gerações de aristocratas congueses, frequentando simultaneamente instituições locais e em Portugal, diz (Cavazzi, 1687 citado por Valkhoff, 1975) *"Il y a bien huit ou dix écoles comme au Portugal. Tous les enfants apprennent le portugais et reçoivent l'instruction en cette langue"* (p. 119). Outra referência de realce da utilização secular da língua portuguesa no reino do Kongo é mencionada pelo autor *"Le roi Garcia II, accueillant les Capucins en 1645 «...disse loro in lingua portughese (nella quale era versatissimo) che professava egli, e tutto il Regno infinita obligazione ad un benefizio tanto singolare...»* (p. 120).
Neste aspecto realça-se a ínclita geração que se notabilizou em níveis de escolaridade consideravelmente altos, exemplificando o caso do filho de Nzinga Nkuvu, Rei do Kongo que frequentou a escola em Portugal e viria a ser consagrado em Roma (Dezembro de 1520), Bispo de Utica, génese dos bispos negros da região central e austral de África, (Santos, 1970, p. 16).
É então que nos séculos XVII-XX, portanto, fruto da consolidação do poder estatal colonial, a sociedade assistiu às mudanças que se operaram e de forma significativa incidiram sobretudo na institucionalização do sistema educativo, isto é, o Estado assumiria a responsabilidade de conduzir os destinos da educação, depois da expulsão dos missionários jesuítas em 1759 dos territórios portugueses.
Considera Nóvoa (1991) que "Após a fase de hegemonia da Igreja (séculos XVI-XVIII), é provável que estejamos agora a assistir ao fim do período de

monopólio do Estado sobre a educação (séculos XVIII-XX) " (p. 21).
A educação, no entanto, como era o cerne da clivagem da sociedade colonial, às suas instituições escolares, com excepção das escolas eclesiásticas que tinham como meta a evangelização, foram adaptadas aos critérios selectivos de carácter rácico e reservadas privilegiadamente para castas europeias/portuguesas, excluindo-se de forma inclemente os nativos africanos do conhecimento académico e sobretudo da cientificidade.
Observa Mata (2013) "essas sociedades eminentemente ágrafas e emergentes da situação colonial, e padecendo de um constrangimento que diz respeito ao fato de o homem africano continuar a ser objecto e raramente sujeito do conhecimento científico" (p. 23).

A política de imposição da língua portuguesa
A partir do século XX com a emergente filosofia de construção de Estado-nação de soberania colonial num ambiente de comunidades de traços identitários profundamente divergentes, fundamentalmente no aspecto etnolinguístico, reclamava, antes de tudo, como um dos pressupostos *si nê qua non* uma língua de comunicação nacional única.
Decorrente deste ponto de vista, subjaz a pressuposição do discurso segundo o qual a cada língua deveria corresponder uma nação/um povo, teoria do colonialismo na sua ânsia de mapear a África e outras partes do mundo de acordo com os seus interesses económicos e consequente formação de impérios, política essa que se convencionou de teoria linguística moderna que definia o que contaria como língua, identidade linguística e nacional, (Woolard, 1998, citado por Lopes, 2013, p. 21).
Nação, portanto, pode ser entendida latamente como uma sociedade unida por vínculos culturais profundos e um universo geográfico claramente definido, assente em alicerces como a história, a língua, a tradição, (Cristóvão, 2005, p. 767).
No entanto, essa ideologia foi implementada a partir da política assimilacionista da sociedade, tendo como fundamento básico a política linguística que obrigava de forma generalizada às populações autóctones a utilizarem a língua portuguesa como única língua de comunicação em toda a extensão territorial, promulgada pelo Decreto 77, de 1921, como diz Leão at al., (2007) "esta imposta por uma política de coação linguística" (p. 177).
Desta feita, o decreto proibia terminantemente todas as manifestações culturais das línguas africanas, fundamentalmente no tocante aos eventos oficiais e à escolarização, como reafirma Cristóvão, (2005)
A política linguística colonial, repressiva relativamente às línguas autóctones, veículo e suporte das culturas das populações, na sua maioria de origem bantu, proibiu o seu ensino e a sua utilização, procurando substituí-las pela língua portuguesa, como estratégia de melhor enraizar a ideologia colonialista. (p. 609)

As línguas autóctones passaram sistematicamente a serem consideradas de não-línguas e à categoria preconceituosa de dialectos que, na óptica de Mata (2010) "designação decorrente de uma alienante ignorância e impregnada de uma conotação pejorativa (...), estava associada toda uma constelação de preconceitos germinados no terreno da ideologia colonial e da política do assimilacionismo cultural" (p. 16). Também afirma Calvet (1974) que
Ce mépris des appellations autochtones relève d'un mépris plus vaste pour les peuples; les territoires et les habitants n'existaient pas avant l'arrivée du colonisateur (puisqu'ils n'avaient pas de nom, ou du moins puisqu'on se comporte comme s'ils n'avaient pas de nom), et l'on nomme lieux et peuples comme bon nous semble. (p. 57)
Este factor de alienação político-cultural contribuiu significativamente para uma exponencial periferização do português nos maiores centros de aglomeração populacional (cidades) em todo o território nacional, e não coibiu de forma alguma à perseverança das línguas de origem africana em perpetuarem-se como argamassas indestrutíveis na preservação da integridade cultural dos seus povos nos enclaves regionais onde elas estão tradicionalmente enraizadas.

Neste contexto sociolinguístico, porém, a língua portuguesa para além das suas variedades veiculadas por todos na comunicação oral corrente, reserva uma variante codificada e complexa utilizada só em contextos formais e de escrita (obediente à padrões linguísticos europeus) como é o caso especificamente de Angola e na generalidade dos países em que é actualmente língua oficial, (Pinto, 2010, p. 11).

A adopção do português (língua oficial) como factor de unidade e identidade nacional

No contexto da complexidade multicultural e multilingue em que se apresentava a sociedade angolana e por uma questão pragmática, a língua portuguesa foi adoptada imediatamente na pós-independência (1975) e consecutivamente tributada nas constituições como sendo única língua oficial do País, (Lei Constitucional de Angola, 2010, art.º 19).

A língua oficial é sobretudo a que prestigia o quadro das diversas actividades oficiais de um Estado soberano, definida na constituição, por lei ordinária ou por via do costume, escolhida por razões políticas para ser utilizada em todos os actos do poder público estadual desde a celebração de tratados e convenções internacionais, leis ordinárias e Constituição, actos políticos, sentenças judiciais, actos administrativos e dos discursos oficiais, (Cristóvão, 2005, p. 607).

É nesta conformidade que em Angola o português nascia como língua de unidade nacional, permitindo o entendimento entre falantes das vivíssimas línguas nacionais e para satisfazer equilíbrios necessários ao melhor posicionamento do país na ordem internacional, funcionando não apenas como a integração num espaço comum a outras nações, mas também como veículo de aproximação a um espaço ainda mais vasto de estatuto político e económico de referência ao nível global, (Mateus, 2002, p. 16; Cristóvão, 2005, p. 607).

Por outro lado, em África a língua portuguesa oficial é uma opção política, uma atitude nacional e tem, no momento presente, uma estreita ligação com a sobrevivência dos territórios como países independentes, (Mateus, 2002, p. 16).

Ainda neste contexto sugere Bamgbose (1991) *"Multilingualism is often associated with a number of problems, certainly poses a problem for language policy"* (p. 2).

Incontestadamente, é consensual o dilema das ex-colónias em geral e, principalmente africanas quando à questão de opção linguística. Nessas circunstâncias a escolha entre línguas autóctones e uma língua ex-colonial fundamenta-se em que esta permite o estabelecimento de um quadro comunicacional que possa estar à altura do caminho para a modernidade, preserva as tradições locais, vital para o funcionamento das instituições sociais, eficiência das instituições económicas, integração política dos diferentes grupos socioculturais no sistema nacional e facilita a integração no sistema económico internacional do Novo Estado. Ao contrário, à escolha de uma língua nativa provocaria o efeito disruptivo pelo fenómeno de associação à identidade étnica, (Firmino, 2006, p. 44).

No entanto, enfatiza Costa (2006) que "No limiar da independência nacional o panorama linguístico não apresenta um quadro animador: inexistência de uma língua nacional falada em toda a dimensão do território e distanciamento das línguas africanas no seu todo do contexto científico e tecnológico do mundo contemporâneo" (p. 45).

Geografia e comunidades etnolinguísticas
O território angolano está situado na privilegiada região centro-austral de África e ostenta uma extensa área de 1.246.700 km² que são partilhados por, aproximadamente 19.183.590 habitantes (INE, 2014). Apresenta, por conseguinte uma configuração geográfica que resulta da construção política colonial portuguesa que, a partir do século XIX, na emblemática Conferência Berlinense (1884/85) as potências europeias açambarcaram a aurífera África, forjando limites demarcatórios arbitrários que são hoje representações simbólicas de uma "herança envenenada" de Estados-nações africanos independentes, Castro (2004) "originando por vezes o recurso a pequenos confrontos diplomáticos e até bélicos" (p. 32).

No entanto, um dos factores evidentes desta partilha do continente foi o facto da política imperialista não ter em consideração os domínios territoriais legítimos dos antigos reinos dos povos africanos cujas consequências reflectiram-se sobretudo na dilaceração das comunidades e da sua originalidade identitária.

Deste modo, Angola, na óptica de Mingas (2000) "é um país plurilingue, integrado por línguas estruturalmente diferentes, repartidos fundamentalmente em dois grandes grupos etnolinguísticos: as línguas de origem Bantu e as não Bantu" (p. 30).
O espaço territorial físico, portanto, é uma plataforma heterogeneamente habitado por três troncos linguísticos distintos, fruto das raízes migratórias seculares, nomeadamente dois grupos etnolinguísticos de origem africana (bantu e não bantu) e um grupo caucasiano, (Cristóvão, 2005, p. 198) como adiante se espelham:
1. Grupo bantu – originário da região central de África é o que representa a maioria da população e está constituído pelas etnias côkwe, kikongo, kimbundu, nganguela, olunyaneka, oshihelelo, oshindonga, oshykwanyama e umbundu e as respectivas variantes linguísticas;
2. Grupo khoisan (não bantu) – de origem linguística Afro-Asiática, dimana da classificação linguística dos grupos de línguas hamíticas de África, (Fage & Tordoff, 2010, p. 19). É constituído por etnias bosquímano, cuissi e cuepe (Wheeler & Pélissier, 2009, p. 36), e suas variações linguísticas. Actualmente constitui o grupo das minorias que se concentra no sul do país e está sedentarizado maioritariamente em Botswana, Namíbia, norte de África do Sul, e Zâmbia, (Bonvini, 2008, p. 26) e,
3. Grupo da etnia caucasiana – descendente da Europa a partir do século XV é formado maioritariamente pelos portugueses e suas descendências e, (Wheeler at al., 2009, p. 36) "constituíam o povo minoritário mas dominante em Angola". O português é, em última análise, historicamente uma língua nascida de um conjunto de dialectos provinciais (galego-portugueses) do Noroeste da Península Ibérica e estendeu-se para o Sul e com o tempo das invasões passou a ser língua da nação imperialista, (Cristóvão, 2005, p. 607).
Nesta conjuntura de multilinguismo, Angola preserva à sua identidade nacional baseada fundamentalmente no respeito da política plurilingue como salienta Cristóvão, (2005) "A implantação da língua portuguesa no território angolano criou uma situação de bilinguismo afro-europeu no seio de uma realidade multilingue já existente" (p. 609).
O mapa etnolinguístico abaixo ilustra pormenorizadamente o posicionamento e o contexto de predominância geolinguística do território angolano, (Jacques, 2009).

Salienta Leão at al., (2007) que "A coexistência de diferentes sistemas linguísticos utilizados por uma mesma comunidade de discurso, enquanto veículos de comunicação e expressão, constitui um aspecto fundamental do carácter dinâmico das línguas ao qual estão associados os conceitos de variação e mudança linguística" (p. 178).

Mapa etnolinguístico de Angola

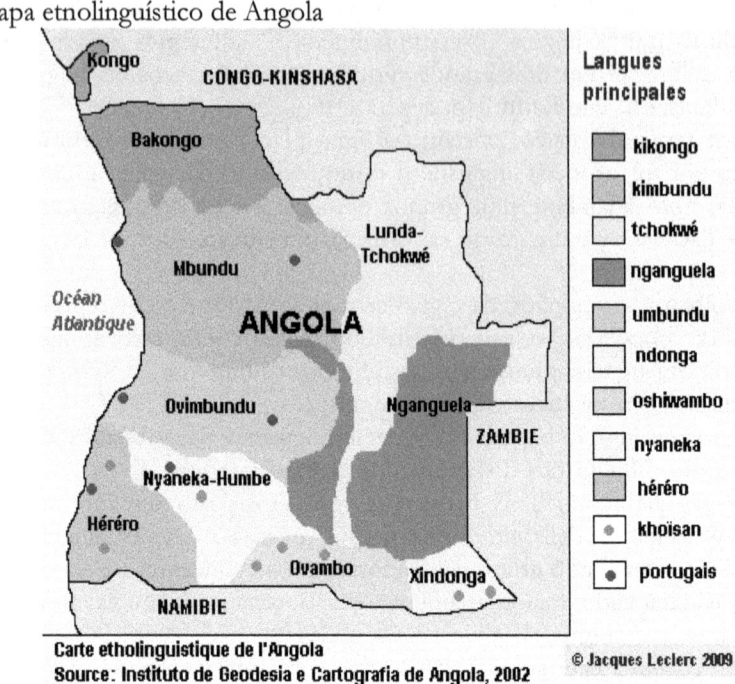

Carte etholinguistique de l'Angola
Source: Instituto de Geodesia e Cartografia de Angola, 2002
© Jacques Leclerc 2009

Interacção comunicacional das línguas nacionais e da língua portuguesa

Entende-se no entanto que, língua nacional é aquela falada em determinado território, independentemente do número de falantes que, por plasmar marcas de uma herança específica ou código de afirmação de originalidade ético-cultural, pode configurar um elemento caracterizador de uma consciência nacional, (Cristóvão, 2005, p. 606).

Deste modo, a coexistência de duas ou mais línguas no mesmo espaço geográfico-temporal, do ponto de vista sociolinguístico, origina geralmente a formação de uma língua distinta resultante da influência recíproca das línguas em contacto, por via do fenómeno diglóssico – desaparecimento gradual ou total das línguas em acção. Aí emerge, neste contexto o crioulo – que é, em suma, uma língua formada em condições sociolinguísticas de contacto entre diferentes povos de línguas maternas diferentes, resultante da necessidade de comunicação nas relações sociais e económicas, em que se regista a perda gradual das línguas originárias, (Cristóvão, 2005, p. 198).

A partir desta pressuposição pode-se aferir que o português da variante angolana é um crioulo em potência? Neste aspecto nota-se no entanto que as influências das línguas em contacto vêm enraizadas desde o reino do Kongo (como foi referenciado) e afirma Valkhoff, (1975) *"On sait d'autre part que des vocables portugais se sont implantés dans l'aire négro-africaine, tant dans des langues autochtones, vernaculaires ou véhiculaires, que dans les variétés régionales ou créolisées des langues européennes importées*" (p. 122). É interessante a forma criativa de adaptação e incorporação nas línguas nativas dos léxicos (Portugal, português, dom, dona) como exemplos de apropriação da língua, (Valkhoff, 1975)

*Le mot português, dans des formes adaptées au phonétisme et à la structure syllabique des langues africaines, est employé généralement dans son sens originel. Ainsi en kintandu (*variante kikongo*), 'portugais' se dit* **mpútúlúkéesu** *ou* **lukéesu***; pour designer la langue, les coutumes, les manières portugaises, on adjoint à ce mot le préfixe* **ki-***, qui sert à la formation de noms abstraits, d'où* **kimpútúlúkéesu** *ou* **kilukéesu***; le Portugal est appelé* **nsi** *('terre')* **bámpútúlúkéesu***. L'ikeleve du Kwilu emploie respectivement les formes* **mputulugese** *(ou* **-i***) et* **kimputulugese** *pour 'portugais'. Des prénoms portugais, précédés du titre* dom *ou* dona, *se sont implantes notamment chez les Bakongo comme noms claniques [...].* **Ndó fúúnsu** – Dom Afonso, **Ndó Ntoni** – Dom António, **Ndóóna Mádíya** – Dona Maria, *capitau ou kapitau* – capitão. (pp. 123-125)

Como se pode verificar no entanto o enquadramento espácio-temporalidade de ingente relacionamento entre as duas comunidades de falantes (afro-europeia) permitiu desde o princípio o desenvolvimento e enriquecimento mútuo, resultante da influência linguística e cultural reciprocamente vantajosas que desencadearam um bilinguismo interactivo e harmonioso, beneficiando as respectivas sociedades.

Neste contexto de interação sociolinguística ao longo dos tempos desenvolveu um nível de linguagem de carácter expressivo próprio que o distinguiu/distingue especificamente das variações do português padrão (europeu) e o do Brasil, como diz Leão at al., (2007) "O português angolano (...) compreende diferentes áreas da língua tais como o léxico – Empréstimos e inovações –, as interferências morfossintáctico e os aspectos fonológicos (...) das línguas nacionais angolanas, em especial o quimbundu, (...), brasileira, incursões de línguas estrangeiras como o francês e o inglês" (p. 176).

Neste contexto, apesar da grande diversidade de línguas faladas no país, o kimbundu, especificamente, é a língua que mais tempo de contacto mantém com o português e, por conseguinte, endossa de forma inquestionável à sua influência lexical na formação do português angolano, Leão at al., (2007) "Apesar de não ser a língua com mais falantes, o quimbundu é a língua mais falada na zona centro-norte do país e portanto na capital, Luanda (...) sendo a língua nacional com mais expressão no maior centro demográfico e principal centro político do país, (...) é a língua que mais influi na formação da variedade angolana do português" (p. 178).

De forma exemplificativa o quadro abaixo elucida algumas expressões mais vulgares de "angolanismos" utilizadas no português angolano, (Leão at al., 2007, pp. 179-203).

Vocábulo	Significado	Contexto
Buala, s.f.	Aldeia, terra.	(...) o maior escritor angolano nasceu numa _buala_ (...)
Cambuta, s.m.	Pessoa de estatura baixa ou inferior à média.	(...) essa raça de _cambutas_ (...)
Caporroto, s.m.	Aguardente angolano, inicialmente aguardente de milho, hoje generalizadamente qualquer tipo de aguardente de fabrico local.	(...) criação do _caporroto_ – esse destilado doméstico, fabricado pelos angolanos a partir da mandioca, do arroz, do milho, (...).
Funje, s.m. (ou funji)	Massa cozida de farinha, geralmente de milho, sorgo, mandioca ou batata-doce.	(...) o _funje_ não se come: lança-se (...) um pratalhão de _funje_, uma mistura de vários peixes e ervas (...) para casa dela, onde me espera um _funje_ de ovos com chouriço.
Jindungu s.m.	Malagueta	(...) onde cultivava uma especiaria rara chamada _jindungu_ (...).
Madiê, s.m. (ou muadiê)	Indivíduo, tipo, fulano	Quase (...) o _madiê_ essa hora já deve ter o caralho fora das calças (...).
Muata s.m.	Chefe, senhor, patrão	(...) quando abri os olhos a cabeça do _muata_ estava debruçada sobre (...).
Muceque, s.m. (ou musseque)	Bairro ou aglomeração de habitações das classes economicamente menos privilegiadas, nos arredores de uma cidade.	Na escuridão do _musseque_ Umbelina, nada vê (...). (...) umbicaram a toda a velocidade para o _muceque_ Catambor (...).
Aiué, interj. (ou auiá)	Interjeição que demonstra admiração ou surpresa.	- _aiué! Aiué!_ O meu celular! Quem é que roubou o meu celular!? (...).
Bazar, v.	Sair de um lugar rapidamente, geralmente com intuito de evitar algo ou alguém.	O rui, marido de Maria, tinha _bazado_ nas confusões de 75.
Caçula, s.m. e s.f.	Filho ou irmão mais novo de uma família.	(...) mas, como tinha sido a _caçula_, resolveu ser condescendente.

Quadro nº 1: Algumas expressões mais vulgares de "angolanismos" utilizados no português angolano

No entanto, independentemente das interferências linguísticas constituírem uma fonte enriquecedora na formatação do português angolano e contribuir de certa maneira na dinâmica sociolinguística (que a basta literatura angolana dá corpo), à sua origem está implicitamente conotada à linguagem coloquial (gírias) usada por falantes de determinadas camadas sociais – por adaptação – mestres do desconstrucionismo lúdico da língua portuguesa (Mata, 2013, p. 64); sobretudo quando há carência de elementos gramaticais subjacentes (morfo-sintáctico) que não encontram correspondência na língua alvo (português/kimbundu), mas no entanto estão expressivamente presentes numa ou noutra língua e, ainda outras expressões emergentes da coexistência das línguas em acção e da sua funcionalidade comunicativa.

Como menciona Cristóvão, (2005) "A própria dinâmica desta e as interferências linguísticas resultantes do seu contacto com as línguas nacionais, a criação de novas palavras e expressões forjadas pelo génio inventivo popular, bem como certos desvios à norma padrão de Portugal, imprimem-lhe uma nova força, vinculando-a cada vez mais à realidade angolana" (p. 609).

Esta realidade é defendida por outros autores, reafirmando que uma língua nunca é usada como uma instituição social homogênea, que é uniformemente manipulada por todos os falantes em todas as situações comunicativas quando estes interagem nos seus vínculos sociais e, bem assim como não há língua definitiva e inalteravelmente formada. Todas se formam, reformam e transformam continuamente, (Firmino, 2005, p. 147; Fonseca, 1985, p. 13).

Sobre a educação e o lugar da língua portuguesa (metodologia de ensino)

A língua portuguesa constitui a língua do discurso educacional instituída legalmente como única para ministração do ensino em todos estabelecimentos escolares, previsto na Lei de Bases do Sistema de Educação (Lei n.º 13/01, de 31 de Dezembro de 2001).

A metodologia de ensino-aprendizagem do português no domínio do subsistema geral é ainda hoje vinculada aos paradigmas do ensino de uma língua materna, isto é, como se todos alunos tivessem conhecimentos sistematizados da língua. Desta feita marginaliza-se do processo qualquer conhecimento linguístico que os aprendentes trazem consigo, e acedem ao português por emersão linguística.

Nesta perspectiva, aponta-se com maior incidência a uma larga percentagem da comunidade escolar das zonas rurais, pelo facto de o discente depreender-se com a língua e um séquito de material didáctico apenas quando atinge a faixa etária da escolaridade, significando por conseguinte que este grupo encara o português como língua estrangeira. Contudo, a situação ameniza-se nitidamente nas zonas urbanas e adjacentes em que maioritariamente tem a língua portuguesa por língua materna ou língua segunda e reflecte-se quotidianamente na sua interacção social no seio familiar, na escola e na comunidade em geral.

Deste modo, está patente no dizer da Mata (2013)

o nível da indefinição/definição social à prevalência dos angolanos cuja cultura é de matriz ou confluência portuguesa, em detrimento desses outros que, por não terem ascendência portuguesa, ou não terem sido "assimilados", continuam na base da pirâmide sociocultural, (...) a continuidade, pelas elites locais, das hierarquias coloniais (raciais e socioculturais), como a da "língua imperial", ao manter em lugar subalterno afinal a maior parte das culturas angolanas. (p. 20)

Reafirma Neto (2012) que "o ensino desta disciplina consubstancia-se no uso de metodologias intrínsecas a uma língua especificamente materna" (p. 43). Nesta vertente, entretanto qual seria a metodologia a seguir no ensino da língua portuguesa na conjuntura educacional angolana?

No entanto, aduz-se que o ensino de uma língua deve incorporar a aprendizagem da cultura, dela indissociável, para o que será fundamental que essa aprendizagem assegure uma competência comunicativa alargada de modo a possibilitar o acesso a uma prática cultural significativa, (Meira, 2007, p. 440). Deste modo, o QCER (2005) – Quadro Comum Europeu de Referência sobre as Línguas, diz:

A sensibilização à língua e ao seu uso implicam um conhecimento e uma compreensão dos princípios subjacentes à organização e à utilização das línguas, de tal forma que uma nova experiência possa ser integrada num quadro organizado e ser acolhida como um enriquecimento. Como consequência, a nova língua pode, então, ser aprendida e utilizada mais rapidamente, em vez de ser entendida como uma ameaça ao sistema linguístico estabelecido do aprendente, que é considerado por este, frequentemente, como normal e 'natural'. (p. 154)

Nestes termos, enfim, reconhece Mata (2010) "que a política educativa e a política linguística têm que se harmonizar, porque de ambos os sectores depende o desenhar de estratégias para combater o demónio do insucesso escolar e promover a recuperação do sistema educativo, indispensável à construção de uma sociedade civil" (p. 28).

A inserção das línguas nacionais no sistema educativo

A introdução das línguas nacionais no sistema de ensino oficial enfatiza as estratégias e orientações do Estado para assegurar à sua valorização, promoção e divulgação face ao posicionamento de inferioridade e proibição de serem veiculadas principalmente nas manifestações culturais de interesse público a que foram sujeitas durante o período colonial.

É nesta conformidade que, ao Estado se reserva às primícias do papel preponderante de valorizar e promover o estudo, o ensino e a utilização das demais línguas do país e procurar sobretudo proteger, valorizar, dignificar e promover o desenvolvimento das línguas de origem africana como património cultural e como línguas de comunicação e de identidade nacional, (Lei Constitucional, 2010, art.º 19º).

Deste modo todavia, as línguas nacionais por não terem sido integradas no sistema de educação colonial apresentavam até então uma enorme lacuna, relativamente à sua estrutura gramatical. Para responder a esta preocupação foi criado em 1978 o então (Instituto Nacional de Línguas), actual Instituto de Línguas Nacionais (ILNA), com o propósito de desenvolver estudo científico dos idiomas, côkwe, kikongo, kimbundu, nganguela, oshykwanyama, umbundu e fyote visando à sua descrição nos aspectos fonético, fonológico, morfossintáctico, lexical e semântico, para servir de base à elaboração de material didáctico para a introdução destas línguas no ensino primário, em paralelo com a língua portuguesa, (Cristóvão, 2005, p. 609). Este processo no entanto viria a conhecer progressos a partir da Reforma Educativa de 2001 (já acima citada) que flamejou orientações metodológicas e directrizes estratégicas concernentes à introdução efectiva no Sistema Educativo Nacional das já mencionadas (sete) línguas nacionais de maior veiculação e serem ministradas especificamente nas regiões da sua predominância, conforme o quadro ilustrativo que se segue, (INIDE, 2011).

Língua nacional	Região de influência	Província
Fyote	Norte	Cabinda
Kikongo	Norte	Uíge, Zaire
Kimbundu	Centro Norte	Luanda, Bengo, Kuanza-Norte, Kuanza-Sul e Malange
Côkwe	Leste	Lunda-Norte, Lunda-Sul, Moxico
Umbundu	Centro Sul	Benguela, Huambo, Bié
Oshykwanyama	Sul	Huíla, Namibe, Kunene
Nganguela	Sudoeste	Kuando-Kubango

Quadro nº 2: Línguas nacionais no sistema de ensino na região da sua influência

Nestas circunstâncias foi tomado para a experimentação deste processo o I ciclo do ensino primário, correspondente as classes iniciais de escolaridade, isto é, da 1ª à 6ª classes, baseando-se fundamentalmente na aplicação de metodologias que variam e se adaptam às circunstâncias e peculiaridades culturais inerentes às comunidades linguísticas de cada região e, naturalmente ajustadas às transformações políticas e socioeconómicas do país em geral com vista a incutir valores culturais imanentes das línguas nacionais às novas gerações.

Deste modo, é o ensino primário unificado por seis anos que constitui a base do ensino geral, tanto para a educação regular como para a educação de adultos e é o ponto de partida para os estudos a nível secundário e se sustenta pelos objectivos gerais de desenvolver e aperfeiçoar o domínio da comunicação, expressão, hábitos e atitudes tendentes à socialização, proporcionar conhecimentos e capacidades de desenvolvimento das faculdades mentais, estimular o espírito estético com vista ao desenvolvimento da criação de educação artística e desportiva para o aperfeiçoamento das habilidades psico-motoras, (Lei de Bases n° 13/01, art.° 17° e 18°).

Entretanto, fazendo jus à história do ensino bilingue pode-se notar que em Angola o sistema remonta para além do século XVII, portanto primórdios da educação inaciana (como foi dito). A bibliografia que remonta à época, revela que no ano de 1624 foi impressa a cartilha da Doutrina Cristã, escrita em português e em kikongo, e este foi considerado primeiro livro publicado numa língua africana na região austral de África. Logo a seguir, em 1642 foi impresso em Lisboa o primeiro catecismo em português/kimbundu e, ainda mais tarde foram escritas a gramática e vocabulário da língua kikongo, (Santos, 1970, p. 103).

A gramática bilingue kimbundu/português, considerada a primeira, escrita pelo seiscentista Pe. Pedro Dias, datável de 1697 é uma ilustração clara da presença do bilinguismo no sistema educativo da época. Nesta magnífica obra-prima encontram-se condensadas as principais regras de transposição de kimbundu/português (equivalências do Alfabeto, dos Nominativos, dos Pronomes primitivos "*ego*", Pronomes demonstrativos, hic, iste, etc., Nomes demonstrativos, meus, *tuus*, etc., Conjugação dos verbos e conjugação que serve a todos os verbos, excepto alguns impessoais, Interjeição e Conjunções).

Noutra vertente (naquela época) confirma-se que o ensino da língua portuguesa fora de Portugal processar-se-ia através da assimilação de vocabulário e sua correspondência na língua materna do aluno, começando pela explanação das letras do abecedário, grupos vocálicos, consonânticos e silábicos considerados como mais representativos e, mais tarde à memorização de palavras e à compreensão e redacção de frases e textos, (Leitão, 2007, p. 43).

Deste modo, enfatiza Mata (2010) que "é nos bancos da escola que se começa o processo de prestigiação da língua materna *outra* que não o português, a fim de que a questão do insucesso escolar saia do âmbito da habilidade do aprendente e seja inserida no âmbito mais lato, o da ineficácia de uma política incompatível com a realidade de um país multilingue" (p. 28).

No entanto, a ONU apela reiteradamente à importância dos programas de educação bilíngue que são pertinentes na maioria dos contextos de aprendizagem e que se revelam particularmente úteis na melhoria da qualidade do ensino e ampliam as oportunidades educacionais de grupos marginalizados ou insuficientemente atendidos, como é o caso de determinadas populações indígenas, (UNESCO, 2009).

É neste contexto que a língua é um instrumento muito poderoso das comunidades que a fala porquanto permite à sua aproximação e concorre

para a preservação do ambiente, como afirma (Mendes, 2011)
La lengua conforma el sustrato axiológico y social más profundo de los pueblos e es el instrumento más poderoso para favorecer el acercamiento de todos los habitantes (...) que ha decidido otorgar a sus hombres, mujeres y niños, la posibilidad de construir un presente y un futuro acordes con sus méritos históricos, con el altísimo fin de garantizar un desarrollo sustentado en la dignidad y felicidad de cada persona, como ser trascendente, así como en el respeto, el cuidado y la conservación del ambiente. (p. 35)
Nesta mesma perspectiva, concluía Calvet (1998: 7) "Mais as línguas non existen sen a xente que as fala, e a historia dunha lingua é a historia dos seus falantes".

Considerações finais
Tentámos mostrar neste escorço a relevância do português no contexto etnolinguístico angolano e concluímos que:

✓ É através da língua portuguesa falada em todo espaço territorial que se constrói a identidade linguística nacional e catalisa o sentimento de pertença à pátria, porquanto congrega comunidades de falantes de línguas de origem africana, constituindo, por isso, o principal eixo da coesão da diversidade etnolinguística existente. As línguas nacionais, por razões óbvias, não desenvolveram um veículo linguístico de entendimento nacional, relegando este lugar à mercê do português.

✓ A importância de tornar a língua portuguesa num instrumento de comunicação nacional expressa os valores tradicionais de cidadania e literários capazes de galvanizar, em grande medida, a unidade nacional e representa incondicionalmente um ganho no contexto político-económico e social, permitindo o equilíbrio da sociedade, consequentemente à construção de Estado-nação.

✓ O ensino bilingue é portanto um modelo educacional inovador e alternativo (adequado às sociedades multilingues) porque fornece às crianças (e adultos) a possibilidade de aprenderem a ler, escrever, raciocinar, praticar e executar operações matemáticas usando como veículo a primeira língua em que elas afectiva e inicialmente aprenderam a pronunciar e a comunicar-se com a família. Existem, todavia controvérsias que importa acautelar, no sentido de que este tipo de ensino não visa obviamente à substituição ou alteração da língua oficial estabelecida no sistema educativo, antes pelo contrário, procura prestar assistência aos ensinantes e aprendentes à adquirirem uma gama de capacidades e competências comunicativas durante o processo de aprendizagem. Quando mais profundamente aprenderem a língua materna mais profunda será a dominação da língua segunda (português), mais vantagens e melhorias terão acrescido no desenvolvimento pessoal e consequentemente da sociedade.

Referências bibliográficas

Bamgbose, A. (1991). *Language and the Nation: The language question in Sub-Saharan Africa*. Great Britain. Printed by Redwood Press Ltd. 2.

Bonvini, E. (2008). *Línguas africanas e português falado no Brasil. In África no Brasil: A formação da língua portuguesa*. São Paulo. Editora Contexto. 26.

Calvet, L. J. (1974). *Linguistique et colonialisme: Petit traite de glotophagie*. Paris. Payot. 57.

_____. (1998). *A (Socio)linguística*. (Tradución francês/Galego, Alberte Allegue Leira). Noia – Galiza. Edicións Laiovanto, S.L. 7.

Castro de, N. (2004). *A carreira da índia e as suas causas*. Lisboa. ACD Editores. 32.

Constituição da República de Angola (2010). Assembleia Constituinte. Luanda.

Costa da, A. F. (2006). *Rupturas estruturais do português e línguas bantu em angola. Para uma análise diferencial*. Luanda. UCAN. 45.

Cristóvão, F. (Dir. e Coord.) (2005). *Dicionário temático da lusofonia*. Lisboa. Texto Editores. 198, 606, 607, 609, 767.

Decreto n° 77 de 17 de Dezembro de 1921, Boletim Oficial da Província de Angola, I Série, Número 50. Luanda. Alto Comissariado da República.

Decreto-lei n.° 13/01 de 31 de Dezembro de 2001. Lei de Bases do Sistema de Educação de Angola. Diário da República n° 65, I Série. Luanda. Ministério da Educação.

Dias, P. (2006). *Arte da língua de angola*. Rio de Janeiro. Fundação Biblioteca Nacional do Ministério da Cultura. (original publicado em *1697*. Lisboa).

Dicenta, J. L. (2010). *A presença da língua portuguesa. In Língua portuguesa e culturas lusófonas num universo globalizado: Actas do encontro internacional*. Lisboa. União Latina. 15.

Fage, J. D. & Tordoff, W. (2010). *História da África - história Narrativa*. Lisboa. Edições 70, Lda.19.

Firmino, G. (2006). *A Questão linguística na África pós-colonial: O caso do português e das línguas autóctones em Moçambique*. Maputo. Texto Editores. 44, 147.

Fonseca da, F. V. P. (1985). *O português entre as línguas do Mundo (Situação. História. Variedades)*. Coimbra. Tipografia Guerra-Viseu. 13. http://www.cultura-alentejo.pt/página,6.15.aspex.

INE (Instituto Nacional de Estatística) (2014). Quadro Estatístico: Evolução da População Angolana de 1985-2013. Acedido em 25 Junho 2014, disponível em *http://www.ine.gov.ao/xportal/xmain?xpid=ine&xpgid=boardmain2&xlang= PT&boardId*.

Instituto Nacional de Investigação e Desenvolvimento da Educação (2011). Educação: Sete Línguas Nacionais Entram em Consolidação no Ensino

este Ano. Luanda. Acedido em 28 Setembro 2013, disponível em *http://www.portalangop.co.ao/motix/pt.pt/noticias/educacao/2011/0/4.html*.
Jacques, L. (2009), "Carte ethnolinguistique de l'Angola". Acedido em 9 Setembro 2013, disponível em *http://ia89.ac-dijon.fr/?casnav_angola*.
Leão, M. M. M., Gamito, M. D. & Costa, P. C. (2007). *O português angolano na prosa de João Melo*. In *Pelas oito partidas da língua portuguesa. Homenagem ao professor João Malaca Casteleiro*. Macau. Publicação Universidade de Macau. 176-178, 179-202.
Leitão, A. (2007). *Para uma história da didáctica do português língua não materna*. In *Pelas oito partidas da língua portuguesa. Homenagem ao professor João Malaca Casteleiro*. Macau. Publicação Universidade de Macau. 43.
Lopes, L. P. M. (2013). *Ideologia linguística: como construir discursivamente o português no século XXI*. In *O português no século XXI. Cenário geopolítico e sociolinguístico*. São Paulo. Parábola Editorial. 21.
Mata, I. (2010). *Polifonias insulares: cultura e literatura de São Tomé e Príncipe*. Lisboa. Edições Colibri. 16, 28.
_____. (2013). *A literatura africana e a crítica pós-colonial: reconversões*. Brasil. Manaus, AM: UEA Edições. 20, 23, 64.
Mateus, M. H. M. (2002). *A face exposta da língua portuguesa*. Lisboa. Imprensa Nacional-Casa da Moda. 16.
Meira, M. J. S. P. (2007). *A componente cultural e o ensino de uma língua não materna*. In *Pelas oito partidas da língua portuguesa. Homenagem ao professor João Malaca Casteleiro*. Macau. Publicação Universidade de Macau. 440.
Mendes, E. (org.) (2011). *Diálogos interculturais. Ensino e formação em português língua estrangeira*. Campinas, SP. Pontes Editores. 35.
Mingas, A. A. (2000). *Interferência do kimbundu no português falado em lwanda*. Luanda. Caxinde Editora e Livraria. 30.
Neto, M.G. (2012). *Aproximação linguística e experiência comunicacional. O caso da escola de formação Garcia Neto*. Luanda. Mayamba Editora. 43.
Nóvoa, A. (1991). *O passado e o presente dos professores*. In *Profissão professor*. Porto. Porto Editora, Lda. 21.
Pinto, P.F. (2010). *O essencial sobre política de língua*. Lisboa. Imprensa Nacional – Casa da Moeda. 11, 29, 31.
Quadro Europeu Comum de Referência para as Línguas - QECR (2001). Aprendizagem, ensino, avaliação. Portugal. Edições ASA. 154.
Santos dos, M. (1970*). História do ensino em angola*. Angola. Edição dos Serviços de Educação. 16, 103.
UNESCO (Organização das Nações Unidas para a Educação, Ciência e Cultura) (2003). Convenção para a salvaguarda do património cultural imaterial. Acedido em 19 Junho 2014, disponível em
UNESCO (Organização das Nações Unidas para a Educação, Ciência e Cultura) (2009). Relatório Mundial: Investir na diversidade cultural e no diálogo intercultural – Resumo. Acedido em 28 Setembro 2013,

disponível em
http://unesdoc.unesco.org/images/0018/001847/184755por.pdf.
Valkhoff, M. f. (1975). *Miscelânea luso-africana*. Lisboa. Junta de Investigações Científicas do Ultramar. 54, 119, 120, 122-125.
Wheeler, D. & Pélissier, R. (2009). *História de Angola*. Lisboa. Tinta-da-china, Lda. 36.

POLÍTICAS GOVERNAMENTAIS E ACADÊMICAS PARA A PROMOÇÃO DO PORTUGUÊS BRASILEIRO[64]

Vânia Cristina Casseb-Galvão

Introdução:
Este trabalho integra um conjunto articulado de projetos intitulado "Rede de estudos da língua portuguesa ao redor do mundo", que vincula um grupo de pesquisadores e alunos de pós-graduação e de graduação de instituições de ensino superior sediadas no Brasil, em Portugal, na Itália e em Macau. Os objetivos do projeto envolvem estudos de descrição, análise e ensino do português em suas múltiplas variedades e modalidades de realização. São especialmente relevantes pesquisas a respeito daquelas variedades que, ao longo da história de constituição da Língua Portuguesa, foram tradicionalmente reconhecidas como politicamente minoritárias, se se parte da noção senso comum de que o português europeu (PE) ou português de Portugal (PP) é a matriz linguística, política e cultural, e o português brasileiro (PB) e seus dialetos; o macaense; o português de herança da Itália, por exemplo, entre outros, são subsistemas dessa matriz e não são reconhecidos como representativos de comunidades de interação com identidade linguística e política própria.

A justificativa para as reflexões aqui apresentadas repousa sobre o fato de que projetos dessa natureza ajudam a esclarecer o status dessas línguas, que constituem instrumento de expressão social, cultural e política nessas comunidades e, que, por isso mesmo, em função do panorama político-econômico atual, são línguas de estabelecimento de relações internas (entre nacionais) e externas (internacionais). É certo que, com o avanço dos estudos linguísticos e com a revolução nas tecnologias da informação e comunicação (TIC) caiu por terra de uma vez a ilusão de "uma única língua portuguesa" ou de "um padrão único do português", mas há que entenda que uma política de promoção e valorização do português brasileiro (PB) é desnecessária.

---

[64] Parte das reflexões aqui promovidas consta do capítulo intitulado "Notas sobre políticas para a promoção do português brasileiro e de seu ensino em contexto estrangeiro", integrante de livro a ser publicado pela Editora Pontes, Brasil (no prelo).

Não advogo a favor de preponderância de um ou outro português como sistema cultural-identitário, mas ratifico com veemência que o português é "uma língua de comunicação internacional com projeção global" (Rehm; Uszakoreit, 2012), mas essa comunicação se dá por escolha de uma de suas variedades.

Os desdobramentos dos debates possibilitam a reflexão a cerca dessa temática, orientada por, pelo menos, dez perguntas, de fronteiras não claramente delimitadas, devido à própria natureza do fenômeno, a saber:

1. A quem cabe estabelecer e implementar uma política de promoção e de difusão do PB?
2. Se é certo que "o costume faz a lei", que fatos do mundo extra-acadêmico revelam o uso distinto do PB e do PE?
3. Se a internet e as TIC já reconheceram a distinção PE/PB, a quem interessa manter a hegemonia do PE?
4. Investigações de dados históricos e contemporâneos mostram que o PB já se separou do PE), ou, ao contrário, a gramática de cada uma dessas línguas não revela um distanciamento tal do PB de modo a considerá-lo uma língua distinta do PE?
5. Em caso de uma clara separação discursivo-funcional entre PE e PB quais as evidências linguísticas, sociais, culturais e políticas que atestam a identidade linguística do português brasileiro, de modo a demandar uma política de promoção independente do PE?
6. Qual o papel dos agentes das áreas de Teoria e Análise linguística e da Linguística Aplicada nesse processo?
7. Que tipos de ações podem auxiliar nessa promoção?
8. PB é um produto comercialmente rentável?
9. Que fatores extralinguísticos, econômicos e políticos, cooperam para o reconhecimento do PB como língua de comércio, de serviço e de circulação do conhecimento científico e técnico, como produto economicamente rentável?
10. Políticas de promoção do PE e do PB são mutuamente excludentes?

São inegáveis as motivações político-econômicas para a propositura de políticas governamentais e acadêmicas que dêem visibilidade a qualquer uma das variedades em português. Em relação ao PB, no entanto, devido aos fatos históricos que subjazem à sua configuração e às bases ideológicas que fundamentaram o próprio ensino de língua portuguesa como língua oficial (a partir da noção de língua materna) do povo brasileiro, não se vislumbra uma política governamental de promoção ostensiva, apesar de se reconhecer um grande esforço da comunidade científica brasileira nessa direção. No entanto, essa é uma necessidade imperiosa, e compreendo que sua principal plataforma é estabelecida por ações que dêem visibilidade à língua portuguesa em seu potencial interacional dentro e fora da WEB, o que significa uma aproximação academia e mercado das TIC, e, especialmente, o estímulo ao ensino da variedade brasileira como língua estrangeira e de herança, conforme o quadro altamente favorável a isso, como mostram Luna (no prelo), De Rosa (no prelo) e Casseb-Galvão (no prelo), entre outros.

Tais considerações estão nas bases das discussões que trago para esta mesa-redonda: apresento reflexões sobre a implementação de políticas de promoção do PB além das fronteiras brasileiras, reconhecendo a importância da descrição linguística como fornecedora de informações que subsidiarão suporte para essas ações, e tendo o ensino do português como uma das principais estratégias de promoção e de valorização da língua portuguesa.

O entrelaçamento das perguntas anteriores, e, consequentemente, das respostas que elas podem sucitar, que, por sua vez, não obedecem necessariamente a um padrão sequencial, nos leva a resumi-las em três: 1. Por que é relevantte aprender português brasileiro como língua estrangeira, ou seja, que fatores de destaque na produção social, cultural, científica, comercial, política etc indicam essa relevância? 2. Quais os fenômenos linguístico-sociais e que dados científicos mostram a necessidade de se implementar uma política de promoção específica do PB. 3. Que ações são relevantes para implementar essa política?

Essas perguntas estabelecem a macroestrutura deste capítulo. Nas conclusões preveem-se as consequências e os desdobramentso das reflexões aqui desenvolvidas.

Por que é relevante aprender português brasileiro como língua estrangeira?

A resposta a essa pergunta envolve especialmente questões de ordem econômica, política e cultural. Em janeiro de 2005, portanto, há quase dez anos, um site direcionado para administradores e a midia cotidiana divulgaram que o Conselho de Inteligência Nacional dos Estados Unidos (NIC), órgão coordenado pela CIA, fez uma previsão de que o Brasil se tornará uma forte potência econômica mundial aos longo dos próximos 15 anos. Isso significa comparar a economia brasileira à de paises como a Alemanha e a Ingaterra. Esse documento, que aponta como centrais nas questões do desenvolvimento a China e a Índia, é intitulado "Mapeando o futuro global" e esboçou as perspectivas mundiais até 2020.

É claro que essa perspectiva pressupõe um reordenamento no cenário geopolítico mundial e é necessário que toda a sociedade brasileira, o que inclui o governo, e as instituições de ensino e pesquisa, esteja atenta a esse movimento, no sentido de que o país possa tirar o melhor proveito possível de suas potencialidades, divulgá-las e oferecer o seu melhor em termos de comércio, serviços, matéria-prima, produtos manufaturados, etc.

Independente da área de interesse internacional, o português brasileiro será o elo entre a intenção e a ação de compra e venda e/ou de prestação de serviço resultante desse contato internacional.

Os parceiros naturais do Brasil nesse processo serão os EUA, a Europa, a China e a Índia. Além de torcer para que a conjungação desenvolvimento econômico e políticas sociais seja vitoriosa, o que significa que as instituições brasileiras venceram fantasmas insistentes como a corrupção e má-gerência, entendo que as instituições de esnino e pesquisa precisam estar na linha de frente em ações que contribuam para que essas perspecticas se cumpram, o que significa contribuir para uma política de promoção e de valorização do português brasileiro especialmente em países parceiros do Brasil.

Apesar de 2014 esboçar um quadro político fervente, em decorrência da corrida pela sucessão presidencial, o quadro econômico é momentaneamente morno e até mesmo pessimista, pessimismo que não invalida as previsões que inserem o Brasil de maneira destacada no cenário socio-econômico e político mundial nesta década. Não há como negar que há um Brasil que tenta sair de um "buraco negro" e há outro Brasil que se desgarra dos fantasmas e ultrapassa as barreiras da invisibilidade internacional ou do "nanismo" econômico e político frente às nações prestigiadas do globo terrestre. O Brasil é um país que se destaca mundialmente em várias áreas. Tais como,

- Tem o maior navio cargueiro do mundo, destinado ao carregamento de minério. (Terra.com.br. Web. Acesso em 15/09/2014)
- Tem a maior frota de helicópteros civis do mundo (1.100 aeronaves). A cidade de São Paulo tem a maior frota mundial de helicópteros, à frente de grandes metrópoles como Tókio e Nova York, e é a única cidade do mundo que possui um sistema de controle de tráfego aéreo exclusivo para esse tipo de aeronave. (jet-avionics.com.br. Web. Acesso em: 14/09/2014). O Brasil é um dos líderes na engenharia aeronáutica comercial.
- É o maior produtor de café do mundo.
- É o maior produtor e exportador de carne.
- Tem uma democracia madura e estabilizada.
- Tem grandes pensadores nas áreas das ciências humanas e sociais.
- Tem um enorme potencial turístico.
- Abriga centros de referência no estudos de doenças tropicais.
- Tem biomas fontes de grande diversidade.
- Tem grandes projetos de sustentabilidade ambiental, que lhe dão liderança mundial nessa área.
- É líder mundial em tecnologia de cana e etanol.
- Tem como herança de um de seus filhos mais ilustres um patrimônio arquitetônico impar, admirado e valorizado no mundo inteiro.
- É referência mundial em várias áreas da medicina, especialmente, da

cirurgia plástica.

Essa pequena amostragem de liderança pressupõe uma extensa cadeia de conhecimento e produção que se constitui em uma cadeia de relacionamentos que vai além das fronteiras brasileiras. Outros fatores importantes são o papel do Brasil no BRIC, grupo formado pelos países que constituem os quatro maiores mercados emergentes atuais, e o grande fluxo turístico e migratório de brasileiros para o exterior, especialmente para os EUA.

O gráfico a seguir mostra que os brasileiros estão entre os visitantes que mais gastam nos Estados Unidos.

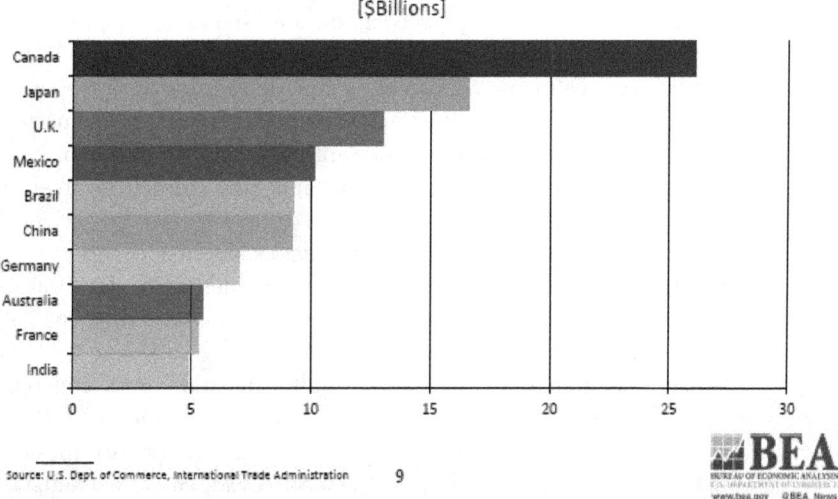

O portal <http:g1.globo.com> anunciou o valor de US$ 2,35 bilhões como a soma total de despesas de turistas brasileiros em viagens internacionais em agosto de 2014.

Luna (2012) e seus colegas reconhecem um movimento de interesse pela cultura, pela gente e pela língua brasileira como fatores relevantes para a aceleração de uma política séria de promoção do PB no território americano. Em uma busca depretenciosa, descobri em Miami, um tradicional reduto de brasileiros, um número considerável de cursos livres de português na variedade brasileira.

Há, portanto, motivações sociais, culturais, políticas e econômicas para se promover o português brasileiro em solo americano. Certamente, há um grupo expressivo de americanos que tem interesse em aprender PB, para que as relações interacionais sejam mais eficientes, mas quem o ensinará? O migrante leigo que vive nos EUA já há um certo tempo? Tal quadro deve se repetir mundo a fora. Certamente esse é mais um campo de ação para os profissionais que formamos nos cursos da área de Letras, Linguística e Linguística Aplicada no Brasil e pelo mundo afora, nos departamentos de estudos luso-brasileiros.

Programas como o "Inglês sem fronteiras", por exemplo, promovido pelo governo brasileiro, que, aparentemente não têm qualquer relação com a promoção do português brasileiro, têm um papel fundamental nesse processo, pois, além de oferecer a oportunidade de formação e aperfeiçoamento em uma língua estrangeira que possibilitará a experiência de estudar em uma instituição de referência no exterior, tem também como um de seus efeitos fazer que o estudante selecionado seja uma espécie de embaixador não oficial da língua e da cultura brasileiras, em decorrência dos contatos interculturais que ele estabelecerá durante sua estadia nos EUA ou em qualquer outro país. Sem contar que esse tipo de iniciativa governamental provavelmente fortalecerá a área de estudos da linguagem, o que se espera que se converta em aumento pela procura pelo curso de Letras, diminuição de evasão, e quebra de mitos, entre os quais aquele que restringe a atuação do graduado à sala de aula dos primeiros níveis da formação escolar.

O que se percebe, portanto, é que as instituições de ensino superior são agentes fundamentais e imprescindíveis na implementação das políticas oficiais; têm, portanto, um papel extremamente relevante na sua implantação e no seu sucesso.

Na academia, essa temática está sendo muito debatida e já começa a fomentar grandes projetos de pesquisa e ações de extensão. Um desses projetos é o "Rede de estudos do português ao redor do mundo", representado nesta mesa-redonda por Casseb-Galvão; Silva, e Chulata, e que vincula um grupo de professores-pesquisadores e alunos de pós-graduação e de graduação de universidades brasileiras, portuguesas, italianas e macaense em torno de ações de pesquisa, ensino e extensão cujo foco seja a descrição, a análise, o ensino e a promoção do português em suas variedades.

Entre as ações de extensão, destaca-se a realização do SIMELP – Simpósio Mundial de Estudos de Língua Portuguesa, cuja quinta edição ocorrerá em 2015, na Università di Lecce, na Itália, evento que já ocorreu no Brasil (USP), em Portugal (Universidade de Évora), na China (Universidade de Macau) e no Brasil (Universidade Federal de Goiás - UFG), em 2013. Para se ter ideia do impacto de um evento dessa natureza, testemunho que na

UFG, depois do SIMELP, na mesma proporção em que aumentou o interesse por estudos do português, aumentou a procura pelo curso de italiano.
Certamente, há de se discutir no entanto se o mundo não-acadêmico também já despertou para o papel do PB como língua de comunicação internacional.

Quais fenômenos linguístico-sociais mostram a necessidade de uma distinção política, funcional e instrumental entre o PB e o PP, logo, justificam uma política governamental e acadêmica de promoção específica para o PB?
A revolução digital é considerada uma das maiores revoluções do mundo moderno. Uma de suas grandes vantagens é a possibilidade de espelhar no mundo digital a realidade do mundo sócio-físico. E, por isso, quanto à distinção PB/PP, as ferramentas tecnológicas e a web têm se adiantado, basta ver no desktop de qualquer computador, no menu Painel de controle, os comandos Relógio, Idioma, Região > Teclado e Idioma > Alterar Teclado > Serviços de Texto e Idioma Padrão > **Português (do Brasil)** ABNT; ABNT2. A área das tecnologias da informação, maior plataforma de transformações do mundo atual, portanto, já distingue PE/PB.
O português já a quinta língua mais usada na internet, conforme dados da União Internacional de Telecomunicações, superando idiomas tradicionalmente destacados internacionalmente, como o alemão e o francês; e há uma grande possibilidade de superar o japonês, que ocupa a 4ª posição e cujo uso está estável, maduro, não mais se vislumbrando grandes possibilidades de crescimento. Os últimos dados da relação língua e número de utilizadores da internet são também pertinentes. Segundo o site Ibopemédia, o número de internautas no Brasil passou de 100 milhões em 2014. Em Portugal, são mais de 4,7 milhões de usuários.
Os limites da influência de uma língua na WEB não podem ser calculados, mas podem ser imaginados. Ela tem desdobramentos culturais, tecnológicos; na área do controle, da defesa e da segurança interna e externa; no asseguramento da democracia, que o digam os manifestantes de junho/2013 no Brasil, totalmente articulados via Internet; ou de luta pela obtenção do poder democrático, conforme demonstraram os movimentos da primavera árabe. E, acima de tudo isso, é inegável a influência de uma língua na WEB para o aumento do poder econômico dos governos e das corporações.
No ranking das línguas mais faladas no mundo, o português ocupa a 5ª colocação; na Europa, ocupa o 3° lugar, depois do inglês e do espanhol; e ocupa a 1ª colocação entre as línguas faladas no hemisfério sul, são mais de 200 milhões de falantes.
O Brasil detém a maior população entre os países que têm o português

como língua oficial, logo, o maior número de falantes, que corresponde a 77,6% do total dos falantes de toda a Comunidade dos Países de Língua Portuguesa (CPLP), que é integrada por Angola, Brasil, Cabo Verde, Guiné-Bissau, Moçambique, Portugal e São Tomé e Príncipe, e Timor-Leste. A CPLP teve seu estabelecimento em julho de 1996, na I Conferência de Chefes de Estado e de Governo dos Países de Língua Portuguesa, em Lisboa ("Cimeira Constitutiva") e tem sua configuração prioritariamente determinada pelo processo de expansão português. Segundo o Iilp – Instituto Internacional da Língua Portuguesa, vinculado à CPLP e criado com o objetivo de promover a língua portuguesa internacionalmente –, dez países de tradição não vinculada ao que se tem chamado de lusofonia estão em processo de adesão a essa comunidade: Guiné Equatorial, Senegal e Ilhas Maurícias, Namíbia, Turquia e Geórgia, Japão, Peru e Marrocos. Tal interesse é claramente delineado pela situação politica global atual.

Entre a população dos países membros da CPLP, os brasileiros constituem o maior número de usuários da WEB, e nesse contexto, compram, estudam e mantêm relações comerciais, acadêmicas e pessoais com estrangeiros. A influência comercial internacional do Brasil é inegável, tanto como fornecedor de matéria prima, como minério de ferro, exportador de grãos, de gado e soja. E, nesse contexto, o potencial do PB como língua internacional é incontestável!

A Comunidade Européia percebeu esse filão e já avança em uma política de promoção explícita do português, ao financiar projetos que contribuam para a sua consolidação como língua de comunicação internacional com projeção global, segundo condições contextuais culturais e situacionais decorrentes das TIC. Um desses projetos é o META-NET, financiado parcialmente com recursos do 7° Programa-Quadro e pelo Programa de Apoio à Política das TIC (ICT PSP) da Comunidade Europeia no âmbito dos Contratos T4ME e META-NORD, conforme mostrado em (Rehm; Uszkoreit, iv).

A META-NET foi lançada em fevereiro de 2010 e se dedica à análise dos recursos e tecnologia da linguagem, tendo como foco as 23 línguas oficiais européias, a fim de "colaborar com setores da economia, agências governamentais, instituições de investigação, organizações não-governamentais, comunidades linguísticas e universidades (Rehm; Uszkoreit, 2012, p. iii), uma dessas línguas é o português. Trata-se de uma rede que envolve 54 centros de investigação em 33 países da Europa, e que tem bases de trabalho no Brasil, mas, em sua página na WEB, entre os nomes de seus conselheiros ou de seus membros, não consta o nome de pesquisadores de instituições de ensino e pesquisa brasileiras.

A partir da noção de repositórios digitais, bases de dados online que reúne de maneira sistematizada documentos institucionais ou de determinada área temática, a META-NET reconhece que é possível fornecer infra-estrutura para a descrição e documentação, armazenamento e preservação de dados, o que pode favorecer a disponibilização pública dessa informação, o que permite alta capacidade de busca e distribuição em larga escala.

A META-SHARE tem como público-alvo os fornecedores, utilizadores e venededores da área de Tecnologias da Linguagem (TL), profissionais das áreas de Letras, Linguística e Linguagem, como tradutores, intérpretes, especialistas em localização; *"além de centros de dados nacionais e internacionais e repositórios de recursos e aplicações linguísticos, bem como para decisores de políticas nacionais e internacionais e outros agentes fundadores e patrocinadores de recursos linguísticos e de Tecnologias da Linguagem.* (Rehm; Uszkoreit, 2012, iii)

A existência de uma Rede dessa natureza e amplitude ratifica a necessidade urgente de uma mobilização governamental e acadêmica (e por que não dizer, empresarial) a fim de promover políticas e ações voltadas para o português brasileiro e seu potencial como língua de relações internacionais na WEB e fora dela desenvolvidas por quem o conhece e o estuda. Certamente têm muito a contribuir com políticas e ações que relacionem língua e tecnologia da informação, por exemplo, projetos de descrição do português brasileiro como o NURC – Norma Urbana Culta –; Gramática do Português Falado; Para a História do Português Brasileiro; VARSUL – Variação Linguística na Região Sul do Brasil; Atlas Linguístico do Brasil; O português Contemporâneo Falado em Goiás; entre outros tantos, sediados em importantes instituições de ensino e pesquisa no Brasil.

Em uma das publicações da META-NET, assinada por Rehm e Uszkoreit, há a referência à grande dimensão territorial do Brasil como um impedimento para a distinção de suas variedades linguísticas, além do que são mencionadas razões geográficas, políticas e sociais como barreiras para se reconhecer uma variedade padrão do português do Brasil. Essa mesma publicação menciona, no entanto, que "especialistas tendem a mencionar normas urbanas cultas" para se referirem à situação linguística brasileira. Tais afirmações mostram o celeiro linguístico que é o Brasil e também o avanço da linguística brasileira que, amparada pelos grandes autores da sociolinguística, da linguística funcional e da etnolinguística, reconhecem que a noção de variedade padrão não dá conta de designar "o conjunto das práticas linguísticas e dos modelos de uso encontrados em textos formais, especialmente na modalidade escrita, e que, justamente por pertencerem à esfera do uso, variam de um autor para outro" (Bizzochi, 2014), conjunto este que não se pode confundir com a norma imposta pela gramática normtiva, que tem um caráter impositivo, e é calcada na ilusão da homogeneidade e do não dinamismo linguístico.

A realidade linguística brasileira e o fato de o número de usuários do PB no ciberespaço ser infinitamente maior que o de portugueses, por exemplo, para não falar nos usuários de outros países que têm o português como L1, mostra que já não há como manter políticas de promoção do português

calcada na ilusão da heterogeneidade da língua portuguesa, há muito reforçada pelo mito[65] da compreensão mútua entre os falantes do português ao redor do mundo. Uma política ideologicamente enviesada e calcada em ideais colonialistas há muito repelidos pela realidade do uso da língua.
É claro que as fronteiras entre a variante europeia e a variante brasileira não estão claramente definidas. Quem sabe o momento em que latim vulgar se tornou o galego; o galego se tornou português de Portugal; e este, por sua vez, passou a ser o PB?
Há, no entanto, um panorama sociocultural e ideológico que demonstra o Brasil como plataforma linguística e cultural emergente no cenário mundial. E, além do fato de o povo brasileiro se reconhecer nas variantes populares do PB, há uma norma culta circulante especialmente nas esferas escolar, acadêmica e jornalística que é instrumental para as relações cotidianas formais e semi-informais, e, por isso mesmo, interessante como norteadora do ensino do português brasileiro como língua estrangeira, como língua materna e como língua de relações pessoais e interinstitucionais internacionais no âmbito da WEB ou externas a ela.
Essa norma constitui o padrão *PB-neo standard*, a variedade urbana culta, que, segundo De Rosa (2011, 130), está no eixo da figura a seguir, a qual esquematiza com muita propriedade a arquitetura do português brasileiro:

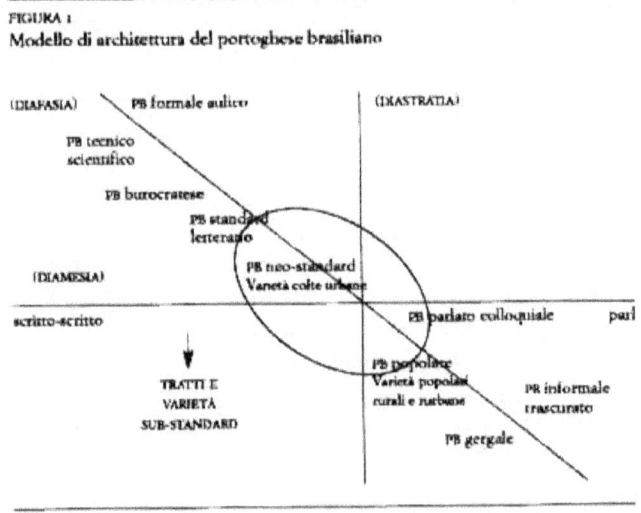

FIGURA 1
Modello di architettura del portoghese brasiliano

---

[65] Não me deterei na discussão desse mito, mas certamente ele é calcado em uma concepção de língua como código, que ignora a constituição da língua(gem) no processo de interação, o que pressupõe o intercâmbio de intenções pragmáticas do locutor e interpretações pragmáticas do locutor (Dik, 1989), tudo isso fortemente atreladas ao contexto situacional e cultural.

É tempo de juntar forças sem negar valores. Juntar forças no sentido de aproveitar a forte procura pelo português como língua estrangeira, ora através das ações da Comunidade Europeia, do instituto Camões, das Instituições de Ensino e pesquisa portuguesas e dos demais países da CPLP, do Governo Brasileiro, via Itamaraty ou das instituições de ensino e pesquisa brasileiras, de empresas de tecnologia etc. Não negar valores significa, no entanto, fazer deslanchar uma política linguística brasileira.

Genchi (2011) diz que cada língua representa um modo próprio e autônomo (em termos identitários) de organizar a realidade circundante, de transmitir uma visão e uma interpretação específica do mundo. Isso porque língua e cultura são reciprocamente influenciadas.

Esse mesmo autor afirma que "em contato com outras civilizações e diferentes sistemas culturais, ou seja, inserida em diferentes condições sócio-antropológica daquela de origem, a língua é alterada e revista de acordo com as categorias lógicas e cognitivas das populações locais (Genchi, 2011, 249).[66]

O conhecimento de uma língua é profundamente atrelado ao conhecimento da cultura do povo que a fala, e a cultura, por sua vez, está na base da organização lexical, fonológica, semântica e morfossintática de uma língua.

Esse conhecimento é acionado pragmaticamente em cada situação interativa. Neves (2010, 78), apoiada em outros nomes importantes do funcionalismo, ao explicar o conceito de contexto de cultura, inerente à atualização da gramática, diz que ele é parte do sistema social, estabelece o campo de possibilidades de produção de sentido na língua, ou seja, estabelece os possíveis contextos de uso e é associado ao gênero. Logo, o contexto de cultura estabelece os aspectos socio-ideológicos que permeiam o discurso, o uso da língua.

É inegável que portugueses, angolanos, moçambicanos e brasileiros têm modos diferentes de conceber a realidade, e que o aprendiz de português como língua estrangeira tem interesse por aspectos culturais específicos. Além disso, quando se pensa na distinção entre Portugal e Brasil, é claro que a culinária refinada, o fado e as Sete Maravilhas de Portugal (Castelo de Guimarães, Castelo de Óbidos, Palácio da Pena, Mosteiro de Alcobaça, Mosteiro da Batalha, Mosteiro dos Jerônimos e a Torre de Belém), bem como o Rio de Janeiro, as praias do Nordeste, a Amazônia, o Pantanal, a exuberante e exótica culinária paraense têm a mesma importância como força motivadora da aprendizagem das variantes linguísticas de suas respectivas comunidades de interação.

---

[66] Texto original: Entrata in contatto con altre civiltà e sistemi culturali diversi, ossia inserita in situazioni socio-antropologiche differenti da quelle di origine, la lingua viene alterata e rielaborata in base alle categorie logiche e mentali delle popolazioni locali.

E mais! Linguísticamente, o português brasileiro há muito vem se desgarrando estrutural, lexical e discursivamente do português de Portugal.
Em *Fotografias Sociolinguísticas* (1989), Fernando Tarallo apresenta uma antologia que constitui um retrato sociolingüístico do português brasileiro e, como consequência, sua diferença em relação ao PP: Duarte, por exemplo, ao analisar a fala de paulistanos nativos e a linguagem televisiva, atesta a ausência absoluta de clíticos na fala dos jovens até 17 anos, o que pode naquela época indicar mudança em progresso, que atualmente já deve ter sido implementada.
Em (1996), Ian Roberts e Mary Kato, na esteira de Fernando Tarallo, em *Português uma viagem diacrônica*, organizam um conjunto de trabalhos de cunho socio-gerativista que atestam o português brasileiro *"como sendo um caso particularmente claro de mudança paramétrica em progresso.* Roberts, nesse volume, resume as principais mudanças e diz que a perda do sistema de clíticos de complemento no PB é um desenvolvimento que o distancia de qualquer uma outra língua românica.
Enquanto que o português europeu possui um paradigma de clíticos objetos que é, deixando de lado a mudança fonológica e a posição sintática, essencialmente o mesmo encontrado no francês, no espanhol e no italiano, esses clíticos parecem estar saindo de uso no PB (Roberts, 1996, 417).

O subsistema pronominal clítico auxilia na ancoragem da enunciação, no plano das conversões dêiticas, no estabelecimento do locutor e do interlocutor, no estabelecimento do EU, que por sua vez, segundo Benveniste (1996), estabelece o TU. Logo, é um fenômeno central no mapeamento da progressão enunciativa. Não se trata de uma mera distinção estilística: o brasileiro e o falante do português europeu têm maneiras diferentes de se constituírem sujeitos de seu próprio discurso.
Fonseca; Marçalo (2010, 49), apresentam (1 A) e (1 B), respectivamente, como ocorrências de uso do PP e de outras variedades do português quanto à substituição de pronomes pessoais átonos por pronome pessoais tônicos
1 A. *Podia-a intrujar, até fazê-la ir a reboque.*
1 B. *Podia-lhe intrujar, até fazer ela ir a reboque.*

Esses exemplos não cabem para o PB, e não somente como exemplo de emprego do pronome, mas pelas próprias escolhas lexicais. (1A) e (1B) não são frases significativas para um falante do PB contemporâneo. No máximo, se reconhece no padrão morfossintático a base de constituição lexical do português, mas a frase soa como um arcaísmo ou é até mesmo ininteligível para um falante do PB, pois *intrujar* não é uma escolha recorrente na sua língua para descrever que alguém burlou, enganou alguém.
As amarras impostas por uma gramática escolar baseada em princípios de

uma variante pouco conhecida para o falante brasileiro vêm caindo e o padrão escrito no Brasil já encontrou o meio termo entre as contribuições do substrato e o conhecimento formador da bagagem cultural e do modo de conceber as experiências do mundo de um usuário da língua nascido e socio-discursivamente atuante no contexto brasileiro.

Há, portanto, necessidade e espaço para se fazer política de promoção das línguas em português e quem deve decidir a variante que melhor se presta para ser atendida são as necessidades de seus usuários da língua. Afinal, há espaço para o inglês "americano", "britânico", "canadense", "finlandês" etc, etc, que o diga a indústria de intercâmbios para estudos de língua estrangeira. De igual modo, há espaço para o português "brasileiro", "europeu"; "moçambicano"; "timorense" etc.

Que ações são relevantes para implementar essa política?
Além das ações governamentais e acadêmicas tradicionais, como a organização de ventos temáticos; a facilitação do transito internacional via WEB ou de maneira presencial entre brasileiros e estrangeiros; a criação de linhas de fomento específicas; e o estímulo à criação de cursos de língua e cultura brasileira mundo a fora, quero destacar dois domínios de ações que entendo relevantes: 1. A valorização e a divulgação intensiva de resultados de pesquisas que tratam das especificidades do português brasileiro, tanto no âmbito acadêmico como comercial, o que tem estreita ligaqção com a área das TIC; e, 2. O investimento nos cursos de Letras com vias a formar agentes de ensino e, consequentemente, de difusão e promoção da cultura e da língua brasileiras através do fortalecimento do sistema de leitorado brasileiro, que ainda é inexpressivo, se comparado com o sistema português, especialmente aquele desenvolvido pelo instituto Camões. O programa de leitorados integra a Rede Brasileira de Ensino no Exterior (RBEx), existe desde 1940, e é atrelado ao Departamento Cultural do Ministério das Relações Exteriores (MRE), que trabalha em conjunto com a CAPES – Coordenação de Aperfeiçoamento de Pessoal de Nível Superior –, importante agência de fomento brasileira.

Em 2012, existiam 50 leitorados brasileiros atuantes em 33 países, em todos os continentes. E, segundo o site da Rede Globo, o Ministério das Relações Exteriores brasileiro anunciou a intenção de abrir leitorados nos outros países do BRICS, que se somarão aos existentes na China e na Rússia; bem como nos postos que são mais relevantes para o programa Ciência sem Fronteiras. Naquele ano, foram oferecidas 14 vagas, concorridas por mais de 100 candidatos. Para o ano de 2013, a CAPES ofereceu vagas para leitores em 16 universidades estrangeiras. Para se ter uma ideia do quanto esse número é baixo frente à demanda de interessados em conhecer a língua e a cultura brasileiras, em 2006, o Instituto Camões, órgão vinculado ao governo de Portugal, responsável por "dar uma resposta integrada e eficaz

às exigências de defesa da língua e valorização da cultura portuguesa" (De Rosa, no prelo) tinha um quadro de 200 leitores.
Essas duas principais linhas de ação podem ser implementadas a partir de:
- Ações que levem às empresas de tecnologia os resultados alcançados com as pesquisas acadêmicas que descrevem o português brasileiro, a partir de uma aproximação resultante de convênios e parcerias incentivadas e apoiadas pelas agências de fomento de inserção nacional e estadual. Há um nicho no mercado das TIC e os resultados dessas pesquisas podem preenchê-los. Falta, no entanto, um canal que vincule a academia ao mercado, ou melhor, que ensino aos cientistas da linguagem como fazer do dado e da análise linguística do português brasileiro objetos de mercado.
- Ações de fortalecimento e ampliação do sistema de leitorado, oferecendo-se um número de bolsa compatível com a demanda mundial atual. É fato que está havendo uma revitalização dos departamentos de língua e cultura brasileiras em universidades de países como a Itália, a Alemanha, os Estados Unidos e a França – recentemente, a a Universidade de Grenoble 3 (frança) anunciou um concurso para professor doutor de português na norma brasileira.
Por isso, considerando-se o que já se vem debatendo, e a natureza dos agentes social e jurídica dos envolvidos nesse processo, entendo que uma política séria de promoção do PB deve ser do tipo mais amplo possível e envolver o Ministério das Relações Exteriores, as agências de fomento, o empresariado da área de Linguagem e Tecnologia, as instituições de ensino e pesquisa, bem como as associações de pesquisa e de promoção e valorização da língua portuguesa, enfim, deve haver uma vontade coletiva, consciente e programada de se fazer política de promoção do português brasileiro.

Considerações finais:
Entendo que a implementação das ações sugeridas anteriormente, além de promover e valorizar o português brasileiro, afeta diretamente os cursos de Letras, Lingua e Linguística, no e fora do Brasil, pois elas podem ter como consequência:
1º. Mostrar para o graduando (ou graduado) em Letras que há esse nicho no mercado, mais uma opção de atuação na área.
2º. Mostar para esse profissional que a atuação direta nesse processo requer uma formação ampla na cultura, na teoria linguística e no conhecimento da língua portuguesa do Brasil, bem como em uma outra língua estrangeria.
A revista Veja On Line diz que os brasileiros constituem 10% dos calouros estrangeiros desta Universidade de Colúmbia, que abriu recentemente mais um centro de intercâmbio no Brasil, o do Rio de Janeiro, que vai se somar aos escritório de São Paulo, Curitiba e de Brasília. Os alunos brasileiros têm um perfil compatível com o que essa universidade espera e que envolve,

muito mais que desempenho acadêmico quantitativo, engajamento comunitário, disponibilidade para apender, envolvimento em atividades esportivas. etc.... Alguma dúvida de que esse perfil também abarca o nosso estudante de Letras, que, em sua maioria, contrariando as expectativas de sua realidade social, faz uma trajetória vitoriosa, digna e muito produtiva no decorrer do curso da graduação, e grande parte volta para fazer mestrado e doutorado?

3º. Fazer chegar às agências de fomento a necessidade de financiar projetos direta e explicitamente relativos a essa temática.

4º. Estimular parcerias entre o corpo de universidades brasileiras e universidades estrangeiras, a fim de esse profissionais sejam integrados e atuem como professores de PB no exterior.

Enfim, são ações que injetam renovo, fortalecimento da autoestima de todos os profissioanis envolvidos na cadeia produtiva da área de Letras. Sem contar que a área anseia pela criação do Instituto Machado de Assis ou Manoel de Barros, para ser mais fiel ao falar brasileiro, pois a promoção do português brasileiro carece de uma política clara, definida, de base científica e politicamente independente.

Referências bibliográficas
Benveniste, Èmile. *Problemas de linguística geral*. Campinas: Pontes, 2005[1966].
Bizzocchi, Aldo. Revista língua. Web. Acesso em 02 mai. 2014.
Dik, Simon. *The theory of functional Grammar*. Dordrecht: Foris Publications, 1989.
Casseb-Galvão, Vânia C.. *Dez perguntas crucial sobre a política de promoção do português brasileiro*. (no prelo).
De Rosa, Gian Luigi. Tra multilinguismo e diglossia: la creazione di nuovi spazi discorsivi nel Brasile del XVIII secolo. In: De Laurentis, A; De Rosa, G. L. *Lingua Madre e língua madrigna*. Milano: Franco Angeli, 2011, p. 119-133.
_____. A presença do português brasileiro no contexto acadêmico e editorial italiano. (no prelo).
Fonseca, Maria J., Marçalo, Maria. J. *Gramática Prática da Língua Portuguesa*. Évora: Universidade de Évora, 2010.
Genchi, Antoni. Mia Couto: la creatività linguistica come forma di affermazione di una moçambicanidade. In: . In: De Laurentis, A; De Rosa, G. L. *Lingua Madre e língua madrigna*. Milano: Franco Angeli, 2011, p. 249-258.
Luna, José Marcelo F. (org). *Ensino de português nos Estados Unidos*. Jundiaí: Paco Editorial, 2012.
_____. *Uma perspectiva historiográfica à presença do português brasileiro nos EUA*. (no prelo).

Neves, Maria Helena.M. *Ensino de língua e vivência de linguagem*. São Paulo: Martins Fontes, 2010.

Rehm, G; Uszkoreit, H. *A língua portuguesa na era digital*. Berlin: SPRINGER: META-NET, 2012. Coleção Livros Brancos.

Roberts, Ian; Kato, Mary. *Português brasileiro, uma viagem diacrônica*. Campinas: Pontes / Editora da Unicamp, 1993.

Tarallo, Fernando. *Fotografias sociolinguísticas*. Campinas: Pontes / Editora da Unicamp, 1989.

www.ingramcontent.com/pod-product-compliance
Lightning Source LLC
Chambersburg PA
CBHW060453090426
42735CB00011B/1976